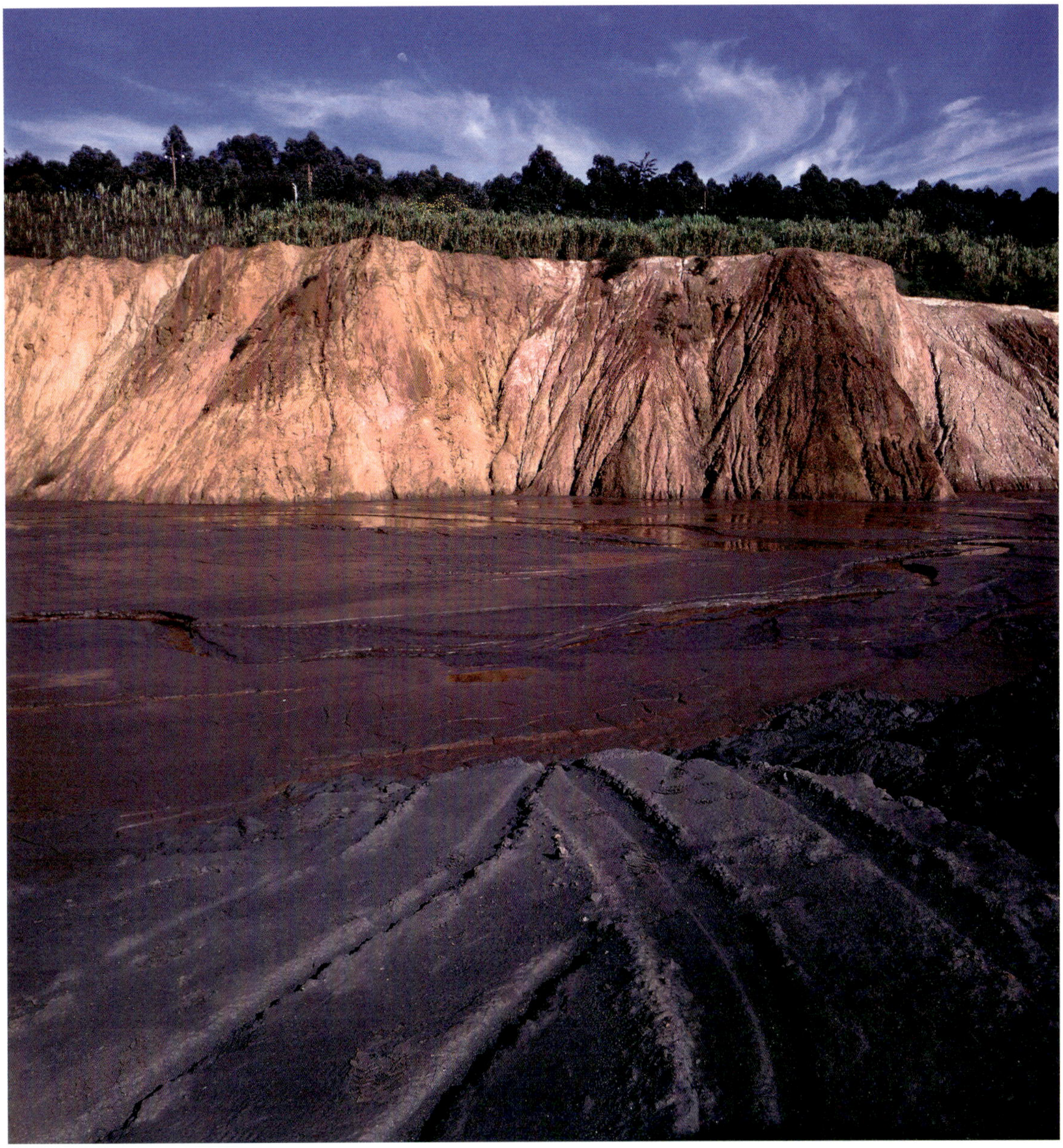

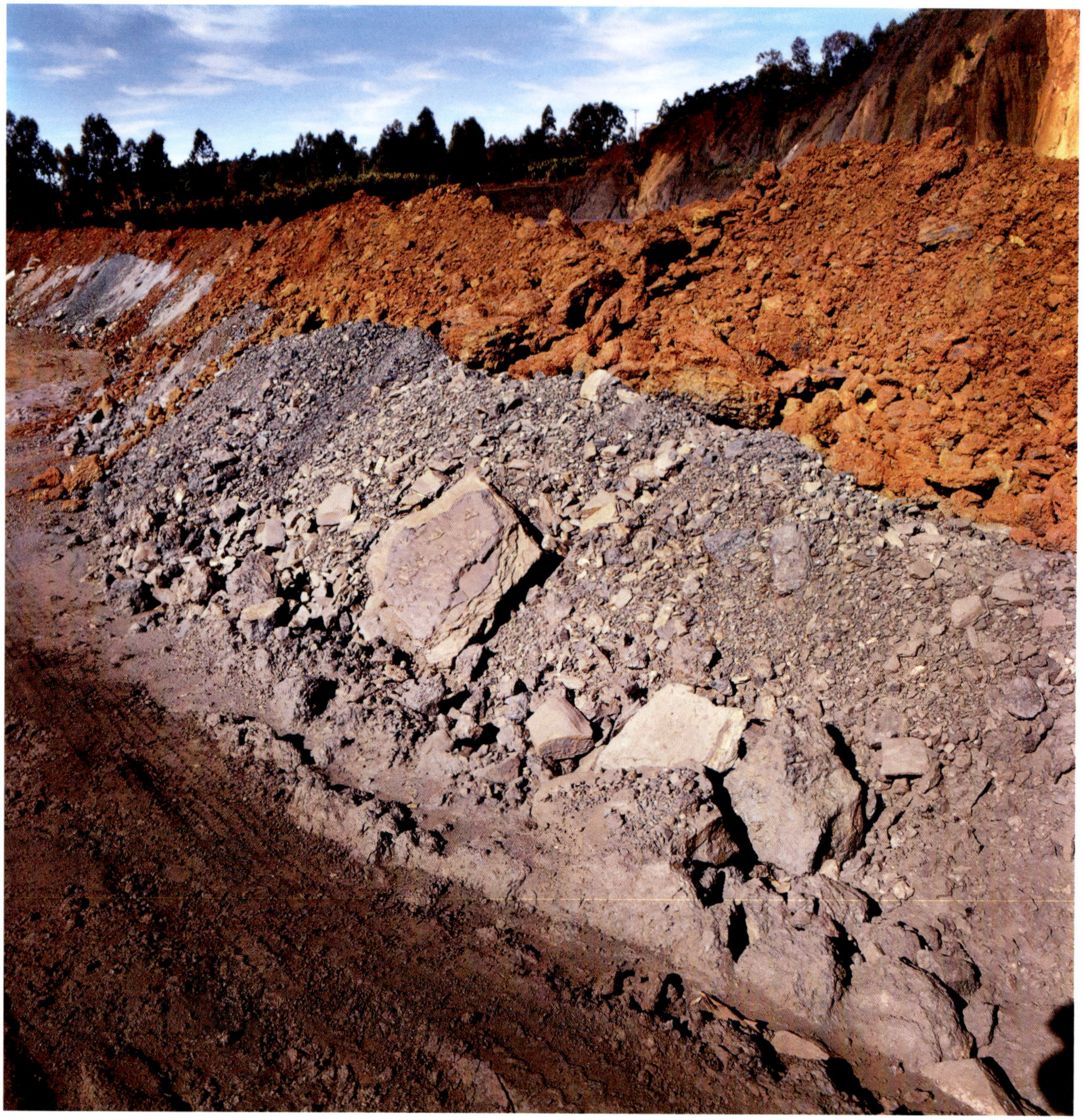

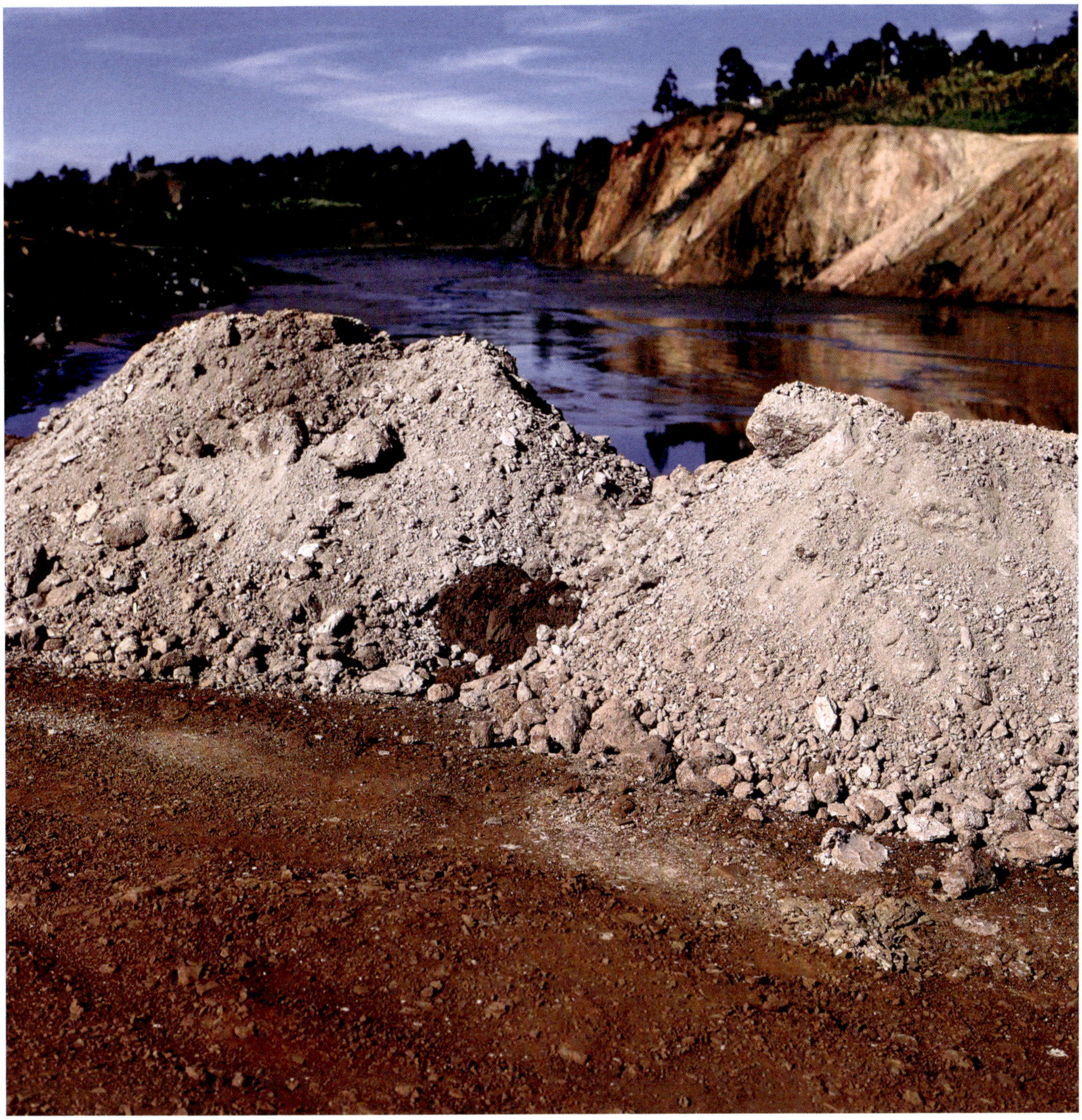

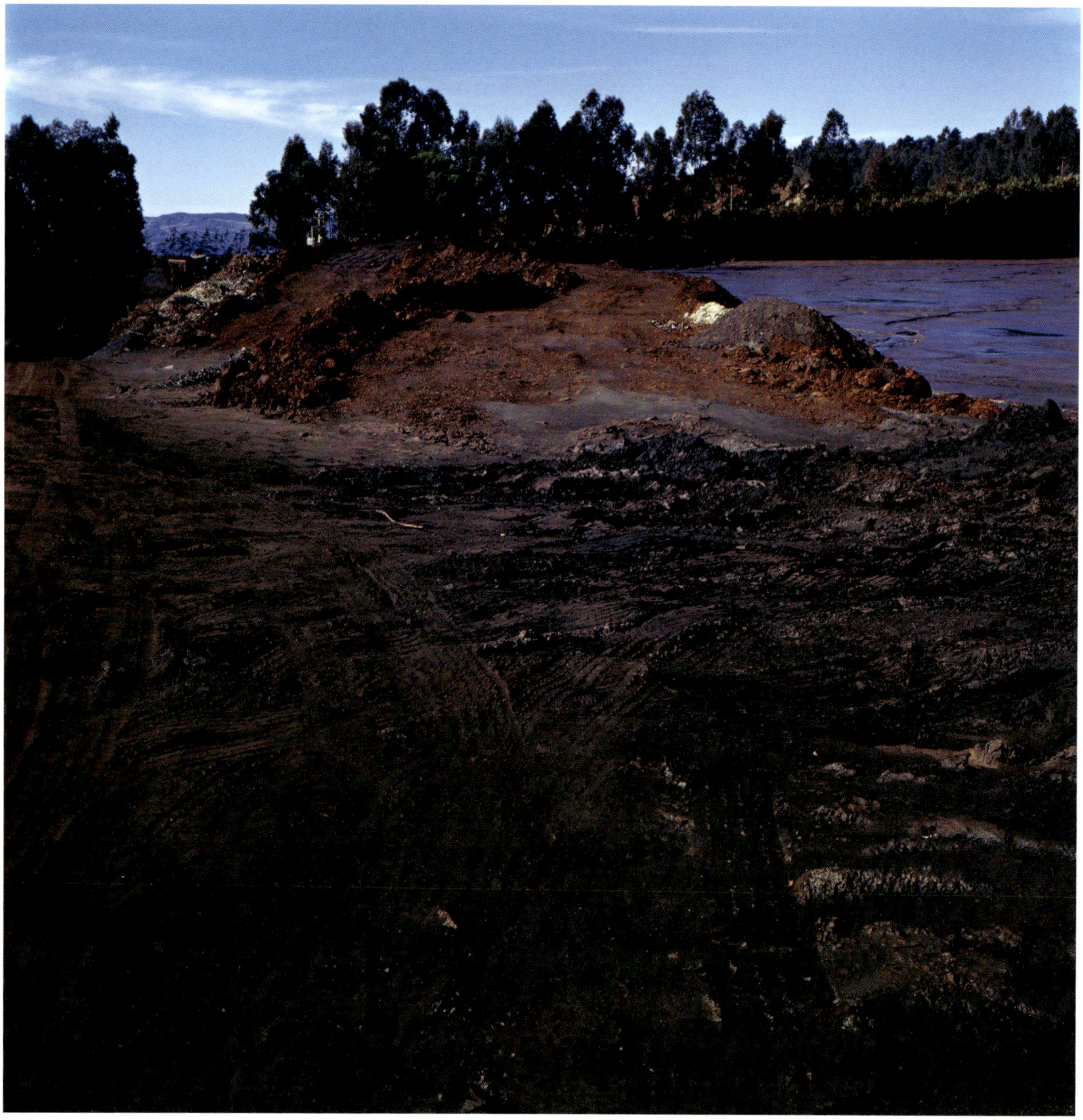

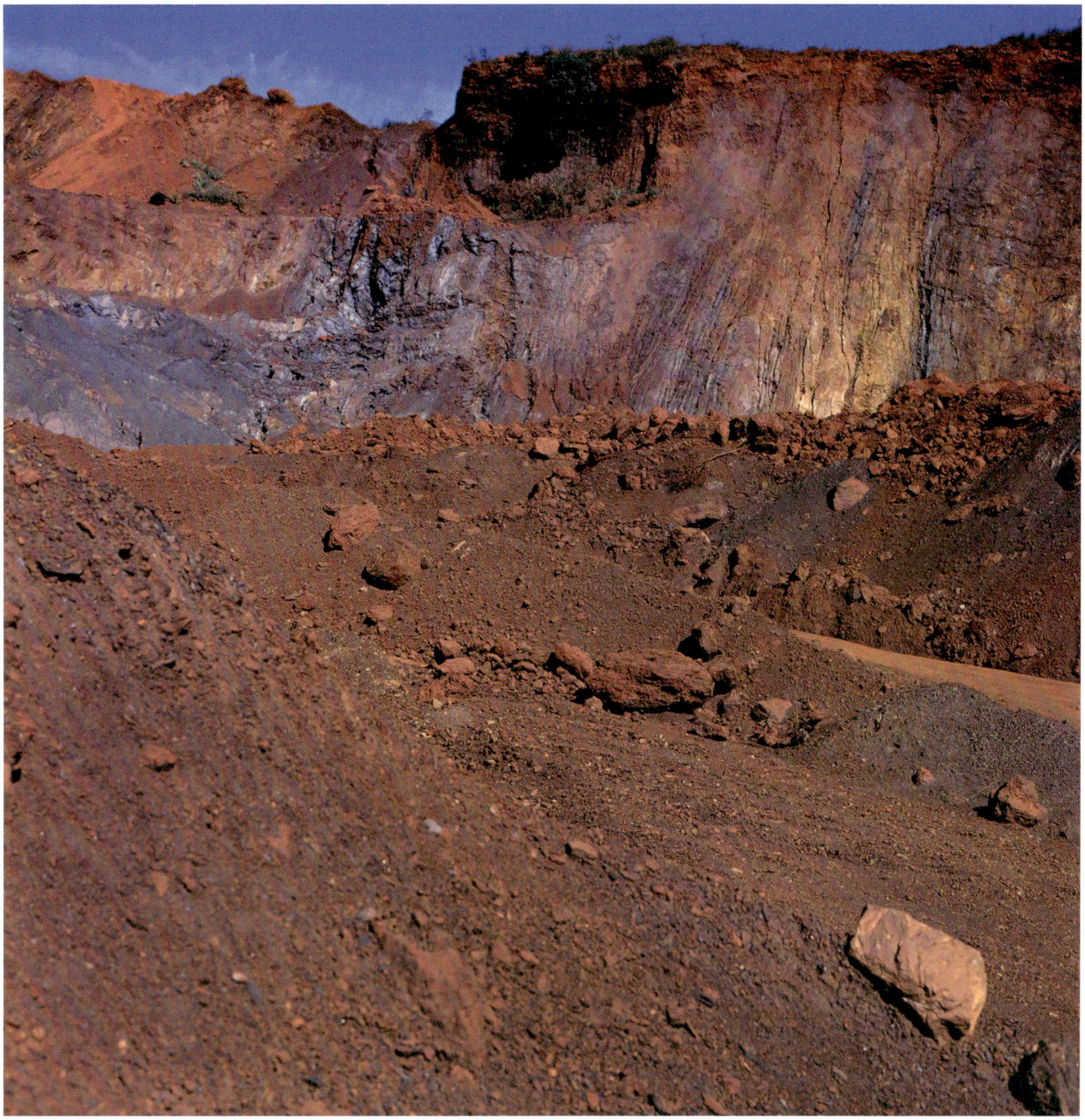

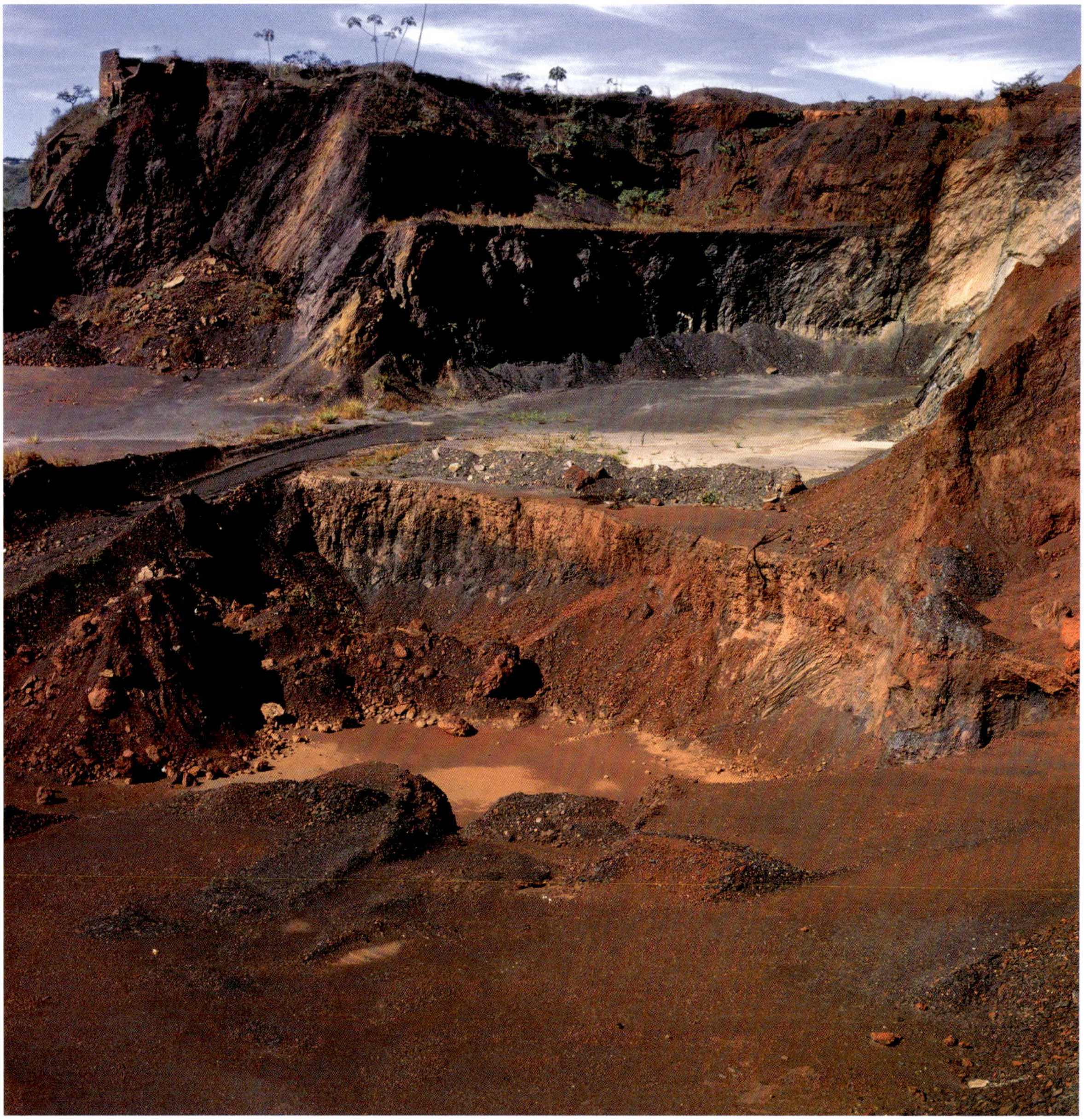

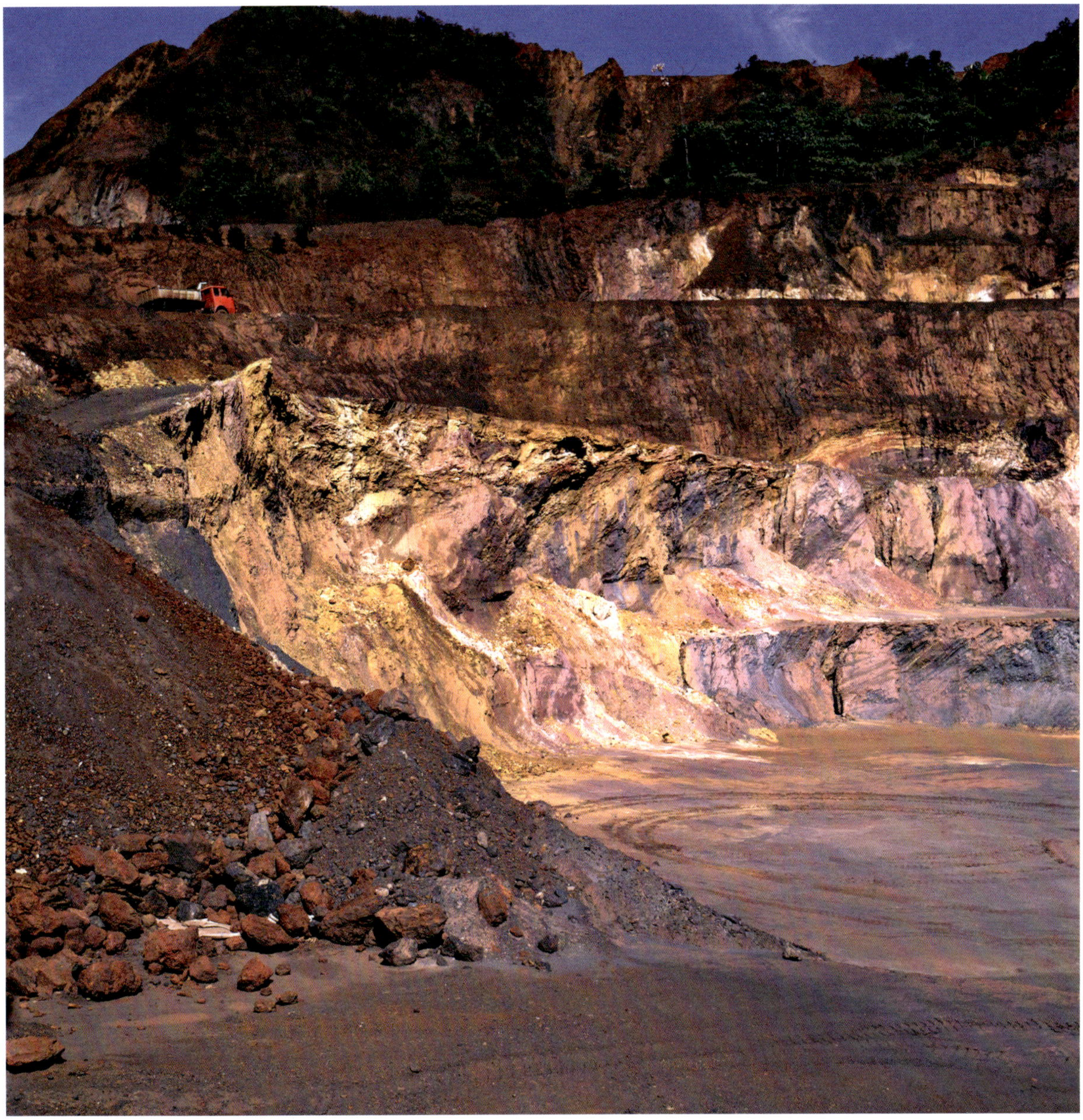

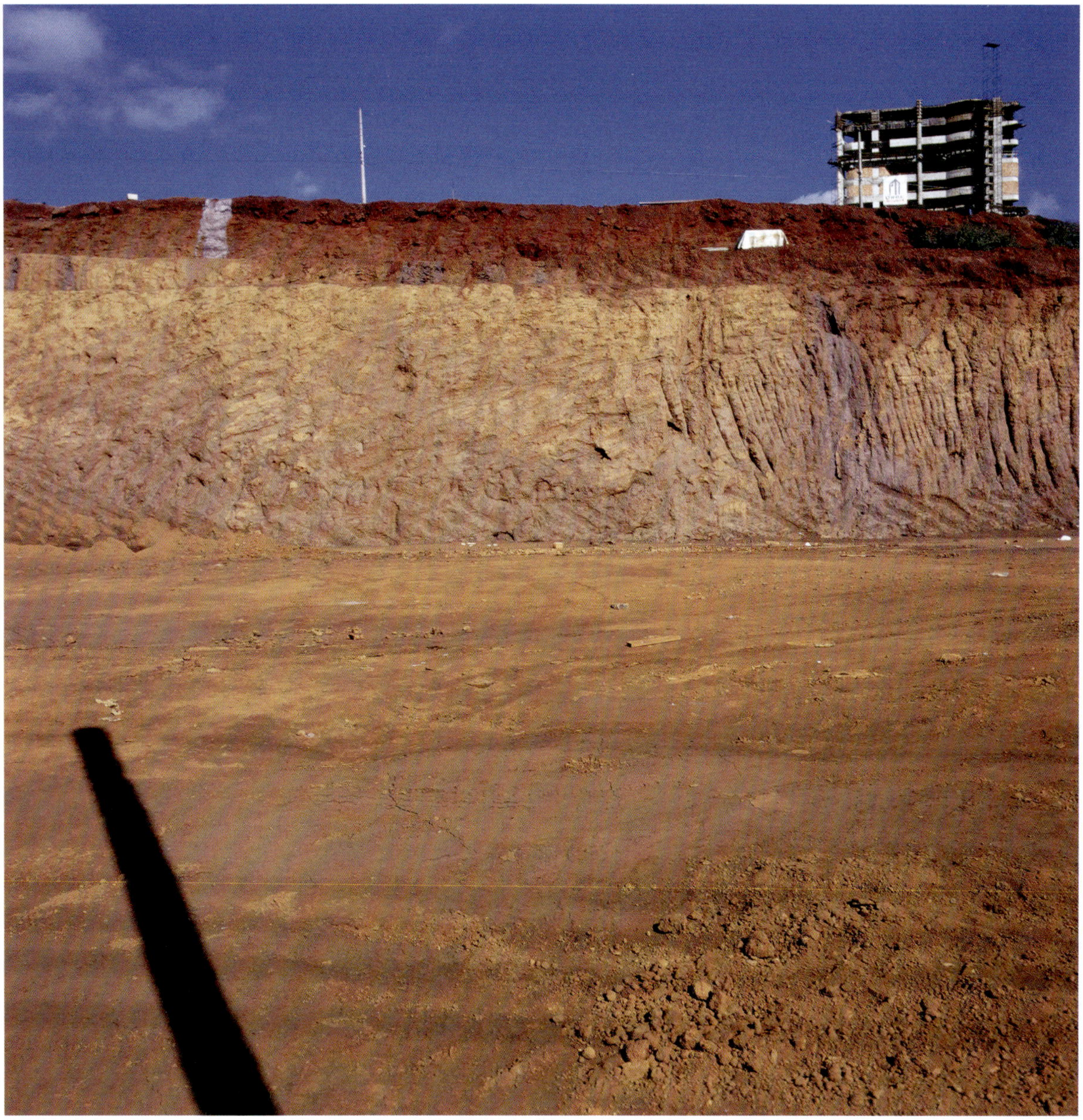

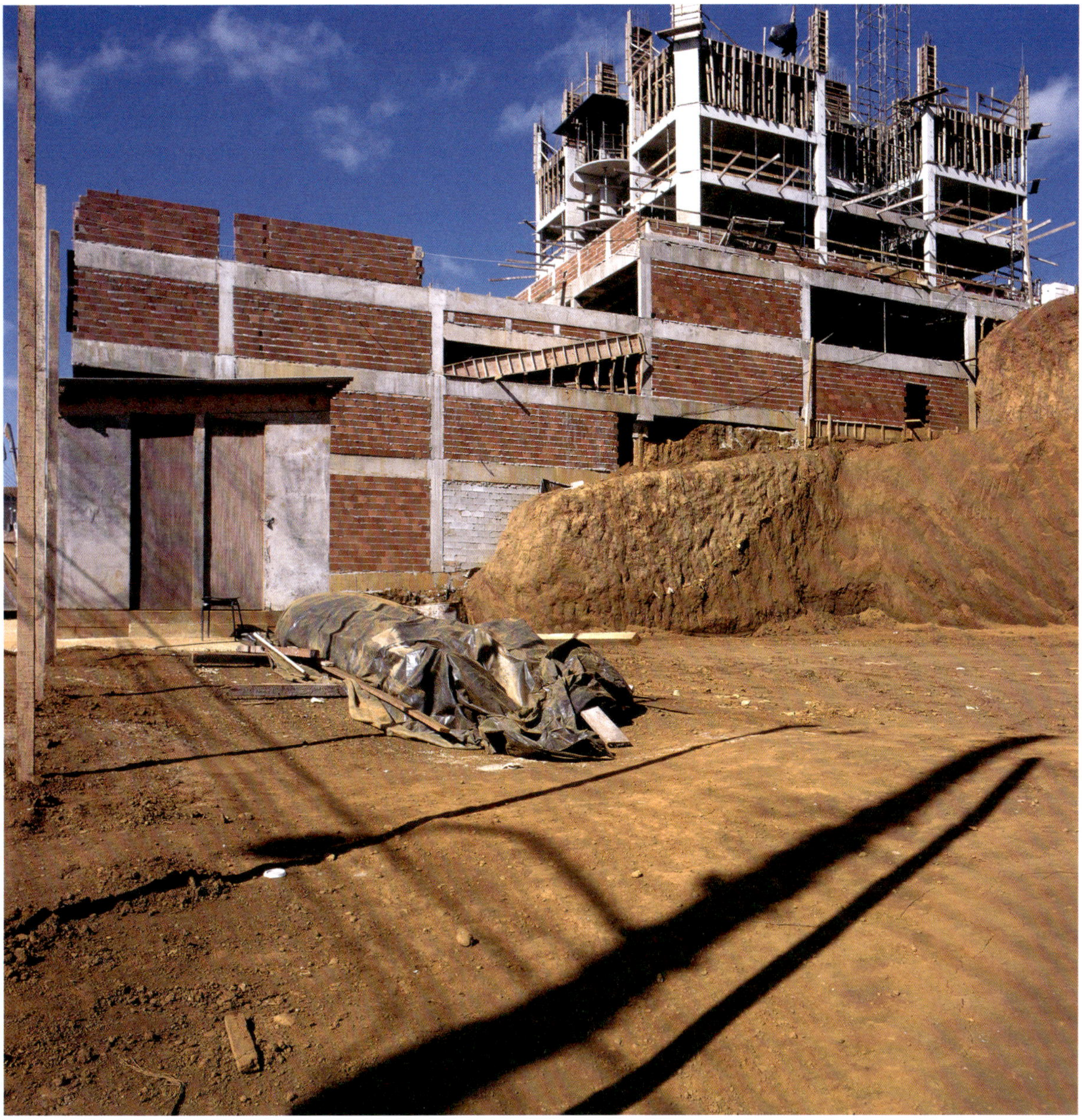

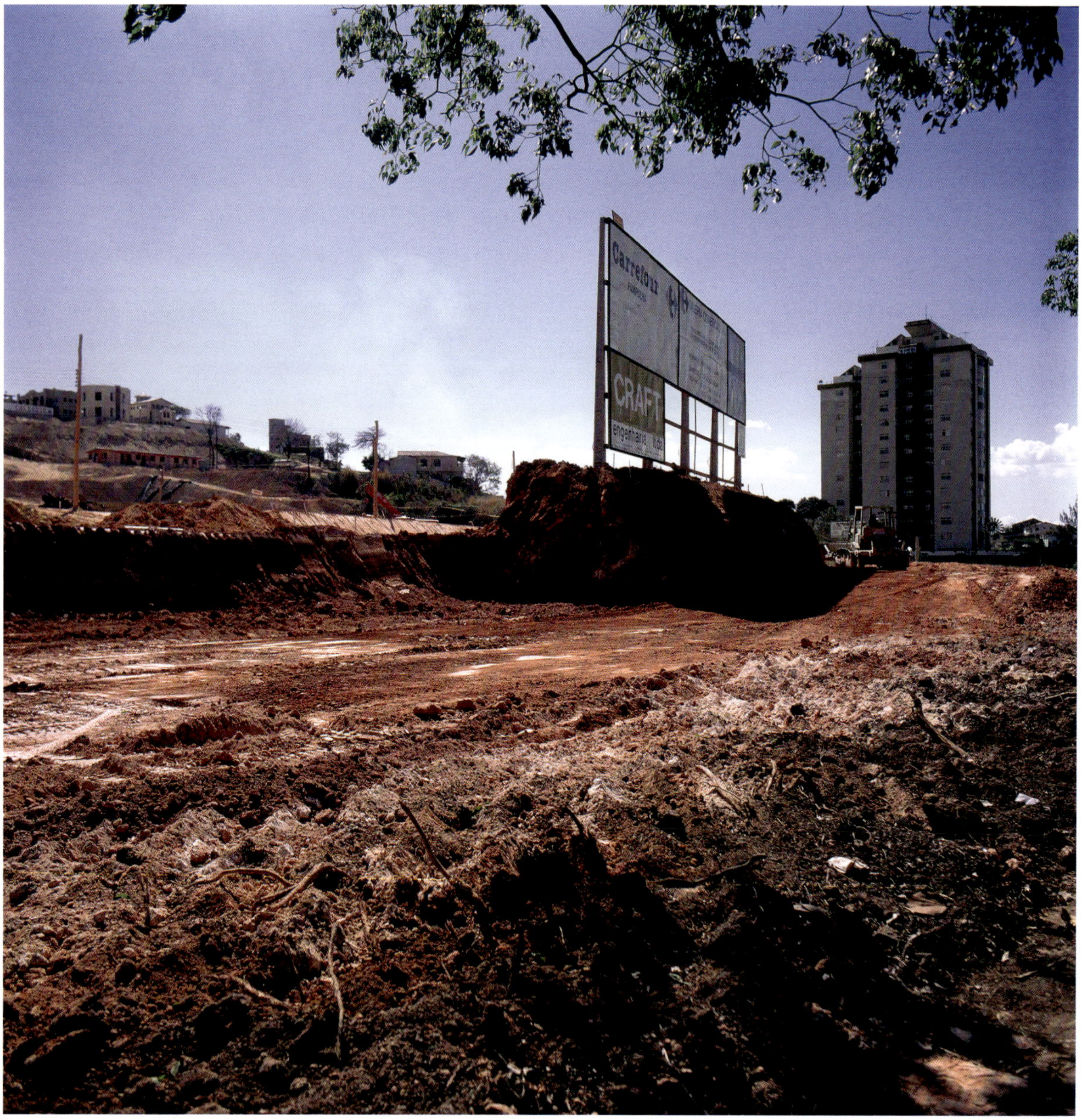
Carrefour
CRAFT
engenharia ltda

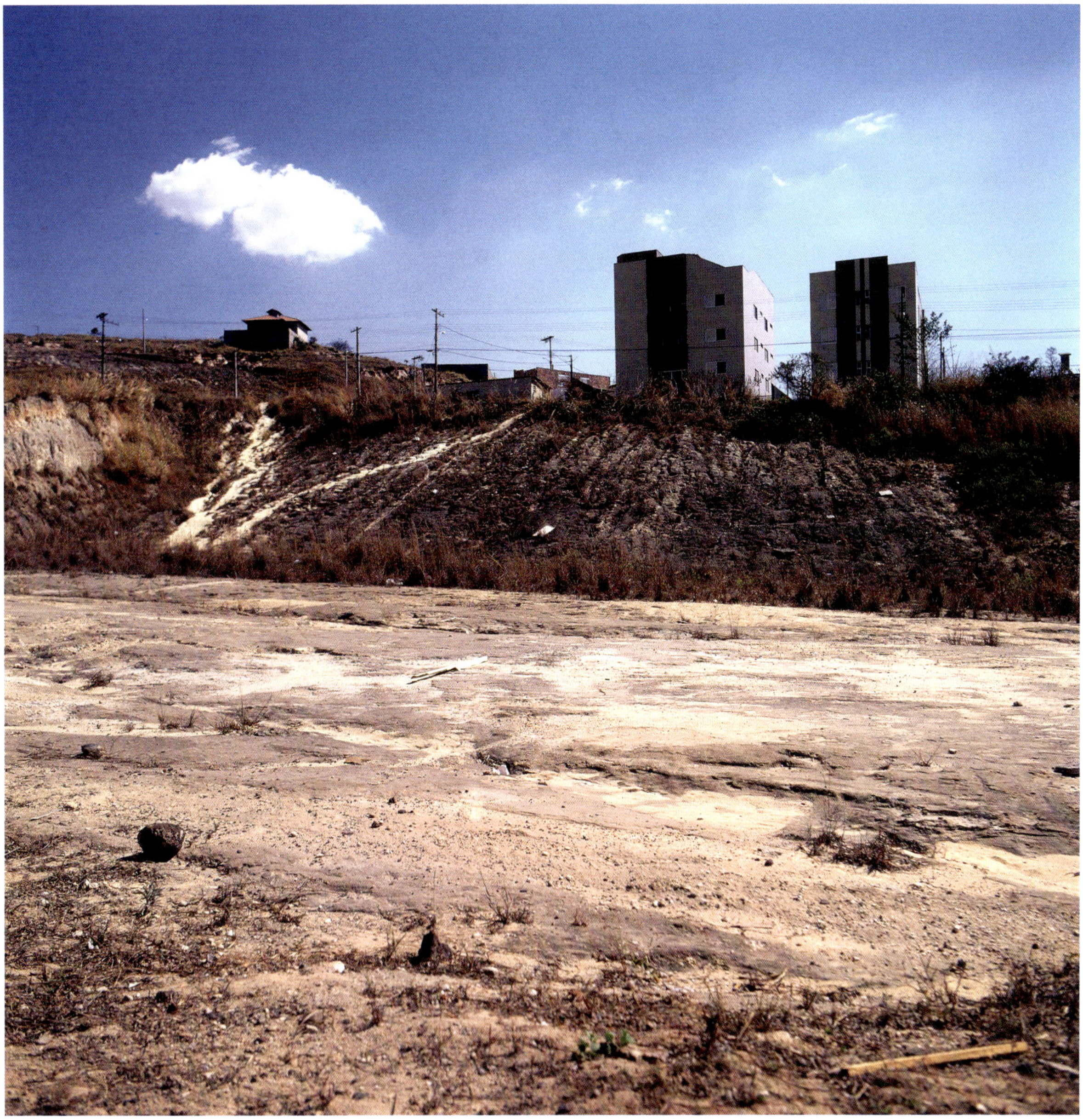

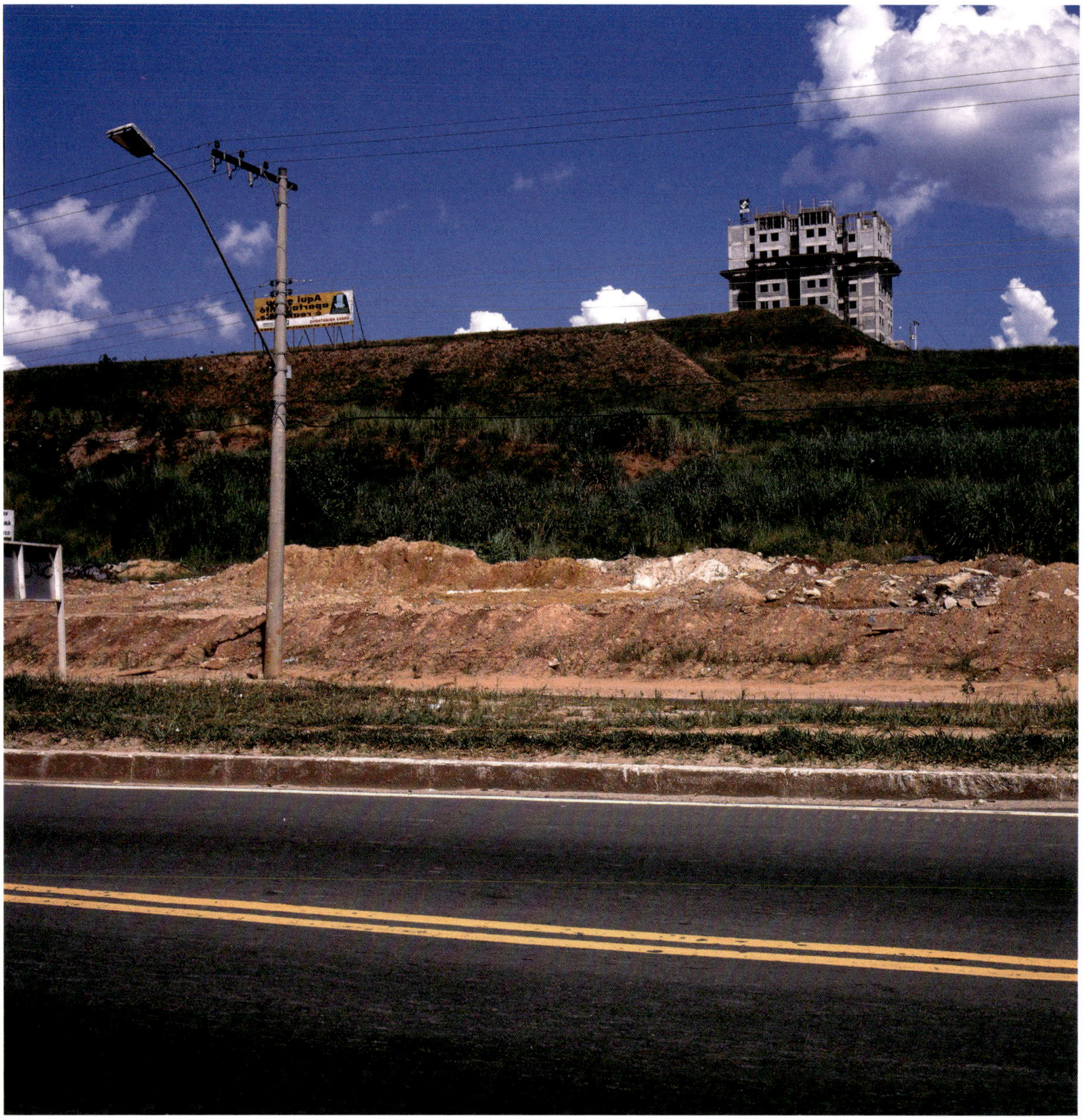

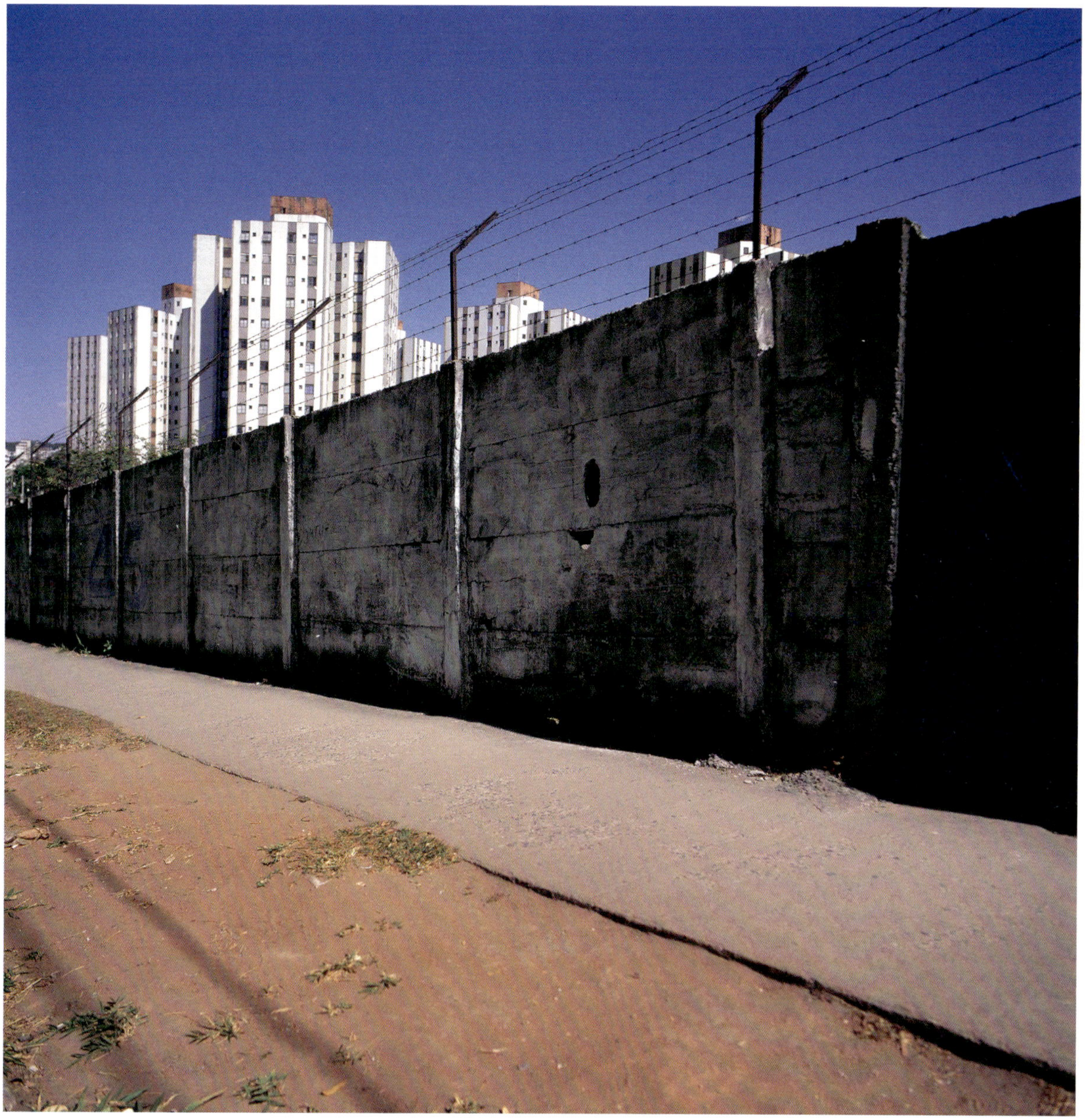

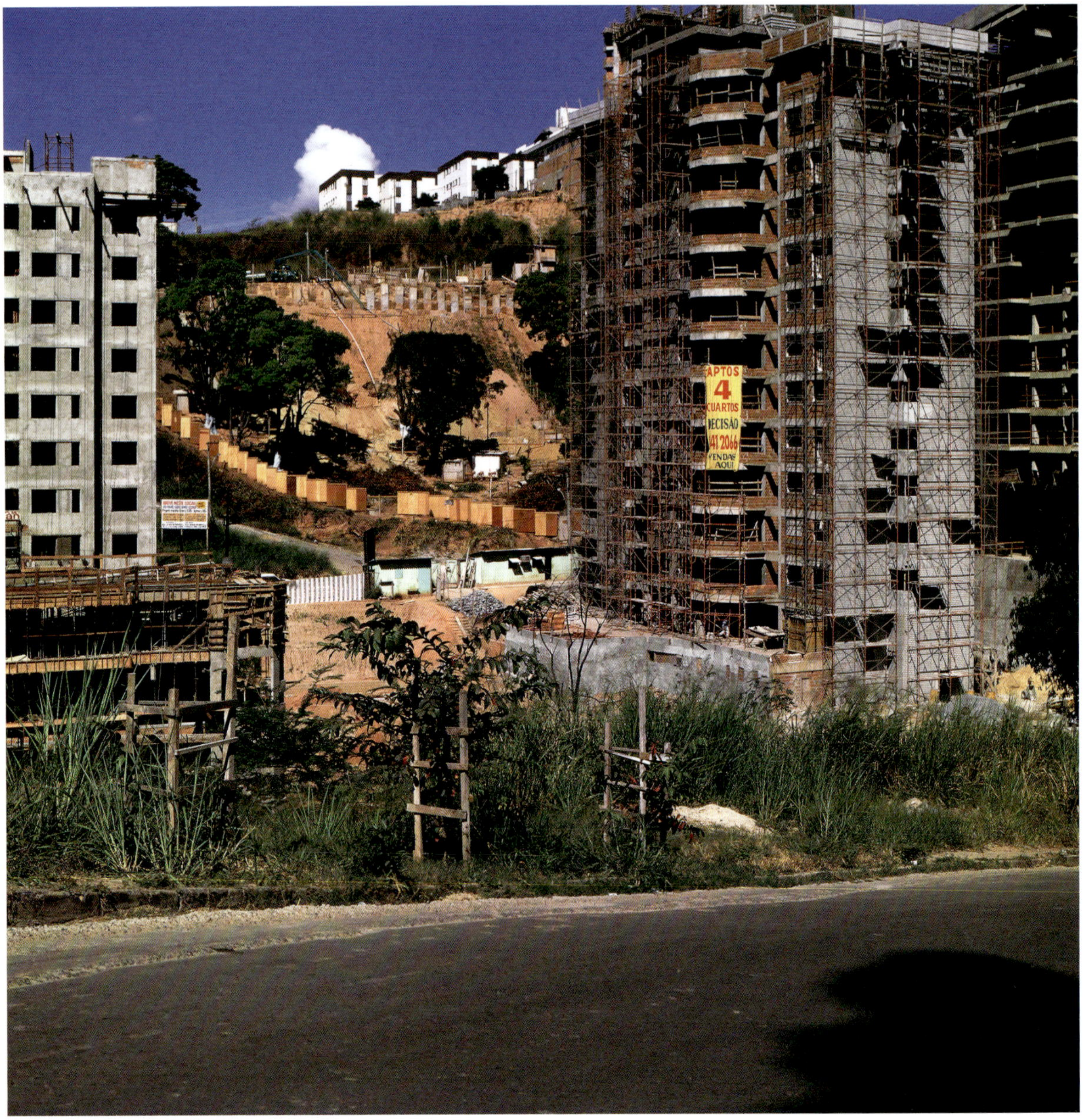
APTOS
4
CUARTOS
ECISÃO
41 2066
VENDAS
AQUI

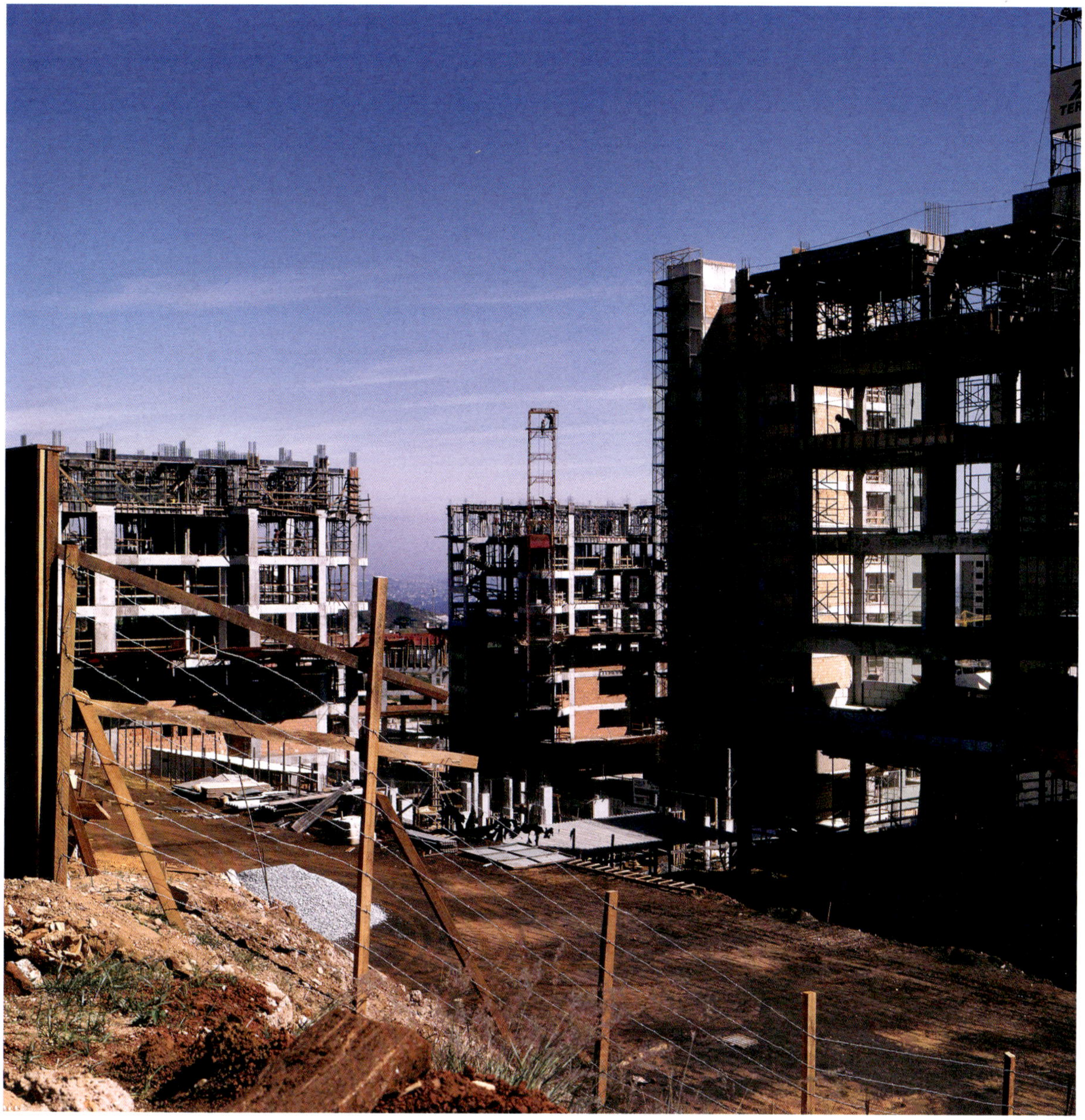

E
TÁXI
CFL-CONSTRUTORA FERREIRA LIMA LTDA
À SERVIÇO DA COPASA
COPASA MG
CFL-CONSTRUTOR
À SERVIÇO

Em obras: história do vazio em Belo Horizonte

MERCANTIL DO BRASIL

RG **ROMANO GUERRA** EDITORA / SÃO PAULO, 2022

Em obras: história do vazio em Belo Horizonte

Carlos M. Teixeira

Para Nina

PREFÁCIO 2ª EDIÇÃO
Urbanismo e destruição criativa 22
Jacques Leenhardt

PREFÁCIO 1ª EDIÇÃO
A experiência das oscilações 30
Rita Velloso

Preâmbulo 32
I. Do cartão-postal 36
II. Urbana 72
III. Suburbana 118
IV. Admirável mundo novo 176
V. CJK (o anticartão-postal) 192
VI. Liberdade, ela é o vazio 234
Conclusão 258

PEQUENAS HISTÓRIAS 262
PROJETOS 270
POSFÁCIO 296
ENGLISH VERSION 304
BIBLIOGRAFIA 378

URBANISMO
E DESTRUIÇÃO
CRITIVA

Ensaio sobre *Em obras: história do vazio em Belo Horizonte* de Carlos M. Teixeira
JACQUES LEENHARDT

Há mais de um século, nasceu a nova capital mineira: Belo Horizonte, um projeto moderno inspirado na arquitetura eclética e no planejamento urbano da Paris haussmanniana. Em retrospecto, Carlos M. Teixeira elabora com seu livro *Em obras* uma avaliação crítica do que aconteceu com essa utopia. Ao mesmo tempo, ele olha para o futuro, imaginando o que pode acontecer com esta metrópole no início do século 21. O trabalho deriva parte de sua originalidade do fato de que a análise, em seu duplo movimento em direção ao passado e ao futuro, se baseia em um diálogo entre textos breves de várias origens e gêneros e numerosas imagens fotográficas sugestivas que participam plenamente da discussão.

***

Brasil, final do século 19: a República acaba de suceder ao Império e um vento de modernidade positivista está soprando sobre um país em busca de uma nova identidade. A renovação política e econômica faz reformas urbanas urgentes. Nesse contexto, o projeto de uma nova capital para o estado de Minas Gerais será confiado a Aarão Reis, o engenheiro designado para chefiar a Comissão Construtora da nova capital. O local escolhido para a construção está ocupado por um povoado modesto

(Curado del Rey). É uma vila típica da tradição agrária patriarcal e da arquitetura colonial portuguesa, localizada na encruzilhada por onde passam as tropas de caravanas (tropeiros), levando a riqueza mineral do interior para os portos abertos a países estrangeiros.

A história desta nova capital, Belo Horizonte, e sua degradação sob o efeito do crescimento populacional ao longo do século 20 são objeto de reflexão por Carlos M. Teixeira. Coube ao autor imaginar um lado positivo e portador do futuro para as imagens deprimentes de uma cidade que sonhava ser tão bonita quanto um ideal, e que o tempo tornou tão pouco atraente quanto disfuncional.

PRÉ-HISTÓRIA

Essa lenta catástrofe urbana tem um tipo de pré-história que tem sua origem no ato simbólico de estabelecer a capital moderna no local de uma antiga cidade comercial. Essa decisão, que admite construir a nova cidade a partir da destruição da antiga, de acordo com o princípio da tábula rasa, é indicativa de uma dinâmica que na época se aplicou a muitos campos e à qual se deu um nome: *destruição criativa*.
É o momento em que o economista austríaco Joseph A. Schumpeter (1883-1950) denomina de destruição criativa a própria lógica da modernização capitalista, sua necessidade de destruir para impor a novidade em que se baseia seu desenvolvimento.[1]

A primeira a perceber as consequências dessa dura lei do progresso foi a própria Comissão Construtora que, em um gesto altamente simbólico, convidou o pintor Emilio Rouède (1848-1908) para vir pintar, antes que desaparecesse, o que existia no local onde seria erguida Belo Horizonte, ou seja, a paisagem do Curral del Rey. A escolha deste artista, sem dúvida, não se deve ao acaso. Emilio Rouède foi um daqueles migrantes europeus que sabiam fazer de tudo e que estavam disponíveis. Ele havia estabelecido uma reputação de pintar com uma velocidade excepcional, e alegou-se que algumas de suas pinturas foram concluídas em menos de quatro minutos. Rouède era, portanto, ideal para o trabalho, pois era necessário agir rapidamente para capturar esse cenário quando as grandes obras de desenvolvimento já haviam começado.

As pinturas de Rouède revelam inequivocamente o rasgo simbólico que a modernização urbana causou. Uma tela representa a *Rua do Sabará* (1894), uma estrada de terra cercada por modestos casebres, e outra o *Largo da Matriz de Boa Viagem* (1894),[2] para a qual o pintor escolheu um ponto de vista inferior para evidenciar a imponente massa do edifício sagrado. Domina a vila com suas duas torres sineiras no estilo barroco português; uma equipe de gado passa despreocupadamente a seus pés, puxando um carro de bois coberto. A imagem pintada da Matriz Nossa Senhora de Boa Viagem, que ilustra o charme pitoresco de um passado rural arcaico e patriarcal,[3] entra em conflito aberto com a modernização imposta pelos planos de Aarão Reis e que se completará com a capela da Pampulha de Oscar Niemeyer meio século depois. O confronto das imagens manifesta o processo histórico que declina o destino da cidade velha a favor de Belo Horizonte, sob a lei da destruição criativa. Entre as paisagens pitorescas e nostálgicas de Rouède e os modernos cartões-postais que Carlos M. Teixeira estudará, um cataclismo memorial assolou os habitantes do Curral del Rey, o qual este poema de Afonso Arinos testemunha com ironia melancólica:

"No ano de 1925, o senhor diretor de obras
deitou abaixo a matriz de Boa Viagem
(que lindo nome para um cemitério)
e construiu, no lugar dela,
uma catedral gótica, último modelo.
Eu achei que foi bobagem
mas o povo de Minas disse que era progresso".[4]

Essas imagens antigas constituem o que se poderia chamar de cena primordial do trágico destino de Belo Horizonte. Novas imagens tentarão fazer as pessoas esquecerem esse mundo antigo, imagens da tábula rasa original, cartões-postais em torno dos quais a imagem pública e modernista da capital será construída.

CARTÃO-POSTAL

Desde o início de sua história, o cartão-postal foi um instrumento de desenvolvimento turístico, e mais ainda a partir do momento em que foi tecnicamente possível integrar-lhe fotografias. Representa, como Carlos M. Teixeira disse, o "casamento entre cidades e a fotografia",[5] um instrumento perfeito para divulgar locais e cidades notáveis em busca de viajantes.

Infelizmente para eles, os fotógrafos que acompanharam a abertura oficial da nova capital em 1897 tinham poucos monumentos notáveis para colocar na frente de suas lentes. O andamento do trabalho deixou em seus filmes grandes espaços ainda desocupados, vazios pouco fotogênicos que deram a Carlos M. Teixeira total liberdade para explorar, por trás de alguns monumentos majestosos, o peso da ausência e a fragilidade que esses espaços já testemunhavam.

É neste vazio original, outro aspecto da tábula rasa primitiva, que a aposta apoiada por este livro provocador está enraizada: não para ancorar o olhar nos poucos monumentos que são realmente apenas uma fachada, mas no inverso desse cenário, em imagens ruins e sem classificação, capazes de registrar o que escapava ao olhar estabelecido e que os fotógrafos nomeados pelos promotores não dominavam. Buscar, por trás da positividade ostensiva do nada construído, a força de transformação, como poder da novidade, como sintoma da eficácia desse princípio sempre em ação que é a destruição criativa. E, em um provocador gesto dialético, para mostrar que esse vazio anuncia as potencialidades do amanhã, abre-se uma liberdade que fará a cidade sobreviver às deficiências e contradições que pervertem tanto a ideologia modernista que presidiu sua construção quanto a prática dos arquitetos. Carlos M. Teixeira reivindica esta aposta, que ele compara com o gesto do investidor inteligente:

> Um investidor experiente, pelo contrário, busca papéis em baixa que possam valer mais horas depois do momento da compra. Analogamente, compro uma imagem sem valor (fotografo o prosaísmo de BH hoje) e faço dela motivo de um livro comemorativo. Aposto tudo nessa imagem antissentimental, nesse papel que não tinha importância alguma no momento da compra para, imediatamente depois, recolocá-la em circulação (mesmo sabendo que os riscos dessa estratégia tanto podem me trazer lucro quanto prejuízo, o que torna a tarefa de falar sobre Belo Horizonte um pouco mais estimulante).[6]

A aposta na origem deste livro, portanto, promete ser *especulativa* e *poética* em si mesma, na medida em que envolve uma reversão de valores completamente nietzschiana. À imagem ideal do planejamento urbano de cartões-postais que, por força da racionalidade, teria resolvido as contradições da vida urbana, Carlos M. Teixeira opõe o caos da cidade decadente que se espalha diante de seus olhos. No entanto, esse mergulho na desordem urbana, e as imagens que a ilustram, não são simplesmente uma condenação das ilusões da racionalidade urbanística. São ao mesmo tempo o sinal de uma vitalidade, sem dúvida destrutiva, mas na qual é preciso saber perceber um poder poético que antecipa o perfil e as possibilidades do futuro. A contemplação do desastre não é um prazer do artista, comenta Carlos M. Teixeira,[7] mas a única maneira de enfrentar a "terrível poesia" desta cidade e o desafio que ela representa para as receitas urbanas do passado. Não podemos deixar de pensar aqui no famoso texto de Aragão, "Passage de l'Opéra", onde o autor encontra as raízes de uma nova poética no centro do desastre causado pela modernização haussmanniana de Paris. Ele aproveita a destruição das *passagens parisienses*, que tão fortemente inspiraram Walter Benjamin, esses "aquários humanos" como ele as chama, para sentir o alvorecer de uma poesia que ele chama de "mitologia moderna":

> O grande instinto americano, importado para a capital por um prefeito do Segundo Império, que tende a cortar o plano de Paris, logo tornará impossível manter esses aquários humanos que morreram em sua vida primitiva e que, no entanto, merecem ser considerados os ocultadores de vários mitos modernos, *porque é só hoje que a picareta os ameaça* que eles se tornaram efetivamente os santuários de um culto ao efêmero, que se tornaram a fantasmagórica paisagem dos prazeres e das profissões amaldiçoadas, incompreensíveis ontem e que amanhã nunca se saberá.[8]

É a iminência da destruição que desencadeia a abertura poética, e Carlos M. Teixeira, diante do espetáculo angustiante oferecido por Belo Horizonte, está atento à dinâmica positiva que surge do desastre. As imagens de Marcelo Sant'Anna (página 149) que ele escolhe revelam uma energia estética e vital que prova que é *agora*, no coração da decrepitude, que é possível sonhar com outro mundo urbano. Sem imaginar retroceder ou constituir um programa para amanhã, essa poesia se baseia mais no efêmero do que nas fantasias do planejamento a longo prazo. Sonhando com uma arquitetura que não teria sido prevista, uma forma de cidade que emergiria espontaneamente da própria vida urbana. Esta é a *mitologia moderna* para a qual o exercício do planejamento urbano que é este livro incomum nos convida.

Para conduzir esta reflexão em muitos aspectos paradoxais, Carlos M. Teixeira construiu sua obra sobre uma grande oposição: sob o título "Urbana", o segundo capítulo ocorre sob a lei do idealismo urbanístico, em contradição com o terceiro, "Suburbana", que ilustra a desconstrução do sonho de planejar e suas crenças prometeicas de cartão-postal. A singularidade dessa demonstração reside no fato de que o argumento não se baseia, como de costume, em um texto argumentativo, mas no poder das imagens. A ambivalência da imagem, seu poder metafórico, a licença poética que a define, todas essas características conduzem o julgamento – e com muita eloquência, graças a um layout imaginativo e eficaz. O autor sabe tirar proveito de imagens que rompem com os códigos estéticos dos periódicos de arquitetura, e pode-se pensar que foi sensível ao ponto de inflexão da fotografia com a exposição *New Topographics: Photographs of a Man-Altered Landscape*[9] (ou, em tradução livre, "Novos topográficos: fotografias de uma paisagem alterada pelo homem"*)*. Mas a fotografia dele é mais do que uma simples redenção da feiúra e da banalidade. Teixeira fala menos de natureza degradada do que de um sonho urbano corrompido por seu próprio crescimento arquitetônico. Devemos, então, prestar atenção ao capítulo dedicado a um dos complexos urbanos mais emblemáticos de Belo Horizonte, o Conjunto Juscelino Kubitschek – CJK. Dedicar um capítulo inteiro ao fracasso espetacular deste projeto pode legitimamente parecer um manifesto. De fato, o CJK condensa muitas aberrações no planejamento da cidade que abriram o caminho para a ocupação máxima do território pelos edifícios. Este capítulo é, portanto, uma acusação específica contra o poder de preenchimento desavergonhado que, infelizmente, a arquitetura frequentemente assume.

É sem dúvida em torno do CJK que o uso da poética fotográfica de Carlos Teixeira se desenvolve de maneira mais eloquente. O título do capítulo fala por si: "CJK (o anticartão-postal)". A equipe formada em 1946 em torno do governador Juscelino Kubitschek e do arquiteto Oscar Niemeyer deu à luz algumas pequenas jóias, a capela e o cassino da Pampulha, sabiamente colocados à beira de um lago, longe do centro da cidade, diamante na coroa suburbana que poderia reivindicar corresponder aos picos históricos do barroco mineiro. O CJK foi mais uma aventura que começou no coração da região metropolitana, levando todas as marcas dos híbridos arquitetônicos do movimento moderno. As duas torres do complexo, de 26 e 36 andares, respectivamente, destinavam-se a acomodar cerca de 5 mil habitantes e constituíam de fato uma espécie de cidade dentro da cidade, dotada de um programa inovador inspirado em alguns princípios coletivos testados por Le Corbusier em La Cité Radieuse[10] de Marselha.

Infelizmente, tudo deu errado, econômica, política e urbanisticamente, de modo que em 1964, quando a ditadura sucede os anos abençoados em que Juscelino Kubitschek era o Presidente da República, o monstro arquitetônico afunda em um processo entrópico irreversível, devido à obra incompleta e ao vandalismo dos próprios habitantes. As imagens desta catástrofe arquitetônica e urbana, notadamente a página dupla 224 e 225, obra de José Octavio Cavalcanti e com o título felliniano *E la nave va*, são eloquentemente brutais. Mais uma vez, através de suas escolhas, o autor soube colocar a arte da fotografia a serviço de sua demonstração, e percebemos, por trás desse clichê desesperado de uniformidade, a estética da trágica monumentalidade de um Andreas Gursky.

Carlos M. Teixeira é arquiteto: se seu trabalho tem um aspecto reflexivo e é nutrido por inúmeras referências artísticas, é também porque, para ele, pensar em urbanismo deve necessariamente levar a propostas, a planos e a um desejo concreto de transformar o mundo. Para ele, a cidade é uma atividade permanente e, portanto, uma fênix que exige, acima de tudo, que a mente seja liberta das restrições do hábito. Os territórios explorados e depois abandonados pela atividade da mineração, como os prédios em colapso sob sua decrepitude avançada, são vazios potenciais e, portanto, provocações à liberdade e à imaginação. Diante dessa realidade, vamos reproduzir os erros do passado e preencher até a exaustão o espaço disponível no centro e nos arredores da cidade? Pelo contrário, seremos capazes de encontrar alternativas revigorantes para essas terras agora estéreis? Para dar um poder dinâmico a essas questões, Carlos M. Teixeira apela ao radicalismo artístico como força poética da proposta. Evoca o levante, tanto ético quanto estético, representado pela exposição de Yves Klein, *Le Vide*,[11] que oferecia para qualquer objeto de contemplação a ausência dos objetos de arte esperados em uma galeria, assim que se cruzasse sua soleira. Evoca igualmente o gesto de Lucio Fontana em *Concetto spaciale attese*, imaginando a lâmina radical do italiano cortando a Serra do Curral que domina a cidade e assim renovando, de uma só vez, a percepção da paisagem emergente no horizonte.

O livro termina com "Projetos" como se o autor fosse propor um novo programa arquitetônico. Essa talvez não seja a verdadeira natureza radical de seu argumento. Ao evocar Klein ou Fontana, Carlos M. Teixeira presta homenagem a obras-gestos e não obras-objeto. O *vazio* da galeria Iris Clert na verdade não era tão *vazio*, pois as fotografias que temos mostram algo: o espaço da galeria, suas paredes e sua cubagem.

Ainda mais, mostram uma janela vazia que o artista não conseguiu remover e um par de cortinas, uma das quais sustentada por uma abraçadeira. Vitrine e cortinas são os próprios instrumentos da encenação e envolvem um claro convite para ir e ver. Elas indicam essa parte essencial da arte, que é o condicionamento da visão, sua educação, mas também a necessidade de sua libertação. Voltando, como queria Klein, à matéria-prima que é a sensibilidade, esse é o calvário e a liberdade sobre a qual o vazio se abre, como o corte de Fontana se abre para uma terceira dimensão do plano da pintura, até então oculta.

Se este livro é um apelo à liberdade de sentir e pensar, e de pensar enquanto se sonha, é porque a catástrofe urbana nunca é definitiva, sempre haverá atividades e desejos para renová-la. Diante do impasse criado pelo preenchimento cego do espaço urbano, Carlos M. Teixeira nos convida a estar fielmente atentos às surpreendentes possibilidades do vazio.

NOTAS

1. SCHUMPETER, Joseph Aloïs. *Theorie der wirtschaftlichen Entwicklung: Eine Untersuchung über Unternehmergewinn, Kapital, Kredit, Zins und den Konjunkturzyklus.*
2. Estas pinturas estão atualmente expostas no Museu Histórico Abilio Barreto.
3. Uma modesta capela fora construída no início do século 18 pelo português Francisco Homem del Rey, substituída no século 19 pela imponente matriz, que por sua vez seria demolida em 1925 para dar lugar (em 1932?) à atual catedral de Belo Horizonte, em puro estilo gótico.
4. ARINOS, Afonso. Nossa Senhora de Boa Viagem, p. 17.
5. TEIXEIRA, Carlos M. *Em obras: história do vazio em Belo Horizonte*, p. 40.
6. Idem, ibidem, p. 59.
7. Idem, ibidem, p. 61.
8. ARAGON, Louis. Le passage de l'Opéra, p. 19 (ênfase do autor).
9. *New Topographics: Photographs of a Man-Altered Landscape*, exposição de oito jovens fotógrafos americanos na George Eastman House em Rochester NY em 1975. Sua característica era se distanciar da visão clássica e mítica da paisagem americana, em busca dos interstícios do tecido social americano.
10. A Cité Radieuse, construída por Le Cobusier nos arredores de Marselha entre 1945 e 1952, compreende 337 unidades habitacionais às quais 26 serviços comuns são destinados ao uso de todos os residentes.
11. Yves Klein, *Le Vide*, exposição que decorreu na galeria Iris Clert, em Paris, de 28 de abril a 12 de maio de 1958. A mostra, na verdade, tinha um título mais complexo do que a história conserva: *A especialização da sensibilidade como uma matéria-prima para a sensibilidade pictórica estabilizada*. Yves Klein havia repintado toda a galeria de branco para que, por meio desse gesto, pudesse ocorrer uma experiência sensível e radical da cor. Ele havia se apropriado do espaço e feito dele, como ele mesmo dizia, sua oficina.

A EXPERIÊNCIA DAS OSCILAÇÕES

Prefácio à 1ª edição de *Em obras: história do vazio em Belo Horizonte* de Carlos M. Teixeira
RITA VELLOSO

Este não é um livro sobre a história da cidade de Belo Horizonte – se por história entendemos aquilo que se assenta na validade da prova, que remete ao estatuto do documento. Este não é um livro sobre uma teoria de urbanismo – se pensamos para o urbanismo uma série de conceitos reunidos numa normatividade a regular e configurar uma dada prática.

Este é um livro de análises deliberadamente esporádicas: trata do retrato e da narrativa de uma cidade, sem ser, todavia, celebrativo. Ao escrever sobre Belo Horizonte, Carlos M. Teixeira se detém não sobre aquilo que se deixa ver explicitamente, mas sob o que se pode somente vislumbrar por trás de sua história estável e centenária.

Em obras: história do vazio em Belo Horizonte é um livro que não teme a transformação: justamente por ver o passado em fecunda (e por vezes desesperançada) continuidade com a vida atual é que se pode olhá-lo e fazer o seu relato, sem contudo carregá-lo de uma certeza cega e abusiva, que pretensamente diria já tê-lo esgotado. E ousa defender, suprema heresia, que coisas e arquiteturas destruam-se, se nelas não se vive mais numa orientação coletiva de sentido daquela cultura. Neste livro não se apagam, na história da cidade, os vestígios deste mundo: monumentos não são os oficiais; ao comemorar o centenário, o livro não se esquece jamais de que não se pode renovar a cidade, determinando assim sua importância, visto que, quando recém-construída, já se tornara monumento.

A discussão atual sobre cidades esconde, sob idéias de descontinuidade e fragmentação, o irresistível desejo dos arquitetos de se renderem à forma: com isso, acabam abrigando, em determinada espécie de crítica e projetos urbanos, um anacrônico apelo à beleza, agora transfigurada em complicadas estratégias formalistas ou em restaurações que pretendem eliminar a idade dos edifícios. Ora, mais do que sob esse ou aquele padrão de harmonia visual, a cidade desenha-se envolvendo e transformando seus espectadores, seus habitantes. Hoje, exige deles mais do que a benjaminiana atenção distraída: são, sim, espaços rarefeitos e distorcidos, disseminados pela escala agigantada de seu tecido. Mas, sobretudo, expõem uma cultura de dialetos: gramática e sintaxes que são exercitadas até adquirir forma fixa.

O trabalho do arquiteto, nas cidades, dar-se-á, portanto, numa zona intermediária entre pertencer a uma comunidade e explicitar a consciência de multiplicidades de linguagens: expondo a oscilação entre pertença e desenraizamento que tanto marca a nossa cultura. Compor seu retrato e narrar sua história implicará a conjugação de alguns elementos universais, outros particulares, de mudanças temporais versus perpetuação das tradições.

Assim é que Carlos M. Teixeira escreve sobre a temporalidade: o discurso do seu texto enfrenta o equívoco, sabe não pertencer aos limites do acadêmico e não se deixa seduzir por rápidas abordagens historiográficas. Contudo, preserva a sua própria polivalência, guardando para seus leitores a multivocidade das interpretações, pois que à vida urbana – à experimentação de lugares e arquiteturas – não cabe outra tarefa que desvendar seu sentido poliédrico.

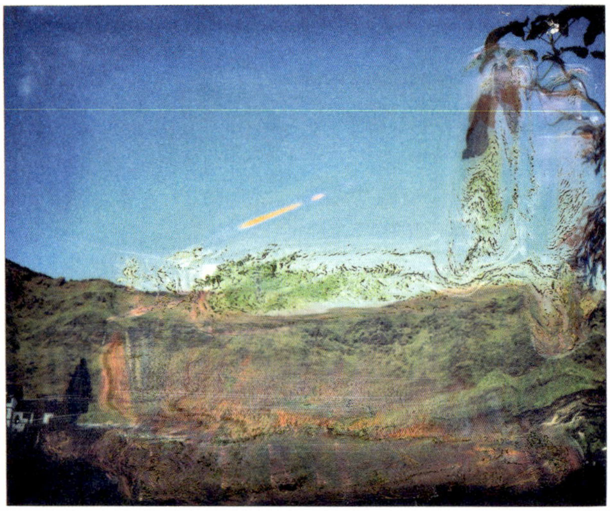

PREÂMBULO

HIPÓTESES

E se o centenário de Belo Horizonte fosse tomado como momento para comemorarmos tudo o que ainda não foi construído em Belo Horizonte? Se procurássemos, nas camadas rasas dessa cidade sem história, escavar o potencial de BH200? Os *vazios*, ao invés dos *cheios*, o verdadeiro manancial das celebrações urbanas? A cidade fragmentada e prosaica aceita sem qualquer sentimento nostálgico e exaltada como o que há de mais importante na cidade?

FOTOS

As cidades jovens sempre tentam contar o pouco de história que têm quando o assunto é a autopromoção por meio de livros. *Em obras: história do vazio em Belo Horizonte* é o caso oposto: ele não aposta no passado e nas glórias, mas sim na falta de símbolos arquitetônicos e no aqui e agora. Procurando tirar partido da liberdade oferecida por uma cidade longe de estar *pronta*, *Em obras* segue uma tradição secreta de Belo Horizonte: a tradição de seus anticartões-postais, já que esta cidade nunca se apegou aos cartões-postais que tentou produzir. Raríssimos são os postais de BH, e isso me deixa mais à vontade para fotografar qualquer coisa: o que é bom, o que é ruim, o que é feio, o que é bonito, o que é cheio, o que é vazio. Incorporando as repetições, as ambiguidades e as contradições da paisagem urbana, são fotos como curtos-circuitos; choques visuais ao lado de imagens já conhecidas; reportagens históricas seguidas de ensaios fotográficos sobre a cidade contemporânea. Imagens que correm em paralelo, às vezes se referindo aos textos, às vezes em discurso independente. Fotos do autor, fotos de outros autores, ensaios que se levam a sério, ensaios que não se levam a sério, recortes de jornais, fotos de arquivo, fotos boas, fotos ruins etc.

TEXTOS

Os textos, por outro lado, seguem estruturados em parágrafos numerados.
"Do cartão-postal" exalta a história de Belo Horizonte como a performance de um mantra mecânico marcado por ciclos ininterruptos de construção e destruição. As imagens antigas da cidade, em obras e em transformação, são abordadas não como reminiscências saudosas, mas como a própria essência da capital.

"Urbana" descreve o plano original desenhado em 1895 por Aarão Reis – o planejador de Belo Horizonte –, enquanto "Suburbana" se esforça para aceitar a sua *estética invertida*: a cidade disforme, ordinária e que, definitivamente, não foi planejada por arquitetos ou urbanistas.

"Admirável mundo novo" registra as principais obras de arquitetura dos *anos dourados*: o trabalho de arquitetos que modificaram a paisagem comum de Belo Horizonte, sempre usando como fonte de inspiração o caráter otimista do modernismo que já habitou a mente dos belo-horizontinos.

"CJK" conta a história da Torre Kubitschek, tomada aqui como precursora da febre de condomínios verticais que hoje assola a cidade e como exemplo máximo de edificação indutora de transformações urbanas.

"Liberdade, ela é o vazio" é um delírio sobre a Belo Horizonte que ainda não podemos ver: a cidade em potencial, por se revelar, à espera de um choque que desparalise sua inércia atual e a faça retomar seu otimismo perdido.

PROJETOS

Por fim, o apêndice apresenta projetos urbanos e arquitetônicos como exemplos de ativação de vazios (Serra do Curral; Tumor benigno; Teatro dos vazios; Instalação na Pace Galeria; e Intervenção em um edifício medíocre).

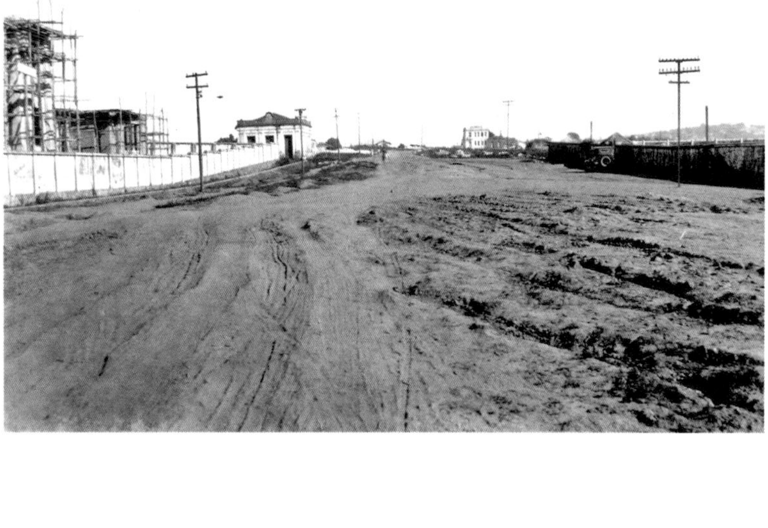

I.
DO CARTÃO-POSTAL

12 DE DEZEMBRO DE 1897

No ano da fundação de BH ainda havia pouca arquitetura – pouca matéria-prima que pudesse ser aproveitada como símbolo da cidade –, o que não impediu que a festa de inauguração fosse registrada por pioneiros. A cidade da inauguração era pouco mais que um projeto. Era habitada por operários dedicados às construções, funcionários, engenheiros, comerciantes e arquitetos que caminhavam nas ruas largas em meio a andaimes e espaços vacantes. Andava-se em animais, raras bicicletas e mais raras carruagens, com tração animal. Na foto, vê-se em primeiro plano os novos habitantes (12 mil no total), a Serra do Curral ao fundo, e apenas um singelo coreto construído na praça da Liberdade. Um apanhado de escoras de madeira, provavelmente usadas na construção das secretarias da praça, estava sendo usado como banco por alguns. Uma escada, à esquerda, mostra que o fotógrafo não teve a preocupação de esconder o aspecto de canteiro de obras do local. As pessoas, apesar da situação precária da cidade, parecem estar bem vestidas e ignorar o cenário improvisado. Muito mais *vazios* do que *cheios*. Muito mais natureza do que queriam os bravos construtores da nova urbe. Muito menos cidade, muito mais promessa do que fruto de uma cultura que, esperava-se, seria estimulada pela nova ciência do urbanismo.

Belo Horizonte - Inauguração 12 de dezembro de 1897

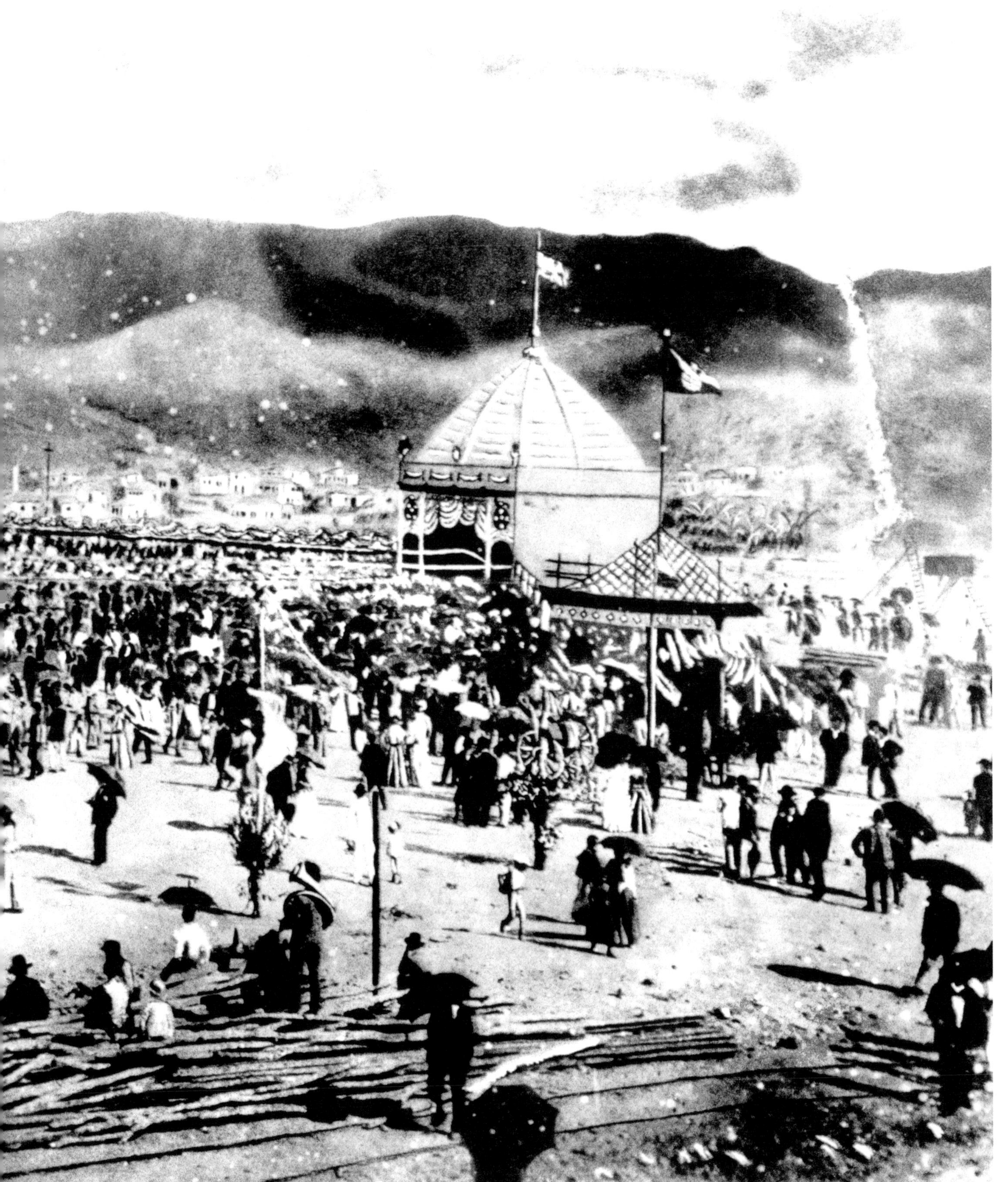

1 De certa maneira, misturar ensaios fotográficos e textos sobre Belo Horizonte é apoiar-se nisso que foi e ainda é a maior expressão do casamento entre as cidades e a fotografia: o cartão-postal. Assim como certo tipo de história narra principalmente os fatos oficiais, a história da paisagem de Belo Horizonte é narrada principalmente pelos cartões-postais que nos foram deixados. Todos os parques, as visitas de personalidades importantes, os monumentos, as praças, os edifícios públicos, as belezas naturais, as paisagens pitorescas – toda a imagem que esta cidade se esforçou ou se esforça para fazer de si mesma está registrada em seus cartões.

2 Dentre outras utilidades, o cartão-postal serve para investigarmos se Belo Horizonte foi bem sucedida na fabricação de sua imagem, de seu marketing próprio. Ele é barômetro da eficiência da cidade para se divulgar e se maquiar, para convencer seus não-habitantes de que ela merece ser visitada, de que ela tem suas virtudes. Para os belo-horizontinos, a hipótese da autoestima é proporcional à quantidade de cartões-postais. Os belo-horizontinos precisam de cartões-postais.

3 E seria interessante tirar partido de uma coincidência singular de datas: toda a história de Belo Horizonte pode ser contada através dos cartões-postais – cidade e imagens que dividem a mesma idade. Belo Horizonte, cidade planejada, foi inaugurada em 12 de dezembro de 1897. O cartão-postal apareceu pela primeira vez na Áustria, onde foi apresentado em outubro de 1869. O cartão-postal ilustrado com fotografias, entretanto, chegou mais tarde: só depois dos novos regulamentos dos Correios e do desenvolvimento de papéis próprios para impressão de melhor definição é que o meio pôde se tornar popular, fato que ocorreu no final do século 19, em 1891.

LAMA

"A impressão não podia ser boa. Revolvida toda a área da futura cidade com aterros e desaterros, início das primeiras construções, abertura de ruas e intenso movimento de carroças, o pó era medonho! Triturado, vermelho, em alguns lugares se acumulava em camadas que atingiam mais de um palmo, em que se enterravam as pernas dos pedestres, tornando obrigatório o uso, que se generalizou, das meias-botas, feitas de couro, que custavam apenas 45$000! E que, impermeáveis, também serviam para a chuva. Estávamos em pleno regime das secas e quando este se findava caíamos na outra alternativa – a da lama". CELSO WERNECK, S.D.[1]

O caso entre esses jovens contemporâneos – Belo Horizonte (1897), cartão-postal com fotos (1891) – é razoavelmente original. Da mesma forma que uma parte da história da fotografia pode ser contada como uma reação consciente contra a beleza convencional, os cartões de Belo Horizonte podem ser considerados uma ampliação dos limites do cartão-postal tradicional: a fotografia como pesquisa inconsciente de outras formas de beleza urbana. Pois que desde antes de sua inauguração, mesmo antes de qualquer construção ser elevada à categoria de cartão-postal, esta cidade já vinha sendo registrada por fotógrafos ávidos por documentar a transformação da sua paisagem. Fotógrafos ainda sem assunto, ainda sem arquitetura, perdidos numa cidade vazia ainda por construir e obrigados a transformar o pouco que tinham em símbolos da cidade da nova República dos Estados Unidos do Brasil.

5

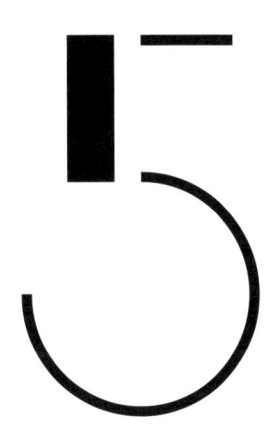

A falta de assunto e a ideia de fotografar poeticamente uma cidade sem poesia tradicional é o que pode fazer das fotografias antigas de Belo Horizonte imagens interessantes, e é também o que antecede aquilo que seria a marca registrada da capital mineira: a falta de conexão entre as intenções e os fatos. Por princípio, o cartão-postal representa o que há de mais relevante, funcionando como um espelho mágico que só reflete as maravilhas de determinado lugar. O que então dominava Belo Horizonte eram suas ruas desertas, as obras urbanas, a vegetação do cerrado e uns poucos moradores. Puro potencial, pura expectativa no que está incompleto, e uma invenção inconsciente de conceitos novos de cartões-postais: a representação de uma cidade incompleta que deveria ser mostrada, nas fotografias, como uma cidade *pronta* e a injeção de significado em locais que não diziam nada a ninguém. Paisagens que hoje já não existem, mostrando mais um processo do que uma forma, mais a história da transformação radical da natureza do que propriamente uma demonstração de sofisticação urbana. Todo cartão-postal da construção de Belo Horizonte é isso: uma manifestação de otimismo e ingenuidade; uma autocaricatura; uma expressão de orgulho próprio que só confirma a falta de verdadeiros cartões-postais. Casebres com status de construções importantes, carroças como símbolos do canibalismo do progresso, ruas e avenidas desertas como marcas de uma nova civilização, edifícios ecléticos como exemplos de uma arquitetura inovadora.

6 Até então esquecidos nos arquivos dos museus, esses cartões foram sendo redescobertos, à medida que o centenário da cidade se aproxima. Vários livros foram e ainda poderão ser publicados para celebrar o Centenário BH100, assim como uns poucos foram lançados em 1987 por ocasião dos noventa anos. As publicações contemporâneas dos cartões-postais da Belo Horizonte antiga tentaram transformar tudo em charme e nostalgia, com suas fotos em duotone insinuando como a cidade congelada pela fotografia pode ser bem melhor do que a que temos hoje. Tudo isso, entretanto, não exatamente por mérito da cidade ou dos fotógrafos, mas sim por efeito do tempo. Só por efeito do tempo.

7 "Em Maurília, o viajante é convidado a visitar a cidade ao mesmo tempo em que observa uns velhos cartões-postais ilustrados que mostram como esta havia sido: a praça idêntica mas com uma galinha no lugar da estação de ônibus, o coreto no lugar do viaduto, duas moças com sombrinhas brancas no lugar da fábrica de explosivos. Para não decepcionar os habitantes, é necessário que o viajante louve a cidade dos cartões-postais e a prefira à atual, tomando cuidado, porém, em conter seu pesar em relação às mudanças nos limites de regras bem precisas: reconhecendo que a magnificência e a prosperidade de Maurília metrópole, se comparada com a velha Maurília provinciana, não restituem uma certa graça perdida, a qual, todavia, só agora pode ser apreciada através de velhos cartões-postais, enquanto antes, em presença da Maurília provinciana, não se via absolutamente nada de gracioso, e ver-se-ia ainda menos hoje em dia, se Maurília tivesse permanecido como antes, e que, de qualquer modo, a metrópole tem esse atrativo adicional – que mediante o que se tornou pode-se recordar com saudades daquilo que foi". Ítalo Calvino, 1972[2]

VAZIO
"Melancólica impressão deixavam aquelas ruas enormemente largas e indefinidamente longas e por calçar, onde às casas separavam verdadeiras distâncias. E como pareciam modestas essas habitações, à margem de tão largas vias". AFFONSO DE ESCRAGNOLE TAUNAY, 1929[3]

A cidade causava estranhamento nos pioneiros que vivenciaram seus primeiros anos, mas hoje as antigas vistas com ruas largas e desertas geram nostalgia e arrependimento. Belo Horizonte é como Maurília, cidade jovem demais para ser saudosista. Nos arquivos de suas imagens falam três contradições que os mais escapistas procuram evitar, mas que é preciso reconhecermos: primeiro, a contradição das próprias fotos – os fotógrafos e a busca involuntária por coisas não muito fotografáveis numa cidade sempre em obras, os cartões-postais de uma cidade sem cartões-postais. Depois, a contradição do planejamento urbano – o crescimento desgovernado e a indiferença pelo rigor geométrico do plano original (seu antiurbanismo). E, por último, a contradição da arquitetura – a repetição constante de um único tema: criação e destruição intermináveis. Se a arquitetura é "música congelada", a música de Belo Horizonte é um mantra cada vez menos relaxante e gradualmente perturbador. É como o Bolero de Ravel, no qual o que mais importa é o aumento progressivo da intensidade e da complexidade de um módulo que se repete por toda a música.

AUGUSTO DE LIMA

Tudo é um pouco desinteressante (uma pequena construção à esquerda e alguns postes de luz separados pelo imenso pavimento de terra que ocupa todo o primeiro plano) até que as referências com a cidade atual fiquem claras. Aquela paisagem do início do século parece não ter a menor graça até que – surpresa! – você (habitante de Belo Horizonte) reconhece que se trata de um trecho da avenida Augusto de Lima.

"O fascínio que a fotografia exerce é uma lembrança da morte. Mas é também um convite ao sentimentalismo. A fotografia transforma o passado num objeto de carinhoso respeito. Confundindo distinções morais e desarmando os juízos históricos através do *pathos* generalizado de olhar para o passado. Um livro recente dispõe em ordem alfabética as fotografias de um grupo incongruente de celebridades, fotografias de quando eram bebês ou crianças. Stalin e Gertrude Stein, que nos olham em páginas contíguas. Parecem igualmente solenes e amorosos. Elvis Presley e Proust, outro par de jovens companheiros de páginas. Têm ligeiras parecenças: Hubert Humphrey (com três anos) e Aldous Huxley (com oito), lado a lado, têm em comum o fato de já revelarem os excessos de caráter por que viriam a ser conhecidos como adultos. Todas as fotografias do livro têm interesse e encanto se tivermos em conta o que conhecemos (incluindo, na maioria dos casos, fotografias) sobre as criaturas famosas em que essas crianças vieram a se tornar. Para essa e outras incursões semelhantes na ironia surrealista, instantâneos ingênuos ou os mais convencionais retratos de estúdio são muito eficazes: essas imagens parecem ainda mais estranhas, comovedoras e premonitórias".
SUSAN SONTAG, 1979[4]

47

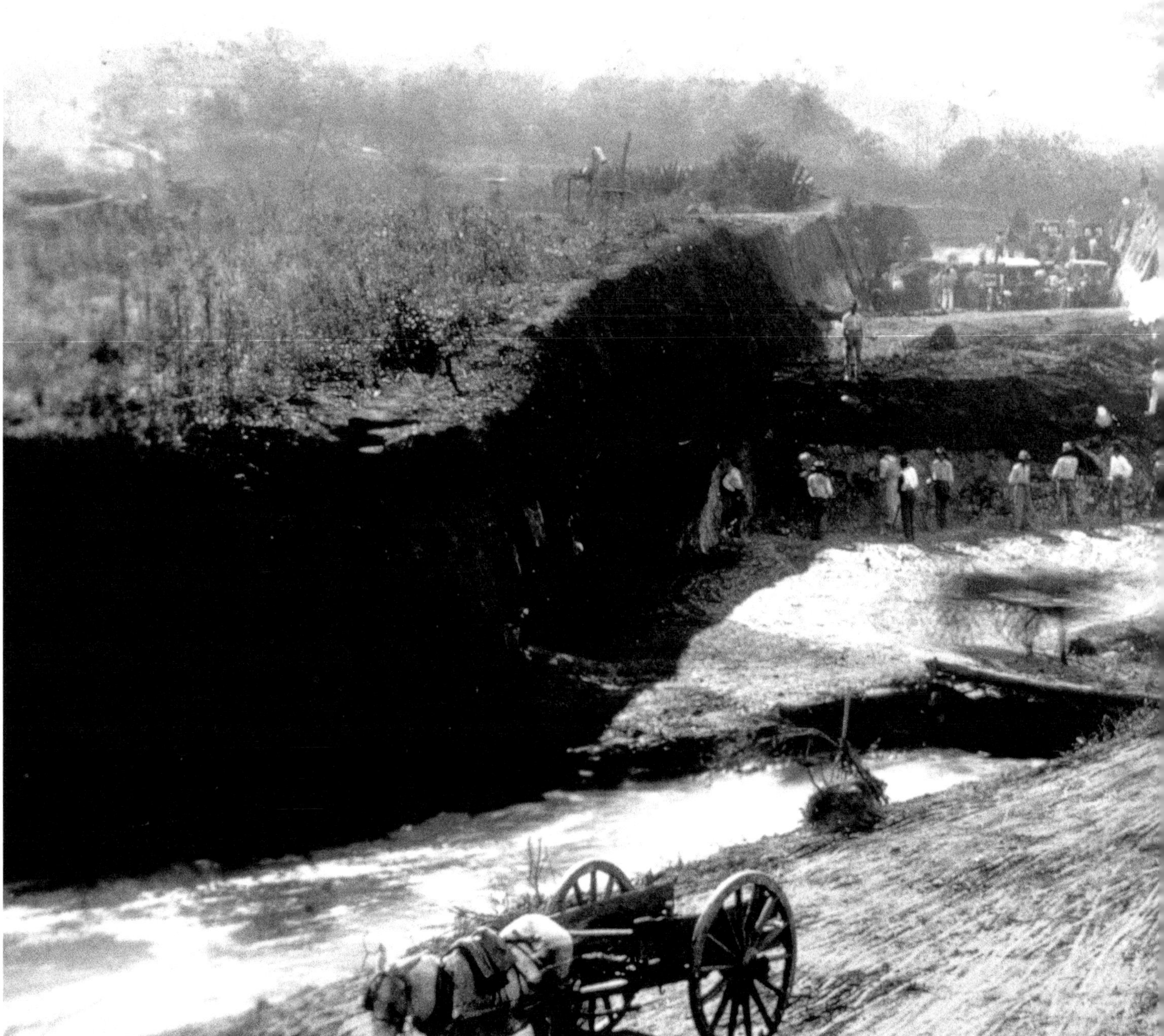

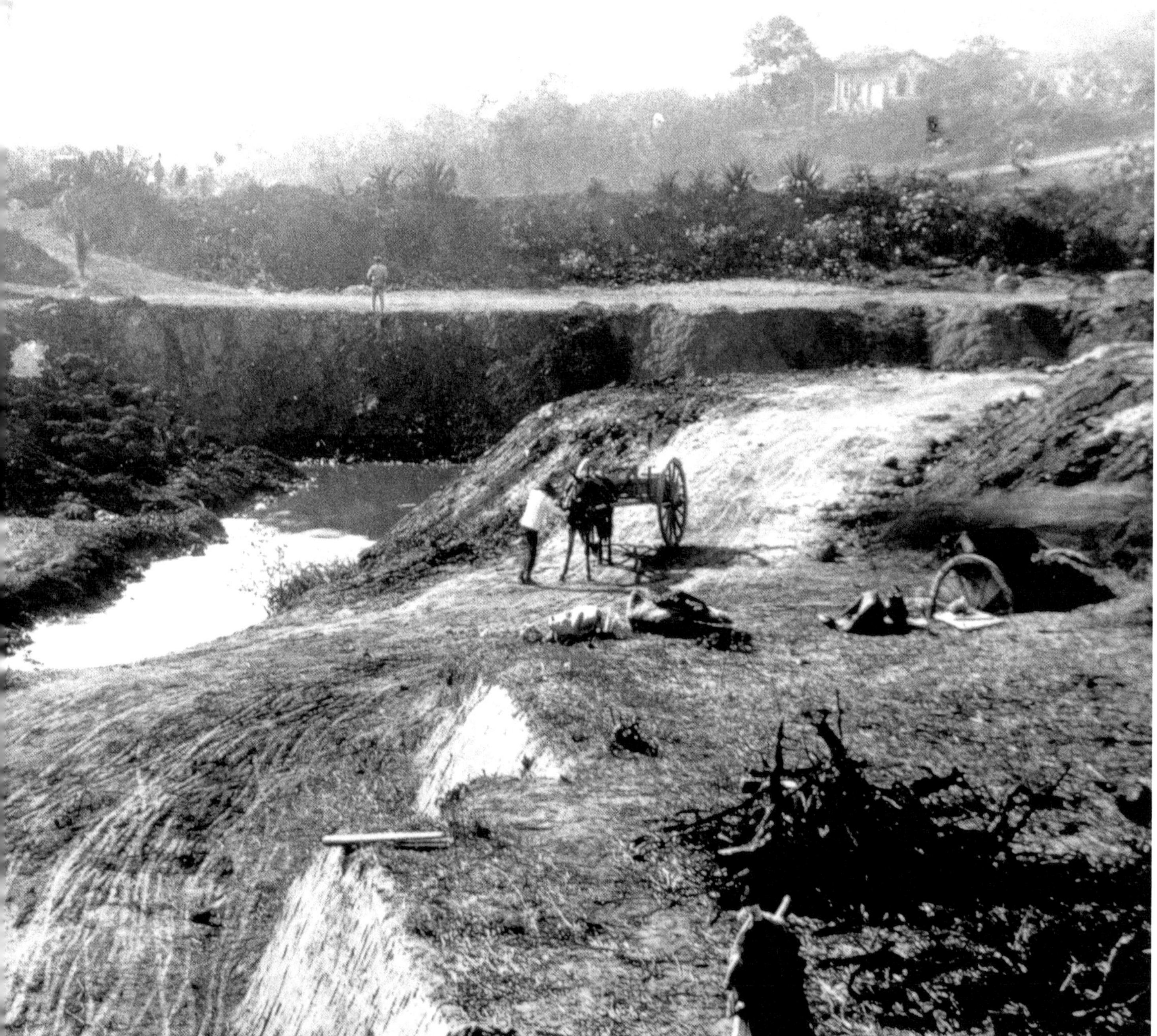

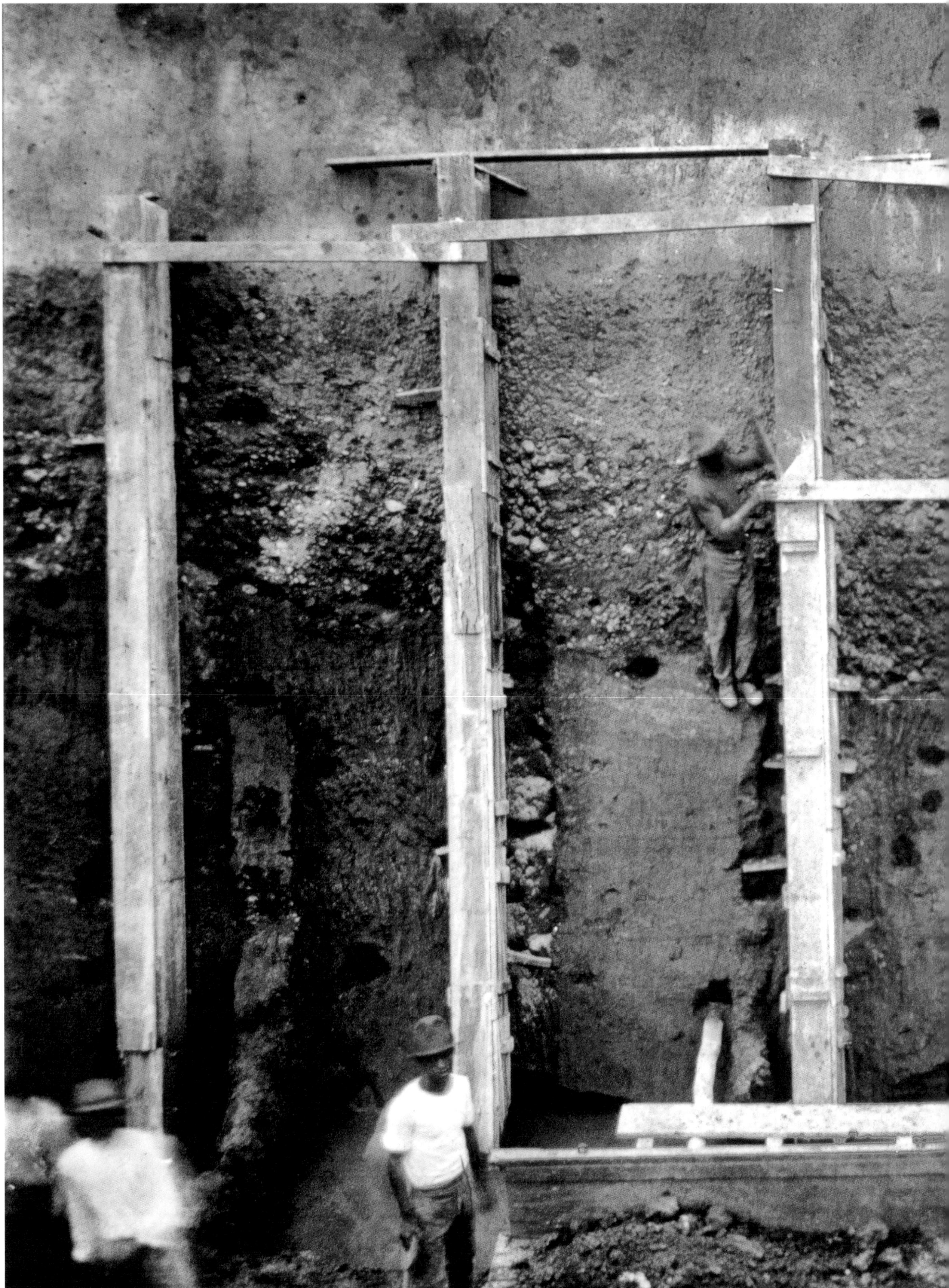

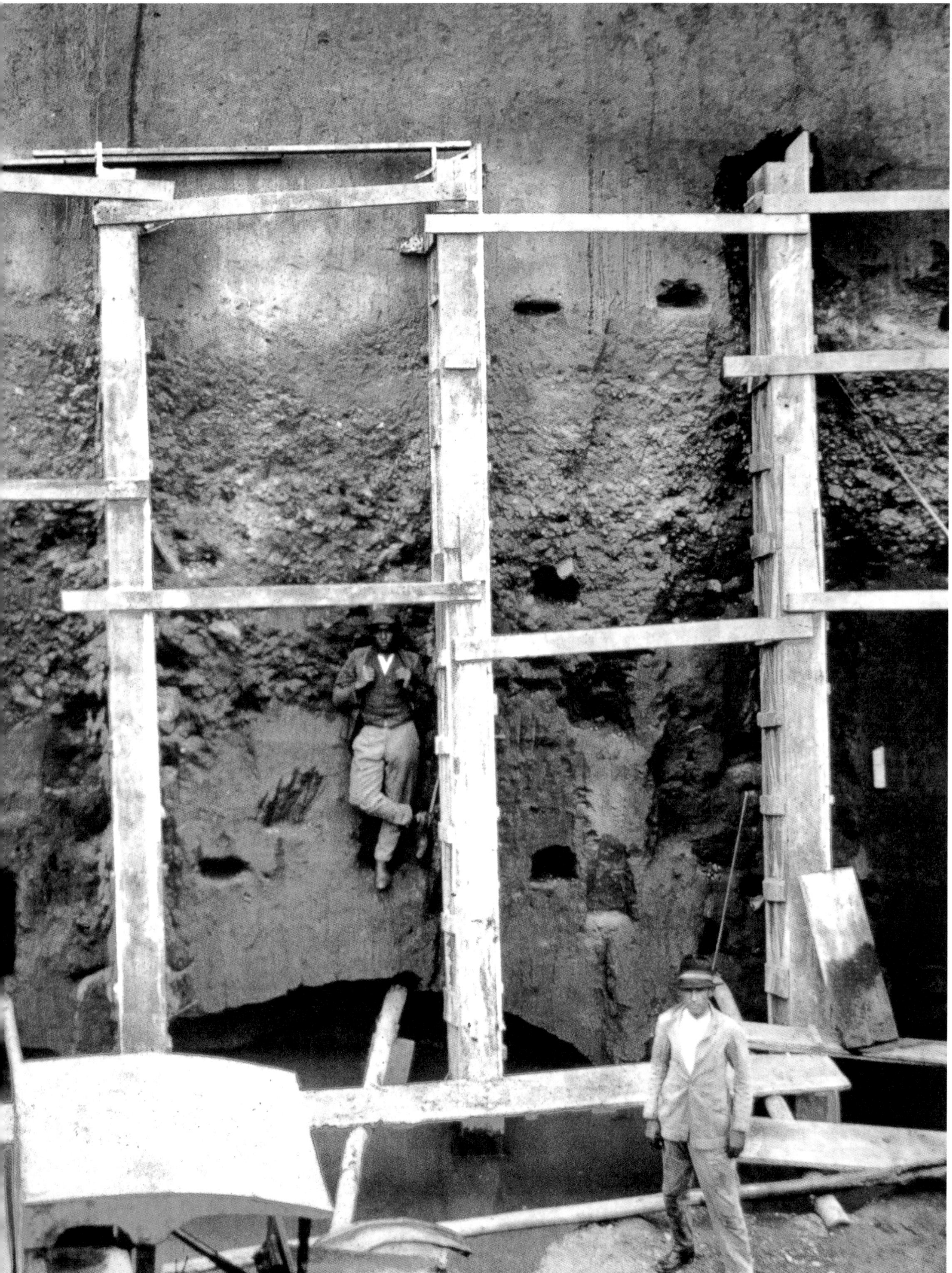

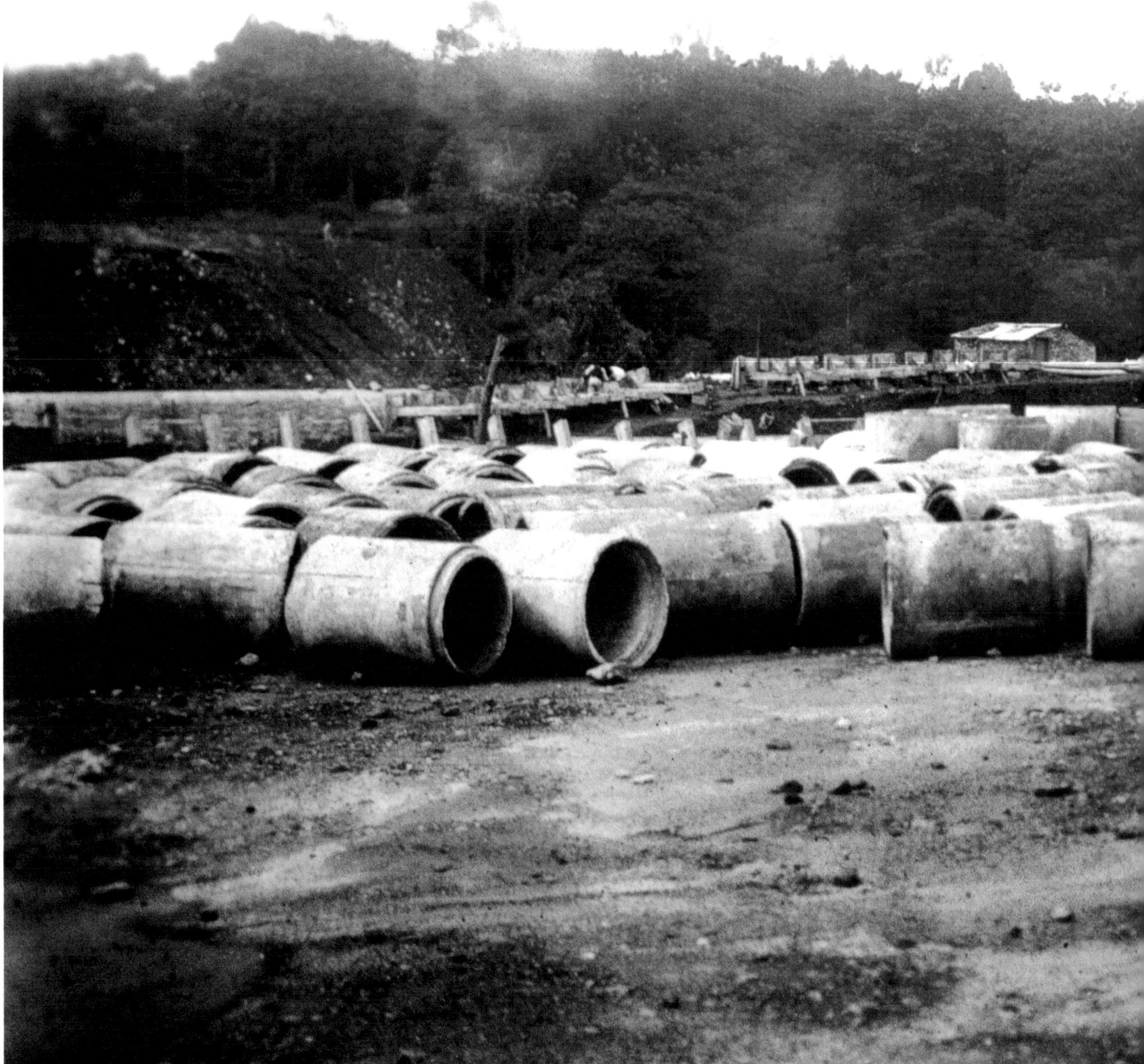

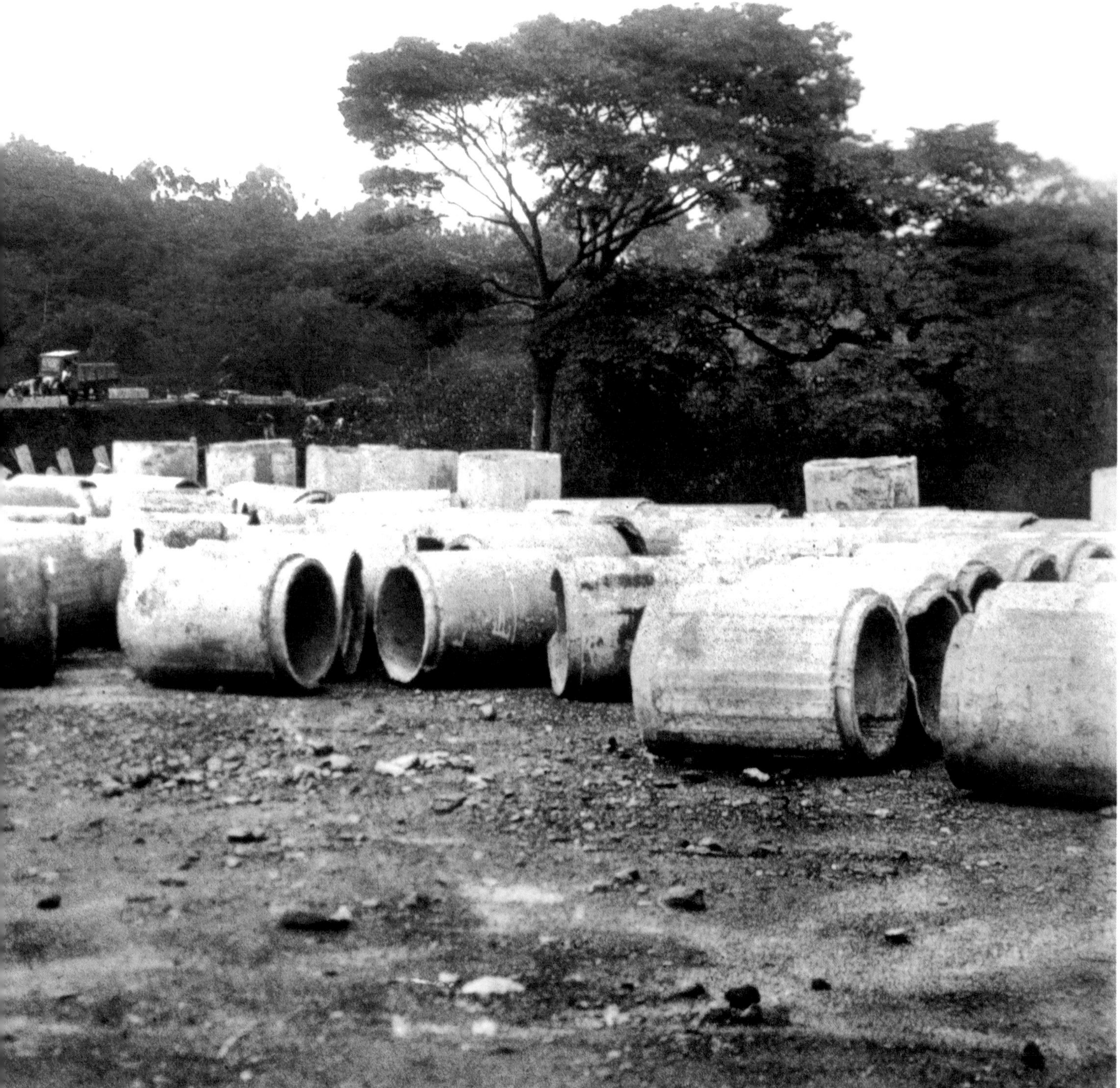

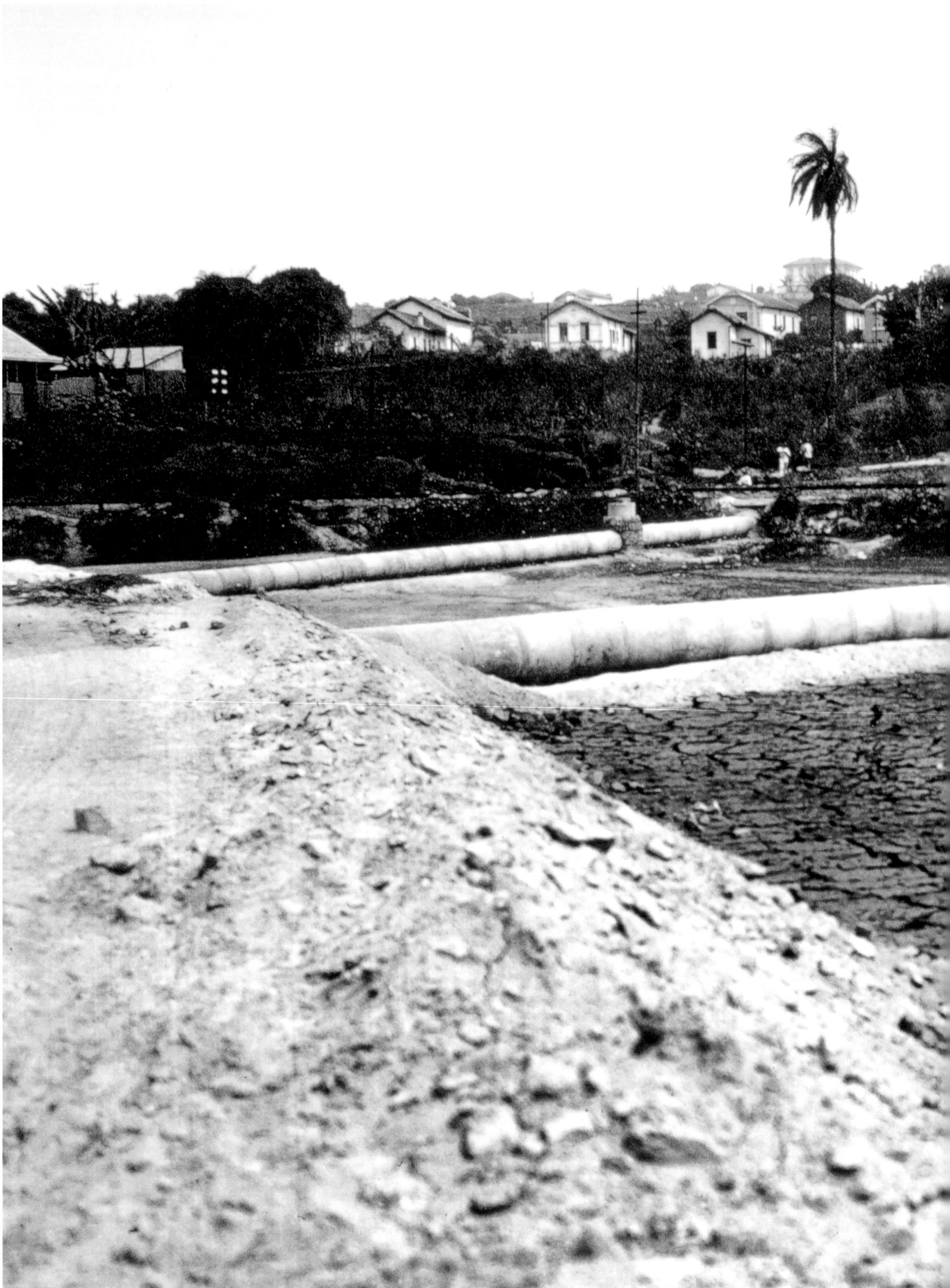

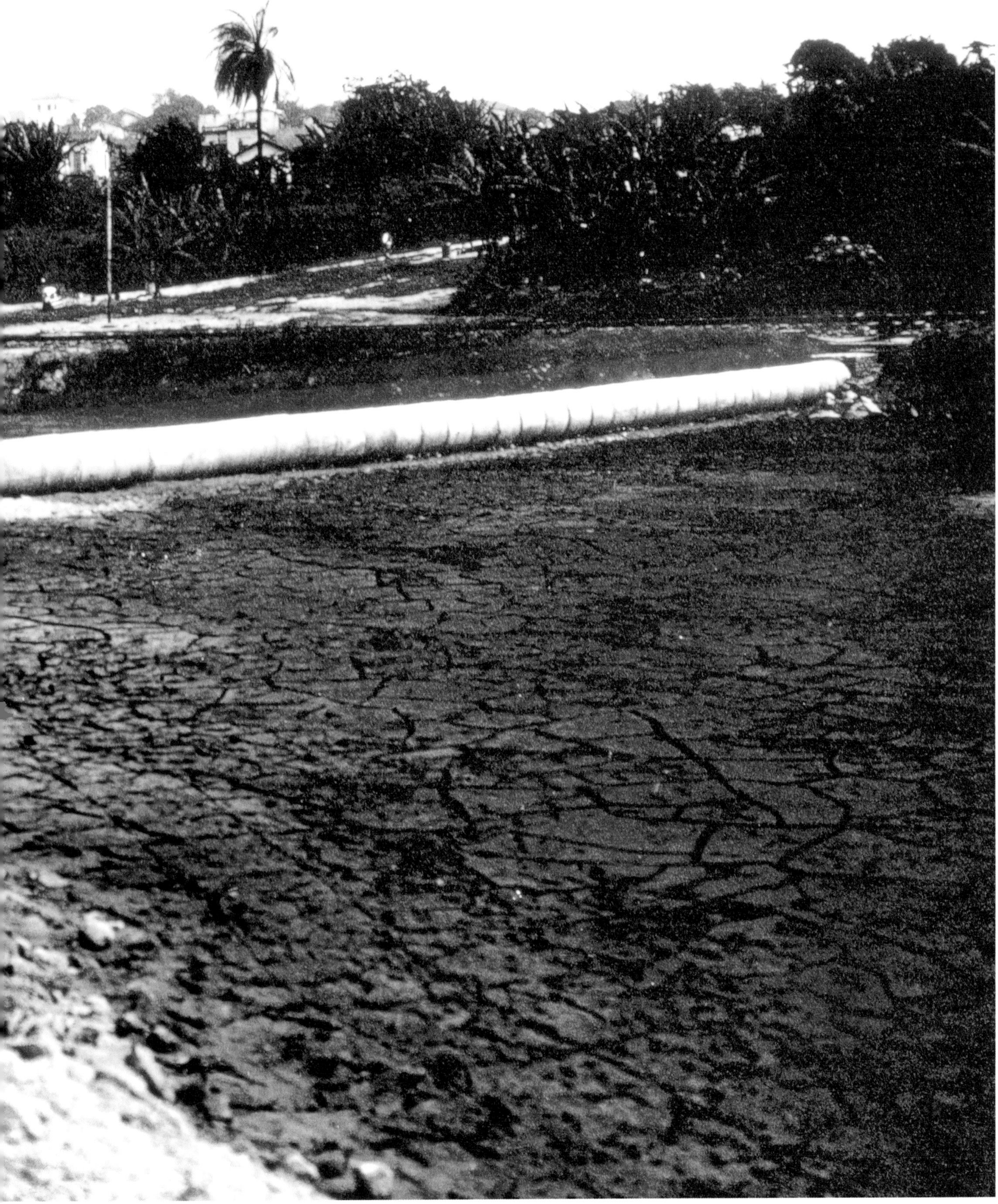

9. Aliás, por que a nostalgia se o clímax de bolero é seu *grand finale*, e não seu tímido início? Belo Horizonte destrói como um rolo compressor tudo o que constrói, mas sustenta um lamento moralista quando o assunto é seus postais. Bolero é uma repetição de um padrão melódico curto, em um pulso constante. É construção musical austera, que cresce gradativamente e ajuda a definir a música de Belo Horizonte como um processo em contínuo desdobramento. Bolero ("dezessete minutos de orquestra sem qualquer música", nas palavras do próprio Ravel) dramatiza seu grandioso final ao progredir do quase inaudível ao quase ensurdecedor, como um mantra urbano em nada entorpecente. Belo Horizonte relembra sua arquitetura provinciana como se houvesse algo intrinsecamente bom em seu passado, esquecendo que tudo aquilo era exatamente o mesmo que ocorre hoje – o mesmo refrão, o mesmo ritmo incansável de construção e destruição –, só que ainda em baixa intensidade. Tudo com uma sutil diferença: o ritmo trepidante marcado pelo sistema tonal de bolero foi totalmente sincopado pela cultura mestiça do Brasil, fato que desplaneja ainda mais a performance urbana da cidade à medida que sua música se desenvolve.

10

Desde seus primórdios, Belo Horizonte apoia-se na fotografia e nos cartões-postais para construir a memória daquilo que destrói. Com certeza, a importância que a fotografia teve para a Comissão Construtora que edificou e inaugurou Belo Horizonte como substituição ao que era demolido comprova esse fato. A invenção da memória e a constituição dos arquivos de imagens sobre o Curral del Rey, lugarejo que foi sumariamente destruído para dar lugar à capital, foram também preocupações de Aarão Reis, o planejador da cidade. Por isso, foi criado o Gabinete Fotográfico da Comissão Construtora, uma central de propaganda da capital que nasceria depois das cinzas do Curral del Rey: só no período entre janeiro e abril de 1895, álbuns e 1.500 cópias fotográficas de paisagens do Curral foram executados à medida em que ele mesmo ia desaparecendo...

ADEUS, CURRAL DEL REY
"Belo Horizonte é hoje um contraste de velharias e novidades: ao pé de uma cafua de barro, coberta de capim ou zinco, eleva-se um edifício elegante e sólido; ao lado de um edifício velho do Curral del Rey, surge um primoroso palacete da nova capital; junto de uma estreita e pobre rua, formada de casas e choupanas de todos os tons e categorias, que atestam a modéstia ou a pobreza dos antigos habitantes do Curral, estira-se, desafrontada, larga e extensa rua da nova cidade. Mas essas cafuas, essas velhas casas e essas ruas irregulares do Curral vão desaparecendo, pouco a pouco, ao passo que, como por encanto, surgem outras novas. Não diria mal quem comparasse a Belo Horizonte atual com o firmamento semeado de miúdas estrelas, que vão se apagando e desaparecendo ante o brilho das de maior grandeza, que vão se manifestando. Nada é para nós mais belo, mais poético e mais recreativo do que a observação atenciosa desta sublime metamorfose material".
PADRE FRANCISCO MARTINS DIAS, 1897[5]

"" Hoje, cem anos após a data da inauguração da cidade,* a beleza de Belo Horizonte continua sendo uma certa beleza fora de alcance, e que só se expressa pelo culto ao passado. A beleza que é exaltada pela fotografia *antiga*, como os bebês que só são diferentes dos outros porque sabemos em quem eles se transformaram. Mas quando Belo Horizonte foi assim tão boa? Na época de sua arquitetura Beaux-Arts? Da identidade fabricada? Do provincianismo de uma cidade interiorana? Talvez. É preciso, entretanto, levarmos em consideração que a fotografia distante no tempo e no espaço é sempre mais interessante do que a de nosso cotidiano. A realidade, convenhamos, muitas vezes é tediosa. Quando viajam, as pessoas tiram fotos mesmo que a viagem não tenha sido emocionante e, ao revê-las, vêm sempre boas lembranças. Ao sabor da nostalgia, tudo fica mais interessante, mais coerente. Mais bonito. E por incrível que pareça, pode ser que, partindo do seu cotidiano sem importância, partindo de sua imensa zona suburbana atual, Belo Horizonte fique mais interessante, mais coerente. Mais bonita. Como se o agir como um estrangeiro na cidade onde não sou estrangeiro fosse a melhor estratégia para aceitá-la.

* Cidade planejada, Belo Horizonte foi inaugurada em 12 de dezembro de 1897.
Os cem anos se referem à 1998, ano da publicação da primeira edição desse livro.

'12 Para definir uma estratégia para fotografar a Belo Horizonte contemporânea, aceito-a aqui e agora e faço, prosaicamente, o mesmo que os investidores das Bolsas de Valores fazem. Um investidor inexperiente só compra papéis em alta por ser inseguro – e ganha pouco dinheiro. Um investidor experiente, pelo contrário, busca papéis em baixa que possam valer mais horas depois do momento da compra. Analogamente, compro uma imagem sem valor (fotografo o prosaísmo de BH hoje) e faço dela motivo de um livro comemorativo. Aposto tudo nessa imagem antissentimental, nesse papel que não tinha importância alguma no momento da compra para, imediatamente depois, recolocá-la em circulação (mesmo sabendo que os riscos dessa estratégia tanto podem me trazer lucro quanto prejuízo, o que torna a tarefa de falar sobre Belo Horizonte um pouco mais estimulante).

'13 Na verdade, a Belo Horizonte das primeiras décadas é uma outra cidade que, por acaso, também se chamava Belo Horizonte. Por mais que acreditemos na veracidade da fotografia, existe sempre uma reserva de segredo na vontade de mostrar e explicar tudo através dela. "Se uma coisa quer ser fotografada, isso acontece exatamente porque ela não quer oferecer seu significado, porque não quer ser objeto de uma reflexão".[6] As imagens são consumidas, porém o enigma da cidade permanece. A cidade, em sua indiferença para com o fotógrafo, adota a estratégia do fingimento: o faz pensar que ele a compreende, e este se mantém produzindo imagens daquilo que não é redutível a imagens, daquilo que não pode ser apreendido através da mediação das imagens. E quanto mais a cidade é fotografada, mais se revela inapreensível e alheia a todas as tentativas de representá-la. Ela permanece internamente indivisível e daí não analisável, infinitamente versátil, irônica e superior a todas as tentativas de manipulá-la. Cartão-postal por excelência, o Partenon é extremamente visitado, porém ele se desfacela devido ao ritmo cada vez mais acelerado das visitas de turistas: cada pedra catada no chão como lembrança corresponde ao desaparecimento paulatino daquilo que eles querem fotografar – o próprio Partenon.

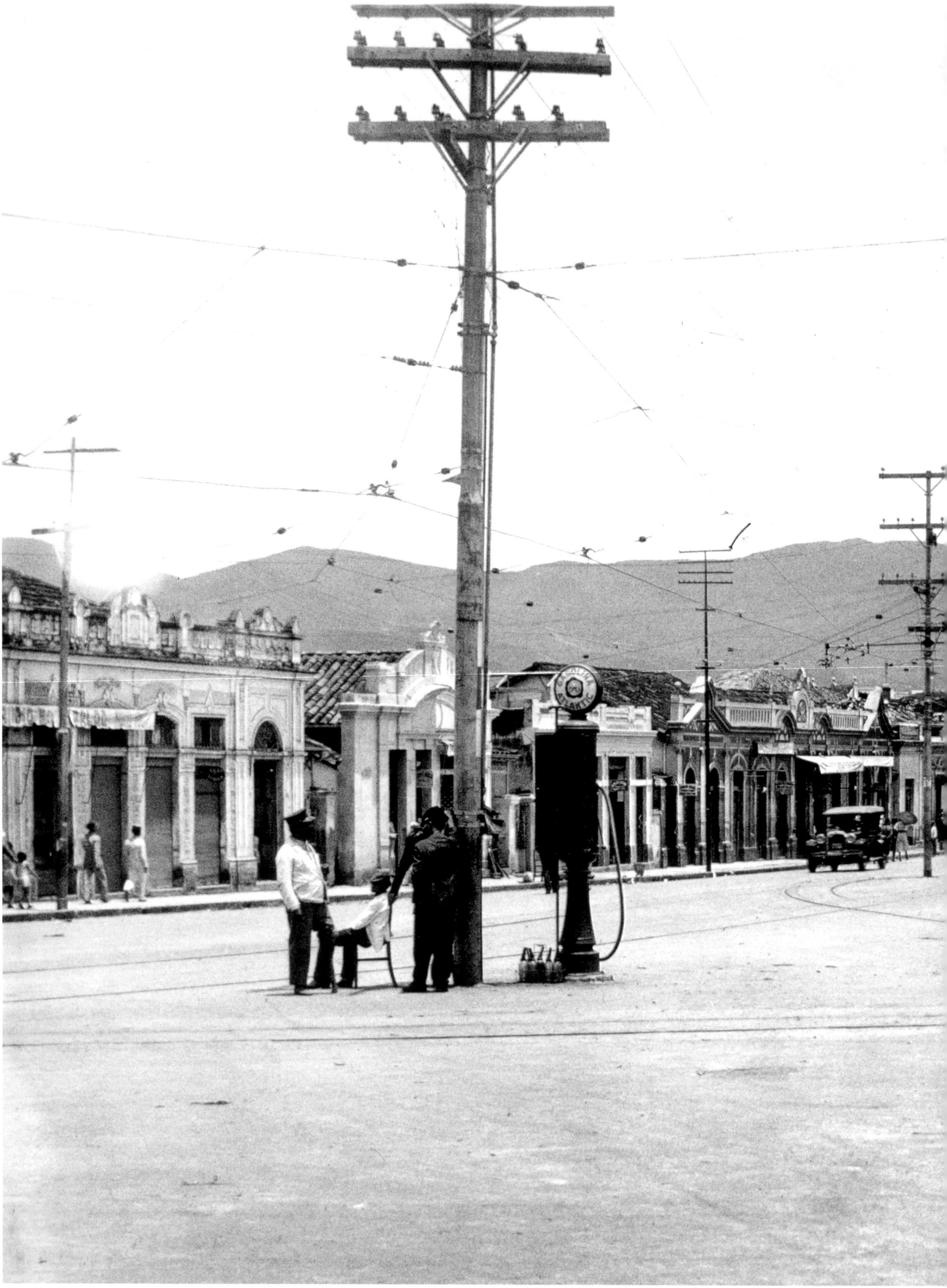

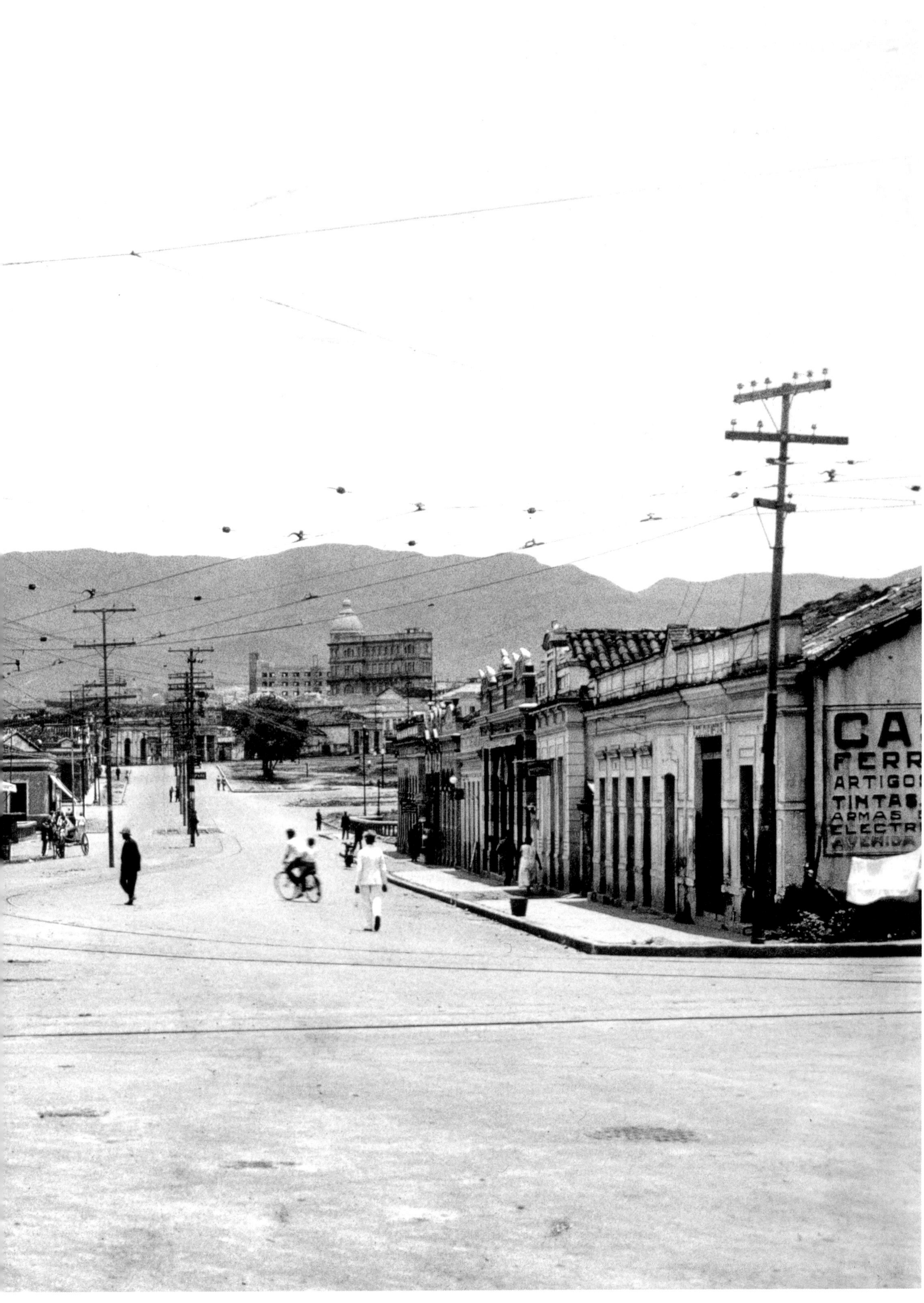
CA
FERR
ARTIGOS
TINTAS
ARMAS

ONDE?

"As casas perdidas nas ruas. O silêncio. Bondes, lá um na vida outro na morte. Os grandes colégios. E as ruas vazias, as enormes ruas vazias, pelas quais passava, ainda, o eco de Nabuco, a perguntar a João Pinheiro, quase chegando ao Palácio da Liberdade: – 'Quando começa a cidade?'" TRISTÃO DE ATAÍDE, 1959[7]

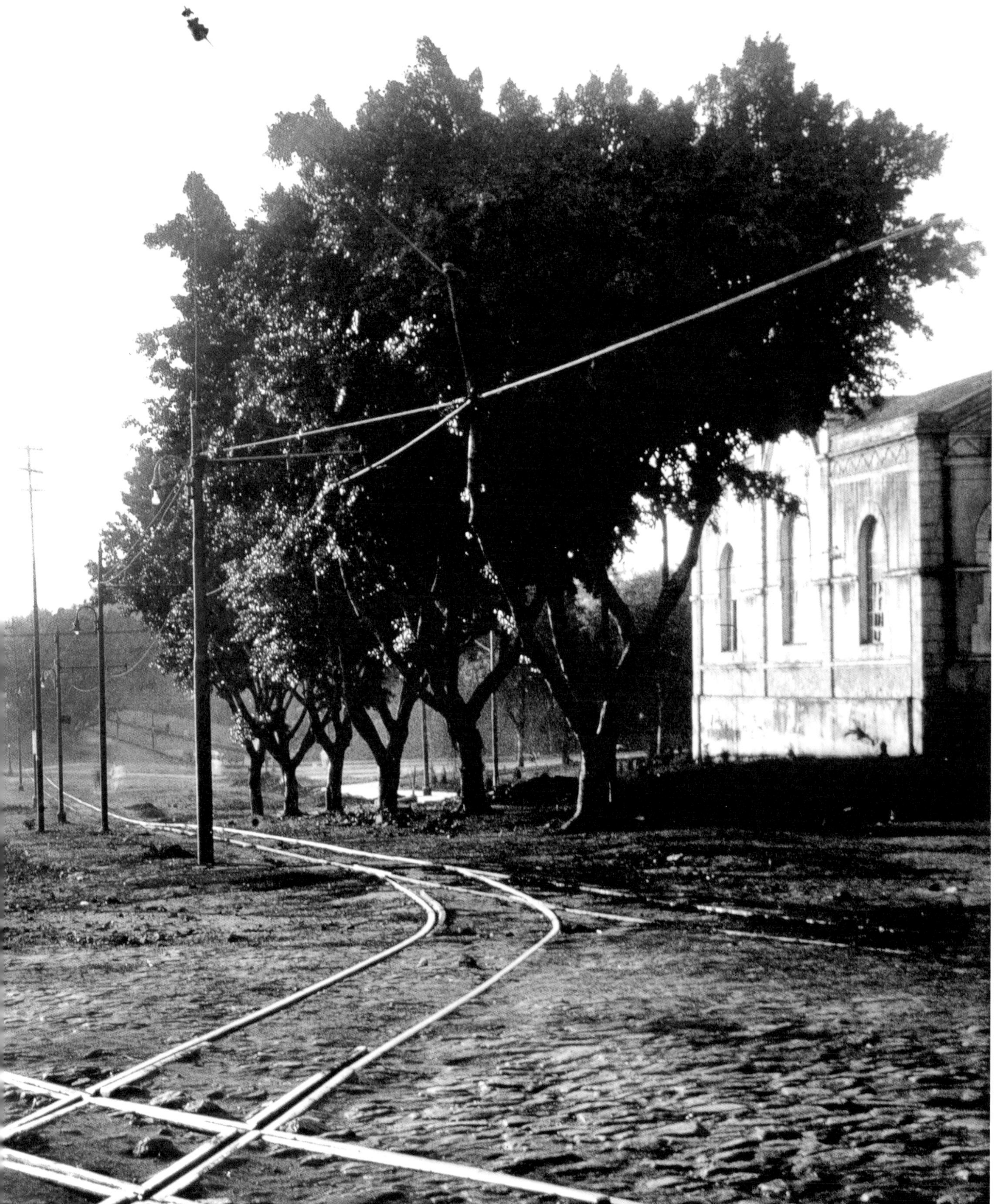

14 Partenon e turismo, a dupla que simboliza o conluio entre o cartão-postal e a cidade. Mas esse é um conluio que pesa sobre a consciência de fotógrafos e arquitetos que trabalham em cidades que efetivamente vivem de seus cartões-postais. Ele pesa em Veneza, pesa em Agra, pesa em Ouro Preto. Em Belo Horizonte, evitar esse conluio é simplesmente voltar às suas tradições ocultas, é revelá-la de surpresa, é redescobri-la e, apesar dela mesma, a expor em toda a sua crueza. A fotografia de BH é aquela que não representa e que busca capturar sua musicalidade bolero: a cadência dos ciclos de crescimento, redundância e substituição; os *ritornellos* da destruição após os concertos da construção; as dissonâncias da história instantânea; e a batida imprevisível das síncopes.

'15

Hoje, tentar achar graça na disritmia de BH não é mais um prazer excêntrico ou artístico, mas, sim, a única maneira de enfrentarmos a terrível poesia desta cidade. Ela nos exige isso: a conversão da sensibilidade à *estética invertida* dos fotógrafos em energia capaz de fazer-nos encarar de frente o urbanismo existente. Se, por um lado, um crescimento descomunal impossibilitou qualquer tentativa de ordenamento urbano, por outro, Belo Horizonte certamente morreria de tédio se estivesse *pronta*. Se é verdade que todo centenário pode ser glorificado, não é tão insensato apostar na glória de tudo o que está por acontecer, assumindo "que nada será como antes, amanhã"; e pormo-nos a imaginar como será BH200. Depois do desencanto de Carlos Drummond de Andrade e Guimarães Rosa, resta-nos glorificar o potencial da falta de identidade de Belo Horizonte. Dos bairros classe alta e classe média, das favelas e do Belvedere, dos shopping centers e dos condomínios; do resultado de tudo o que se constrói podemos perceber, ao menos, uma outra organização urbana ainda não delineada, uma cidade *processo* – nunca *forma* –, e sempre com uma sede de mais e mais serviços, mais e mais infraestruturas que provavelmente jamais será saciada.

'16

Por que ser tão frio nesta data tão especial para a cidade? Eu deveria ser mais condescendente nesta ocasião festiva? Não. Menos crítico e mais otimista do que possa transparecer, este livro é uma aposta na verdadeira e secreta tradição de Belo Horizonte: a tradição dos anticartões-postais que nunca foi divulgada por ser contrapropagandística, mas que revela algo estranhamente promissor.

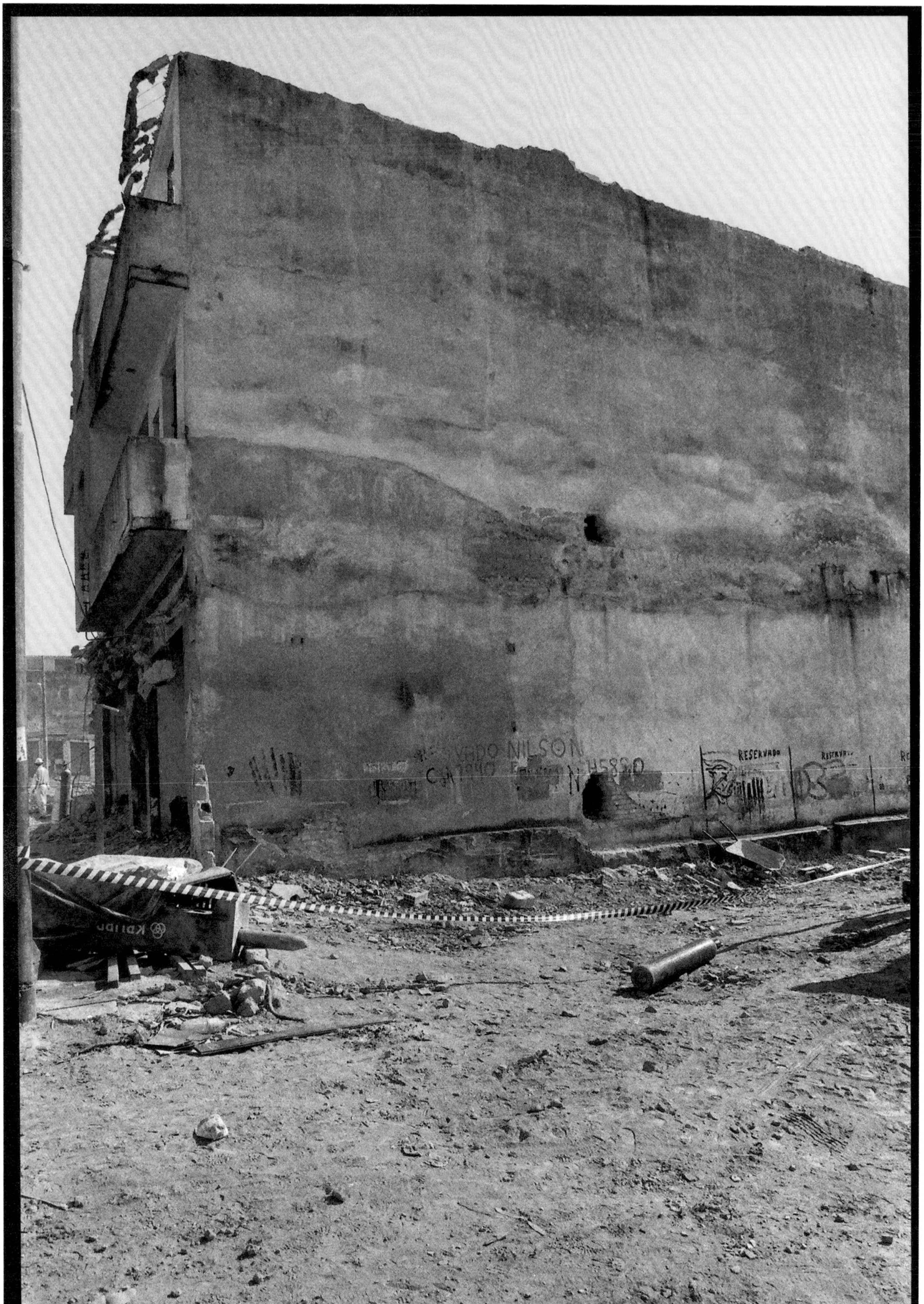
NILSON
RESERVADO

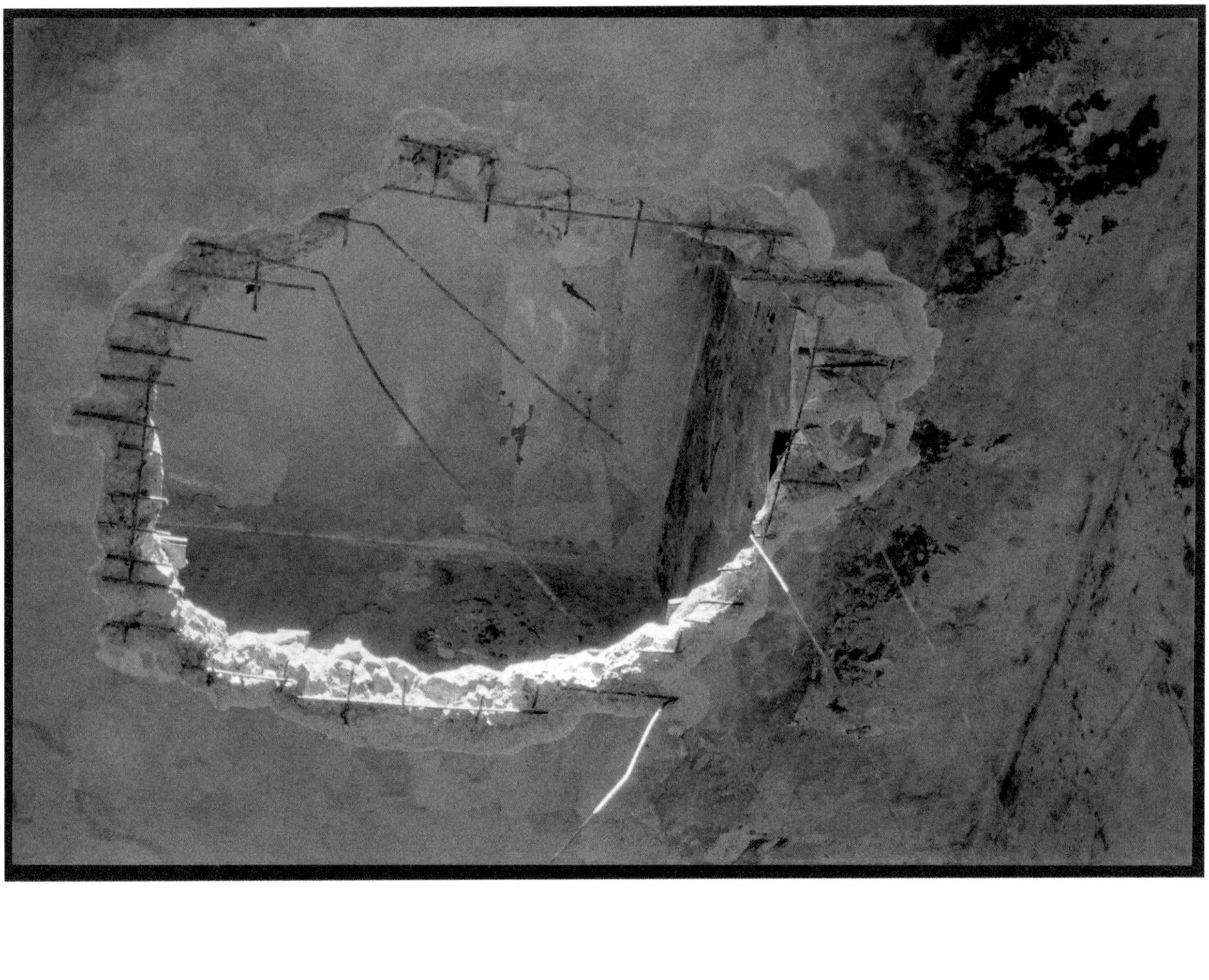

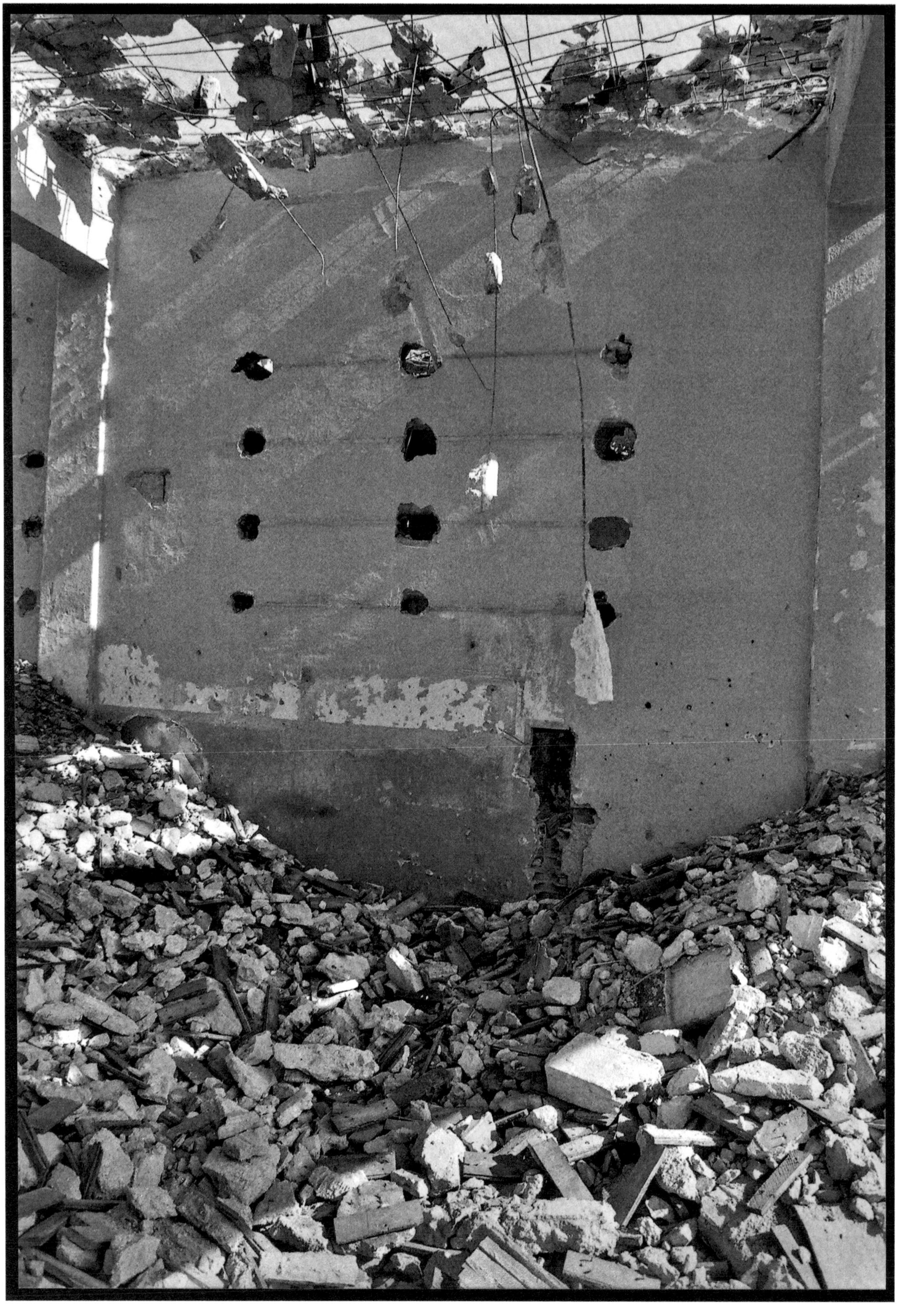

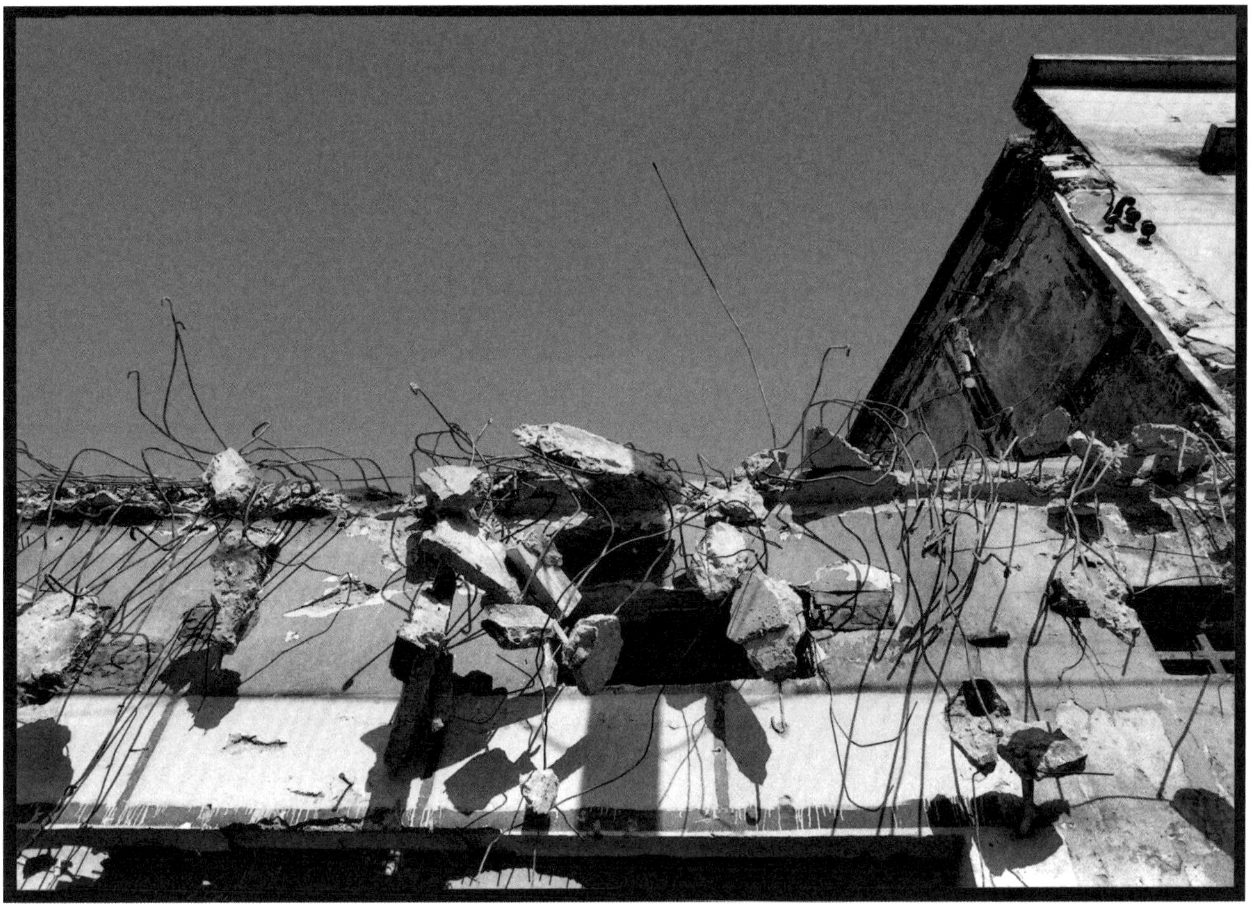

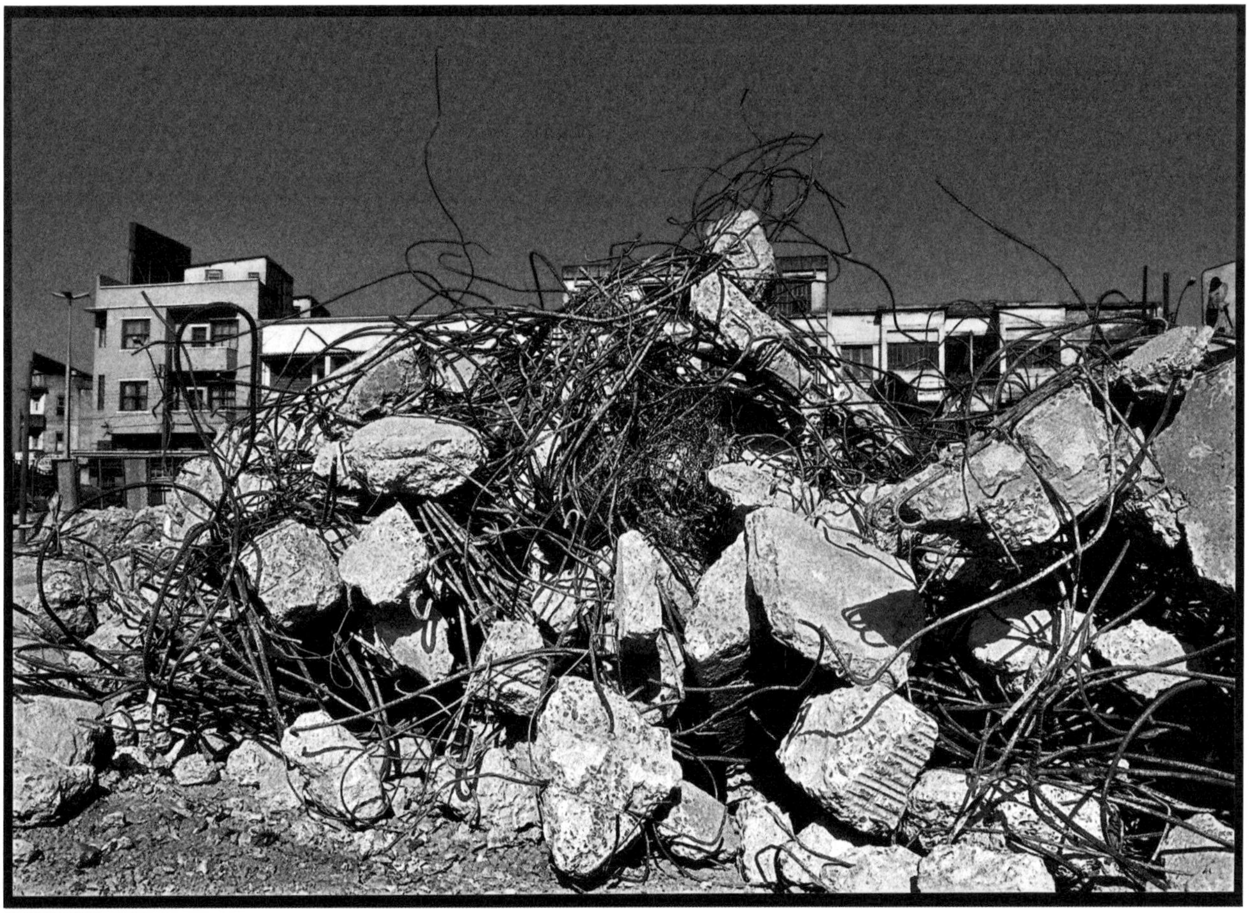

70

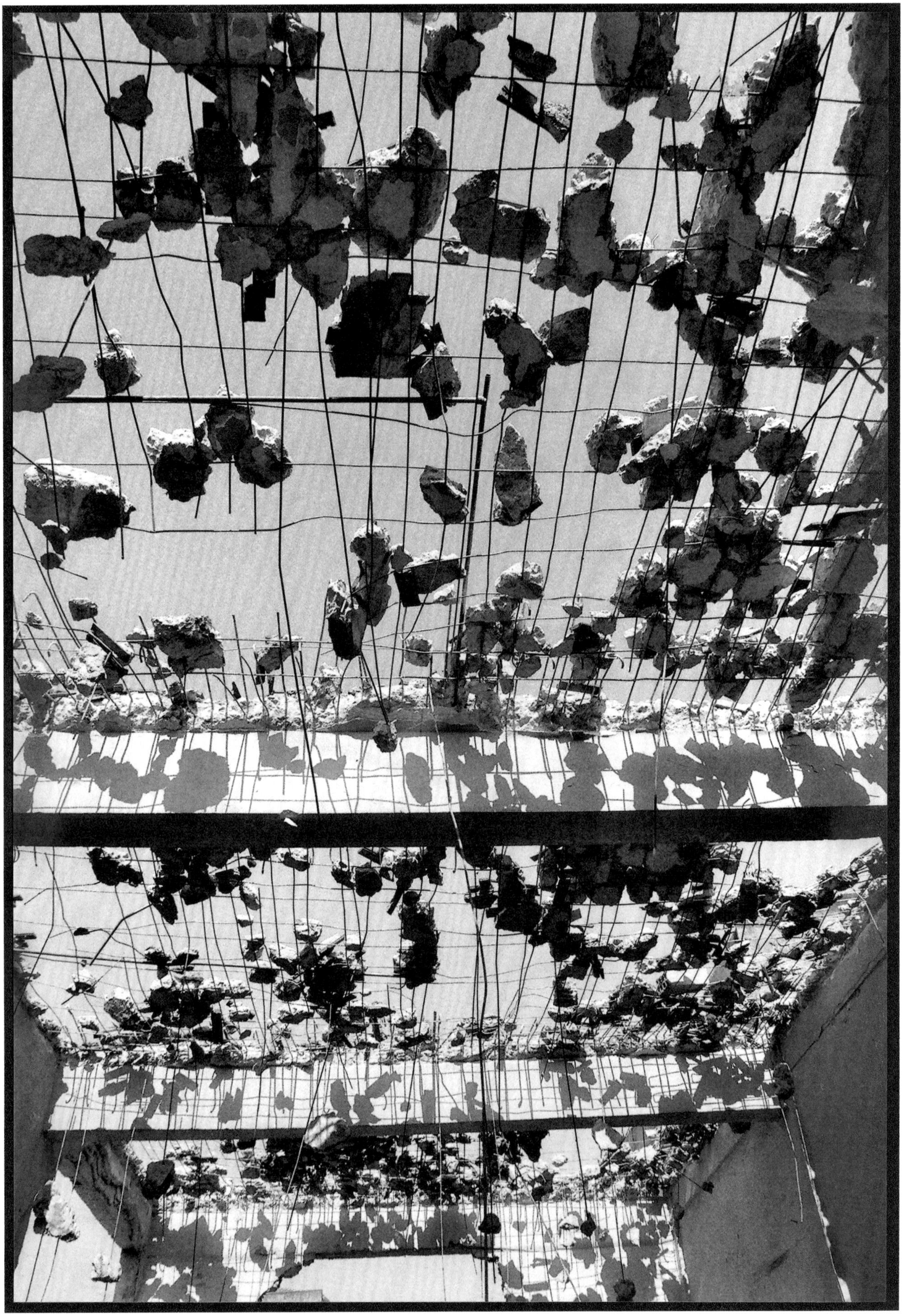

Igreja N. S. de Lourdes — BELO HORIZONTE — MINAS — BRASIL

II. URBANA

Para Dona Elsa G. Pereira. — Guignard 1949. Sabará.

17

Como se sabe, as Entradas e Bandeiras propriamente ditas terminaram no século 18, mas um novo movimento começaria quando ficou patente que a substância histórica e a topografia acidentada de Ouro Preto a estavam impedindo de crescer. Em cada largo, uma igreja; em cada esquina, um chafariz; em cada rua, um casario fotogênico: Ouro Preto tem a maior reserva de cartões-postais por metro quadrado do Brasil. (A igreja de São Francisco de Assis, a igreja do Rosário dos Pretos, a matriz, a igreja de São Francisco de Paula, a Casa dos Contos, a capela do Padre Faria – tudo que desempenhava função religiosa hoje vale mais como arquitetura para ser fotografada.) Símbolo da riqueza da colônia e repositório do melhor da sua arquitetura, na virada do século tornou-se prisioneira de sua importância. Afinal, aquela alta densidade de monumentos era extremamente barroca, demasiado portuguesa e insuportavelmente religiosa para ser considerada como símbolo da República. No centro, a praça Tiradentes com a Casa de Câmara e um forte guardando uma cidade que não seria atacada por mais ninguém. Dali – o único logradouro plano da cidade –, descem ladeiras que desembocam em largos que exaltam igrejas que guardam os cemitérios. E depois, mais ladeiras curvas e estreitas ladeadas de casas e mais igrejas e mais vielas, num labirinto que era tudo o que os políticos do final do século 19 não queriam.

18

A música das janelas desritmadas oscilando imprevisivelmente por sobre os morros. Os chafarizes esculturais de pedra-sabão numa época que exigia água canalizada. A insolação deficiente, o sistema viário precário, as possibilidades de crescimento minimizadas e as novas infraestruturas dificultadas pela arquitetura existente. Tratava-se, sobretudo, de deixar entrar luz e ar naquela fantástica congestão histórica. Pendurada nas encostas de um vale escarpado que tinha sido a principal mina de ouro do Brasil, Ouro Preto não estava mais em condições de desempenhar papel ativo como polo de desenvolvimento. Hoje Patrimônio Histórico da Humanidade e orgulho dos brasileiros, a cidade soava como obstáculo intransponível na mente dos sanitaristas. "Quem não está acostumado e entra na grande capital, sente nos primeiros momentos um terrível mal-estar, em consequência do vapor que exala das sentinas, devido sem dúvida ao pouco escrúpulo no asseio".[8]

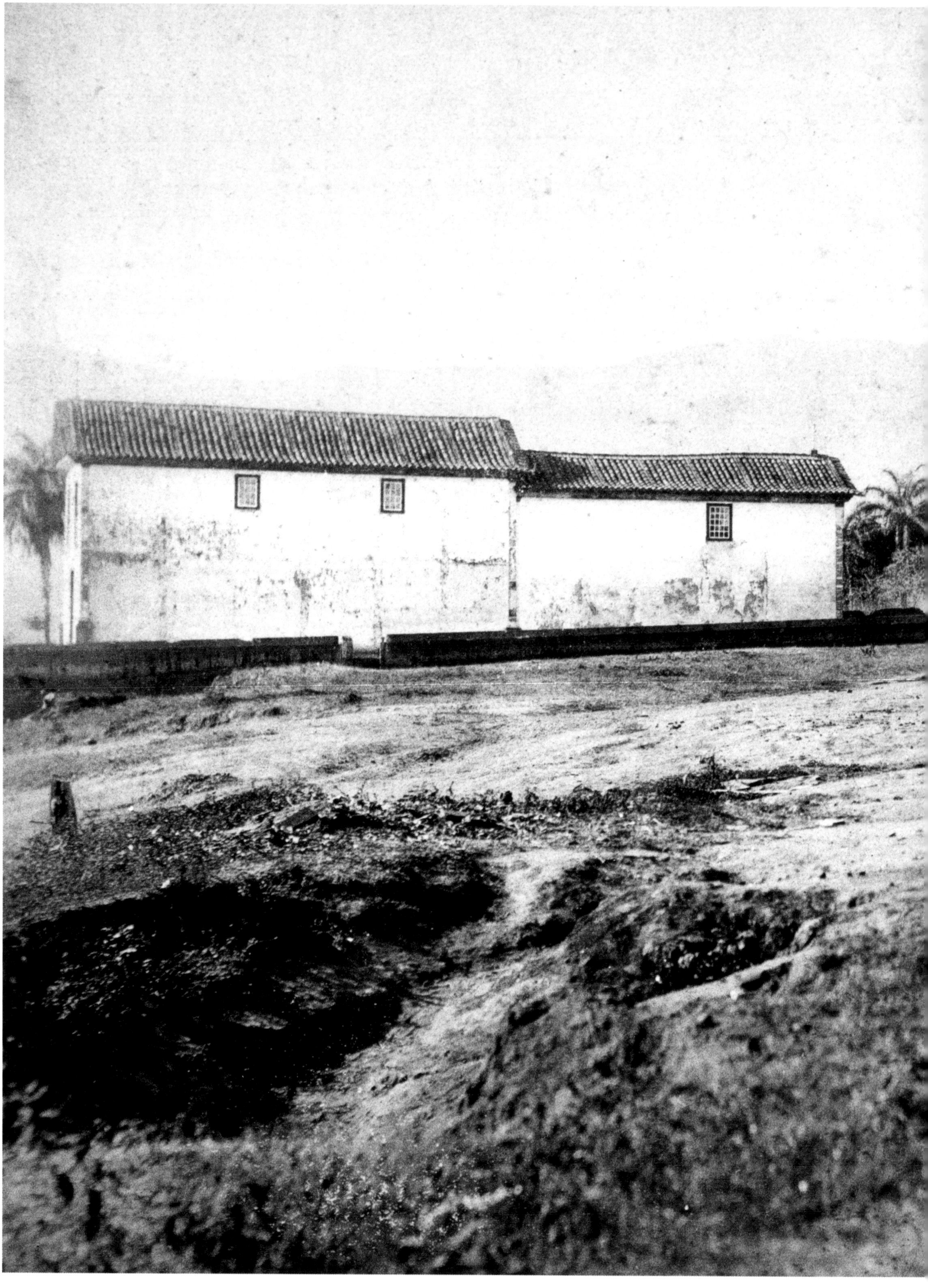

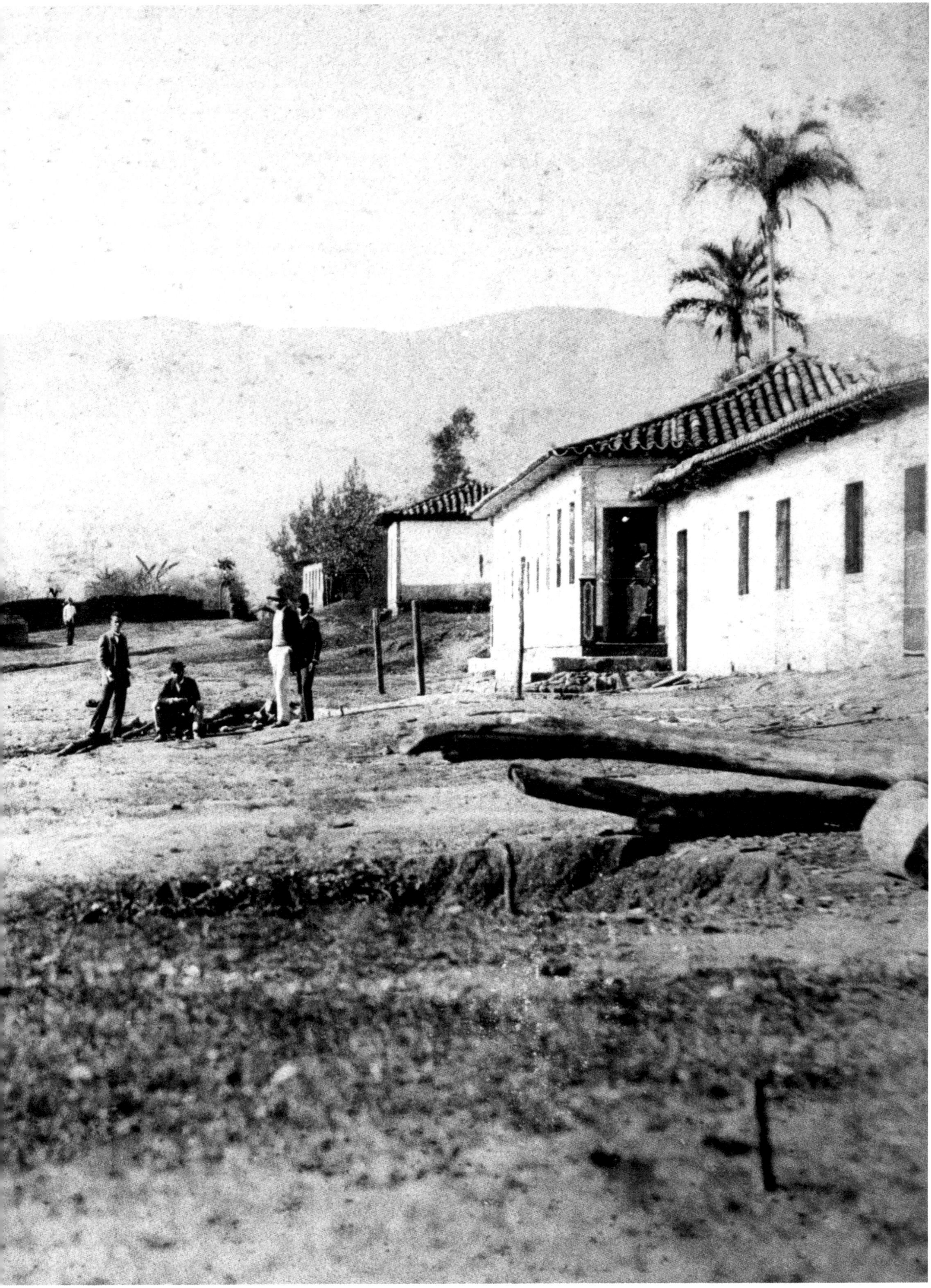

19. Contribuíram também para a mudança da capital as diferenças entre Ouro Preto ("filha do acaso") e as outras colônias sul-americanas. Ao contrário das cidades da América espanhola, as cidades coloniais da América portuguesa eram desprovidas de qualquer traço de planejamento. Os espanhóis tiveram que enfrentar os incas e os astecas, mas os portugueses encontraram aqui os tupis e os guajajaras, o que se traduz nesse urbanismo espontâneo de Ouro Preto: "A forma tradicional de assentamento urbano no Brasil é a da ocupação portuguesa, espontânea, irregular, orgânica – medieval, portanto – que, adaptando-se às condições locais, se consagrou na prática e, ultrapassando o período colonial, persiste até os nossos dias. [...] Muito diferentes foram as Leis das Índias que a Espanha elaborou para vencer as sociedades mais organizadas que enfrentou. Posturas rígidas de ordenação do espaço, estabelecendo o uso obrigatório do traçado geométrico, da grelha".[9]

20. Como interferir numa cidade que epitomizava a civilização colonial como nenhuma outra no país e que queria se livrar de um passado que, contraditoriamente, traduzia riqueza cultural e econômica juntamente com o *laissez-faire* urbano dos portugueses? Melhor mesmo seria, num gesto genuinamente americano, começar do zero. Construir uma nova cidade seria eliminar a desordem, a sujeira, a irracionalidade e a promiscuidade da cidade colonial. A nova capital representaria tudo que sua antecessora não era: racional, delimitada, traçada segundo o imaginário de um novo regime político e refletindo condições perfeitas de salubridade. Ouro Preto é resultado do urbanismo "da mula": ruas sinuosas que se renderam aos condicionantes naturais e à topografia. Belo Horizonte, pelo contrário, seria puro heroísmo moderno.

21. Em 1888 foi abolida a escravidão, e em 1889 a República foi proclamada, formando-se assim as bases para o florescimento da sociedade capitalista no Brasil. Minas Gerais, então o mais populoso estado do país, sentiu-se estimulado a levar adiante a velha tese da nova capital, dada a autonomia de que os estados agora dispunham. Estado em decadência econômica desde o final do surto de ouro do século 18, sua nova capital era vista como a reafirmação do distante e glorioso passado dos mineiros.

22

Após contornar os debates contra os antimudancistas de Ouro Preto e as brigas políticas entre os que lutavam por outras regiões e mesmo pela transferência para cidades existentes, foi eleito, em 1893, o sítio do antigo Curral del Rey como o berço da futura Belo Horizonte.

23

A origem do Curral del Rey está ligada à aventura aurífera que construiu Ouro Preto. Era um daqueles pequenos arraiais dispostos na confluência das trilhas abertas pelo comércio de produtos agrícolas para o abastecimento das zonas mineradoras. O bandeirante paulista João Leite da Silva Ortiz teria estabelecido a Fazenda do Cercado em princípios do 1700, depois de ter passado pelos contrafortes da serra hoje denominada Serra do Curral. O núcleo começou a se desenvolver no caminho de Sabará a Contagem, distrito de Nossa Senhora da Boa Viagem. O local era acusado por alguns oposicionistas de ser insalubre, de ter surto de bócio endêmico, de possuir topografia inadequada e insuficiência de água etc. Haveria gastos extras na construção, a começar pelas indenizações dos proprietários de casas e terrenos, já que no Curral del Rey moravam 4 mil pessoas. Não havia ferrovia que ligasse o Curral ao Rio de Janeiro, o que implicaria mais despesas na construção de uma nova estrada de ferro. Mas o sítio de Belo Horizonte tinha como vantagem clima ameno e localização geográfica central, fator importante que desempatou as brigas em um estado com diferenças regionais acentuadas e que refletia as influências dos vizinhos pobres e ricos (Rio de Janeiro, São Paulo, Bahia, Espírito Santo, Goiás).

24

Foi em 1893 que Aarão Reis foi convidado para assumir a chefia da Comissão Construtora da nova capital, tomada de "obsessão megalômana pela instigação delirante ao escolher, localizar, delinear, construir uma grande cidade".[10] A comissão era integrada, além de Reis, por mais quatro engenheiros, um arquiteto, um médico higienista e outros auxiliares técnicos. Organizava-se sistematicamente em seis seções, cada uma com subdivisões cujo pessoal, com atribuições precisas, devia formar um todo, nas palavras da própria comissão, "orgânico e harmonioso".

ASSEPSIA TOTAL

Dos fenômenos naturais observados e da estatística, a comissão analisa o seguinte: considerações topográficas, climatologia, condições nosológicas (epidemias e moléstias comuns), qualidade dos mananciais (análises bacteriológicas e potabilidade), sistema de esgotos e sistema de transporte e coleta de lixo; além de dados ligados ao transporte e ao potencial de edificação garantido pelo solo. Durante a fase de estudos da melhor localidade para a nova capital, o médico higienista José Ricardo Pires de Almeida faz um levantamento dos níveis de salubridade de várias cidades, examinando, sobretudo, o clima e as moléstias antes de classificá-las. Na foto, veem-se culturas em ágar-ágar de micro-organismos encontrados nas poeiras atmosféricas dos locais candidatos à futura capital das Minas Gerais.

Culturas em agar-agar de micro-organismos encontrados nas poeiras atmosphericas de Juiz de Fóra, Varzea do Marçal, Barbacena, Bello-Horizonte e Paraúna.

Staphylococcus	Proteus vulgaris	Aspergillus niger	Bacillus...? ENCONTRADO NA ATMOSPHERA DE BARB.ᴺᴬ
1	2	3	4

5	6	7	8
Fermento roseo	Micrococcus versicolor	Streptococcus pyogenes	Mucor pusillus

25

Aarão Leal de Carvalho Reis, engenheiro, administrador, ardoroso fã do plano da cidade de Washington, da Paris de Haussmann e do esquadro de 45°, trabalharia com todo o calculismo necessário para erguer uma cidade moderna e com a absoluta confiança no poder da engenharia. Pertencia à geração pré-republicana de formandos da Escola Politécnica do Rio de Janeiro – a escola reconhecida como o maior centro gerador da engenharia nacional, afiada com o exemplo francês da École Polytechnique e voltada para o pensamento positivista.

26

A Politécnica teve um papel fundamental na formação de intelectuais, cientistas e engenheiros que, na virada do século, se viam capazes de reformar a sociedade através de seus conhecimentos racionais. École Polytechnique de Paris = Escola Politécnica do Rio de Janeiro = Positivismo = Projeto de Belo Horizonte. Com Auguste Comte na cabeça e uma régua "T" nas mãos, nada venceria o plano da comissão. Enquanto estudante, Aarão fundou um jornal republicano (*O Centro Acadêmico*) e depois se tornou publicista reconhecido, tendo traduzido obras cuja seleção corresponde a seu ideário: *A República Constitucional*, *A ideia de Deus segundo a filosofia positivista* e *A escravidão dos negros*, todos de autores franceses contemporâneos do tradutor. Quando chamado para chefiar a comissão, Aarão já era conhecido por sua trajetória como abolicionista e ativista responsável pelo processo de renovação intelectual no Brasil. Vinha de outro estado, fator crucial na sua condição de técnico isento e imparcial: "Não sendo natural de Minas Gerais, nem tendo aí o mínimo interesse pessoal, direto e indireto, e animado, por outro lado, dos sentimentos a que já me referi, encontrei-me e encontro-me felizmente, no exame deste assunto, com a mais perfeita isenção de ânimo e de espírito, sem predileções prévias e, mesmo agora, sem paixões adquiridas".[11] Profissional experiente, já era dono de currículo superpolivalente (assim como a maioria dos engenheiros da época): trabalhou nas obras da Doca da Alfândega do Rio, foi engenheiro de obras do ministério do Império, foi chefe dos Serviços de Telégrafos da Estrada de Ferro D. Pedro II, foi engenheiro-chefe da Comissão dos Açudes no Ceará, diretor de Obras Civis e Hidráulicas do Ministério da Marinha e (ufa!) engenheiro da Estrada de Ferro Central de Pernambuco. Depois de trabalhar em Belo Horizonte, foi ainda diretor-geral dos Correios e Telégrafos e, posteriormente, diretor-geral do Banco do Brasil. Além de suas atividades como engenheiro, foi também professor da cátedra de Estatística, Economia Política e Finanças da Escola Politécnica e exerceu cargo político de deputado federal.

27

É março de 1895. Depois de vários meses de pesquisa junto à comissão, Aarão apresenta seu plano ao presidente de Minas Gerais e principal articulador da mudança da capital, Afonso Pena:

"É com a maior satisfação que submeto, hoje, à aprovação de V. Exª a planta geral da futura *Minas* [...]. Foi organizada a planta geral da futura cidade dispondo-se na parte central, no local do atual arraial, a área urbana de 8.815.382 metros quadrados, dividida em quarteirões de 120m x 120m, pelas ruas, largas e bem orientadas, que se cruzam em ângulos retos e por algumas avenidas que as cortam em ângulos de 45°. Às ruas fiz dar largura de 20 metros, necessária para a conveniente arborização, a livre circulação dos veículos, o tráfego dos carris e os trabalhos da colocação e reparações das canalizações subterrâneas. Às avenidas fixei a largura de 35 metros, suficiente para dar-lhes a beleza e o conforto que deverão, de futuro, proporcionar à população. Apenas a uma das avenidas – que corta a zona urbana de Norte a Sul, e que é destinada à ligação dos bairros opostos – dei largura de 50 metros, para constituí-la em centro obrigatório da cidade, e, assim, forçar a população, quanto possível, a ir-se desenvolvendo do centro para a periferia, como convém à economia municipal [...]. Essa zona é delimitada e separada da suburbana por uma avenida de contorno, que facilitará a conveniente distribuição dos impostos locais, e que, de futuro, será uma das mais apreciadas belezas da cidade. A zona suburbana, de 24.930.803 metros quadrados – em que os quarteirões são irregulares, os lotes de áreas diversas, e as ruas traçadas em conformidade com a topografia e tendo apenas 14 metros de largura –, circula inteiramente a urbana, formando vários bairros e é, por sua vez, envolvida por uma terceira zona de 17.474.619 metros quadrados, reservada aos sítios destinados à pequena lavoura".[12]

28

Do local onde seria construída a capital (o tímido e singelo Curral del Rey), a comissão resolve erradicar as coisas que pudessem lembrar o barbarismo daquele lugar – ou seja, tudo.

"Ele contou-me a curta história de Belo Horizonte. Fê-lo em poucas palavras, num apanhado [...]. Pintou-me, com tintas muito exatas, o velho arraial desaparecido, e a fantasmagórica cidade que, entre uma população pitoresca e turbulenta de engenheiros, arquitetos, empreiteiros e operários, pouco a pouco surgiu do meio dos destroços daquilo que havia sido o Curral del Rey".[13]
"– Que diabo! façam-me ver alguma coisa velha! – disse aos meus obsequiosos cicerones.
– Pois bem, vamos fazer-lhe a vontade mostrando a velha matriz da freguesia do Curral del Rey. E, é contentar-se com isso; não temos nada mais velho!"[14]

29

Tabula rasa pronta para a novidade, Aarão pensa a cidade da eficiência com a obsessão dos loucos e dos fortes. O plano demonstra a separação de três áreas bastante definidas, como o autor enfatiza em sua apresentação: uma zona urbana, uma suburbana e uma para colônias agrícolas. Dentre as três, certamente a urbana foi a única trabalhada com esmero, as outras duas sendo deixadas como decorrência de fatores menos relevantes para o planejador. Na planta geral, apresentada na escala de 1:10.000, a ênfase estética concentra-se na zona urbana e no detalhamento de projetos paisagísticos de parques e praças. A zona suburbana recebeu tratamento bem simplificado, sem delimitação espacial precisa, e foi destacada da região das colônias agrícolas apenas pelo espaçamento do tecido urbano. A rede hidrográfica, importante fator na escolha do sítio da cidade, foi representada, contudo ignorada: a zona urbana era definida por uma malha em xadrez cuja função seria tornar continuamente homogêneo um sítio que, como qualquer outro em Minas Gerais, era continuamente heterogêneo.

30

Uma certeza absoluta dava a Aarão plena confiança em seu papel. A escolha do local era fator determinante, mas o poder das novas técnicas da engenharia e da construção eram, *per se*, os verdadeiros responsáveis pela concepção de Belo Horizonte. Por tratar-se de cidade nova, resultante de uma proposta deliberada, a intenção era a de deixar claro um produto de cidade construída com método. A cidade fundada a partir do nada só poderia ter uma planta regular, e essa planta, desenhada por um engenheiro, levaria em conta sua prática profissional, respondendo ao ideal de regularização em vigor no meio dos positivistas.

Belo Horizonte. 1930
Arq: J. Góes

31

No antigo Curral del Rey havia ribeirões, morros, resquícios da floresta tropical e uma serra que dificultavam a implantação de traçado rígido. Aarão, apesar disso, preferiu superpor sua malha do que a render-se aos caprichos da natureza. Na verdade, ele decidiu implantar duas malhas. Traçada a malha principal, a das ruas, uma outra mais aberta foi sobreposta em 45°, formando uma dupla trama ortogonal com ruas definidas por quarteirões quadrados e avenidas largas que evitariam percursos em zigue-zague e articulariam o sistema viário com mais rapidez. Apenas uma dessas avenidas, central e mais larga, foi diferenciada para ser o *centro obrigado* da cidade, estruturador econômico e definidor do eixo Norte-Sul. Esta, a avenida Afonso Pena, não por acaso segue uma curva de nível mais ou menos reta dentro da zona urbana e foi pensada enquanto um eixo em perspectiva ligando a parte mais baixa à mais alta da cidade, do rio à montanha, partindo do Ribeirão Arrudas e culminando no sopé da Serra do Curral:

"A grande avenida, que parte da base até o alto do cruzeiro, vai locar-se dentro em breve. E dizem-me que essa locação é definitiva; arrasando-se prédios, cafuas, tudo quanto possa obstar à sua completa instalação no terreno. E como essa avenida venha a ser *mestra* sobre o alinhamento da qual se hão de traçar as demais ruas, a obra vai ser feita com as exatidões meticulosas de um verdadeiro trabalho científico. Que soberba e majestosa deve ficar esta avenida, larga e extensíssima, tendo no vértice do seu ângulo perspectivo o majestoso templo que deve coroar a pequena crista do cruzeiro".[15]

32

Por intermédio de redes numéricas de demarcações de seções, quarteirões e lotes, todos os terrenos da zona urbana foram identificados, enquanto códigos de letras representavam sua destinação (funcionários públicos, reservas do Estado etc.). A área dentro da avenida de Contorno tinha funções predefinidas pelo zoneamento do plano. A comissão classificou a cidade em várias regiões e fixou previamente seus limites, "que deixavam de ser uma dimensão fluida e indefinida (como na zona suburbana) e se transformavam em áreas delimitadas e imediatamente identificáveis".[16] A parte baixa foi reservada para a parte de serviços e comércio por estar próxima da estação de trem e do Ribeirão Arrudas. Aí também foram localizados a estação de tratamento de esgotos, a lavanderia municipal, o incinerador de lixo, as oficinas ferroviárias, o cemitério e o matadouro, esses últimos já na zona suburbana. E o extremo oposto, no ponto mais alto da planta, onde culmina a avenida Afonso Pena, foi o local escolhido para a construção da catedral da cidade. (A catedral, mesmo tendo sido projetada pela Comissão Construtora em 1895, nunca foi construída. Como uma troca diplomática, a comissão resolveu por bem manter a simplória igrejinha colonial da Boa Viagem, do Curral del Rey, por mais alguns anos, sendo substituída por um templo *mais moderno*, neogótico, em 1932.)

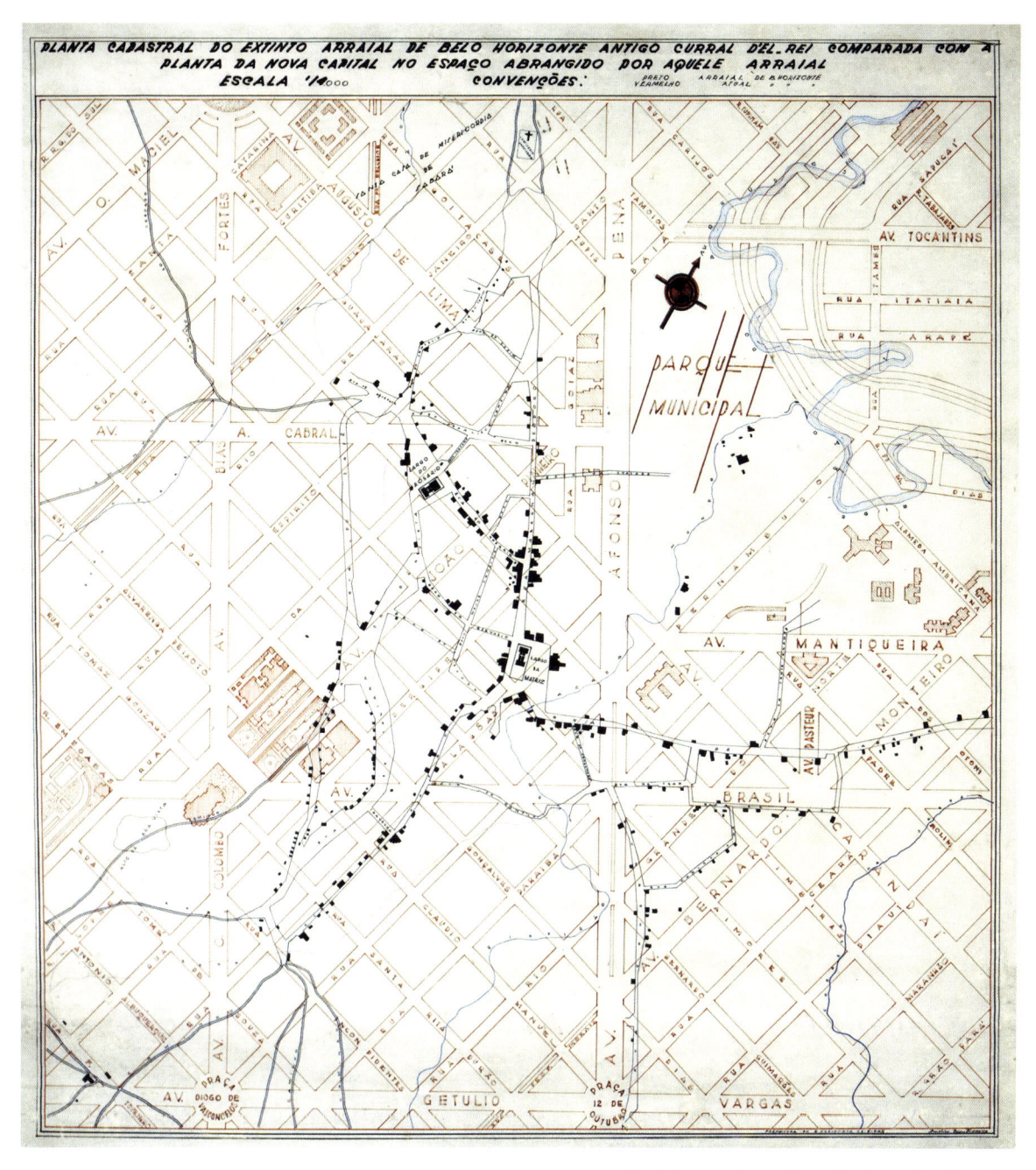

Em linhas pretas, o traçado do antigo Curral del Rey; em linhas mais claras, Belo Horizonte

DA PLANTA DA CIDADE DE MINAS

"Art. 1º A planta da cidade de Minas será desenhada na escala 1:4.000.

Art. 2º A sua área será dividida em seções, quarteirões e lotes, com praças, avenidas e ruas necessárias para a rápida e fácil comunicação dos seus habitantes, boa ventilação e higiene. [...]

Art. 3º As praças, avenidas e ruas receberão denominações que recordem as cidades, rios, montanhas e datas históricas mais importantes, quer do próprio estado de Minas Gerais, quer da União e, bem assim, dos cidadãos que, por seus serviços relevantes, houverem merecido da Pátria Brasileira.

Art. 4º Na mesma planta serão designados os lugares destinados para os edifícios públicos, templos, hospitais, cemitérios, parques, jardins, matadouros, mercados etc.; os quarteirões e lotes que convenha deixar reservados".

AARÃO REIS, 1895[17]

Área determinada pela
rede da triangulação geodésica
para a edificação
da
NOVA CAPITAL

ÁREA URBANA

ESTADO DE MINAS GERAES

PLANTA GERAL
DA
CIDADE DE MINAS
ORGANISADA

SOBRE A PLANTA GEODESICA, TOPOGRAPHICA E CADASTRAL
DO
BELLO HORISONTE
PELA

Commissaõ Constructora da Nova Capital

SOB A DIRECÇÃO DO ENGENHEIRO CIVIL

AARAÕ REIS

e approvada pelo Decreto Nº 817 de 15 de Abril de 1895

ESCALA 1:10.000

Belo Horizonte - 1948
Arq: J. Góes

33

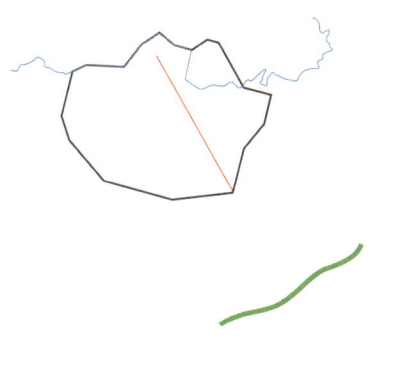

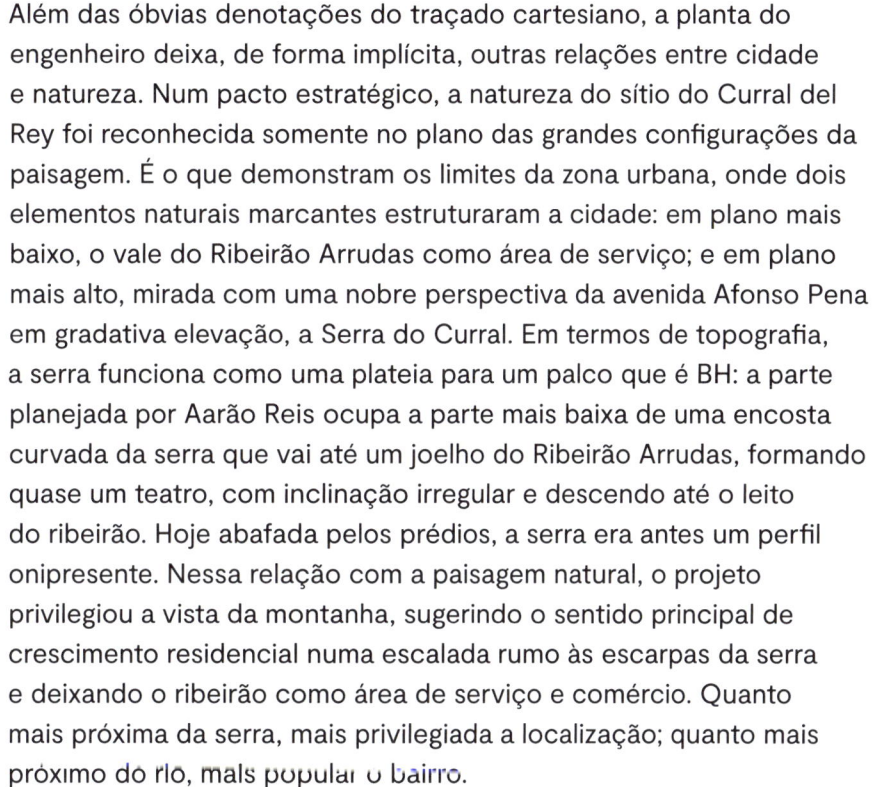

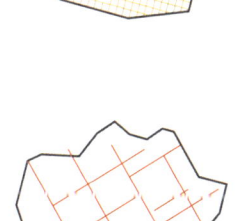

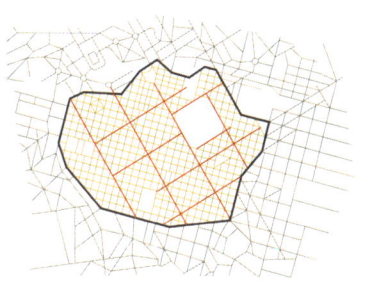

Além das óbvias denotações do traçado cartesiano, a planta do engenheiro deixa, de forma implícita, outras relações entre cidade e natureza. Num pacto estratégico, a natureza do sítio do Curral del Rey foi reconhecida somente no plano das grandes configurações da paisagem. É o que demonstram os limites da zona urbana, onde dois elementos naturais marcantes estruturaram a cidade: em plano mais baixo, o vale do Ribeirão Arrudas como área de serviço; e em plano mais alto, mirada com uma nobre perspectiva da avenida Afonso Pena em gradativa elevação, a Serra do Curral. Em termos de topografia, a serra funciona como uma plateia para um palco que é BH: a parte planejada por Aarão Reis ocupa a parte mais baixa de uma encosta curvada da serra que vai até um joelho do Ribeirão Arrudas, formando quase um teatro, com inclinação irregular e descendo até o leito do ribeirão. Hoje abafada pelos prédios, a serra era antes um perfil onipresente. Nessa relação com a paisagem natural, o projeto privilegiou a vista da montanha, sugerindo o sentido principal de crescimento residencial numa escalada rumo às escarpas da serra e deixando o ribeirão como área de serviço e comércio. Quanto mais próxima da serra, mais privilegiada a localização; quanto mais próximo do rio, mais popular o bairro.

Avenida do Contorno (Circular), avenida Afonso Pena (reta), o Rio ao Norte e a Serra ao Sul

Primeira malha, das ruas

Segunda malha, das avenidas

Traçado dentro e fora da avenida do Contorno

Em local de cota média, foi traçada a praça da Liberdade, perto da qual se desenvolveria o bairro dos funcionários públicos. Um trecho mais ou menos na metade da avenida Afonso Pena serve como um dos lados de 800 metros de um grande parque quadrado, o Parque Municipal, e que é o terceiro elemento a estruturar a cidade (o elemento natural fabricado). Para seu desenho, foi chamado o arquiteto-paisagista Paul Villon que, abrindo uma reserva de organicidade na planta de Aarão, preferiu tirar partido dos elementos naturais e da topografia e "aproveitou todas as sinuosidades do terreno, que são muitas naquela zona. Na depressão do terreno que fica no centro, estabeleceu um grande lago, alimentado por abundantes nascentes e pelo córrego que lhe fica vizinho. Neste lago que se desdobra em canais que serpenteiam por todo o parque, há à distância de 100 metros, de margem a margem, ilhotas onde já florescem árvores grandes e, por todas essas línguas de água, só (se) poderá passear em canoa".[18] Aparentemente um contraste numa planta de linhas duras, o parque, na verdade, segue um princípio clássico: o da combinação de ordem e desordem que era comum nas cidades ocidentais do século 19. Um parque à inglesa sobreposto a vias retas e diagonais que, como uma reserva de natureza, era na verdade tão artificial quanto o resto da cidade.

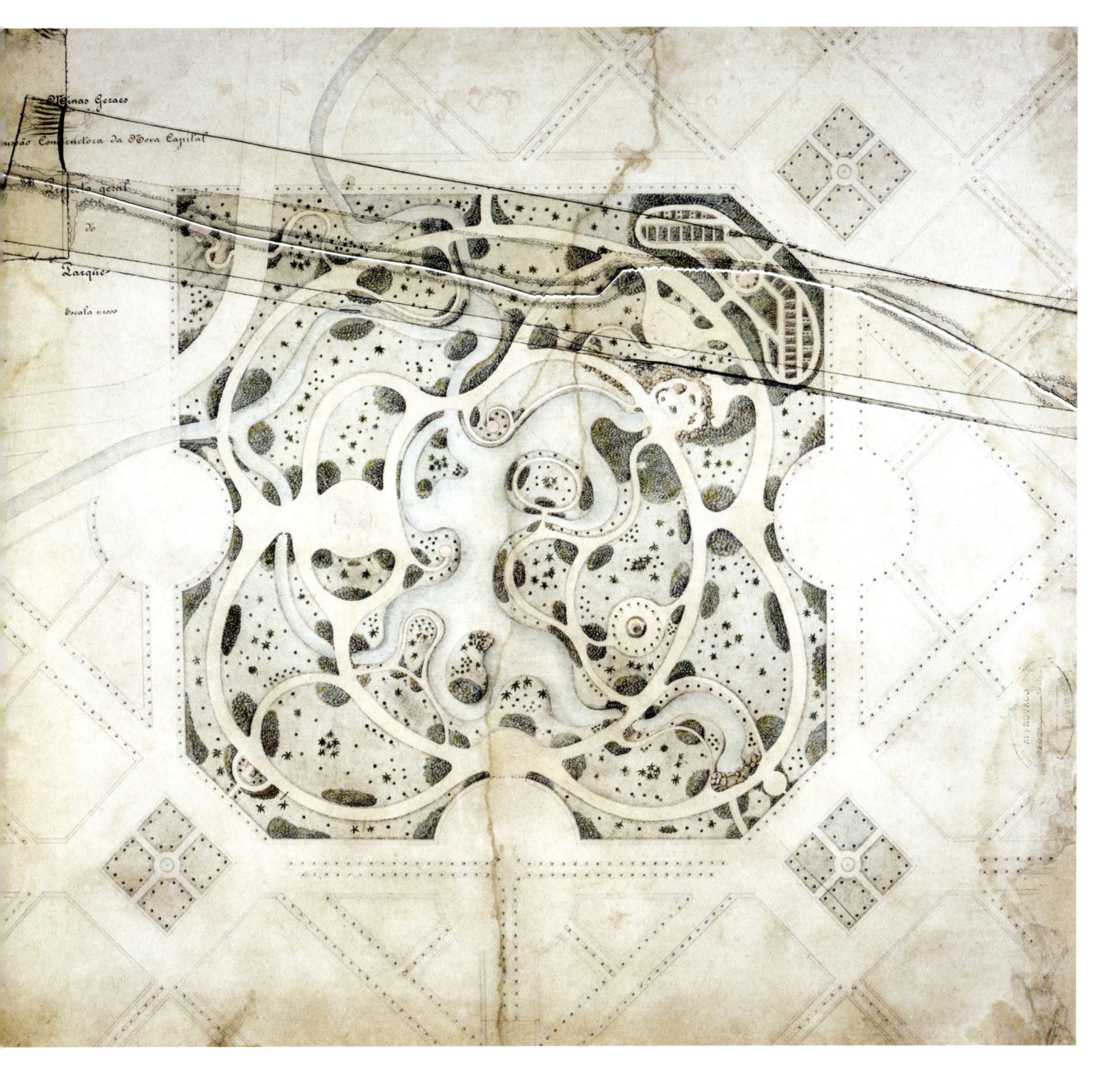

O MODELO

"Na primeira minha humilhíssima opinião não é na contemplação e respeito da arte grega que o arquiteto moderno se deve inspirar, nem, tampouco, no exagerado senso prático da arquitetura norte-americana [...]. A França arquitetônica moderna é, no meu entender, o único modelo a seguir, porque se adapta, com pequenas modificações, aos povos do Norte, do Sul, das zonas frígidas e das zonas quentes". ALFREDO CAMARATE, 1894[19]

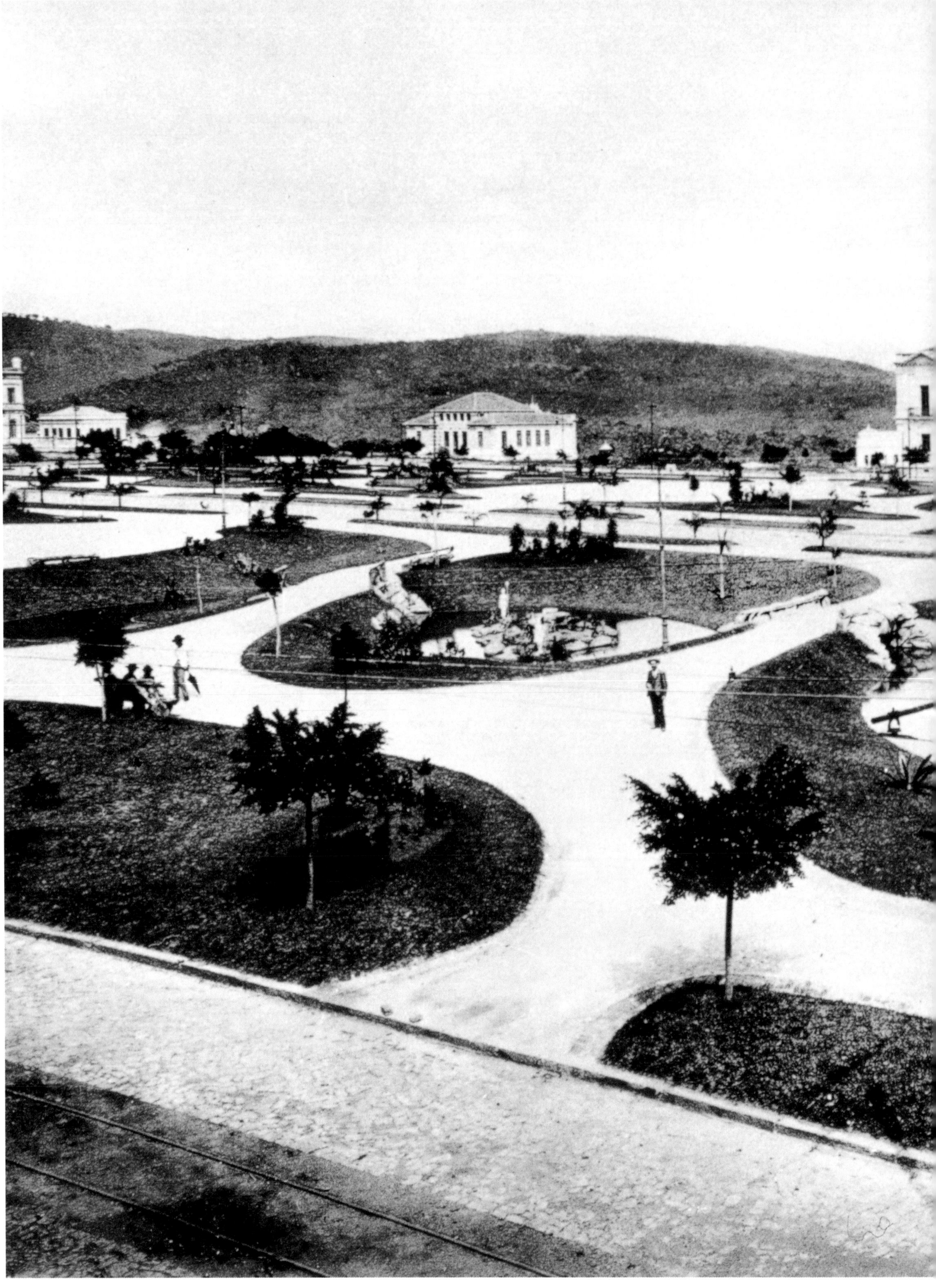

Belo Horizonte 1905

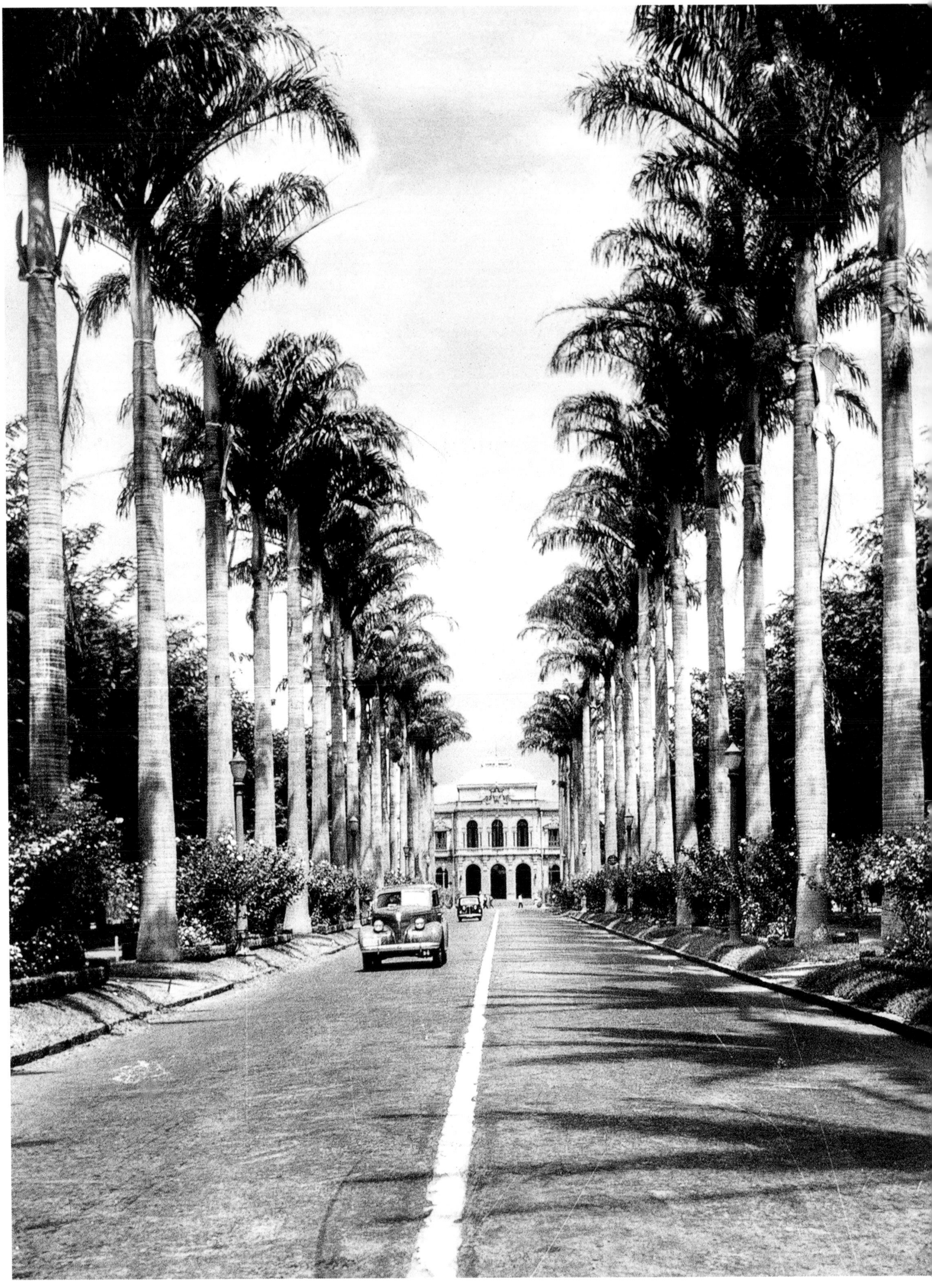

35

As outras áreas da zona urbana eram marcadas por palácios que enfatizavam os três poderes da República. O Palácio Presidencial foi erguido no centro da praça da Liberdade; o Palácio do Congresso (Assembleia), em frente à praça da Lei; e o Palácio da Justiça (Fórum), em frente à praça da Justiça. Segundo a Comissão Construtora, as construções oficiais deviam ser submetidas a regras arquitetônicas para garantir "efeitos artísticos". Aarão observa, contudo, que não seriam necessárias "suntuosidades descabidas, nem mesmo luxo artístico dispensável, mas toda a elegância, todo o conforto e todas as comodidades, cujas faltas seriam imperdoáveis na *Estação Central* de uma cidade que vai ser edificada ao abrir o século 20".[20]

36

As ruas foram batizadas com nomes dos estados brasileiros no sentido Norte-Sul e com nomes de etnias indígenas e dos inconfidentes mineiros no sentido Leste-Oeste. Na zona suburbana, as ruas foram batizadas com nomes de cidades mineiras: "Vão denominadas as praças, avenidas e ruas, tendo sido escolhidos os nomes de cidades, rios, montanhas, datas históricas mais importantes do estado de Minas Gerais e da União e, bem assim, de alguns cidadãos que, por seus serviços relevantes, merecem ser perpetuados na lembrança do povo".[21]

ESQUEÇA PORTUGAL, LEMBRE-SE DA FRANÇA

O arquiteto contratado para desenhar os palácios e uma extensa lista de edifícios públicos, José de Magalhães, era discípulo da École des Beaux-Arts, instituição criada por volta de 1830 em Paris e que permaneceu como estigma da arquitetura durante o século 19. A École pregava o estudo do fragmento de estilos e uma releitura mais ou menos livre de monumentos passados, o que gerou uma tendência à ornamentação e ao ecletismo. Magalhães, após obter seu diploma na Politécnica do Rio, viaja a Paris em 1875 para tentar ingressar na famosa escola e consegue a aprovação em segunda classe. Após estágio com um arquiteto francês, volta ao Brasil em 1880, onde fixa escritório no Rio e obtém prestígio como arquiteto municipal.

No final do século, entretanto, as ideias da Beaux-Arts e a arquitetura de Magalhães já não eram exatamente contemporâneas. A fase era de transição.

O estilo já vinha sendo atacado pela primeira geração de arquitetos modernos – os proto-modernos, jovens partidários de uma arquitetura mais sintonizada com os novos tempos da máquina e das forças da modernização, e que repudiavam os elementos decorativos e o culto do passado. Desde então, a instituição passou a ser considerada apenas uma escola-dinossauro para satisfazer as inclinações de estudantes-dinossauros. Sobreviveu até as revoltas e motins de maio de 1968 (!), quando estudantes bem menos conservadores provocaram o fechamento definitivo da École em meio às barricadas de Paris.

Apesar disso, assim como os arquitetos modernos romperam com uma tradição, Magalhães desempenhou o papel de fazer uma arquitetura não-colonial, anti-Ouro Preto, fora dos cânones da arquitetura portuguesa e, acima de tudo, sem qualquer vínculo com o passado. Este, sim, era o verdadeiro objetivo de quem projetava em Belo Horizonte.

37 E encerrando esse paraíso racional, a já citada avenida do Contorno marca nitidamente o fim do cartesianismo, da malha regular da zona urbana, e o início das imprecisões da zona suburbana: "17 quilômetros em volta da cidade, privilégio *exclusivo* desta capital no mundo inteiro. Posso garantir-lhe, com conhecimento pessoal, de que não há outra *avenida* igual em nenhuma das mais belas cidades do velho e do novo continente".[22]

38 Avenida do Contorno, a via que funcionaria como a definidora de uma "cidade fortificada sem muros"; a tradução da vontade de conservar a integridade formal da zona urbana de Belo Horizonte. Ela regularia a entrada e saída dos habitantes e foi pensada como um obstáculo simbólico da circulação de bens e de relações sociais; como a cidade ideal denominada por ideias positivistas e dominadora da desordem alheia. Dentro da Contorno, impostos são mais caros, serviços urbanos estão disponíveis, as pessoas aparecem, a cidade acontece. Avenida do Contorno: zona de negociações, das interrelações de poder, de identidade, de sedução e de destruição. De um lado a zona suburbana, de outro, a zona urbana. Nessa membrana, estão implícitos princípios estratégicos de defesa e de ataque que procuram certo tipo de controle urbano, que expressam uma vontade de conservar a cidade, que insinuam o medo do crescimento urbano que fatalmente transformaria Belo Horizonte. Mas, como todas as barreiras, ela nasceu juntamente com a vontade de sua transposição pelos excluídos, o que seria favorecido, futuramente, pelo crescimento desordenado da zona suburbana... Hoje, a Contorno já não define mais uma cidadela fortificada dentro de uma grande cidade. Aconteceu a tomada da cidadela.

39 Mas apesar da Contorno e do calculismo aparentemente frio e puramente segregador, uma queda para as belas artes estava por trás da frieza mecanicista de Aarão – é só dar uma olhada no caráter expressivo do desenho. Belo Horizonte não tem nada do pragmatismo das cidades norte-americanas, nem do militarismo dos espanhóis que fundaram cidades na América andina. Praças, perspectivas, rotores, palácios – todas as exceções do quadriculado dessa planta indicam que, no fundo, Aarão era um esteta, um cientista caído pelas belezas da Paris de Haussmann. Havia uma intenção estética por trás de todo aquele calculismo, e o resultado final mais parece produto de arquiteto Beaux-Arts do que aquilo que as secas palavras da Comissão Construtora pressupõem.

Praça da Liberdade (Palacio Presidencial) – Bello Horizonte
Minas, Brazil = Editores: Lunardi & Machado

BELLO HORIZONTE — SECRETARIA DAS FINANÇAS

Praça da Liberdade
(Secretaria do Interior)

Bello Horizonte - Minas. **Brazil**
Editores: Lunardi & Machado

BELLO HORIZONTE — COLLEGIO ARNALDO

40

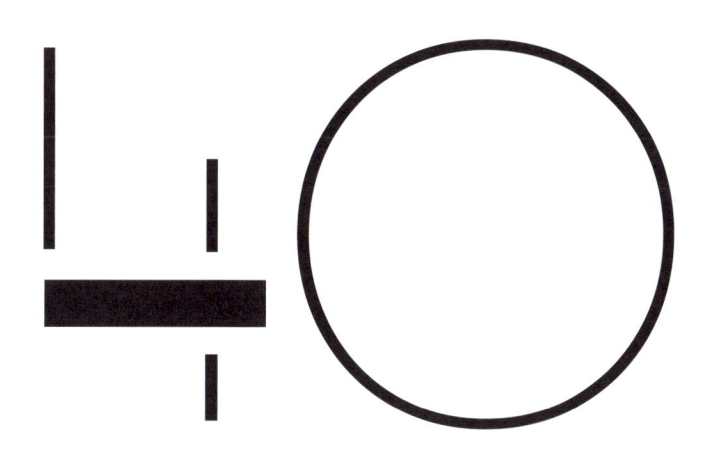

Nem *americana*, nem *europeia*. A planta de Belo Horizonte era, na verdade, um híbrido que sintetizava experiências distintas. Várias influências misturadas: La Plata, a Paris de Haussmann, a Ringstrasse na Viena de Camilo Site e a Washington de L'Enfant. Um plano racional e *puro* exigiria ruas e avenidas que permitissem perfeita fluência do tráfego, e a rigidez do desenho claramente transmite essa preocupação. Mas a eficiência do sistema viário – música para os ouvidos dos engenheiros de trânsito – foi, na verdade, prejudicada pelo excessivo número de praças que marcavam as perspectivas axiais dos edifícios públicos. Poucas são as vias arteriais que não foram obstruídas pelo próprio plano. Nos cruzamentos, inúmeros são os espaços públicos "dando largueza para o efeito arquitetônico dos edifícios públicos, verdadeiros palácios esplendidamente situados".[23] Pomposo e ao mesmo tempo racional, Aarão não hesitou em sacrificar o mito da "eficiência americana" em nome das "nobres artes europeias".

OS PALÁCIOS

"Muitas praças, de tamanhos e formas diversos, cortarão as ruas e avenidas, dando largueza para o efeito arquitetônico dos edifícios públicos, verdadeiros palácios esplendidamente situados. Assim, o Palácio Presidencial será erguido no centro da praça da Liberdade, para onde convergem cinco avenidas; os Palácios da Administração e do Congresso ficarão frente a frente, na esplêndida praça da Lei, circular e ponto do cruzamento de seis avenidas; o Palácio da Justiça ficará na praça da Justiça, fronteira à área reservada para um grande hotel; o Palácio da Municipalidade ocupará com a biblioteca e o museu o centro da praça 14 de Setembro, sendo triangular a forma dessa praça etc." GAZETA DE NOTÍCIAS, 1895[24]

41 | Aarão iniciou, ele mesmo, a mutilação dos ideais da cidade positivista. As avenidas João Pinheiro, Álvares Cabral e Augusto de Lima foram interrompidas pelos três edifícios do centro cívico (Legislativo, Judiciário e Executivo); três artérias nobres, cada qual formando uma perspectiva que culmina em uma praça. A separação entre a malha mais fechada das ruas e a mais aberta das avenidas foi sofrendo exceções em nome das vistas, sendo a congestão da praça Raul Soares uma consequência da confluência de quatro avenidas que não se encontrariam se o plano fosse rígido na articulação entre ruas e avenidas. Por outro lado, todos os córregos foram ignorados pelo traçado em xadrez, o que causaria mais tarde problemas de extravasamento nos cursos d'água, provocando inundações e condições de salubridade em nada condizentes com o discurso da própria comissão. Embora a planta proposta tenha indicado a rede hidrográfica composta pelo Ribeirão Arrudas e seus afluentes, tais cursos d'água não interferiram na rigidez e no ordenamento das vias e quarteirões, ficando apenas como pano de fundo nessa representação.

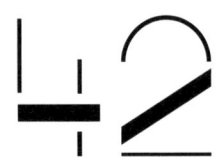

42 | Piegas ou insensível? Racional ou ineficiente? De um lado, uniforme e impiedosa com a natureza; de outro, preocupada com as concepções da *cidade como arte*, Belo Horizonte foi projetada brava e pacata como o Touro Ferdinando do conto infantil.* Industrial e artística, construtiva e plástica. Modernismo sem modernidade, ideias progressistas patrocinadas por velhos políticos mineiros, pós-modernismo antes do modernismo: "Nessa *urbs* postiça, tudo é postiço".[25]

A BELA

"No continente Americano só existem duas cidades feitas sob medida, estudadas, calculadas, desenhadas no papel antes de serem fixadas em cimento e tijolo: Washington e Belo Horizonte. Disso resulta que só essas duas cidades podem receber sem restrições o qualificativo de belas, da beleza integral que a harmonia de conjunto dá. Todas as demais nascidas e desenvolvidas ao acaso e fora de qualquer plano de conjunto, terão apenas o bonito do pitoresco, ou belezas parciais, porque todas encerram em si, pelo menos, uma parte insanavelmente aleijada: o centro. [...] Sim, Belo Horizonte, a bela! A cidade certa! A cidade cada vez mais certa e cada vez mais bela. [...] Explica-se, portanto, o nosso entusiasmo e a nossa surpresa. Sinceramente, Belo Horizonte é a primeira coisa que nos entusiasma no Brasil, este país de cidades horrorosamente feias, boçais na arquitetura, que, ou é a colonianice sorna legada pelos avós sem cultura ou é o carnaval arquitetônico que vemos em São Paulo e no Rio". MONTEIRO LOBATO, 1937[26]

* O Touro Ferdinando narra a história de um touro romântico, sensível, um apreciador do buquê das flores nos bosques da Espanha. Num dia em que captadores de touros chegam ao bosque à procura da mais selvagem das bestas, do animal capaz de desafiar o melhor dos toureiros de Madri, Ferdinando é picado por uma abelha e entra em desespero de tanta dor. Os captadores não hesitaram: Ferdinando, que pinoteava para todos os lados, era o touro de que precisavam. Quando ele entrou na arena, entretanto, o efeito do ferrão já tinha passado, e Ferdinando só queria saber de cheirar mais flores...

Belo Horizonte
(C. de L.)   52
Centro dos Chauffeurs

OS PROJETOS

"3ª seção – arquitetura
Os excelentes e numerosos trabalhos desta seção são devidos à proficiência incontestável de seu chefe, o distinto arquiteto nacional doutor José de Magalhães.
Entre eles destacam-se os seguintes:
– Projeto da Estação Central [...];
– Projeto da Estação General Carneiro [...];
– Projetos de edifícios para depósito de material rodante e para oficinas;
– Projetos de casas de residência para agentes, engenheiros e turmas de conservação da linha;
– Projeto de um templo católico, com detalhes e ornamentações;
– Projeto de uma capela católica, com detalhes;
– Projeto de um Palácio Presidencial, com detalhes e ornamentações;
– Dois projetos de hotel;
– Projetos de um parque [...];
– Projeto de um grande Palácio da Administração [...];
– Projetos de três palácios para as secretarias de Estado [...];
– Projetos dos brasões para a futura capital e para o estado de Minas;
– Projeto de um cemitério público com o respectivo necrotério;
– Projetos de sete tipos de casas para a residência dos respectivos funcionários públicos da capital;
– Projeto de um Palácio do Congresso;
– Projeto de um Palácio da Justiça".
AARÃO REIS, 1895[27]

CONGRESSO

CLVB BELLO-HORIZONTE

SECÇÃO LONGITUDINAL

ESCALA = 1:50

Projecto nº 341
Approvado em 18-11-1926.
Directoria de Obras, 26-11-1926.
O Director
Frauwirth?

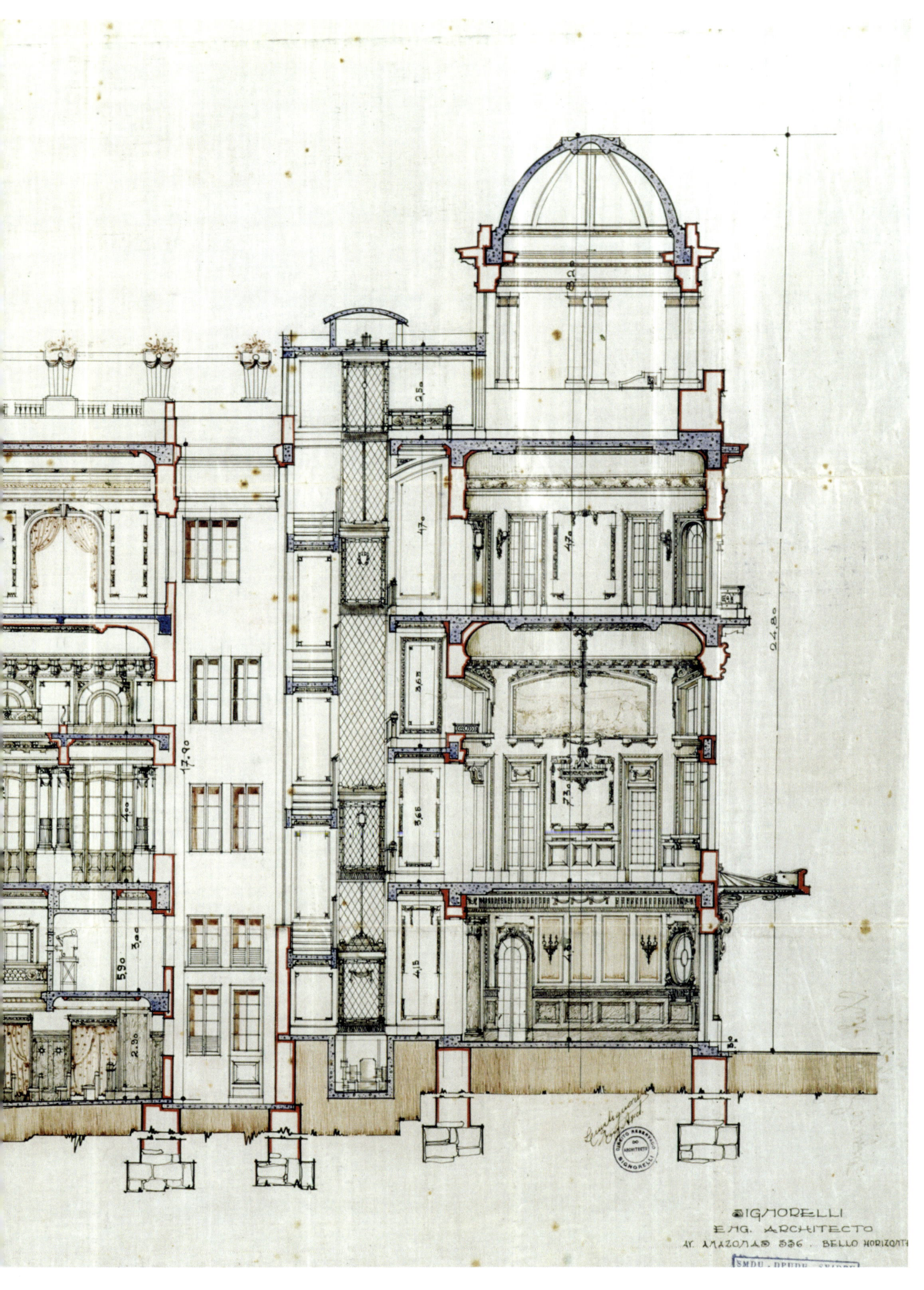

SIGNORELLI
ENG. ARCHITECTO
AV. AMAZONAS 536 - BELLO HORIZONTE

C. C. A. C.
Palacio Presidencial
Elevações.

2. Fachada lateral.
Escala 1/50

Belo Horizonte (C. C. de S.) 18

Escola Normal

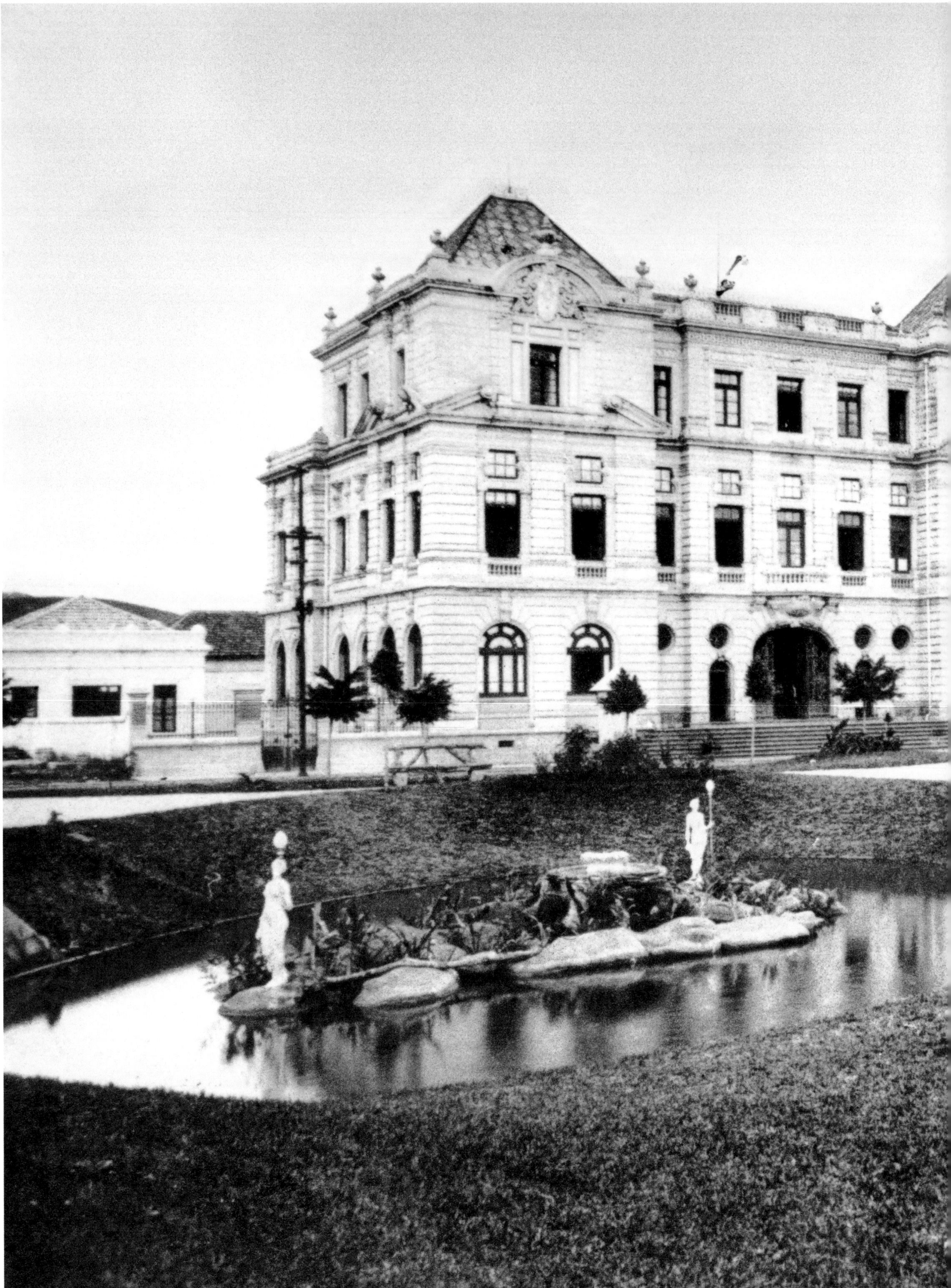

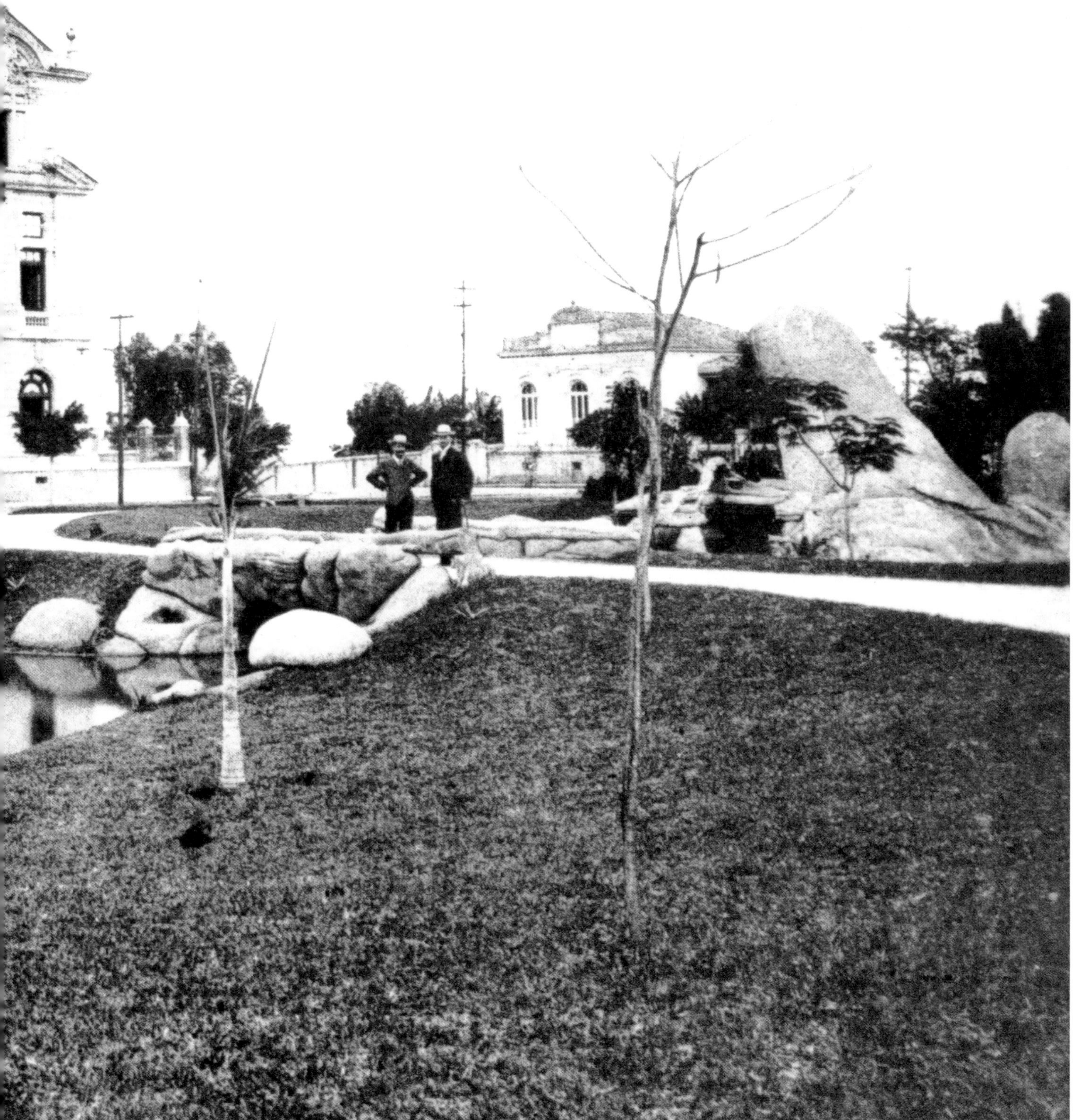

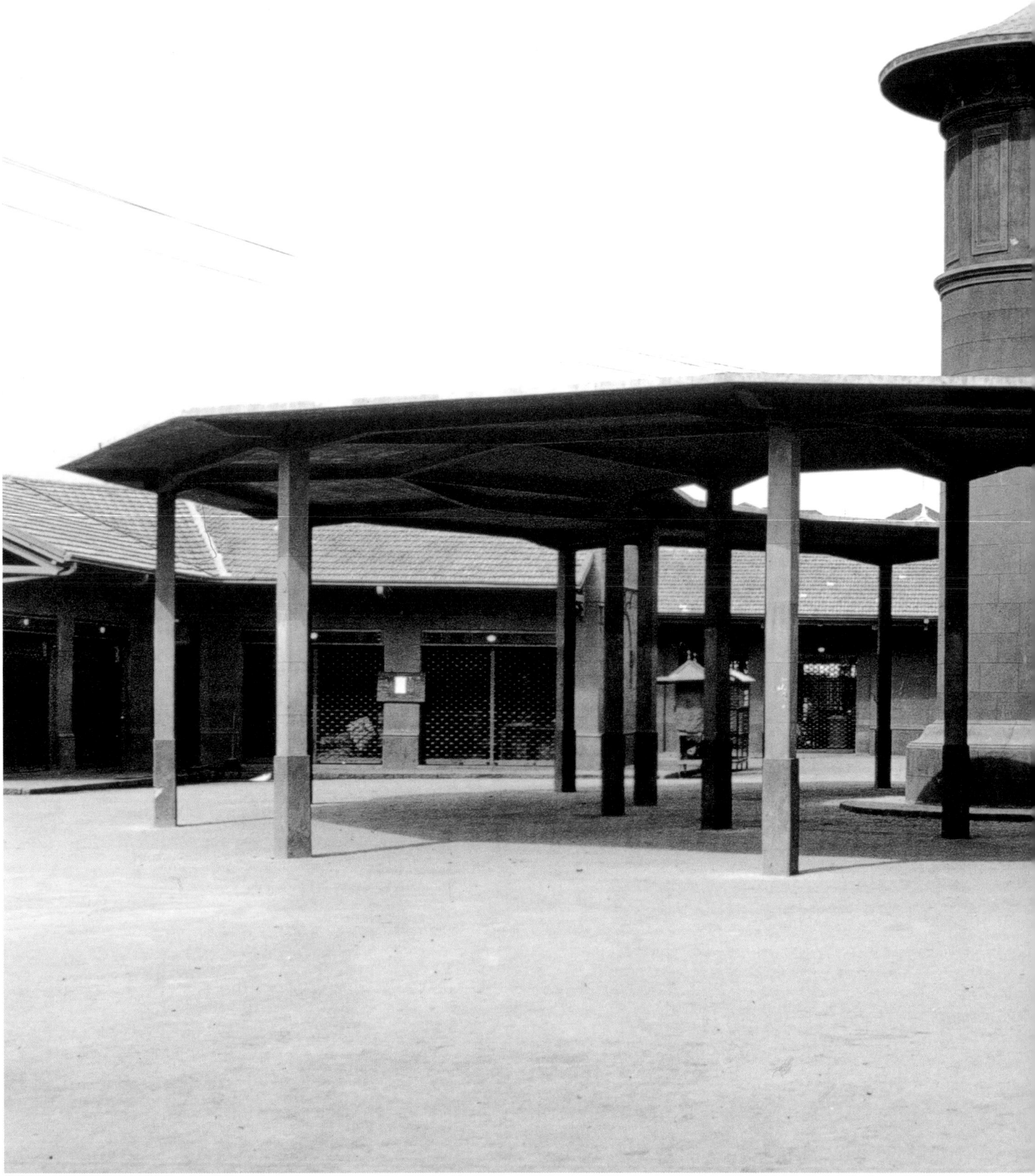

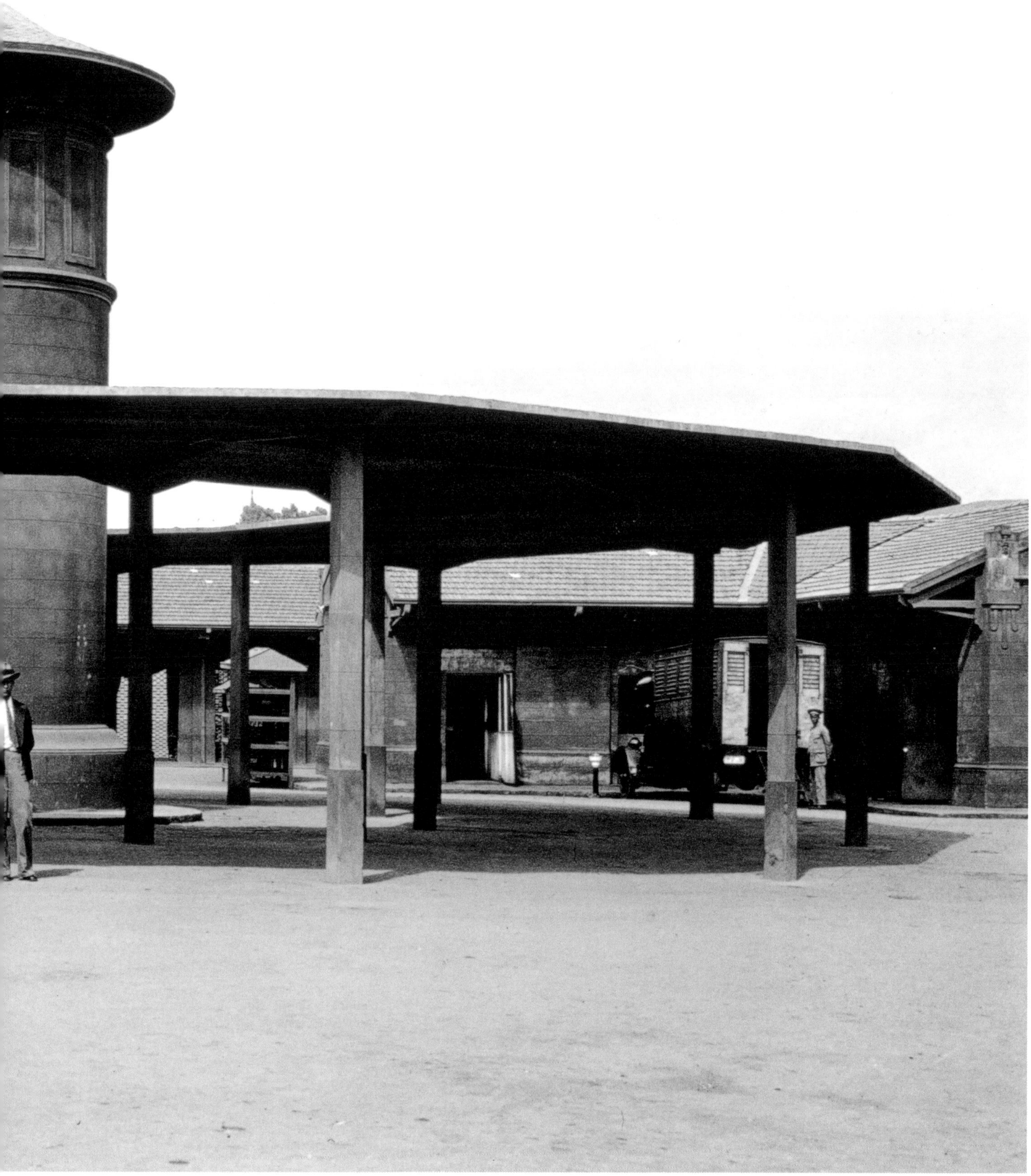

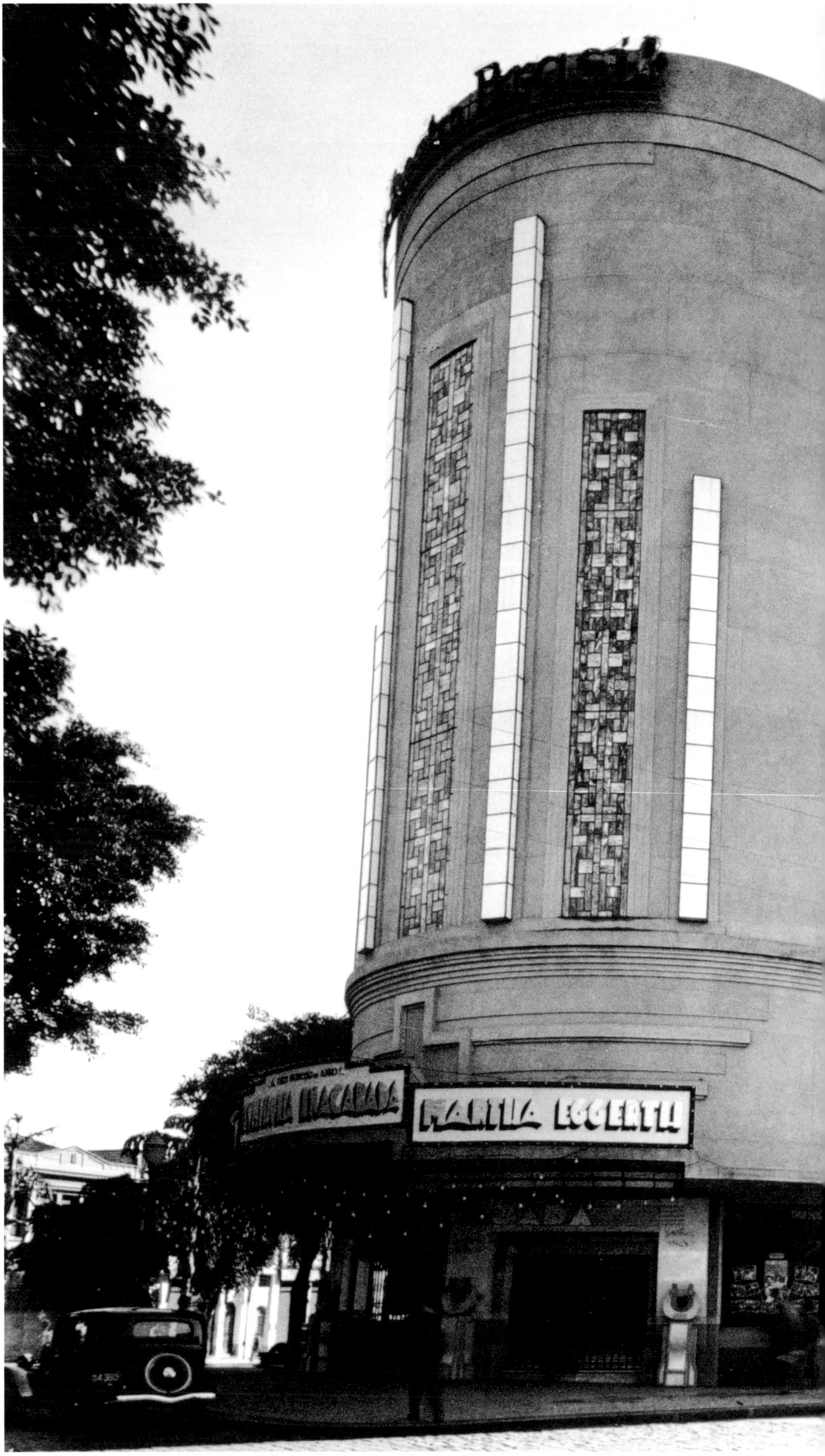
MARTHA EGGERTH

Belo Horizonte, 1930
Arq: J. Góes

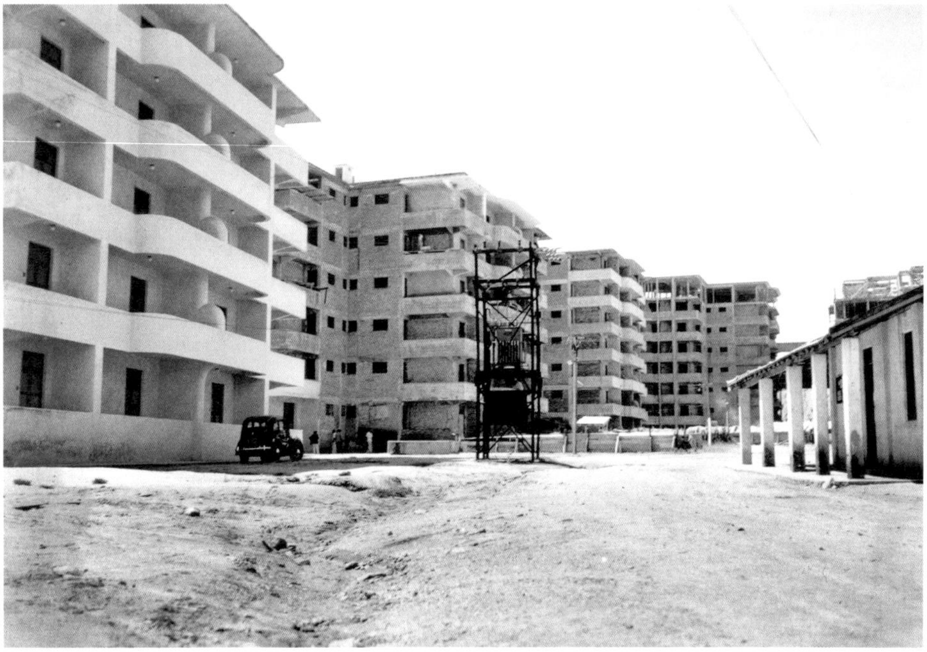

III. SUBURBANA

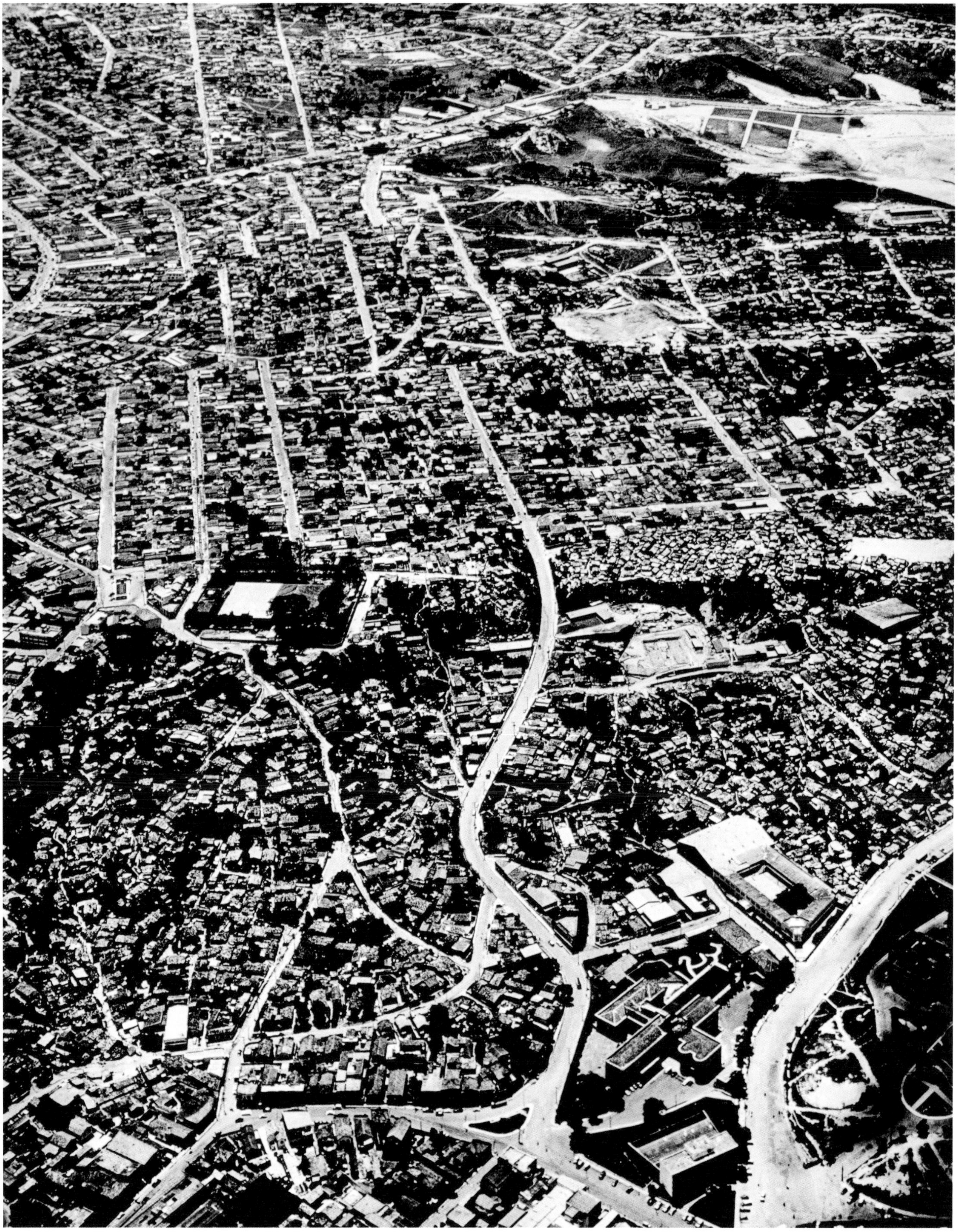

43 Em se tratando dos estudos sobre Belo Horizonte, várias análises foram feitas sobre a zona urbana e quase nada de positivo foi dito da zona suburbana e seu traçado *espontâneo* tão marcante na cidade de hoje. Pelo plano de Aarão, a zona suburbana tinha um tratamento bem mais simplificado, com grandes terrenos delimitados por ruas estreitas onde deveriam se instalar chácaras e sítios. A avenida do Contorno fechava um limite claro entre espaço planejado e um outro praticamente sem planejamento, sendo que as duas zonas se comunicavam pouco: poucas ruas que se abriram na zona urbana ultrapassavam a fronteira da avenida do Contorno.

44 O esboço da zona suburbana tinha características mais flexíveis e, em alguns sentidos, mais apropriadas à expansão porque adaptado aos acidentes naturais. Aqui a hidrografia foi determinante para a urbanização, com avenidas em vales seguindo o curso sinuoso dos córregos, numa formação urbana que se iniciou pelas linhas de crista e meia encosta. Abrangia terrenos ainda mais acidentados, mas seu desenho adaptava-se melhor às condições topográficas, com lotes e quadras irregulares e ruas de largura variável.

45 Apesar de não ter recebido os mesmos estudos e cuidados concedidos pela Comissão Construtora, a zona suburbana definiu a expansão em ritmo exponencial da cidade, em um crescimento descontrolado totalmente avesso às intenções embelezadoras da zona urbana. De acordo com o recenseamento realizado em 1912, apenas 32% dos habitantes da cidade ocupavam a zona urbana, 38% a suburbana e 30% a zona rural. Já nessa época, uma vila operária, criada em 1902, no Barro Preto, não era suficiente para a demanda da população de baixa renda e teve de crescer para a periferia.

LINEAR, NÃO
"Somos todos jogadores. O que esperamos com mais intensidade é que se desfaçam, de tempos em tempos, os encadeamentos racionais e se instale, mesmo por breve período, um desdobramento inesperado, de uma outra ordem, em um lance maravilhoso de acontecimentos. Todas as coisas são curvas, como a própria Terra e, no imaginário, deve haver uma curvatura inevitável que se opõe a toda linearidade ou planificação".
JEAN BAUDRILLARD, 1996[28]

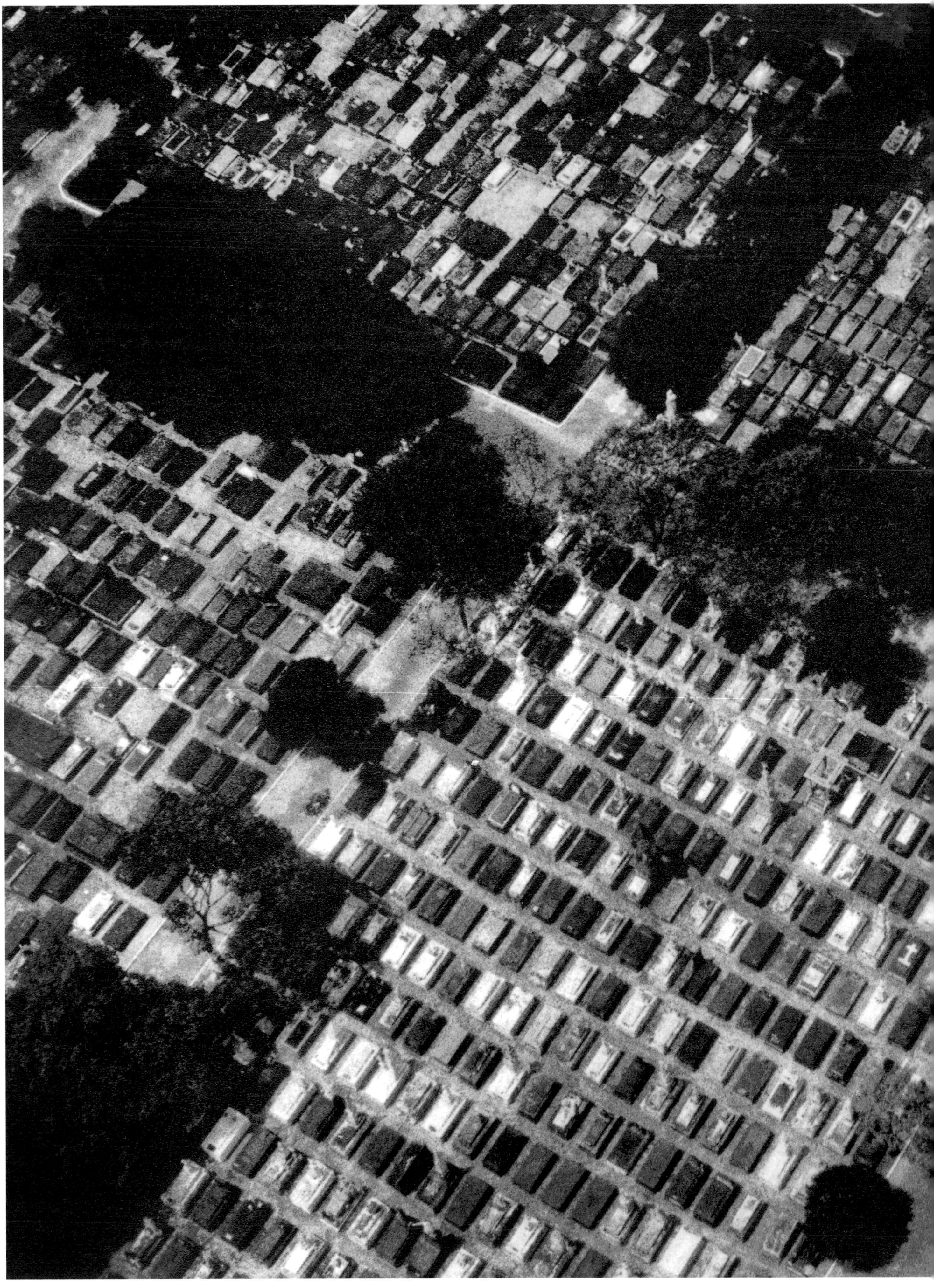

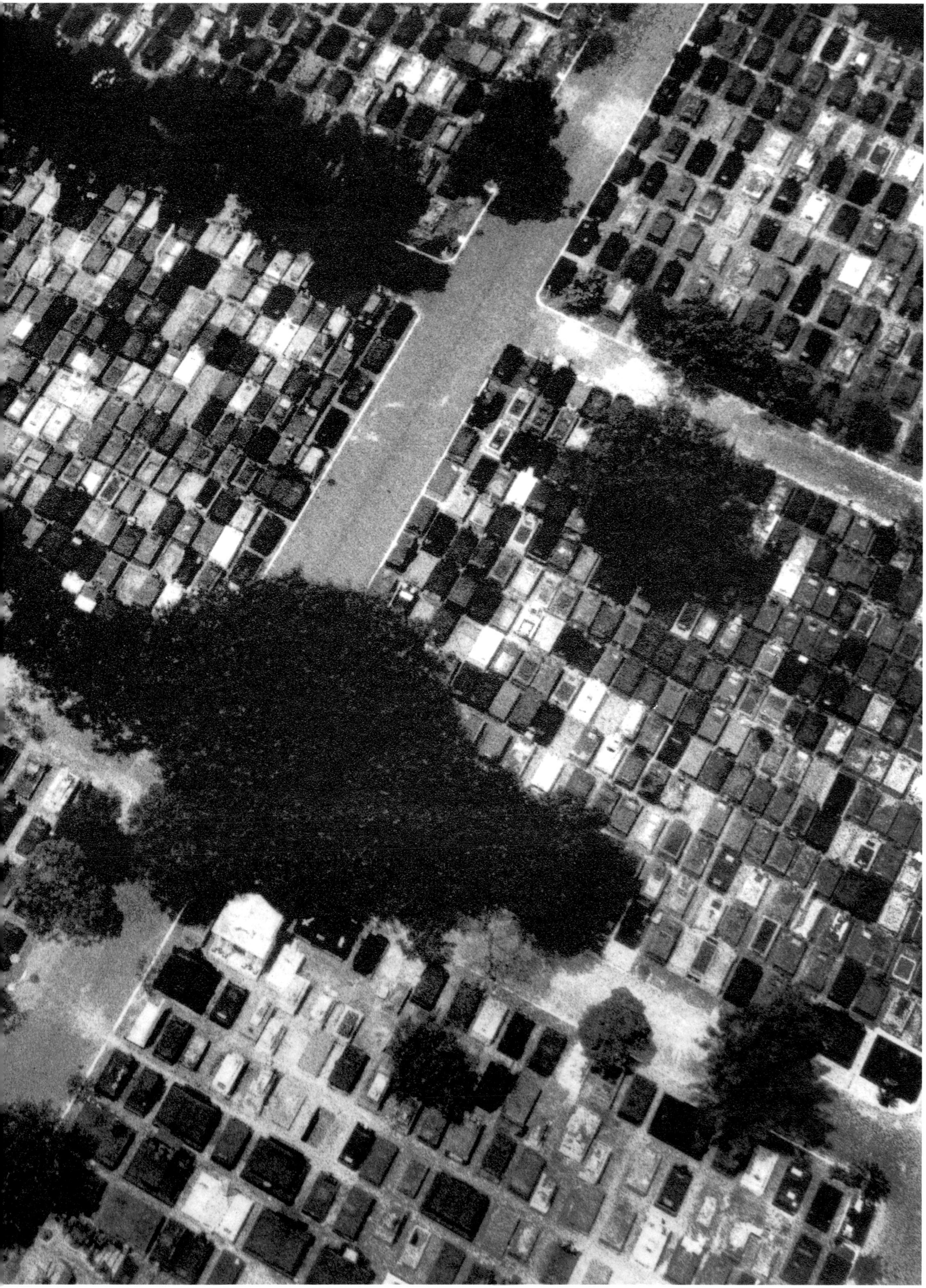

46

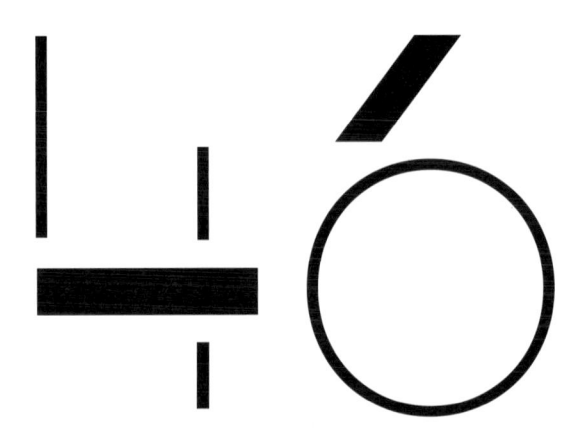

A zona suburbana profetizava o que a cidade viria a ser: uma cidade que em nada se destaca de suas colegas não-planejadas. Ao invés de crescer onde havia a oferta de infraestrutura e arquitetura Beaux-Arts, a cidade correu para as áreas onde as carências eram maiores, iniciando um processo que iria repetir-se sempre na sua história: infraestrutura no centro, habitantes na periferia; Beaux-Arts nos eixos das avenidas nobres, construções espontâneas nas margens; traçado quadriculado no centro, traçado *orgânico* no resto. Em 1949, o jornal *Estado de Minas* publicava artigo sobre as disparidades entre as duas zonas: "na realidade toda a extensão além da avenida do Contorno (um anel separando o belo do feio, o lógico do ilógico, um mundo claro e habitável de outro mundo abandonado na sua feiura e na sua triste paisagem de pobreza) não constitui, na verdade, um prolongamento da capital; antes são outras cidades crescendo ao redor de Belo Horizonte".[29] A perspectiva idealista de Aarão transformava-se em atos de um positivismo cândido e ingênuo. Gradativamente, invadiam a zona urbana elementos arquitetônicos imprevistos que ofuscavam a grandeza do desenho; enquanto se misturavam ao caráter tosco da zona suburbana casarões ecléticos que, presumivelmente, deveriam estar nos limites da zona urbana.

O TEOREMA DA PARTE MALDITA
"Há uma terrível consequência da produção ininterrupta de positividade. Pois, se a negatividade gera a crise e a crítica, a positividade hiperbólica gera a catástrofe, por incapacidade de destilar a crise e a crítica em doses homeopáticas. Toda estrutura que encurrala, que expulsa, que exorciza seus elementos negativos corre o risco de uma catástrofe por reversão total, como todo corpo biológico que encurrala e elimina seus germes, bacilos, parasitas, seus inimigos biológicos, corre o risco da metástase do câncer, isto é, de uma positividade devoradora das próprias células, ou o risco viral de ser devorado pelos próprios anticorpos, que passam a não ter uso.

Todo aquele que expurga sua parte maldita assina sua própria sentença de morte. Eis o teorema da parte maldita". JEAN BAUDRILLARD, 1993[30]

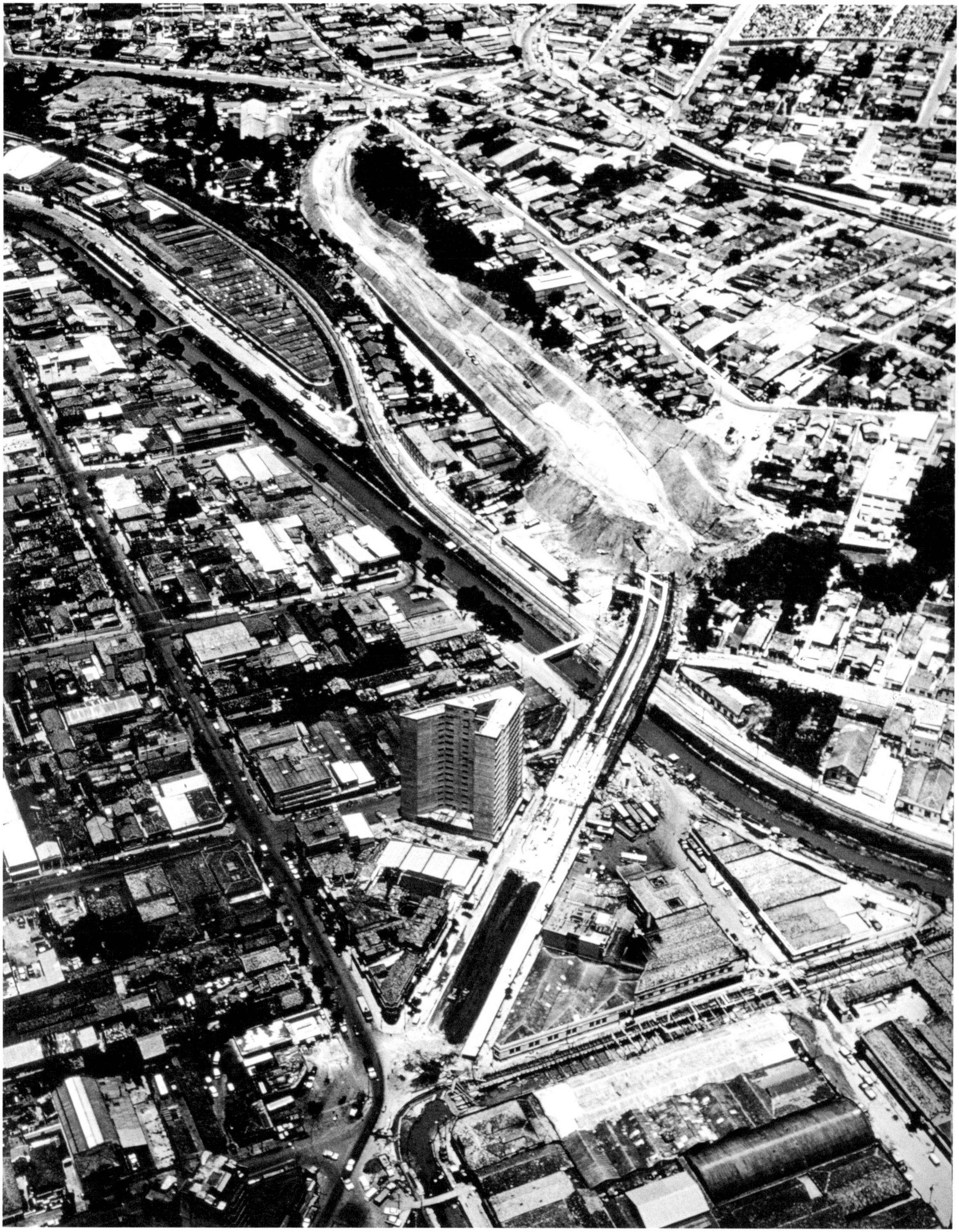

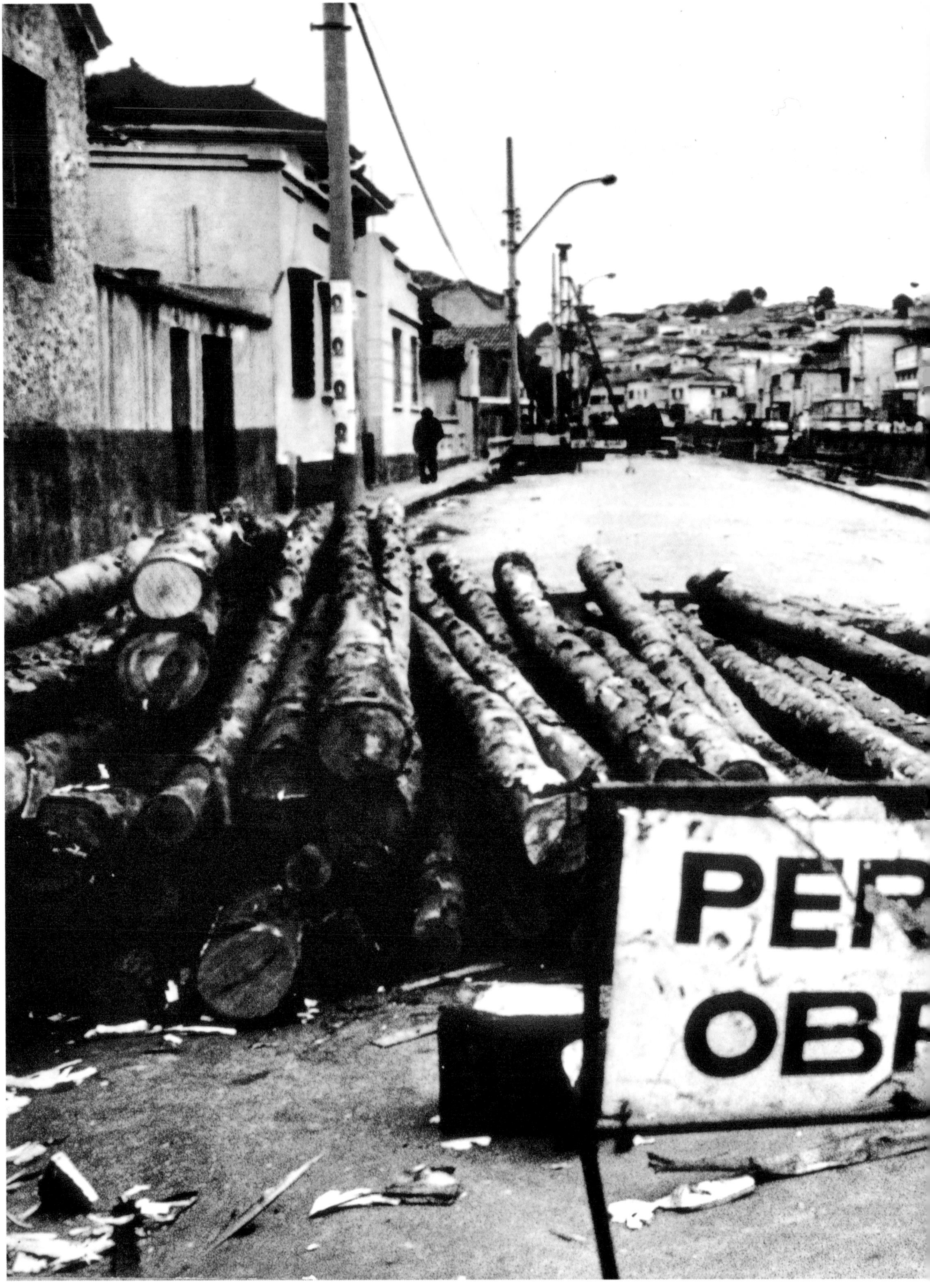
PER
OBR

PERIGO
OBRAS

GO
AS

47

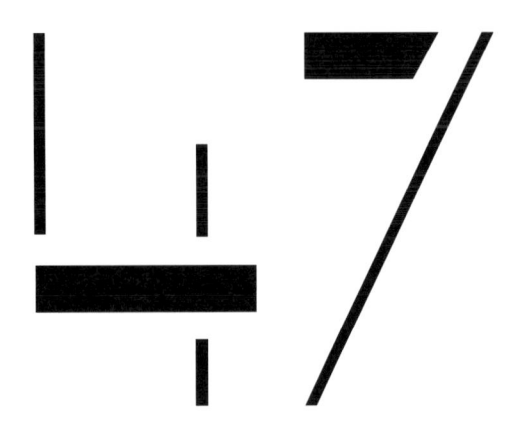

Na zona urbana tudo era para ser *diferente*. Aarão, depois de traçar o quadriculado neutro e impessoal, foi inserindo *acidentes* em nome do urbanismo neoclássico e na busca por algo particular em uma cidade ainda sem alma. A planta de Belo Horizonte, ao contrário das cidades norte-americanas e da América andina, não tem a simplicidade de um quadriculado. Ela procura a composição e a irregularidade dentro da regularidade, como se o xadrez fosse neutro demais para gerar um urbanismo *culto*. Certamente, a simplicidade incomodava Aarão, que então inicia o processo da haussmannização da malha ortogonal. Ele abre diagonais, insere edifícios imponentes e praças com nomes ligados aos três poderes, aumenta a largura da avenida principal, implanta um cemitério no eixo de uma grande avenida, transforma os nomes das ruas e avenidas em um dicionário de geografia e história do Brasil.

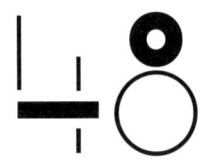

48

Um jornalista da época sobre a zona urbana: "Ele [Aarão] tirou proveito dessa ordem com a mistura do *utili dulce*, que atualmente faz Belo Horizonte tão conveniente para o comércio quanto é agradável à vista. Seu projeto é segundo o *block system*, mas, para evitar a monotonia e os intermináveis retângulos de lugares como Nova York e Buenos Aires, traçou através dos retângulos uma série de avenidas diagonais, com jardins e praças em numerosos cruzamentos onde ruas e avenidas se encontram".[31] Depois da operação de haussmannização, o tabuleiro de xadrez virou uma composição gráfica e expressiva, bem distante da monotonia e funcionalidade geralmente associadas a esse tipo de traçado. Já que ainda não havia História, o artifício da personalidade inventada era bem pertinente: era necessário mais do que eficiência para a nova capital; eram necessários os símbolos de um novo regime político para um jovem país – a República do Brasil.

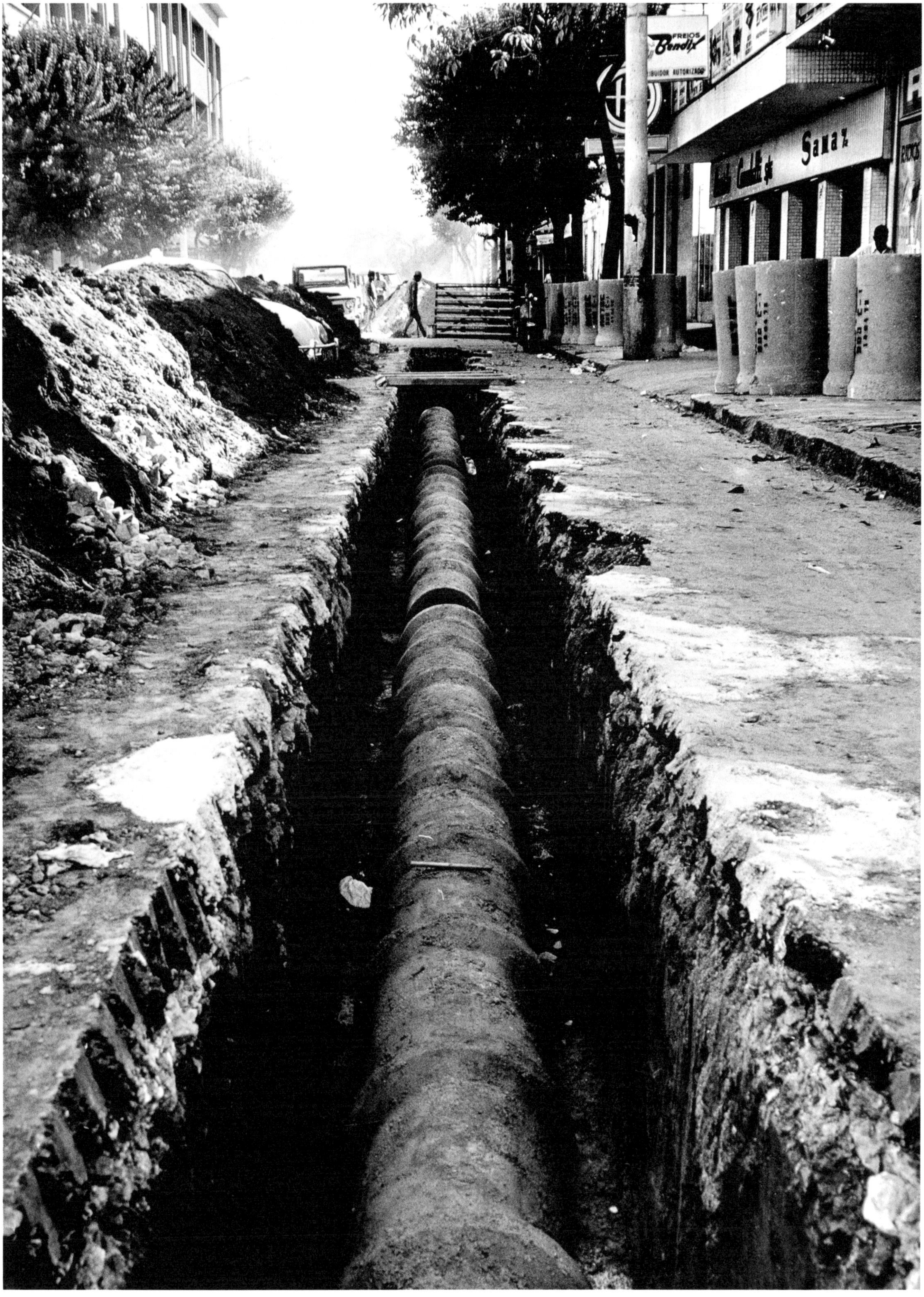
FREIOS
Bendix
Samaz

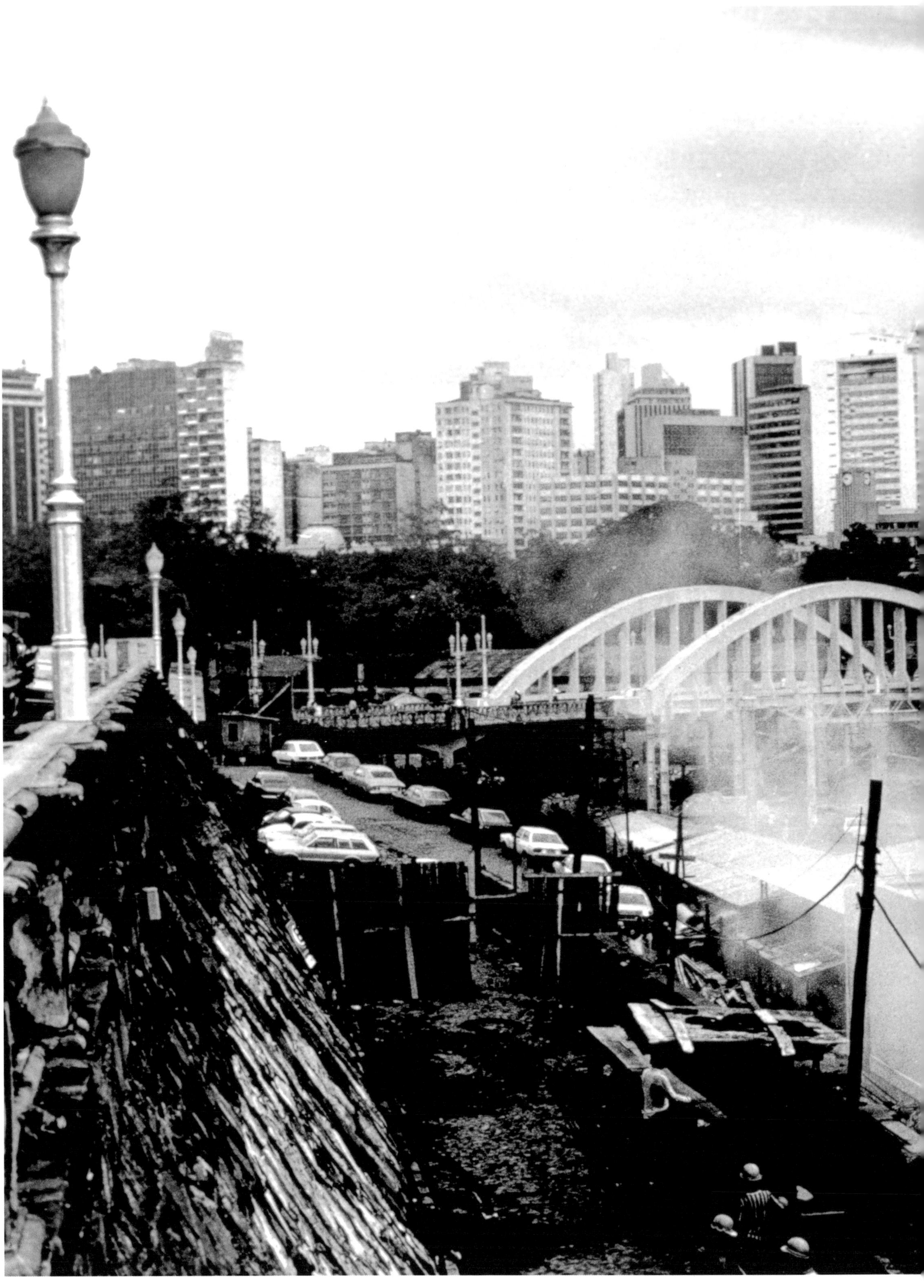

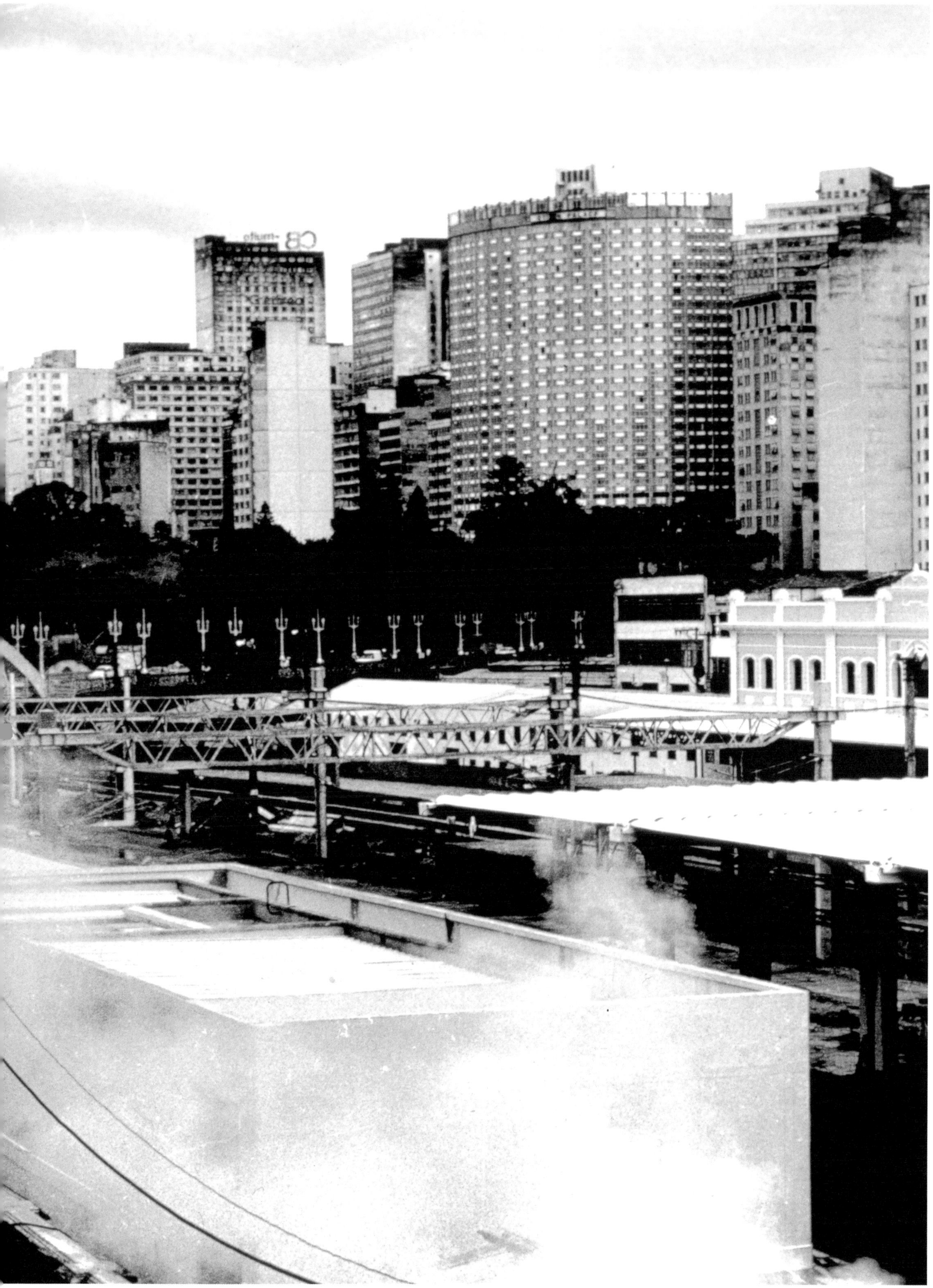

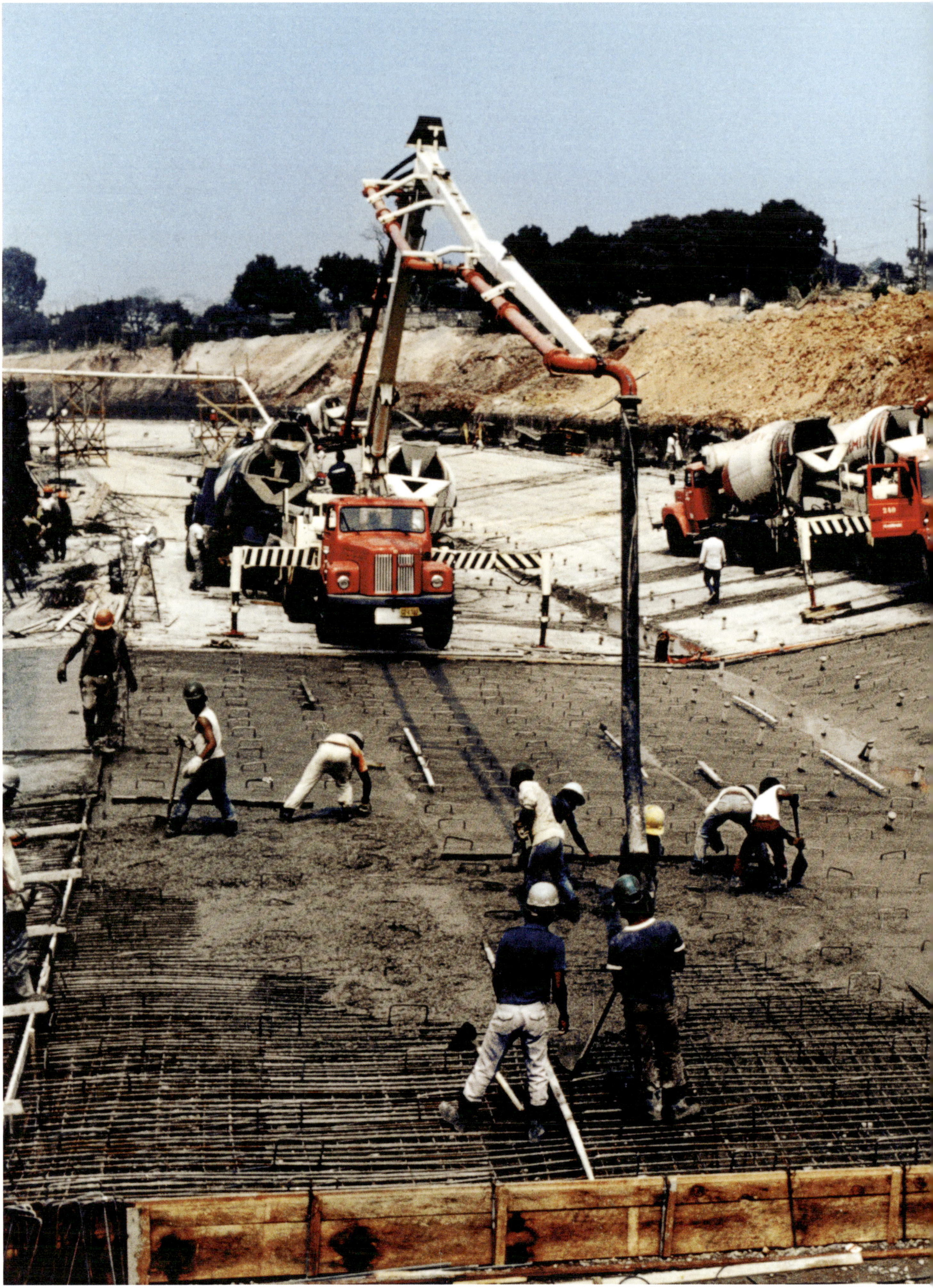

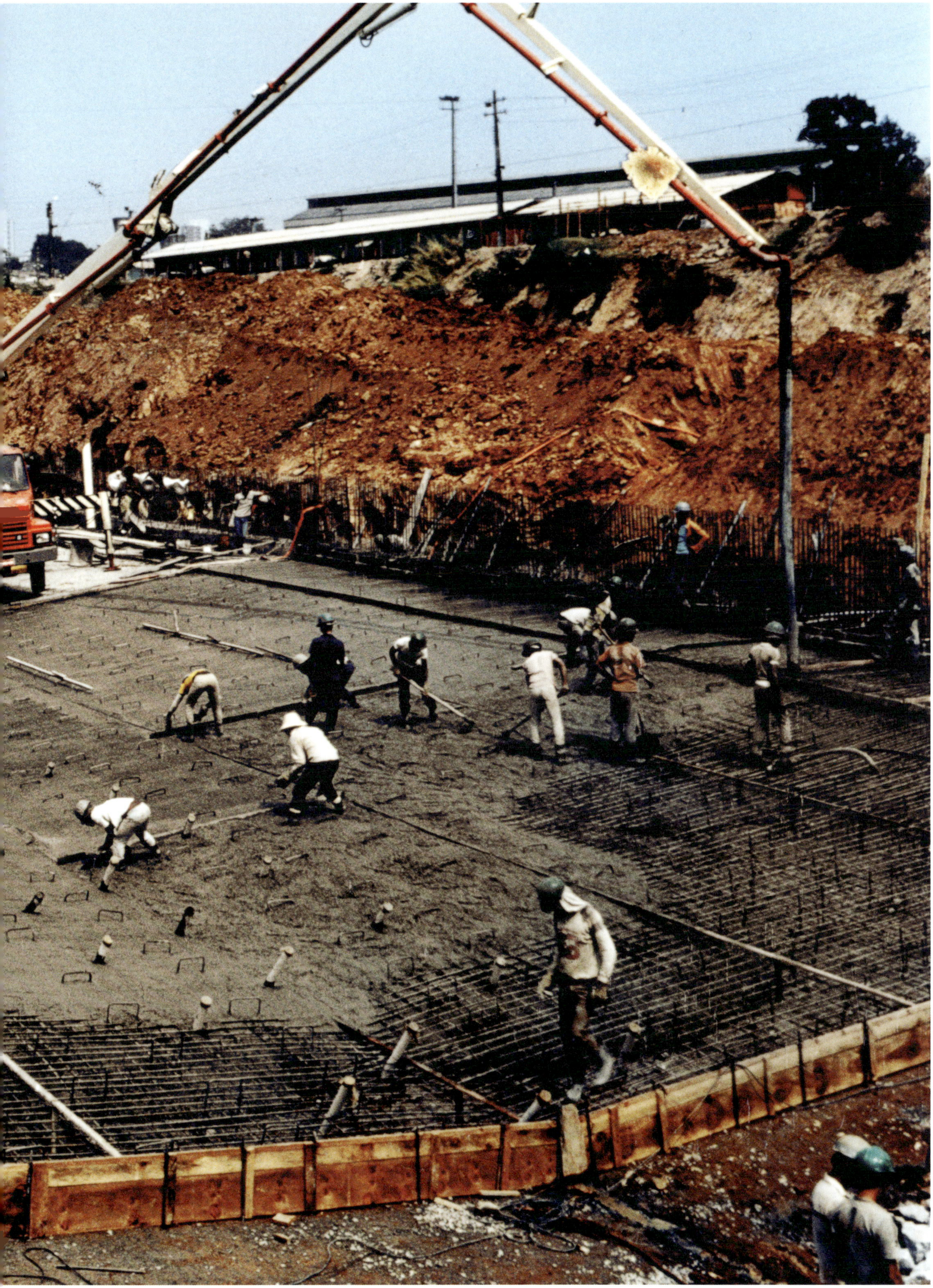

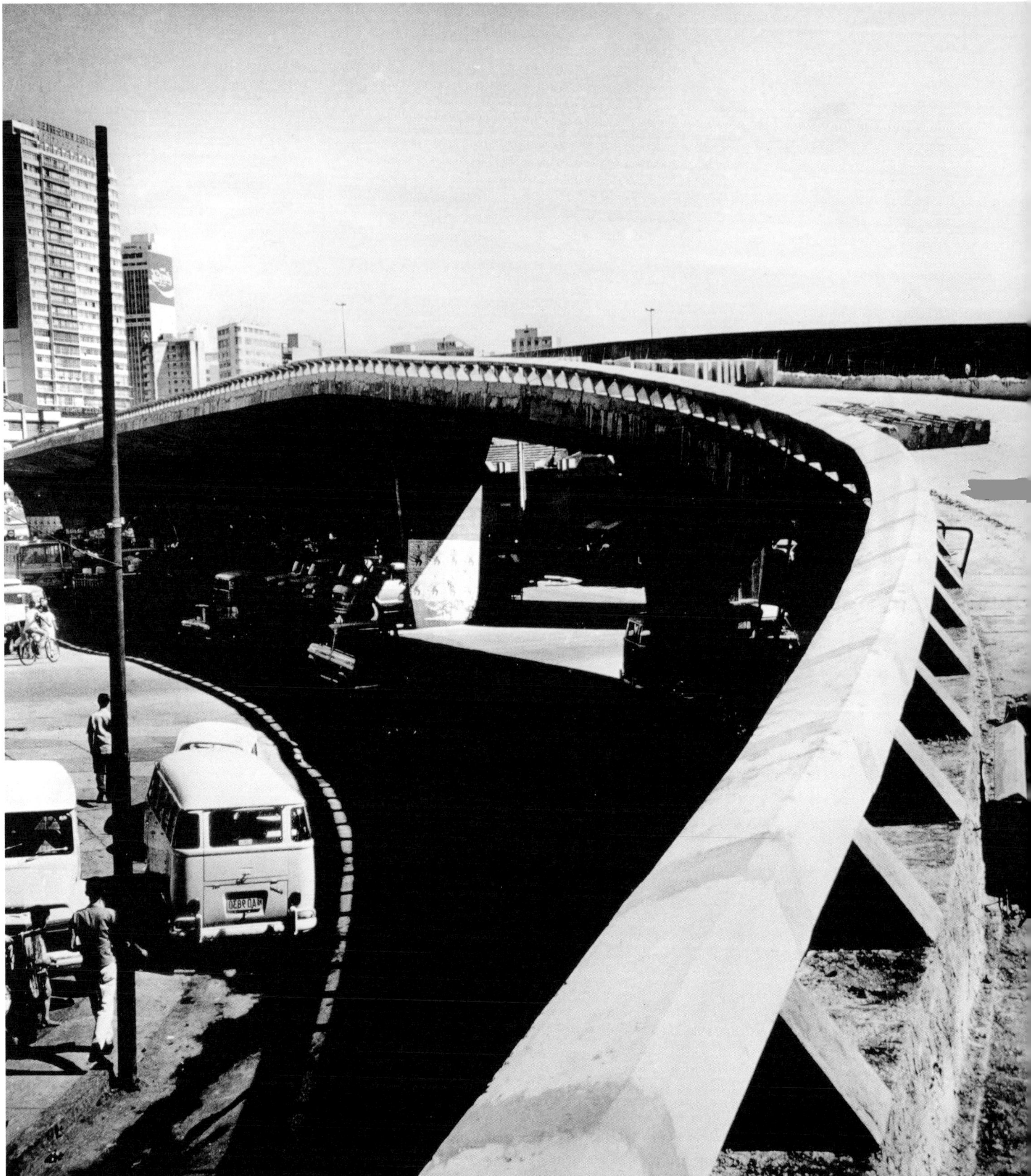

DROGARIA E
FLORA SÃO JORGE
Rua CAETÉS-524
RENOVE SUAS FORÇAS
USANDO-FORTIGENOL
CHEVROLET
e com
motorauto
SUPER MERCADO
LUXO
TABIRA

49. O crescimento de Belo Horizonte, no entanto, deu continuidade à sua zona anônima – a zona suburbana – e foi progressivamente alimentando uma estética diversa das belezas arquitetônicas da zona urbana. Se esta foi desenhada para ser a alma da cidade, essa alma com certeza reencarnou na imprevisibilidade da gigantesca zona suburbana que é a Belo Horizonte que nós temos hoje. Ao contrário do que possa parecer, toda a periferia, toda a massa suburbana que se multiplicou como jamais imaginaria Aarão, não é mais a parte maldita e ignorável da cidade. Antes uma zona de expansão, agora ela é a cidade.

50. A zona suburbana foi crescendo e invadindo a zona urbana. O êxodo de pessoas do interior para a capital do estado, atraídas pelo milagre da cidade grande, contribuía e ainda contribui para o assentamento de centenas de milhares de casas nos arredores da cidade. A zona suburbana assiste então a um crescimento desordenado, cresce periférica demais e necessita do centro para se articular às outras periferias. Estas não se articulam entre si e recebem mais imigrantes do que poderiam. Depois de décadas de crescimento seguindo o modelo oposto ao "do centro à periferia" previsto por Aarão, o centro entra em colapso. Satura-se, torna-se obeso, impróprio para desempenhar as finalidades a que se propunha. Seu excesso de centralidade torna-o passagem obrigatória para quem quer cruzar a cidade, o que o faz corredor de trânsito. As ruas do centro ficam pequenas para a vazão de carros e ônibus que chegam de todos os bairros. A arquitetura decai. O centro entope.

54

No início, o centro e a zona urbana eram a imagem, o rosto, o lugar simbólico que melhor representava a comunidade dos belo-horizontinos. Eram a feição própria da cidade, o ponto de encontro de todas as classes sociais, todas as raças, todas as danças. O lugar onde a cidade mais pulsava; o marco onde ela começou e diz a que veio, que evoca suas origens, sua vocação e os objetivos dos habitantes ali instalados. Tudo o que representa uma cidade quase sempre está no centro: Picadilly Circus, a Mesquita Azul, o viaduto do Chá, o obelisco da praça Sete... Mas o interessante é que o centro deixa de sê-lo justamente por estar demasiadamente centralizado, por se deixar molestar pelos seus próprios anticorpos. Paradoxalmente, ele abandona sua condição central pelo simples fato de estar no centro, de *estar centro* e não conseguir sustentar sua condição. Tudo se passa como se suas primeiras funções reagissem e passassem a desempenhar funções contrárias àquelas que as distinguiam das do resto da cidade e, gradativamente, lhe retirassem toda a força da gravidade. O centro passa então a ser o lugar de onde escapa tudo o que é bom: o melhor comércio, os melhores serviços, o conforto, o dinheiro que gera investimentos e empregos – e para onde converge tudo o que é ruim: a desordem, a marginalidade, a degradação.

52 Acontece então a atração inversa pelo vazio da cidade em lugar da atração pelo centro. É um pouco como uma negação da física, a qual resume a força da gravidade como "massa atrai massa" e supõe uma cidade densa, coesa e uniforme. Acontece então uma espécie de fuga em direção às partes não saturadas da cidade, longe do centro, da massa, numa ordem de crescimento que não obedece nem à direção centro-periferia nem à direção periferia-centro.

53 Não podemos esperar que a congestão do centro contamine os vazios adjacentes, como numa mancha disforme mais escura no centro e mais rala nas bordas. Esse tipo de crescimento clássico jamais ocorreu em Belo Horizonte. (Tampouco podemos ver a mancha urbana como um processo de abandono radical do centro histórico, como nas cidades americanas onde este se tornou terra de ninguém: o fenômeno da decadência das áreas centrais no Brasil convive com uma vitalidade popular e pulsante.) A mancha desta cidade está mais para uma cortiça cheia de vazios potenciais que escaparam à gravidade do centro, numa distribuição aleatória, imprevisível, difícil de ser reduzida a uma fórmula. Talvez seja essa a física que controla o crescimento das cidades brasileiras: contra a velha física clássica, uma nova força da gravidade em que o vazio é que atrai, num movimento em direção às não-construções e aos fragmentos causados pela força da *antigravidade*.

54

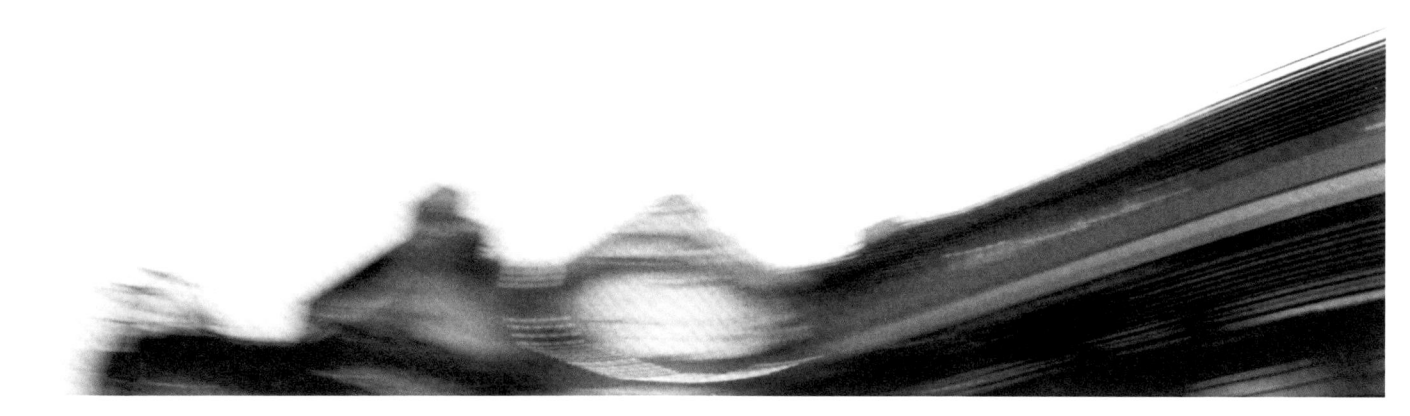

Nada há de incompatível entre a localização urbana e a produção cultural e econômica do centro, nada impede que este retome seu status. Na verdade, o centro bem que poderia perfeitamente continuar exercendo suas funções antigas. Ocorre que essa zona fixa tem que estar sempre se atualizando, ditando costumes, modas e pensamentos num gesto de constante inovação e adaptação às consequências causadas pelas mudanças que patrocina. Por se tornar símbolo das atividades que abriga e por representar um passado comum, o centro é promovido à categoria de representante da memória coletiva da cidade. E para que a sua imagem seja preservada e divulgada, seus monumentos – a referência temporal e espacial da população da cidade – necessitam ter suas qualidades arquitetônicas mantidas ou recriadas. Com seus edifícios históricos e monumentos tombados pelo poder público, o destino do centro é mesmo continuar simbólico, mas ao preço de se tornar comercialmente desvantajoso por estar excessivamente congestionado, por não mais responder às transformações que ele mesmo promovia, por estar congelado e não mais ser capaz de acomodações.

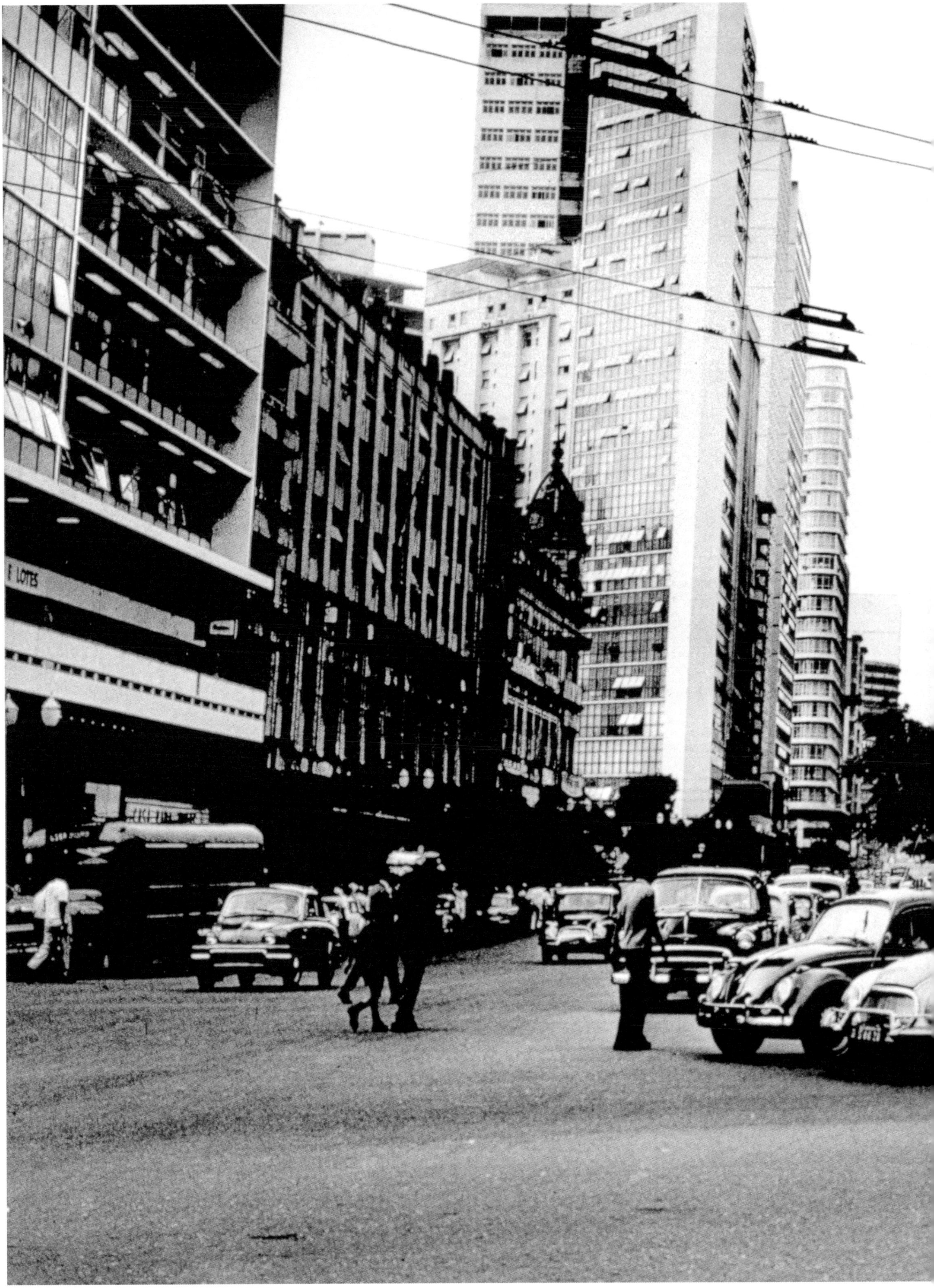
LOTES

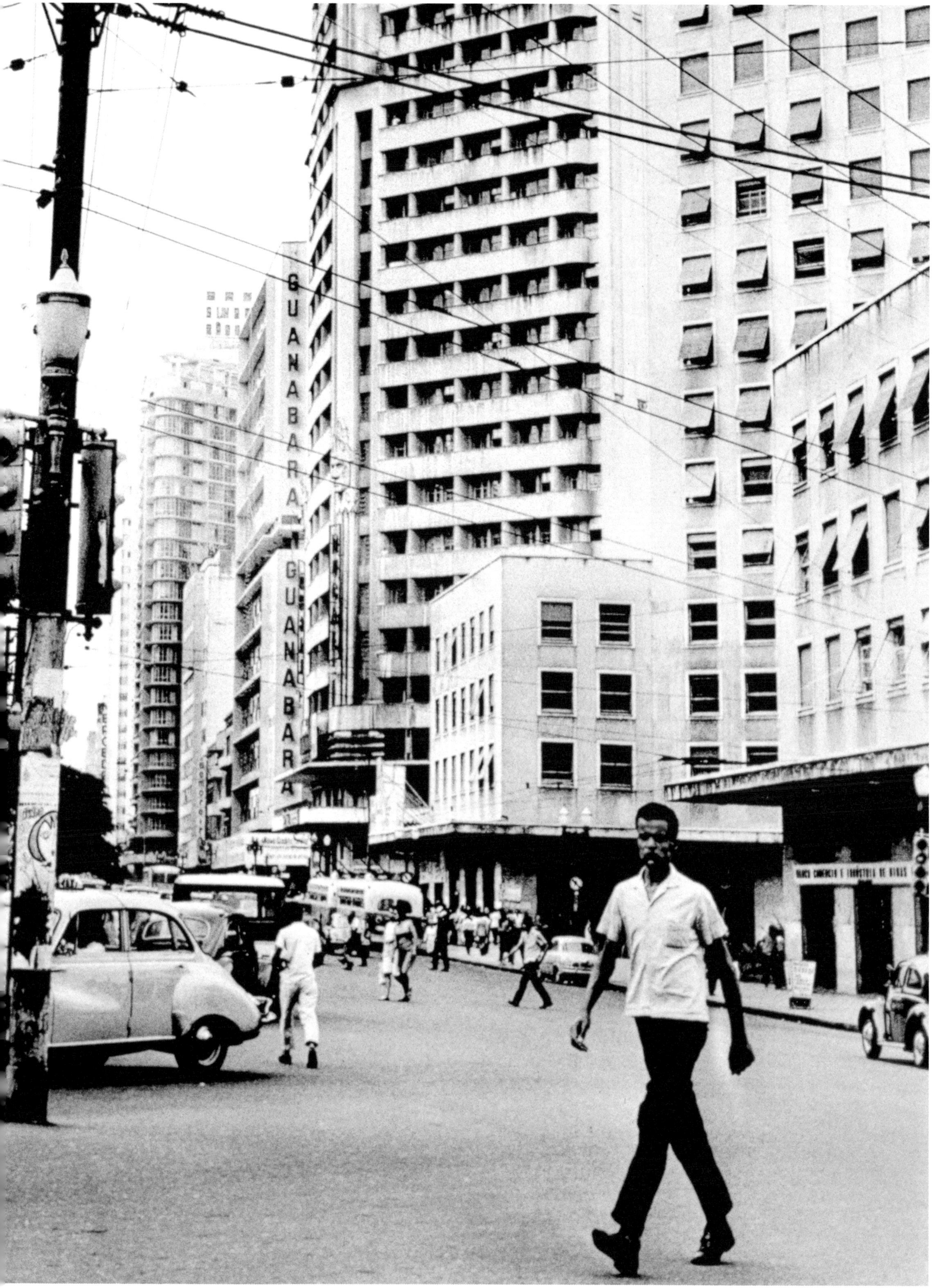
GUANABARA
GUANABARA

55

O problema deve ser a pouca compatibilidade entre os gênios da história e o da flexibilidade: assim como em *O retrato de Dorian Gray*, de Oscar Wilde, a fisionomia clássica do centro só pode ser conservada ao custo da venda de sua alma – uma conservação sempre ilustrada pelo cartão-postal. Poucos aceitam um envelhecimento digno e natural; todos querem que o centro de Aarão fique bonito, eterna e europeicamente bonito, dono de uma beleza congelada e superficial. Todos preferem os cartões-postais de ontem à cidade atual. Mas rígido, estático e pronto, o centro representa o passado e impossibilita o futuro, ficando então à deriva, à espera de uma política de intervenção que o reintegre à cidade, que devolva sua alma e que consiga aliar tombamento e adaptabilidade, história e contemporaneidade. Enquanto uma intervenção que o reative não vinga, outros *centros* se espalham pela cidade e passam a captar toda a energia que antes circulava pelo centro original. E, paralelamente, a decadência, os ônibus, o dinamismo social e a feiura passam a coabitar esse espaço urbano concebido para ser o melhor da cidade.

SEM HEROÍSMOS
"Todas essas pessoas que não são muito boas deveriam ser boas. Todo mundo é bom demais hoje, sério. Por exemplo, existem quantos atores? Existem milhões de atores. Eles são todos muito bons. E quantos artistas plásticos existem? Milhões de artistas, e todos muito bons. Como você diz que um estilo é melhor que o outro? Você deve ser capaz de ser abstrato-expressionista na próxima semana, ou um pop-artista, ou um realista, sem se sentir que está desistindo de alguma coisa. Acho que os artistas que não são muito bons deveriam ficar como todo mundo; assim as pessoas gostariam das coisas que não são muito boas. Isso já está acontecendo". ANDY WARHOL, 1963[32]

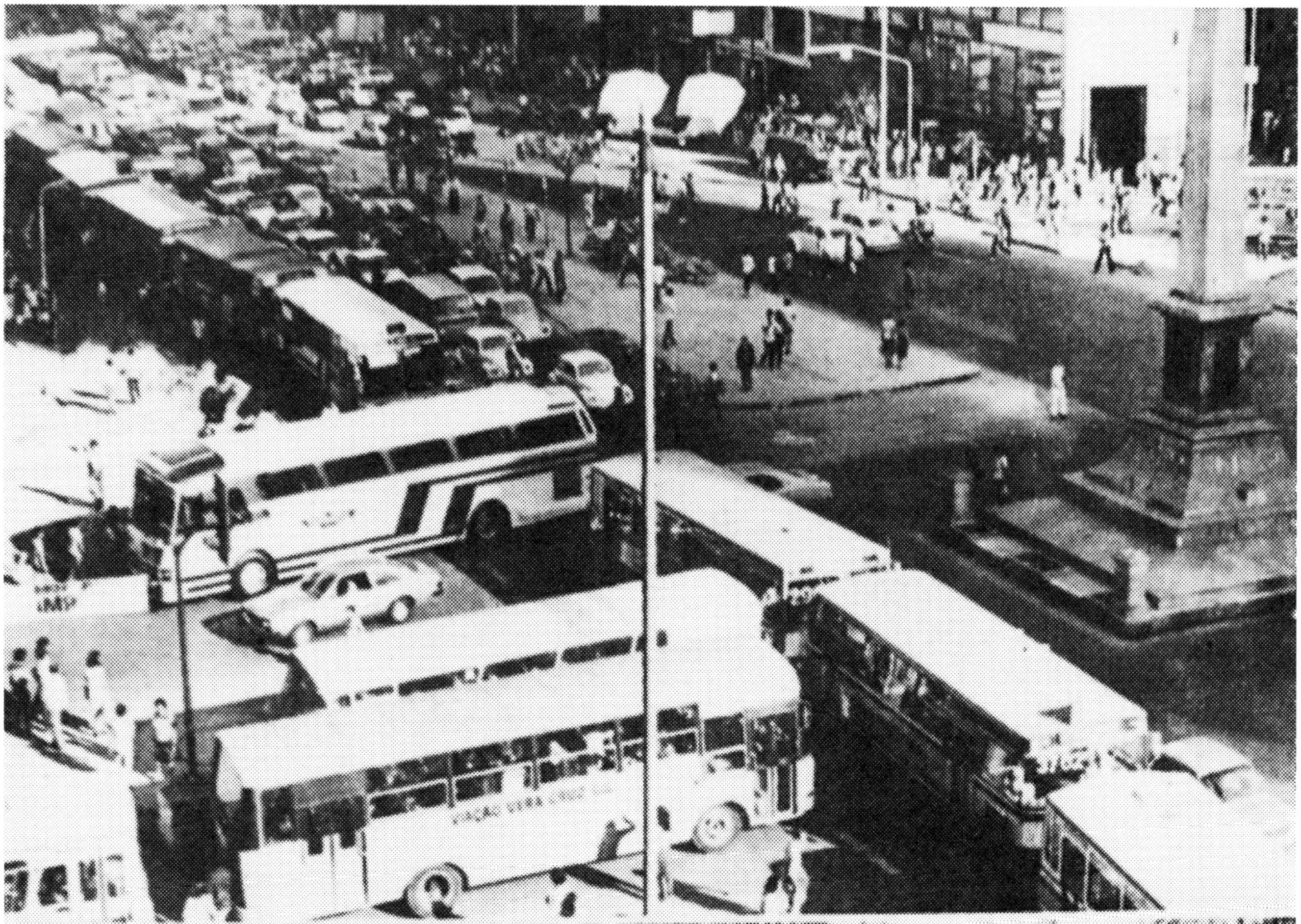

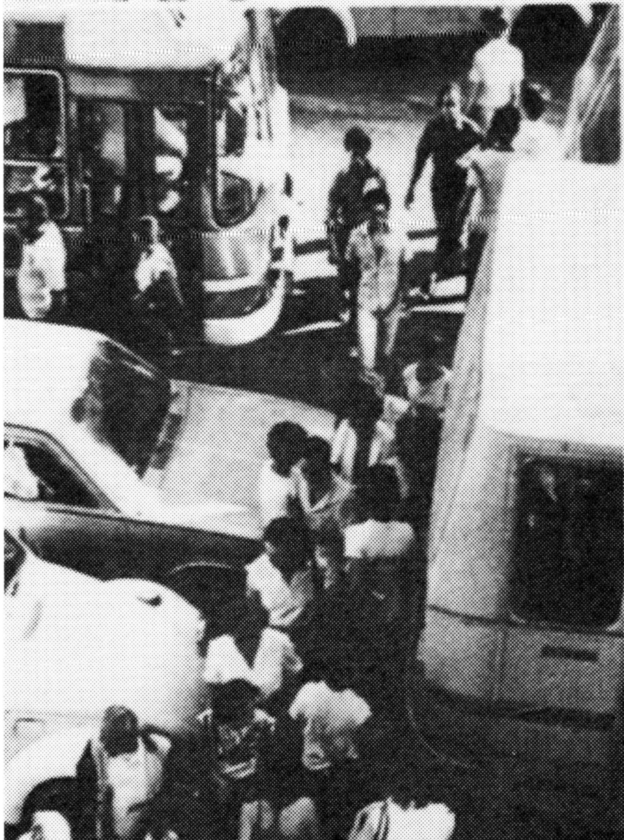

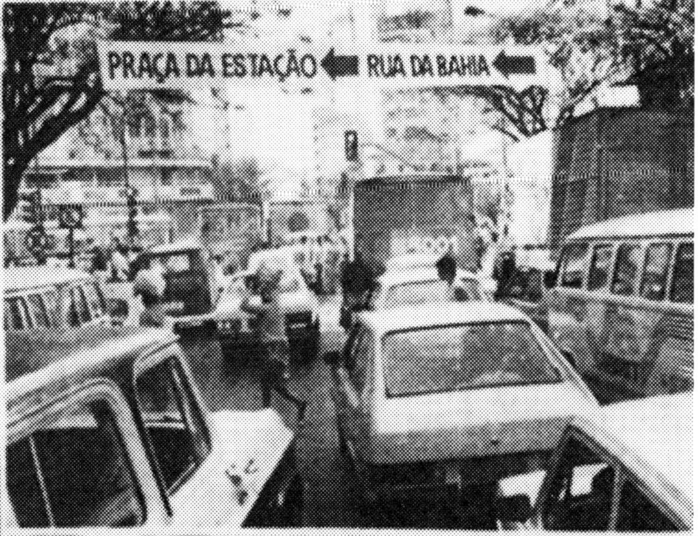
PRAÇA DA ESTAÇÃO
RUA DA BAHIA

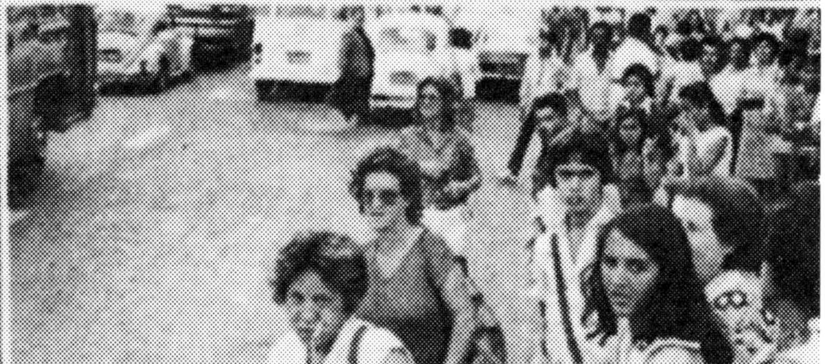

56 É importante ressalvar que a arquitetura e as energias do centro são várias. Enquanto em certas cidades os centros históricos desadaptados são simplesmente abandonados sem o menor traço de sentimentalismo, em Belo Horizonte ele persiste indefinidamente, mesmo que depreciado. E assim parece que vai continuar, independentemente da vontade das prefeituras patrocinarem ou não sua recuperação. A impressão que se tem é que ele continuará agindo como um condensador social onde se encontram todas as linhas de ônibus e, por consequência, onde pulula o comércio popular e camelôs, onde edifícios históricos dividem quarteirões com edifícios ordinários e onde, principalmente, a decadência caminha junto com uma rica vitalidade urbana.

57 A zona urbana deixou de cumprir sua missão inicial não apenas por inoperância dos governantes da cidade, mas também por uma questão de fatalidade cultural. Ela ainda é o centro, mas é um centro diferente daquele sonhado pelos amantes dos centros das cidades europeias. É o centro que entrou em decadência antes mesmo de conhecer sua glória, num processo de envelhecimento assustadoramente rápido (como a da personagem de David Bowie no filme *Fome de viver*). A zona suburbana, então, torna-se a válvula de escape da zona urbana: é apta para absorver os entraves colocados pela zona urbana, é instável, fluida e não tem um conceito ou uma forma que a identifique. Sua flexibilidade acrítica é sua maior virtude, tornando-a permeável às ideias do outro e aberta à incorporação de movimentos de fora, de outras periferias, e mesmo do centro.

58 Da Ouro Preto anti-higiênica a Belo Horizonte racional do princípio do século 20 e desta a Belo Horizonte desordenada contemporânea, evoluindo como uma cadeia viciosa que retornou ao ponto de partida. De espaço eficiente e limpo à espontaneidade da Belo Horizonte de 2,5 milhões de habitantes: esse é o saldo dessa aventura urbana. Zona suburbana: habitações informais, shoppings, estádios, favelas, condomínios fechados, habitantes que só podem morar em áreas que não têm infraestrutura. Zona urbana: o centro adensando-se e marchando em direção a um processo acelerado de decadência.

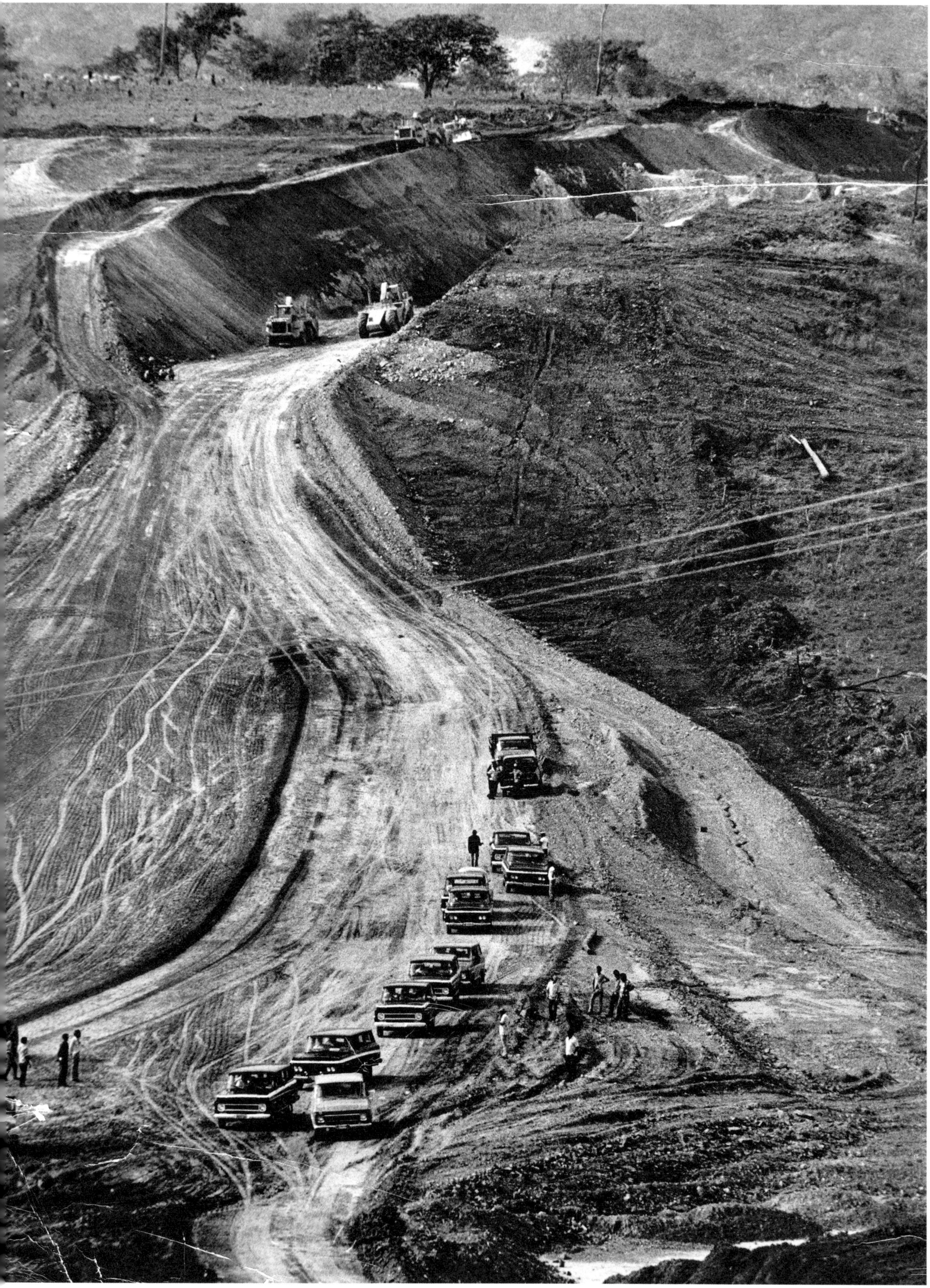

59

Todo o senso de coerência em Belo Horizonte se foi há muito, junto com a Comissão Construtora da nova capital. O que seria então a zona suburbana? *Una cosa mentale*? A parte maldita? A parte benigna? Para alguns, ela é um campo para experimentos passíveis de serem traduzidos em estilos marginais de arquitetura – a vanguarda formalista da profissão, glorificada nos anos 1980 pelos arquitetos ditos desconstrutivistas. Para outros, ela é uma região do não-lugar que permanece sempre em movimento, livre, desregulamentada e não sujeita a maquiagens urbanas – posição mais ligada à especulação do que à realidade das cidades. Opiniões dos mais conservadores pedem, romanticamente, uma periferia que lembre as antigas vilas medievais adaptadas para as grandes cidades (o patriarca mais conhecido desse tipo de revivalismo é, sem dúvida, o Príncipe Charles e suas propostas das Urban Villages inglesas). Mas a zona suburbana – a periferia e sua realidade nua e crua – obviamente não se encaixa em nenhum desses estereótipos. Rotular ou tentar escapar da zona suburbana com retóricas, estilos de arquitetura ou nostalgias é como Dom Quixote lutando contra os moinhos. Ela é simplesmente o que nós temos, o que é um argumento simplista mas indiscutível. Os arquitetos podem tentar ignorá-la, podem tentar desprezá-la, mas ela não desaparecerá nem sairá de seu lugar porque eles não têm o poder de transformá-la. Ela é o aqui e agora.

60

A zona suburbana não é totalmente planejável. Como qualquer outro processo que dependa de planejamento sujeito a inúmeros determinantes, ela acaba sendo o resultado não planejado de uma sucessão de acontecimentos com vontade planejadora. Ela se mistura, gera uma raça híbrida que se acomoda a todos os relevos, a todos os ribeirões, a todas as irregularidades da infraestrutura urbana. Pronta para ser ocupada, ela tem a discreta capacidade de digerir as influências que ingere e de, ao mesmo tempo, eliminar a força dessas influências por colocá-las lado a lado com várias outras. Uma convivendo com a outra, sem denominadores comuns, mas dividindo o mesmo espaço pacificamente. Vários estilos, numerosas arquiteturas. No centro, as ideias de Aarão Reis. Em tudo o que não é centro, um mosaico formado pela lógica contraditória do crescimento no sentido periferia-centro. Tudo comum, bem comum, mas cheio de diferenças.

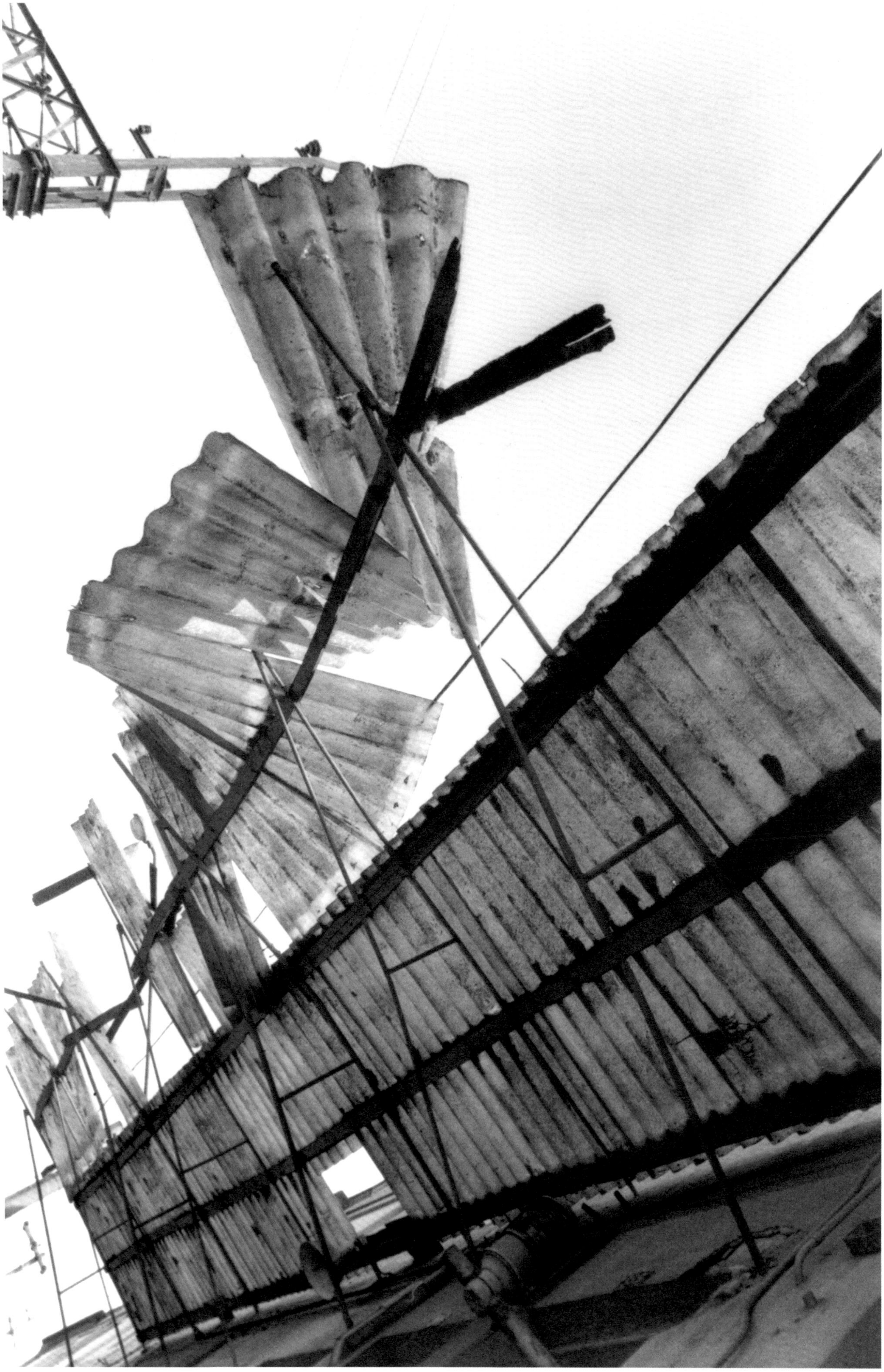

61 Ágil e ilógica. Ágil, a zona suburbana. Todas as diferenças são aceitas e acabam por causar uma certa indiferença – uma indiferença sadia por expressar a tolerância total. Pois a indiferença, na zona suburbana, é causada justamente pelo excesso de tolerância, por uma hospitalidade que abriga mesmo o mais arrogante dos estrangeiros, mesmo a mais colonizadora das teorias. Conceitos, estilos e culturas são misturados e deglutidos, um convivendo com o outro em meio a uma permeabilidade que deles retira qualquer aspecto totalitário: mesmo a mais ortodoxa das doutrinas é introduzida sem qualquer atrito e aceita sem a menor hesitação.

62 A zona suburbana não sofre das dúvidas típicas de teóricos que não sabem passar para o âmbito da ação. Desforme e inconsistente para ser racionalizada, a eficácia das intervenções nessa zona é inversamente proporcional ao grau de pretensão intelectual do projeto. Especulações teóricas geralmente não são nada mais que isso: uma armadilha ingênua o suficiente para acreditar que a cidade pode ser sua presa. Há exceções, entretanto.

DESCONSTRUÇÃO...

"Arquitetura que insulta a prefeitos e vereadores, porque estes não podem absorvê-la como propaganda eleitoral. Arquitetura que se nega, insistindo que sua beleza está *mais em baixo*. Arquitetura abandonada, não à espera de ser preenchida por algum uso, mas deserta e serena em sua transcendência mundana. Arquitetura cujas formas são a causa de uma rebelião contra os planejadores, contra o mundo que as colocou em existência. Arquitetura espontânea, desenhada como se não precisasse ser construída; construída como se jamais tivesse sido projetada. Arquitetura *esportiva*, que se desloca rápida ou vagarosamente, delicada ou violentamente, como que resistindo às falsas crenças de estabilidade e vida eterna. Arquitetura cigana, nômade, que pode ser construída em qualquer lugar, longe das referências urbanas da cidade que a abriga. Arquitetura de uma filosofia mutante, de formas que são infinitamente variadas, com vocabulário de palavras ditas somente uma vez para depois serem esquecidas. Arquitetura que destrói, mas somente sob a condição e a frieza de um profundo respeito pelo que destrói".*

* Este parágrafo é uma tradução livre do texto e projeto "Turbulence", de Lebbeus Woods. Arquiteto e uma vez professor convidado da Universidade Católica de Belo Horizonte. Woods adquiriu atenção internacional no final dos anos 1980 por partilhar características formais com o grupo dito desconstrutivista. As fotos da página 149 (de Marcelo Sant'Anna) representam uma construção qualquer, desconstrutivista, que apresenta semelhanças formais com os projetos de Woods e está localizada a poucos quarteirões da universidade. O arquiteto Adriano Mattos Corrêa, assistindo à palestra de Woods sobre sua obra, entregou as fotos a Woods e fez a seguinte pergunta: "Mr. Woods, gostaria de saber se foi o senhor quem desenhou esse edifício ou, se não, diga-me quem foi..." Woods: "Sim, eu desenhei esse edifício poucas horas depois de minha chegada..."

149

LEIA E ASSINE
ESTADO DE MINAS
Produto de exportação
Fanta
PEDRAS MONTEAGUDO
SOL & ÁGUA
Carrefour
PERIGO

63

A ocupação da zona suburbana é sempre um gesto inaugural que pode resultar ou na mais limpa ("menos é mais", Mies van der Rohe), ou na mais kitsch ("menos é chato", Robert Venturi) ou na mais especulativa das arquiteturas (menos é menos, mais é mais). De seus grandes terrenos vagos emerge aquilo que é necessário, conforme as exigências pragmáticas que definirão seu programa. As forças do mercado e as carências da cidade definem esse lugar monstruosamente aberto – e não as ideias tomadas da filosofia ou os conceitos tomados do urbanismo de outras cidades. Não há preocupação nem em ofuscar, nem em respeitar o contexto da cidade; e muito menos em definir estratégias *fora de foco*.

64

A zona suburbana consome as tentativas de análise vindas de fora e está sempre à espera de uma colonização intelectual mais bem-sucedida (fato improvável). A arquitetura e o urbanismo são exercidos como fenômenos culturais exatamente por não estarem ligados a nenhuma outra ordem superior do conhecimento: a arquitetura e o urbanismo são arquitetura e urbanismo. Arquitetos-filósofos, arquitetos-artistas, arquitetos-poetas, citações de Baudelaire – nenhuma hipocrisia que só atesta a patética irrelevância da classe dos arquitetos tem aplicabilidade na periferia. "Tudo digerido. Sem *meeting* cultural. Práticos. Experimentais".[33] Todos os complexos e amarras que fazem da arquitetura a disciplina repetidora de outras disciplinas são obliterados em favor de um novo otimismo livre de qualquer discurso enaltecedor, de qualquer diretriz tomada como empréstimo de outras disciplinas.

65

A zona suburbana absorve estilos, teorias, técnicas de construção e planos diretores; todos presentes em sua deselegante dissonância urbana. Está nessa zona uma tensão que vem da vontade de reagir, miticamente, contra as regulamentações que são impostas de cima, gerando então uma desordem que jamais será freada pelos mecanismos legais convencionais. Como um efeito colateral do excesso de regulamentações, vêm então as marcas da reação da cidade num gesto imprevisto, num pacto simbólico que escapa à racionalidade dos urbanistas. Como se uma parte da cidade obedecesse a um conjunto mais alto de regras, mas que, ainda assim, fosse um conjunto passível de ser incorporado à cidade racional.

66 Na zona suburbana coexistem a primeira, a segunda e a terceira onda, usando as classificações de Alvin Toffler. A zona suburbana é a modernidade, mas a modernidade incompleta; ainda é agrícola e, paradoxalmente, já é informatizada. É composta por todas as ondas, todas as fases de desenvolvimento; fases estas que, em certos países, foram substituindo umas às outras. Aqui não. É necessário pensar em todos os níveis, todos os layers, todas as ondas: desde a importância de se adaptar às infraestruturas virtuais essenciais às cidades mundiais até a necessidade de se prover o mínimo de infraestrutura para os assentamentos clandestinos. Desde a urbanização de favelas até a organização de eventos internacionais que promovam a cidade; desde a habitação social aos mais sofisticados centros financeiros, atendendo às solicitações dos enclaves malditos como o subdesenvolvimento de Bangladesh e às solicitações dos enclaves prósperos como o Vale do Silício californiano. Agindo micro e agindo macro. Transformando a cidade. Mesclando a filosofia pouco esmerada dos políticos brasileiros ("governar um país é tocar obras!") com posturas sociais visionárias. As visões parciais e as posturas reacionárias e socialistas devem ser liquidificadas para gerar impurezas ideológicas. Fundição de culturas, *cadinho de raças*, exemplo das diferenças pós-modernas, país das miscigenações: os clichês que rotulam o Brasil indicam a forma de atuar na cidade. "Não o espírito, nem a matéria, nem a luta de classes, mas os detritos da razão, o giro do lixo, a dialética das sobras".[34]

67 Arquitetonicamente, a zona suburbana é hoje caracterizada por construções medíocres (dentre outras coisas). Galpões medíocres, bares medíocres, casas medíocres, depósitos medíocres. Shoppings e centros comerciais anônimos, casas, rodovias e lotes vagos nas cercanias do centro da cidade: o cenário da arquitetura comum-mais-do-que-comum, das coisas que compõem 99% das cidades.

153

68. Toda essa substância arquitetônica amorfa, entretanto, tem seus segredos, e esses segredos estão ligados à sua própria desimportância. Ao contrário da arquitetura simbólica e *importante*, a desimportância gera a flexibilidade de usos e de funções, o que nos liberta totalmente de um grande chavão da arquitetura moderna: a forma segue a função. Segundo os ideais dos arquitetos modernos do início do século 20, a arquitetura deve ser consequência de sua função: seu aspecto formal – sua forma – deve obedecer ao seu programa, àquilo que seu uso demanda em termos de configuração espacial. Um edifício comercial, por exemplo, deve, antes de qualquer coisa, ser uma resposta às necessidades de conexões que seu uso exige: boas articulações entre as partes de serviço e social, correta interpretação da Lei de Uso e Ocupação do Solo local, minimização das áreas de circulação etc. Mas o que os edifícios decadentes dizem é exatamente o oposto: eles são um elogio à inserção de usos totalmente diferentes dos originais. A função pode não seguir a forma, a forma pode não seguir a função: a nova função de um edifício serve para nele aplicarmos um teste de sobrevivência. Ir à zona suburbana e pegar um edifício qualquer, abandonado ou não, em atividade ou não. Tomá-lo como experimento para verificarmos se ele é capaz ou não de continuar existindo. Transformar seu programa, fazer e desfazer o que for necessário para que ele se adapte à sua estrutura urbana atual. Destruí-lo, acomodá-lo, esquecê-lo, preservá-lo, fotografá-lo. Tentar ler nos códigos da cidade suas novas inclinações, sua nova função, mesmo que elas indiquem sua morte (demolição), mesmo que elas indiquem o não-fazer-nada (deixar como está).

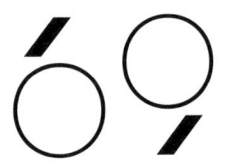

69. Nada há de perverso em imaginar os edifícios medíocres como os melhores edifícios da cidade. A vontade de alterar edifícios existentes com novos usos interessa porque está associada à flexibilidade de funções; interessa porque diz respeito a uma relação mais instigante entre a arquitetura e a cidade. É isso o que move a imaginação das reciclagens: restaurantes em galpões, boates em igrejas, igrejas em galpões, centros culturais em estações de trem, habitações sociais em docas etc.

70

As igrejas em galpões, particularmente. Para as novas religiões, uma nova arquitetura. Pergunta pertinente: a arquitetura moderna conseguiu projetar igrejas com significado religioso? Rarissimamente, e as igrejas emergentes surtem mais efeito exatamente porque estão instaladas em arquiteturas que não se dão muita importância – galpões franciscanos, *desapegados*, medíocres. Está aí a saída para os mais incomodados por esse tipo de arquitetura: no tirar proveito das surpresas, nos paradoxos, na expectativa de que algo que surpreenda os arquitetos seja o que faça dessa arquitetura não admirável uma arquitetura admirável. Uma arquitetura onde o melhor é o que não foi planejado. Será que essas paisagens e todo o seu barbarismo não são, ao contrário do que pregam os céticos, mais interessantes do que aquela paisagem importada e copiada – e interessantes graças exatamente ao seu lado mais desumano e menos divino? Não é precisamente a desimportância dessa arquitetura o que a torna importante?

MEDÍOCRE>IMPORTANTE, OU IMPORTANTE>MEDÍOCRE?
Importante: Adj. 2 g. 1. Que tem importância, mérito; meritório, essencial.
2. Que merece consideração, apreço. 3. Que importa; necessário; interessante.
Medíocre: Adj. 2 g. 1. V. mediano (3). 2. Sem relevo; comum, ordinário, vulgar, mediano, meão. – S. 2 g.
3. Pessoa medíocre. S. m. 4. Aquilo que é medíocre.[35]

71

Quanto à rede de infraestruturas da zona suburbana, ela é irregular, não orgânica. A concentração de riqueza em centros financeiros e condomínios verticais gera crescimento urbano irregular marcado por buracos dos *sem-infraestrutura*, que são então ocupados por aqueles que não podem pagar pelos serviços urbanos básicos. Os condomínios e os edifícios comerciais, naturalmente, são instalados em pontos de infraestrutura abundante. As favelas seguem a estratégia inversa; elas podem ser definidas como tal exatamente por serem carentes de infraestrutura, por funcionarem como locais construídos por aqueles que constroem onde lhes resta: a ausência de serviços de esgoto, de arruamentos, de planejamento, de endereço. São buracos negros dispostos como manchas no tecido urbano; desertos territoriais ocupáveis por habitantes que inventam seus próprios serviços. Nascem como processos de auto-organização, como loteamentos não-planejados onde a disposição dos terrenos se dá aleatoriamente. Definem paisagens onde o ilegal convive lado a lado com o legal, pois são erguidas ora na periferia, ora nas vizinhanças dos mais nobres bairros residenciais. Áreas marginais, grandes assentamentos ligados à habitação de classe baixa e que ocupam espaços desestruturados, sem nenhuma aparente coerência com as leis urbanas. Construídas em grande parte por seus próprios habitantes, surgem como consequência do crescimento urbano galopante e da falta de políticas de habitação social, e abrigam, em algumas cidades brasileiras, 50% da população urbana.

DIANTE DO DRAMA MAIOR, UMA *MENOR ARQUITETURA*

"A arquitetura acontecida como interferência necessária, inscrita sobre o galpão da fotografada oficina mecânica no bairro Salgado Filho, se faz por uma *arquitetura menor*, na *fresta*, no *entre*, *precisada* exatamente pelo *mecânico habitante* do dito lugar. Isto não quer dizer que o fato arquitetônico da tal mecânica não se faça por uma *forma maior*.

Assim como não significa que uma *literatura menor* se faça pela via de uma *língua menor*, mas sim o feito que uma minoria faz em uma *língua maior*. É a arquitetura modificada por um forte conteúdo de *desterritorialização* e pela necessária construção de um *território*. Em uma arquitetura menor, seu espaço exíguo faz com que cada caso individual seja imediatamente ligado à política, como: 'nas literaturas menores tudo é político'. (DELEUZE, Gilles; GUATARRI, Felix. *Kafka, por uma literatura menor*).

Daí é que o *caso individual* se faz mais necessário e indispensável:

'o que no seio das grandes literaturas ocorre em baixo, não indispensável ao edifício, na *literatura menor* ocorre em plena luz; o que lá é apenas um tumulto passageiro, aqui é uma sentença de vida ou morte'. (KAFKA, Franz. *Journal*, 25 dez. 1911).

Assim também o é a arquitetura da oficina mecânica no Salgado Filho, diferente dos projetos/propostas dos belos desenhos da instituída *arquitetura maior* do arquiteto Lebbeus Woods – apesar de todas as incríveis semelhanças formais e do próprio Woods ter se declarado, espertamente, autor do projeto da tal oficina".[36]

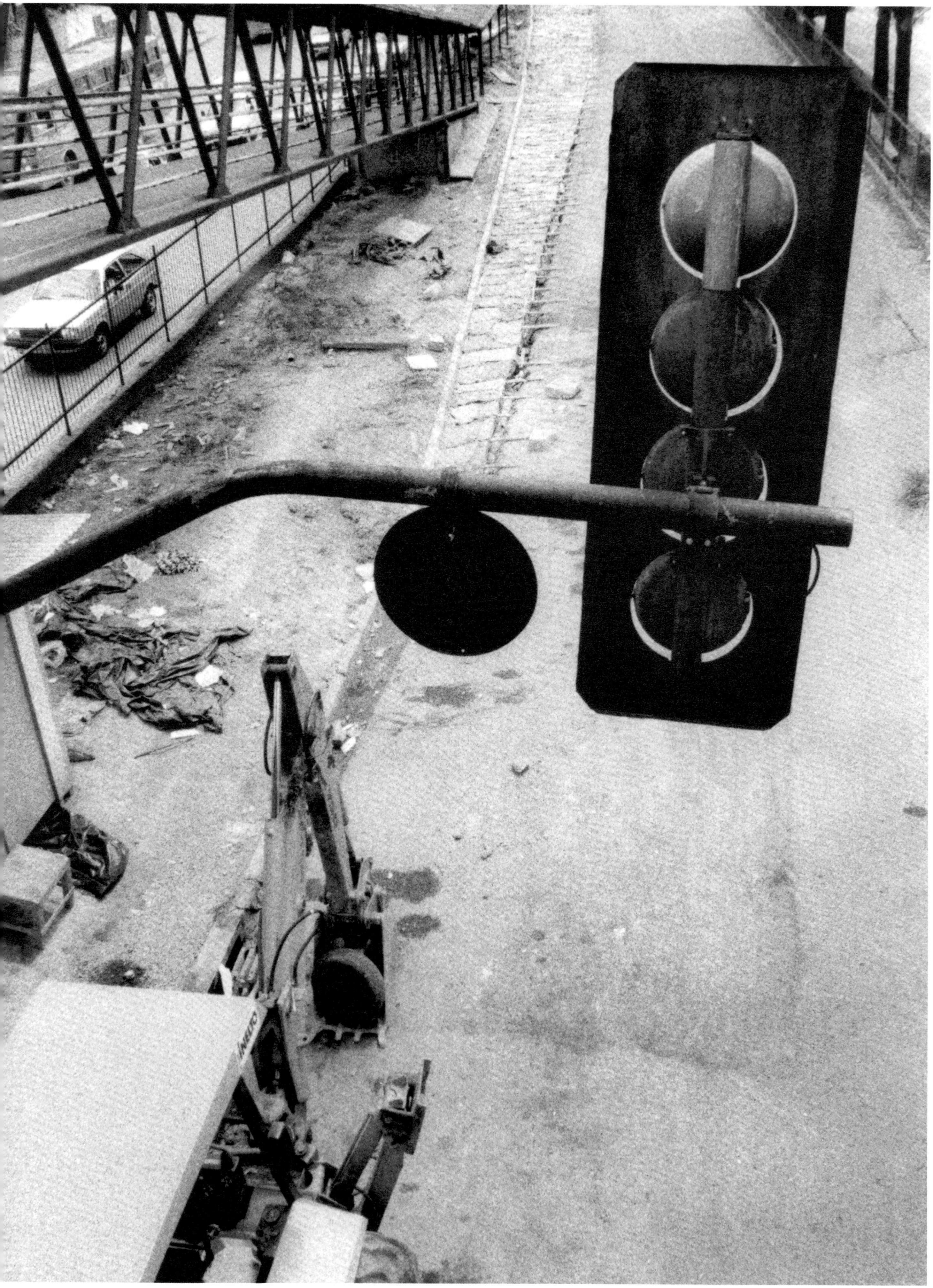

72

Na ausência de políticas habitacionais com resultados concretos, que fossem capazes de determinar novas tendências de crescimento urbano, o acesso à cidade fica condicionado principalmente à atuação do setor privado, tanto em termos do produto oferecido quanto em termos de localização. Ambos, por sua vez, condicionados pelo preço da terra urbana, sofrem processo generalizado de encarecimento. A alternativa é a ocupação ilegal de espaços. São as estruturas distantes de qualquer ordem planificada, mas isoladas também de qualquer traçado prévio de infraestrutura básica. Tudo isso configurando um sistema de vibração, cheio de colisões, encontros, desencontros e interseções, e que acabam gerando espaços de perturbação, fissuras, lacunas, vazios.

73

Com a dupla condomínios verticais x favelas – tese e antítese que guardam algumas semelhanças –, a cidade transforma-se em um conjunto de múltiplas cidades dentro de uma cidade. Os condomínios rejeitam a cidade, enquanto a cidade rejeita as favelas. Mas mesmo as favelas podem ser absorvidas pelo tecido urbano. Elas são também incorporáveis, desde que se adote uma estratégia que vise a legitimação desse urbanismo espontâneo. Os moradores dessas comunidades desenvolvem sua economia, seus próprios serviços de construção, criam mecanismos de participação econômica e procuram, dentro de seus limites, fazer deles mesmos o Estado provedor de serviços. As redes urbanas podem e devem ser estendidas aos enclaves mais *resistentes*, às mais *perigosas* favelas, mesmo que sejam essas as favelas que fazem da violência a única forma de comunicação urbana. O papel do incremento da infraestrutura, nesse sentido, é a transformação do ilegal em legal. Infraestrutura, aqui, vista não apenas como melhorias urbanas, mas também como mecanismos estimuladores dos canais institucionais de participação popular. Infraestrutura que possa não apenas substituir as formas mais tribais de comunicação (a violência), mas que também saiba respeitar e incentivar os aspectos mais subjetivos das comunidades locais. Infraestrutura responsável pelo desenvolvimento de novas institucionalidades, capazes de articular melhor as favelas, de integrá-las social e economicamente aos bairros. Infraestrutura, enfim, como uma tentativa de tornar orgânica uma cidade absolutamente não-orgânica; como um reenervamento de um corpo urbano parcialmente paralisado; como a absorção de áreas clandestinas que incorpora o marginal e assimila as energias positivas dos focos de violência.

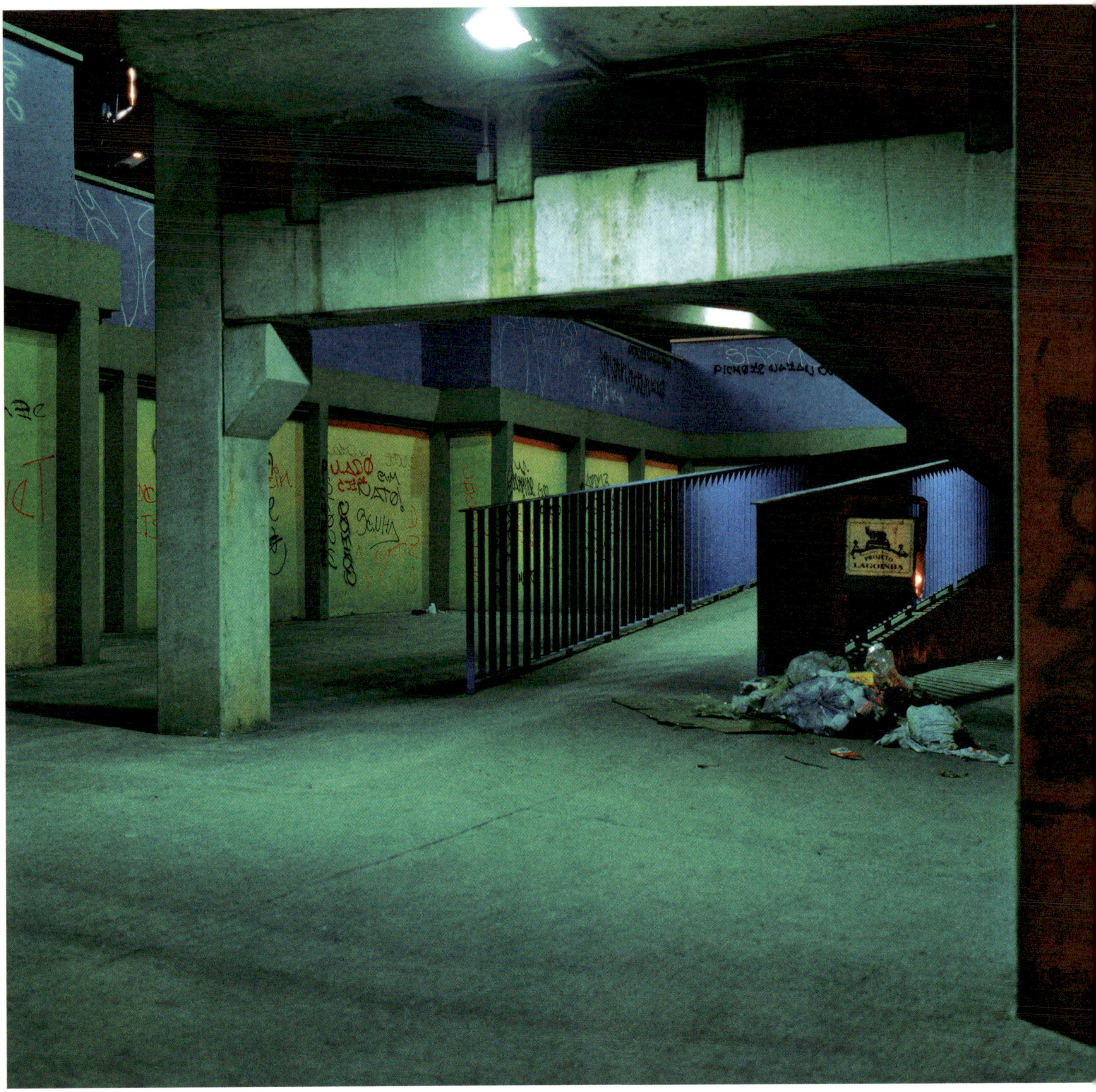
PROJETO
LAGOINHA

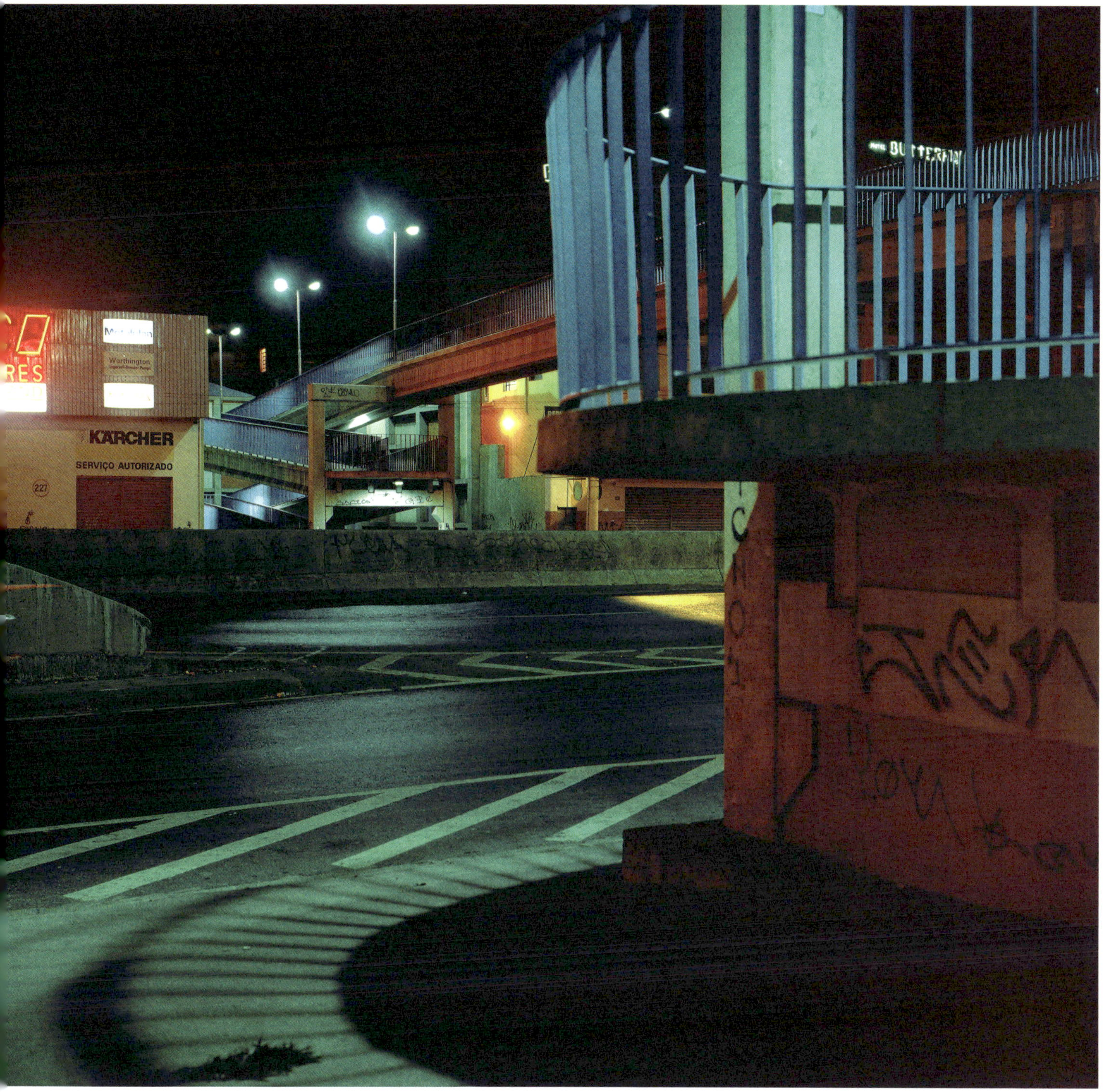
KÄRCHER
SERVIÇO AUTORIZADO
227

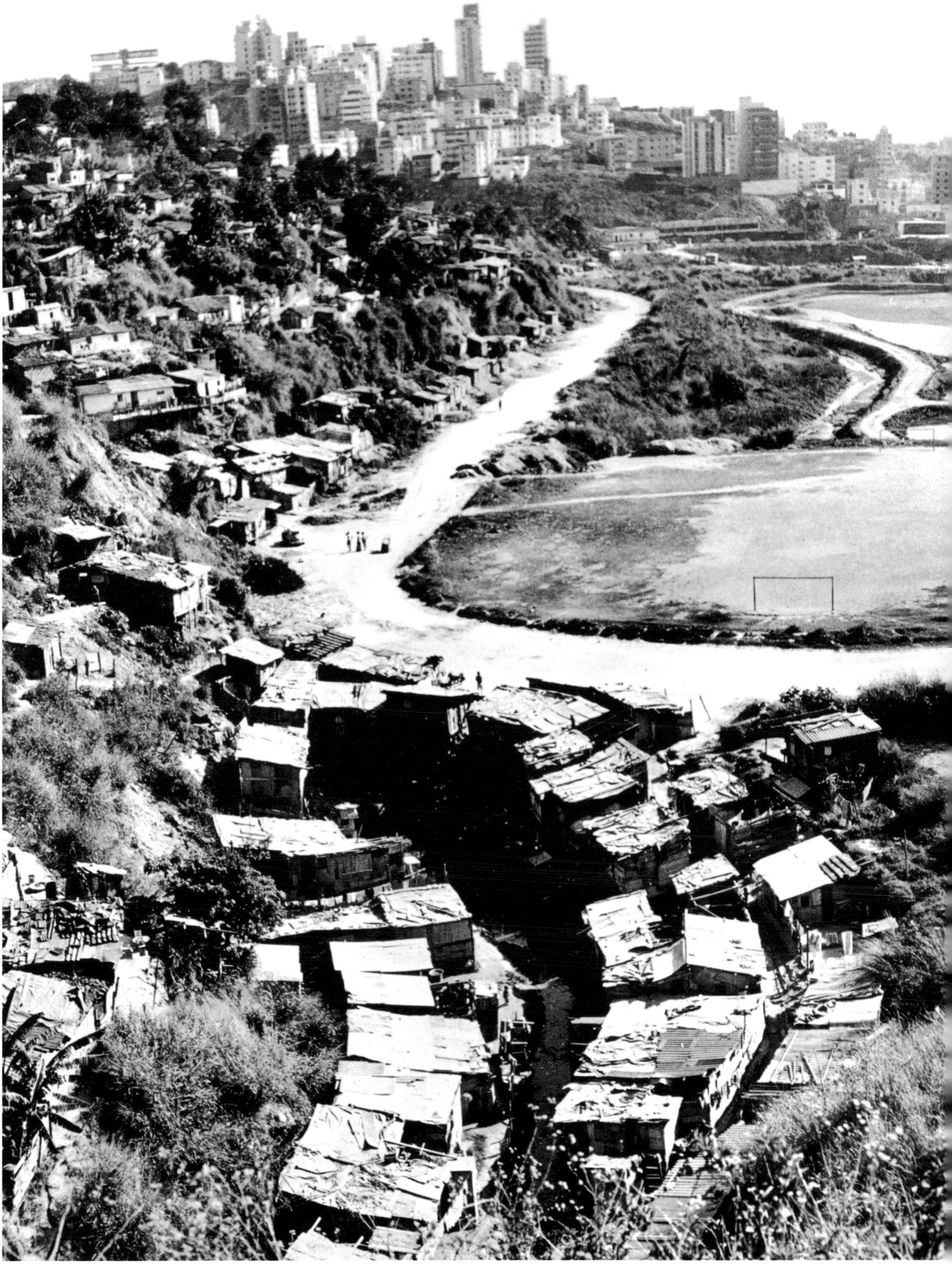

74 Uma outra tipologia que tem dominado a cidade, juntamente com as favelas, são os shoppings centers. Várias são as análises negativas sobre eles, e todas têm um fundo de verdade. Ao contrário das favelas, que tanto podem ser vistas como problema e solução para a questão da habitação, é difícil enxergar o shopping como um ótimo exemplo de tipologia urbana. Ele tem aspectos escancaradamente negativos. A palavra container, que é bem associável à arquitetura fechada dos shoppings, não traz boas conotações: container é o impermeável, o segregador, aquele que não aceita negociações, aquele que teme a raça incivilizada de além-muros, preservando um grupo que se acha visado e ameaçado por outros. Os containers são a negação da vida em sociedade, são a prova de que o ser humano não é assim tão social como haveria de ser enquanto habitante de uma cidade. Container = antiurbanismo, é arquitetura como prova da falência da cidade. Ante uma desenfreada circulação de violência, os containers.

75 Mas também é verdade que nenhuma outra coisa tem sido construída com tanta veemência. Os shoppings definitivamente têm reconfigurado a paisagem urbana e, ao recusar a cidade, levaram-na para dentro deles. Os cinemas, os teatros, os parques de diversões, as lanchonetes, as feiras de antiguidade, as exposições de arte – todos estão sendo devorados pelos shoppings. É como se tudo de interesse tivesse sido abarcado, num gesto de canibalismo seletivo, onde só sobrou o que não era digno de atenção. E, sem dúvida, é impressionante ver esses monstros funcionando ininterruptamente, aparecendo por todos os lados, atraindo violentamente todo o potencial das classes consumidoras e estimulando o essencial gasto dos sábados e domingos.

Ano	Pop. Favelada	nº de domicílios em favela
1981	233.500	52.000
1985	550.000	105.000

FONTE: PLAMBEL, 1989

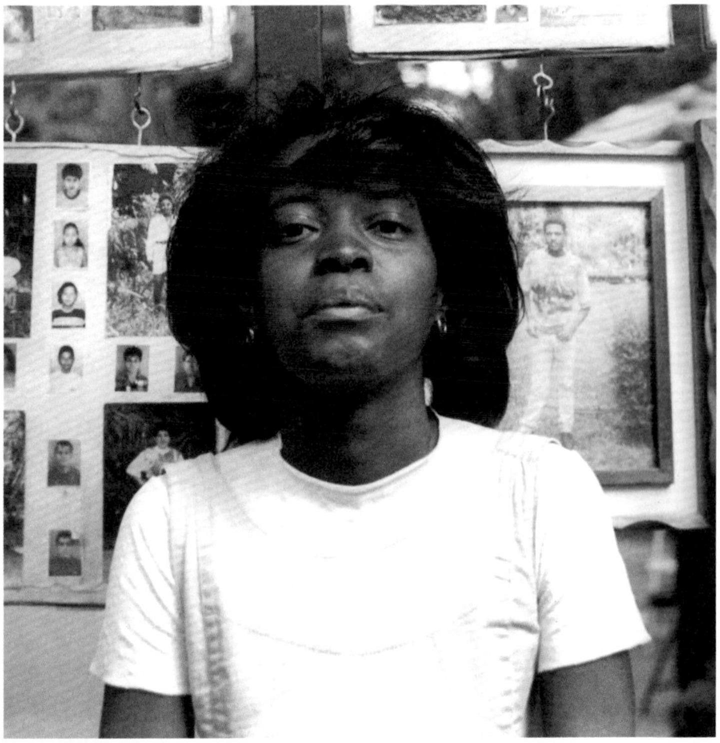
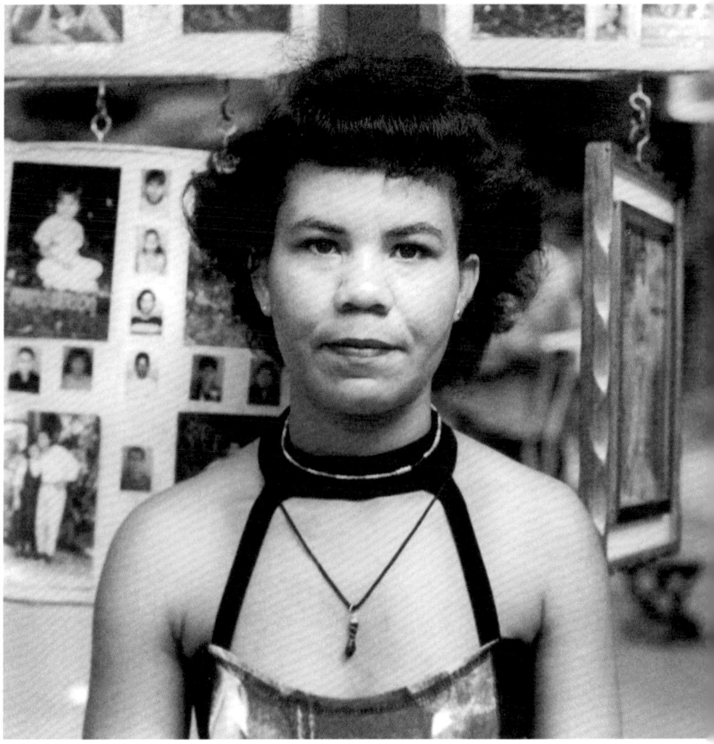
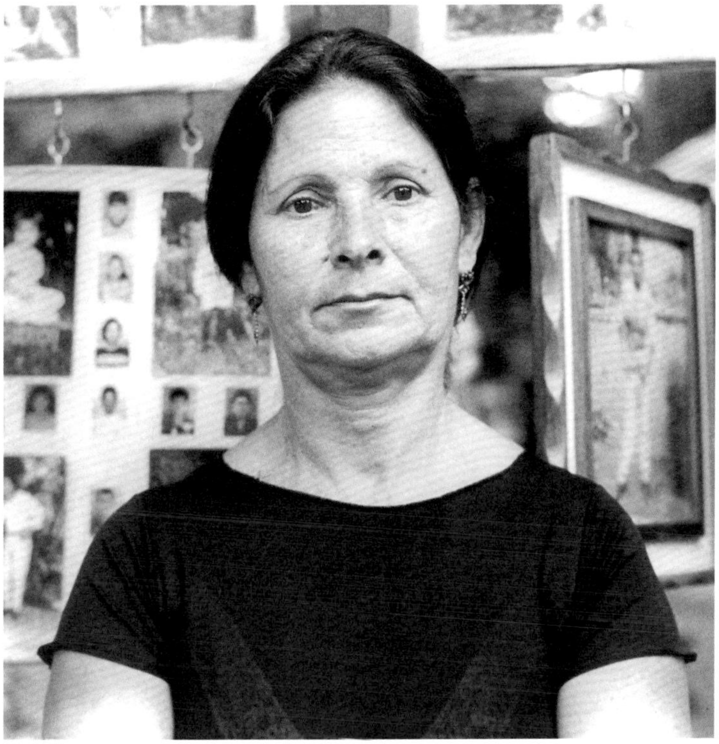
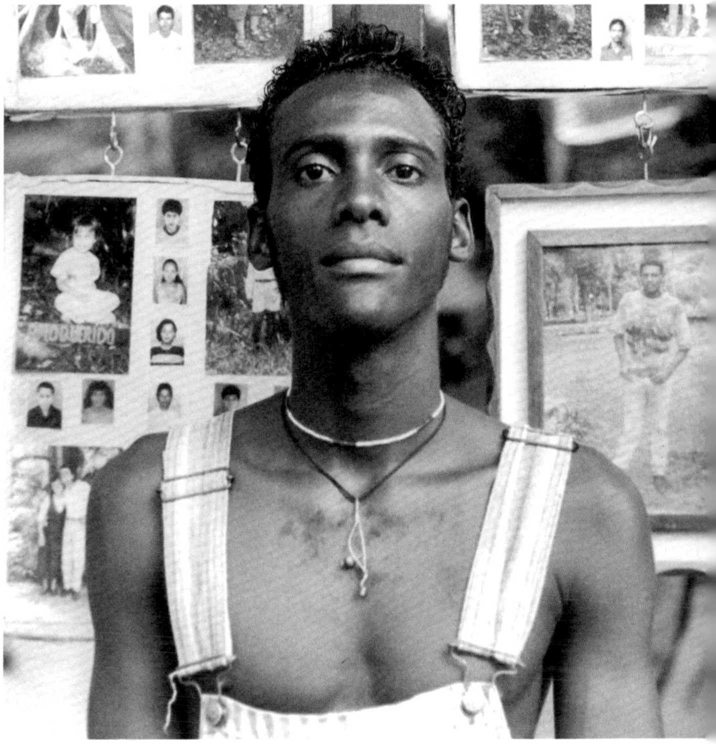

165

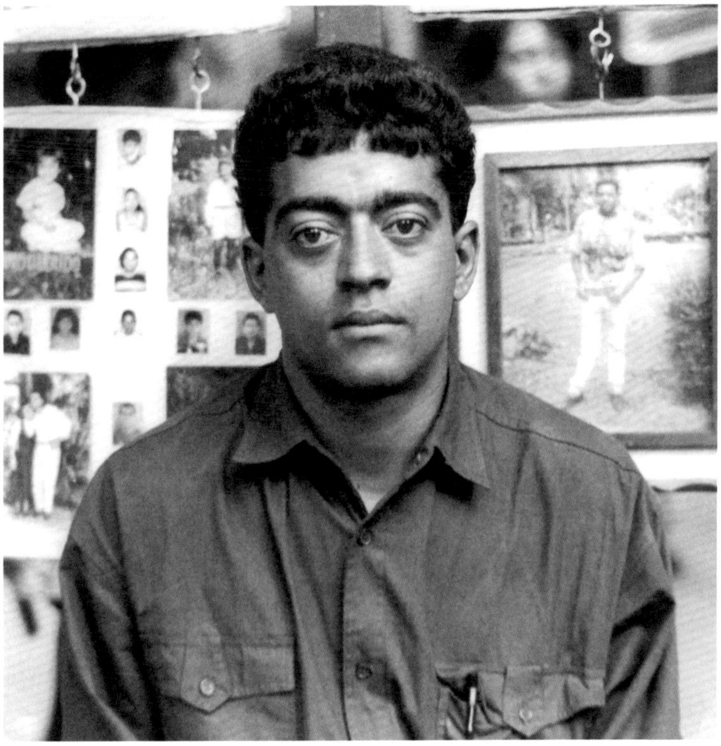
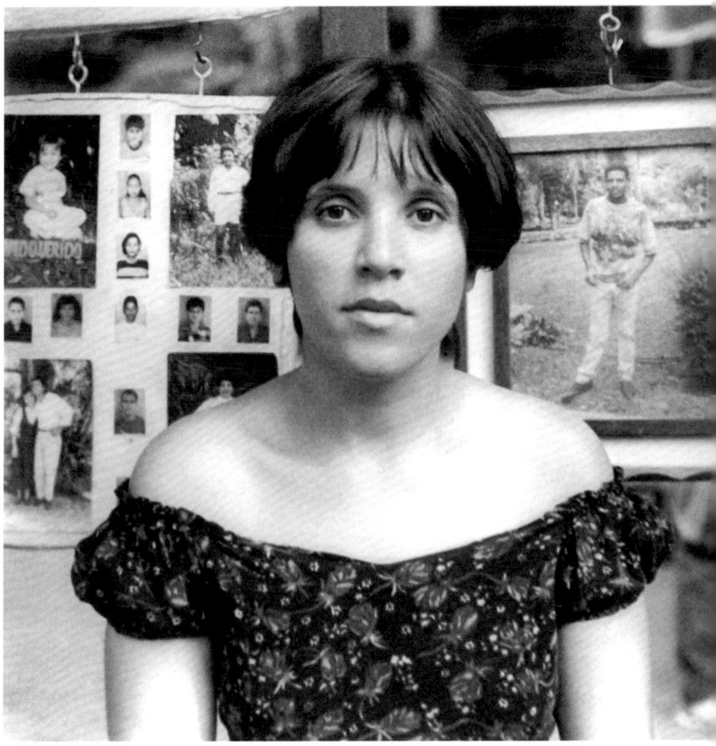
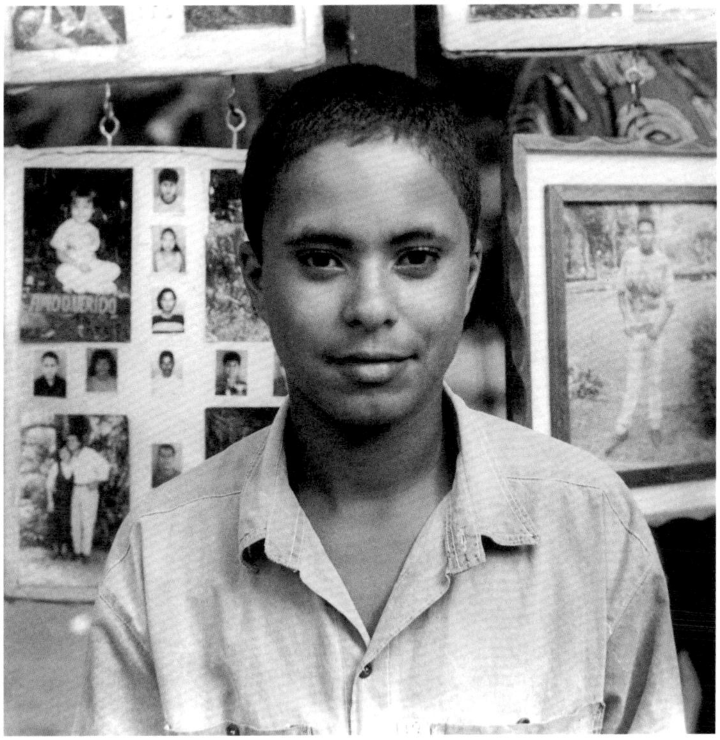
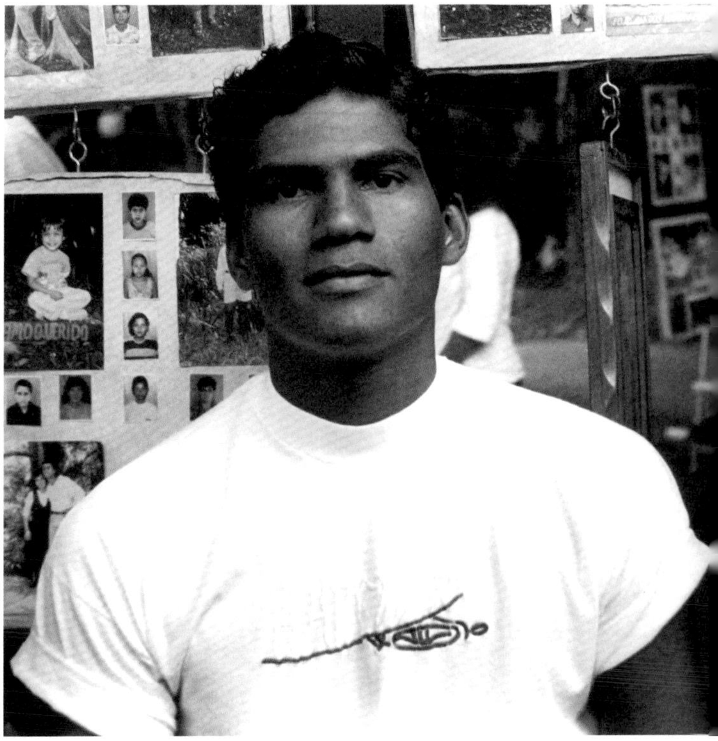

167

76

Lutar contra os shoppings é um pouco como Dom Quixote lutando contra os moinhos de vento. Tarde demais para nos arrependermos: temos agora uma área construída de milhões de metros quadrados, nos quais giram somas incalculáveis e que sugaram a vida social e comercial da cidade. Eles são a negação radical da convivência urbana, mas já que estão aqui (e não sairão daqui), seria bem mais interessante pensarmos em novas opções de lazer. Ao invés de condená-los, deixar os shoppings em paz. Fala-se que, apesar das carências, não se têm construído áreas públicas na cidade. Seria melhor, então, voltarmos a outras maneiras de lazer, de compras, e relembrarmos as feirinhas de rua como um modelo a ser reimplantado? Ou será que, na verdade, não há mais a demanda por essas coisas antigas e que isso não passa de devaneio, de romantismo? As pessoas passam os sábados nos shoppings por falta de opção ou por que nada se iguala aos shoppings? Se são poucas as praças e parques da cidade, devemos confiar a eles uma compensação pela falta de áreas verdes? A arquitetura *de plástico* dos shoppings é assim tão má ou é algo aceitável?

SHOPPINGS

SHOPPING	ÁREA (M²)	N° DE LOJAS	ESPAÇOS DE LAZER
BH Shopping	131.000	211	33
Del Rey	180.000	215	20
Minas	105.000	118	18
Cidade	31.000	186	13
Diamond Mall			
Casa Raja Shopping			
Ponteio	55.000	100	9
Central	5.000	81	6

FONTE: REVISTA VEJA/INTERNET

77 Agora, talvez o melhor mesmo seja torcer para que algo de novo aconteça nessas bolhas: achar graça nos novos usos para os estacionamentos ociosos e esperar que tais usos inesperados invadam o interior, para então transformar as lojas em campos de futebol, as galerias de arte em lojas, os *malls* em Marqueses de Sapucaí. Que mesmo no mais capitalista dos espaços urbanos possam acontecer atividades como feiras e outros eventos sociais é um indício de que as comunidades urbanas usam esses espaços privados coletivamente, como querem todos os bem-intencionados planejadores de praças e parques. É inegável que certos *malls* e estacionamentos de shoppings são onde o público tende a formar grupos improvisados e que, em muitos aspectos, desempenham as mesmas funções das tão saudosas praças públicas convencionais. Entre as imagens da cidade fragmentada, os shoppings anunciam espaços onde são possíveis formas alternativas de sociabilidade. A implantação deles recupera a "comunidade territorial"[37] perdida, procurando equilibrar as deficiências da expansão urbana pouco planejada. Os espaços públicos de Belo Horizonte – tão onipresentes na inauguração da cidade e tão raros atualmente – têm os shoppings como alternativa. À medida que o Estado se ausenta, os shoppings, de forma artificial, suprem carências públicas da cidade. Criando um santuário da mercadoria, eles são transmutados em lugar de encontro. Como nichos de sociabilidades, simulam o espaço público, anunciando sua substituição pelos espaços semiprivados, semipermeáveis e semipúblicos.

ÁREA EM 1993
"Os shoppings filiados à Abrasce (88, sendo que 76 estão em operação e 12 em construção) ocupam, juntos, uma área de 5 milhões de metros quadrados, com uma área construída de 4,5 milhões de metros quadrados, exclusive as obras de terraplenagem e pavimentação de vias de acesso, e área de estacionamento com capacidade estática para 138.111 veículos. A área total de comércio-ABL (área bruta locável) chega a 2,1 milhões de metros quadrados, abrigando 12.505 lojas, entre elas 241 âncoras, e mais 155 casas de espetáculos".[38]
EMPREGOS "A indústria de shoppings oferece atualmente 123 mil empregos diretos, sem contar a mão de obra utilizada na instalação das lojas, e tem uma previsão de investimentos para os próximos quatro anos, apesar da conjuntura econômica desfavorável, de cerca de 2 bilhões de dólares".[39]
HISTÓRIA "O primeiro shopping brasileiro, o Iguatemi, foi inaugurado em novembro de 1966, em São Paulo [...]. No total, seis shoppings passaram a funcionar nos anos 1970 [...]. Com uma presença muito restrita até o final da década de 1970, a indústria de shoppings só tomou consistência e ganhou ritmo mais intenso na década de seguinte, e hoje parece consolidada".[40] (Isso levando-se em consideração que a febre de shoppings no Brasil apareceu na década de 1980, a *década perdida* das economias latino-americanas).
LOCALIZAÇÃO O padrão de localização dos shoppings no Brasil acompanha o padrão de urbanização e da distribuição de renda no país. A localização urbana sempre atua como aproveitamento de uma congestão existente (caso dos shoppings centrais) ou, no caso da construção de shoppings periféricos, segundo uma ordem onde quanto mais infraestruturas (existentes ou latentes), melhor o local indicado para esses *sugadores da energia do centro*.

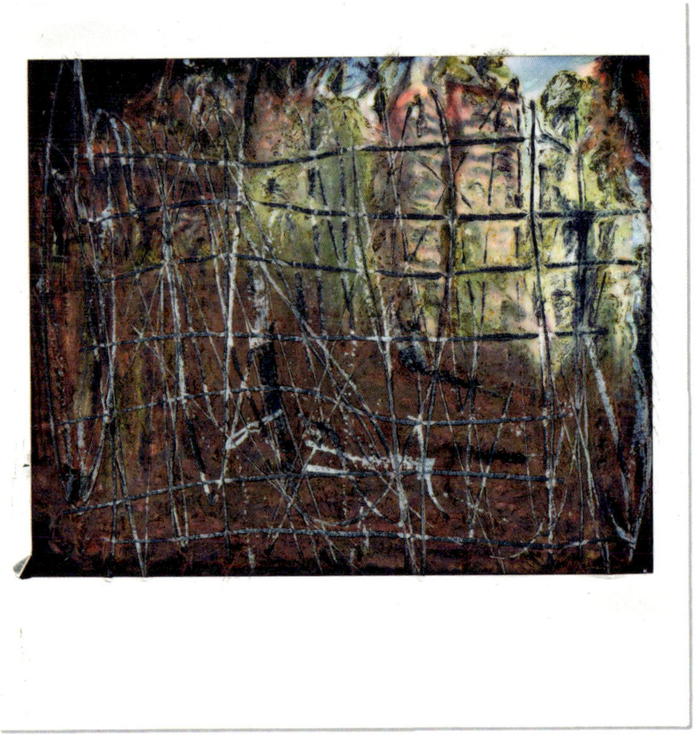

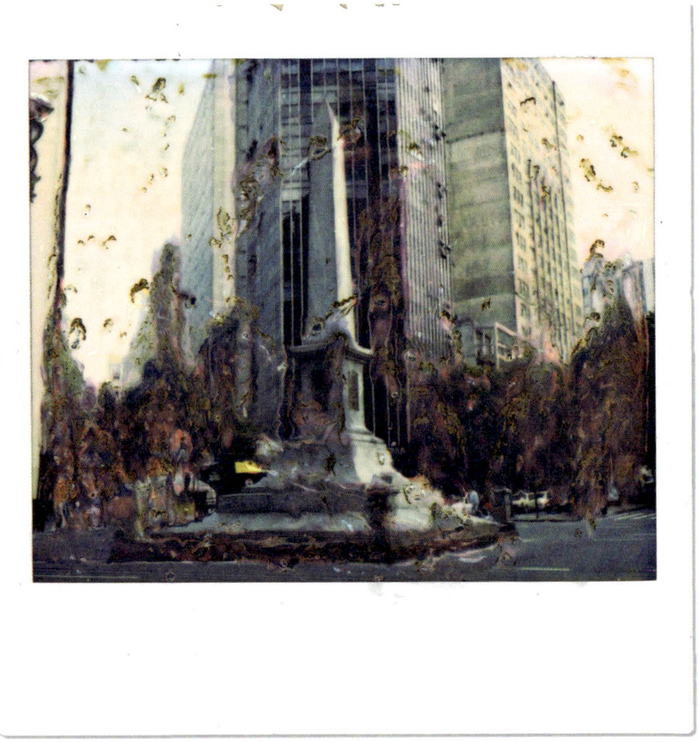

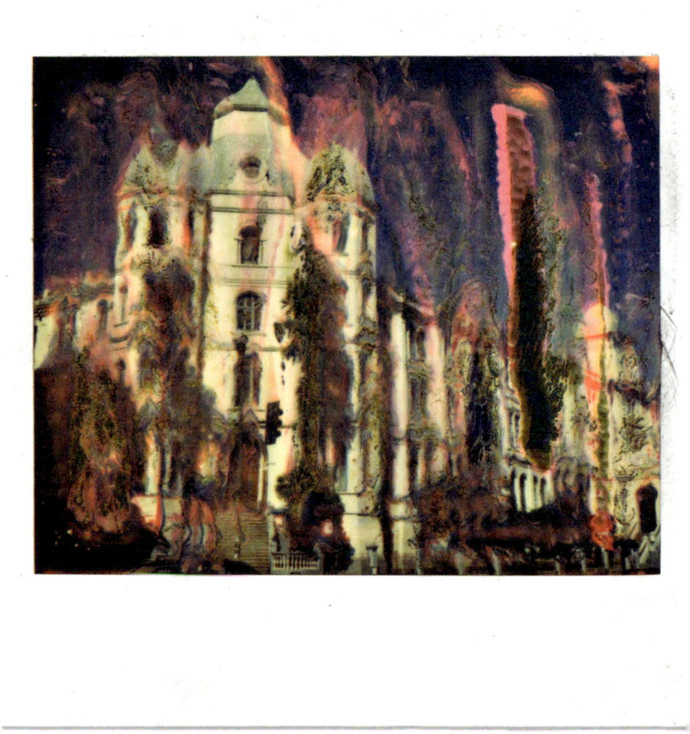

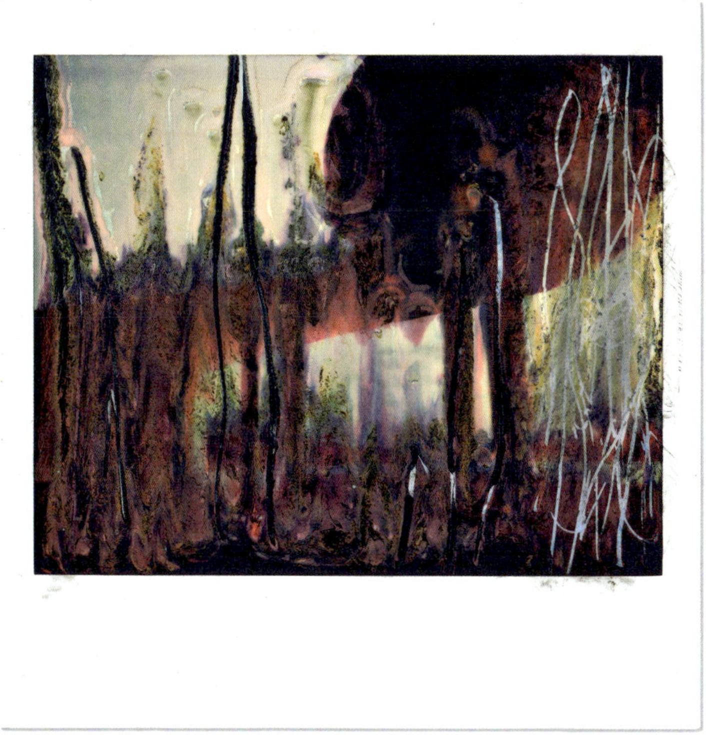
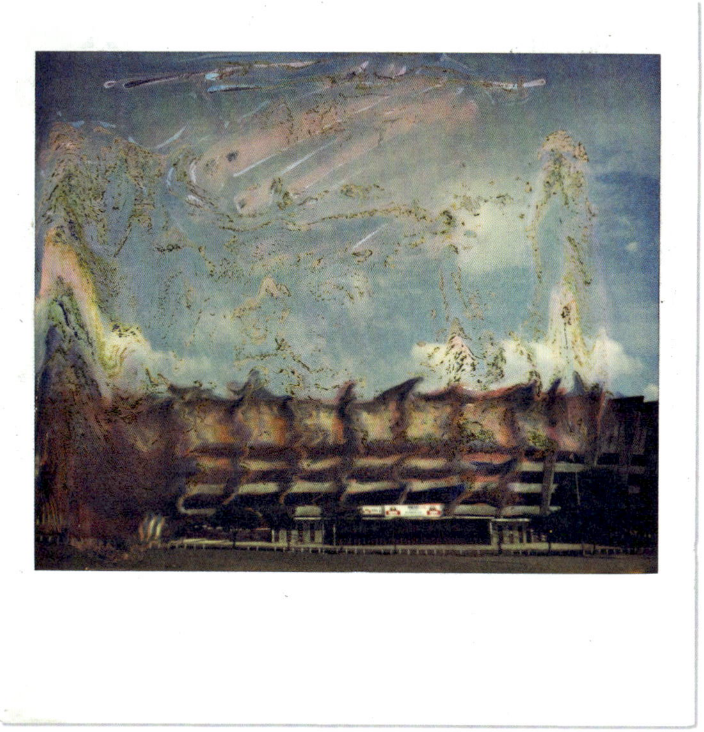
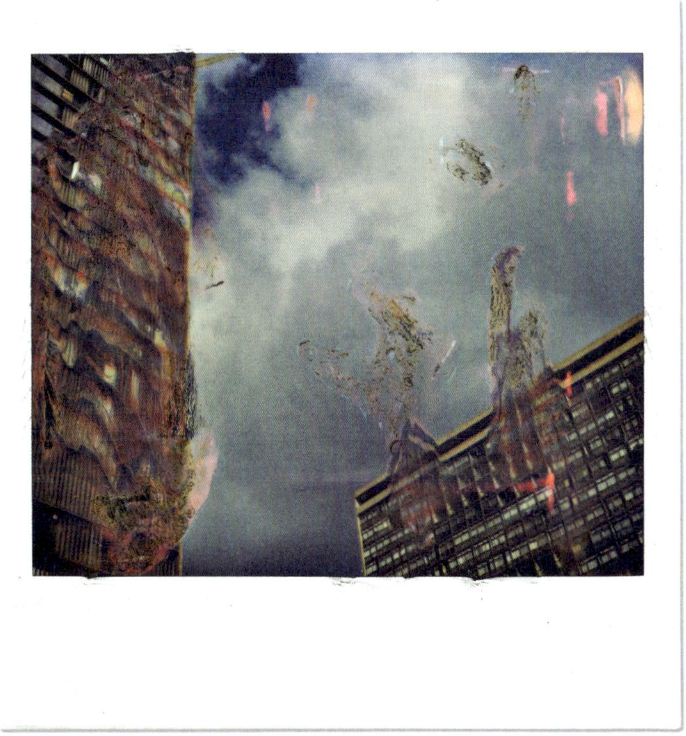
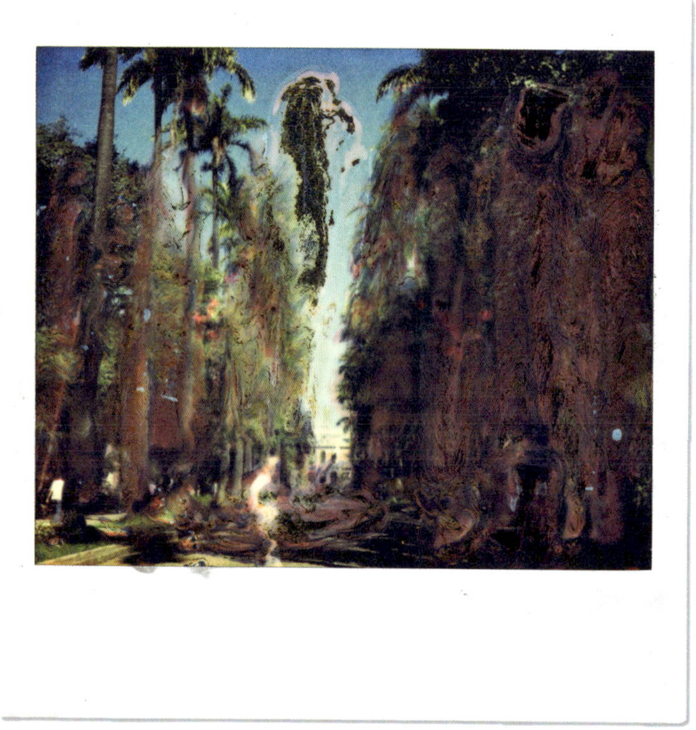

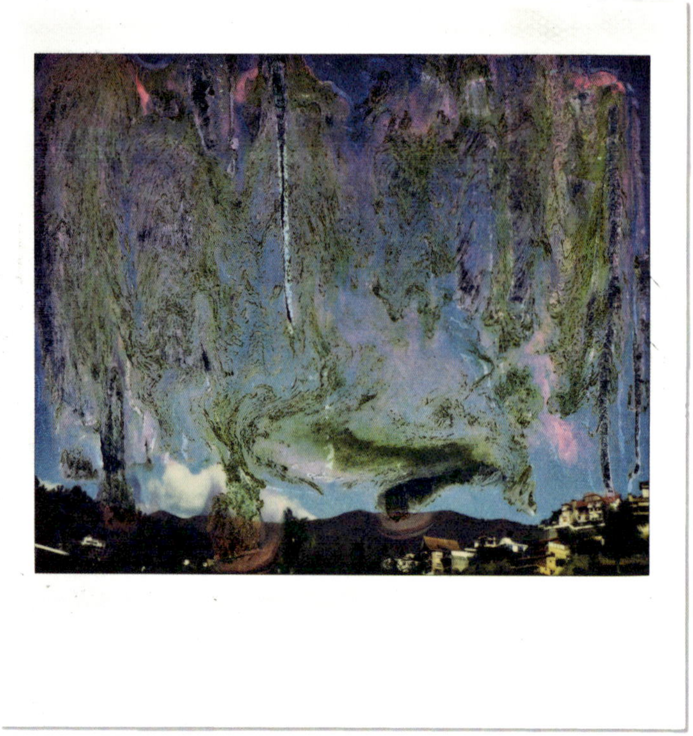
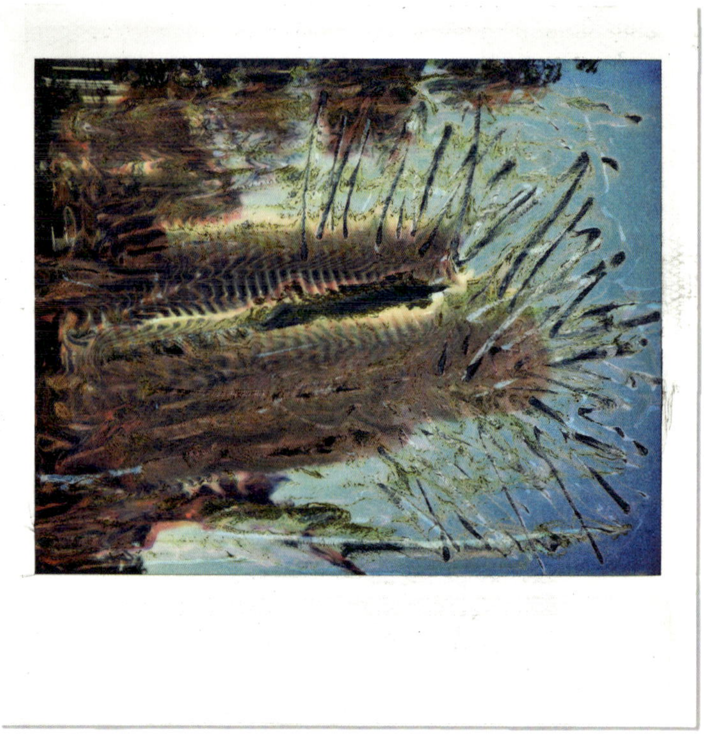
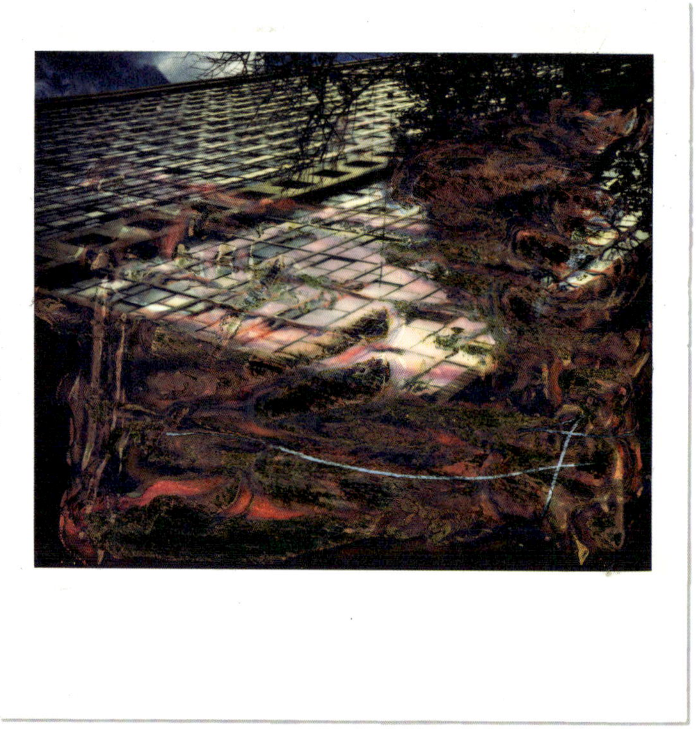
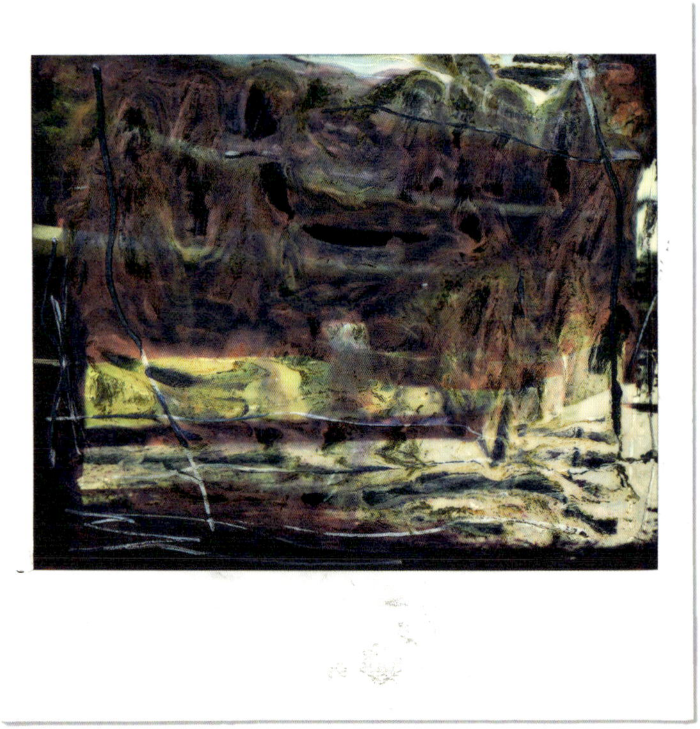

173

78

"Roteiros. Roteiros. Roteiros. Roteiros. Roteiros. Roteiros. Roteiros. Roteiros". A zona suburbana consome coisas, a zona urbana já foi consumida. Já em 1928, "ano 374 da deglutição do Bispo Sardinha", Oswald de Andrade proclama: "Só me interessa o que não é meu" no seu Manifesto Antropófago.[41] Quatro anos antes, o modernista estilo *enfant terrible* vai a Belo Horizonte para conhecer o símbolo do novo Brasil. Ele estava sob os efeitos da Semana da Arte Moderna de 1922, marco da arte brasileira e início do questionamento da identidade nacional nas artes plásticas, na arquitetura, na música, na literatura e na poesia. Foi dois anos depois da semana que um grupo de modernistas paulistas decidiu excursionar a Minas para estudar a arquitetura barroca mineira, tendo a nada barroca Belo Horizonte como ponto de apoio para as visitas às cidades históricas do interior. O grupo era integrado, além de Oswald, por Olívia Penteado, a pintora Tarsila do Amaral, Godofredo Telles e o escritor suíço Blaise Cendrars, e foi definido pela imprensa local como a "radiosa embaixada intelectual" e o "grupo de artistas e intelectuais paulistanos que veio a Minas recolher aspectos, costumes e tradições das nossas cidades históricas".[42]

79

Belo Horizonte desprezava a arquitetura barroca de Ouro Preto, enquanto os modernistas desprezavam a modernidade de Belo Horizonte. Depois da passagem pela capital, o grupo seguiria o roteiro das cidades históricas, que incluía Ouro Preto, São João del Rei, Tiradentes, Congonhas, Sabará, Mariana e Diamantina. Quando chega a Belo Horizonte, Oswald procura a tal modernidade da capital, mas modernidade digerida pela promiscuidade santa brasileira e, para sua infelicidade, só encontra o que é dele. Ele passeia pelas largas avenidas, encontra-se com as pessoas chave da modernidade mineira, respira o ar puro da cidade-cura para tuberculosos. E depois solta sua crítica pouco diplomática, mas esperançosa: "Não [lhe] posso negar que a primeira impressão que tive da capital não foi das melhores. Vê-se na sua construção uma desordem banal copiada de todos os estilos, como infelizmente em São Paulo e no Rio. O que salva esse aspecto caótico e neológico da vossa capital é a sua provisoriedade. Toda a pastelaria dos edifícios atuais desaparecerá pouco a pouco, absorvida pelo progresso formidável que se anuncia e realiza em Minas.
O cimento armado matará com certeza os Versalhes de estuque".[43]

80

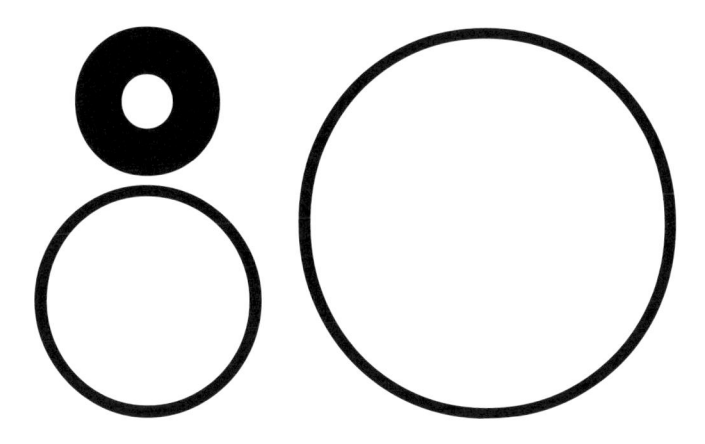

Ao invés de aceitar Belo Horizonte, cidade sem brasilidade, Oswald prefere comer a zona urbana. Ele visita os edifícios Beaux-Arts – arquitetura *de importação* que ele e outros achavam *igual* demais –, mas só vê sinal de caos. Busca a essência da cultura brasileira, mas só vê pastiches neoclássicos. Aspira as coisas que pudessem ser utilizadas como matéria-prima de uma arte e de uma arquitetura sem complexos de inferioridade, mas não encontra nada: a cidade símbolo de cidadania, da ordem e do Brasil possível só faz Oswald rir.

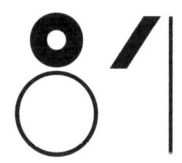

81

E após a rejeição do que viu, o destruidor/criador delineia os novos tijolos da cidade. Aarão fez um híbrido juntando as experiências urbanísticas americana e europeia, enquanto Oswald queria um hibridismo no mínimo menos acadêmico. Ainda no Manifesto Antropófago, ele daria as dicas para que tudo se deglutine, para que as zonas urbana e suburbana se devorem e criem uma outra cidade autenticamente promíscua: "Só a antropofagia nos une. Socialmente. Economicamente. Filosoficamente. Única lei do mundo. Expressão mascarada de todos os individualismos, de todos os coletivismos. De todas as religiões. De todos os tratados de paz".[44] E em tom de profecia, proclama: "Como a cidade [Belo Horizonte] foi possantemente rasgada e o seu local muito bem escolhido, os arranha-céus se instalarão admiravelmente aqui".[45]

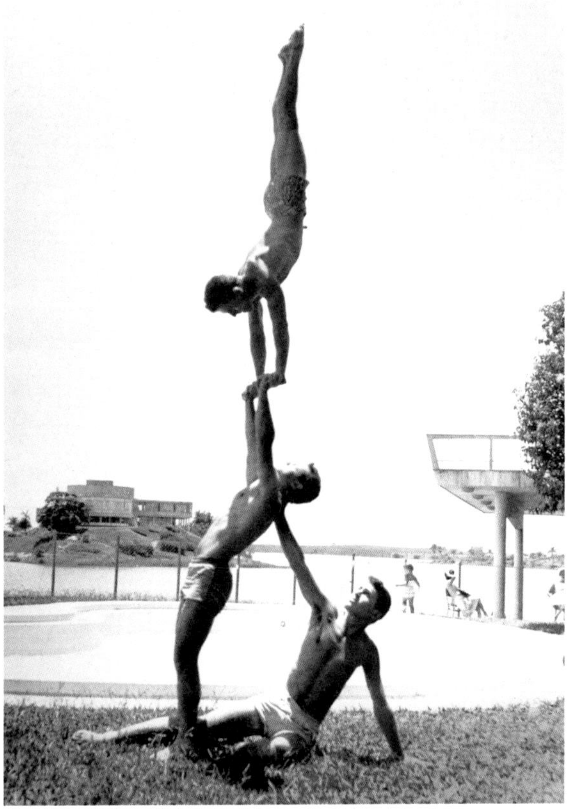

IV. ADMIRÁVEL MUNDO NOVO: PAMPULHA, A ZONA SUBURBANA COMO FÉRIAS DA REALIDADE

82

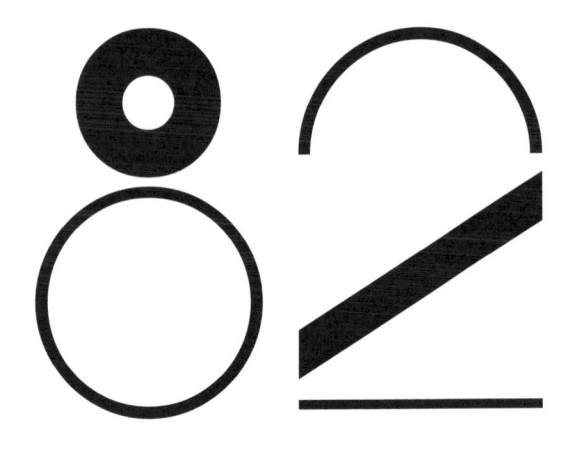

Durante a Segunda Guerra Mundial, o então prefeito Juscelino Kubitschek e o arquiteto Oscar Niemeyer concebiam a ocupação de um vazio suburbano, uma região 10 quilômetros ao Norte de Belo Horizonte. O programa (uma loucura semelhante aos caprichos de príncipes do século 18, segundo o crítico Mário Pedrosa) incluía um cassino, uma igreja, um restaurante, um clube e um hotel, sendo que este último jamais foi construído. Na Pampulha também foram construídos, mais tarde, o maior estádio de futebol coberto do mundo e o campus da Universidade Federal de Minas Gerais.

"Seria fastidioso recordar o que executei, durante a minha administração como prefeito. Citarei apenas algumas: extingui a única favela existente na cidade, a denominada Pedreira Prado Lopes; construí o Hospital Municipal; estabeleci uma rede de restaurantes populares para os operários e humildes funcionários, os chamados Restaurantes da Cidade; fiz surgir, completamente asfaltadas, as avenidas Silviano Brandão, Pedro II, Francisco Sá e Teresa Cristina; iniciei a construção do Teatro Municipal, com 3.500 lugares, no interior do Parque Municipal; ampliei o bairro de Lourdes e criei o do Sion e o da Cidade-Jardim; e, por fim, construí o recanto turístico da Pampulha, que, hoje, é motivo de curiosidade internacional, e o liguei à capital através de uma avenida, de 50 metros de largura e 11.000 metros de extensão, que é a avenida da Pampulha".
JUSCELINO KUBITSCHEK, 1975[46]

"A remodelação do centro urbano havia constituído meta prioritária; mas essa remodelação não era tudo. A cidade precisava respirar; adquirir seus próprios pulmões; converter-se, enfim, em organismo vivo, tirando oxigênio do ambiente que a cercava, para absorvê-lo, de modo que sua circulação sanguínea se fizesse de modo racional. Pampulha, pensava eu, poderia se converter no centro de atração turística que faltava em Belo Horizonte".
JUSCELINO KUBITSCHEK, 1975[47]

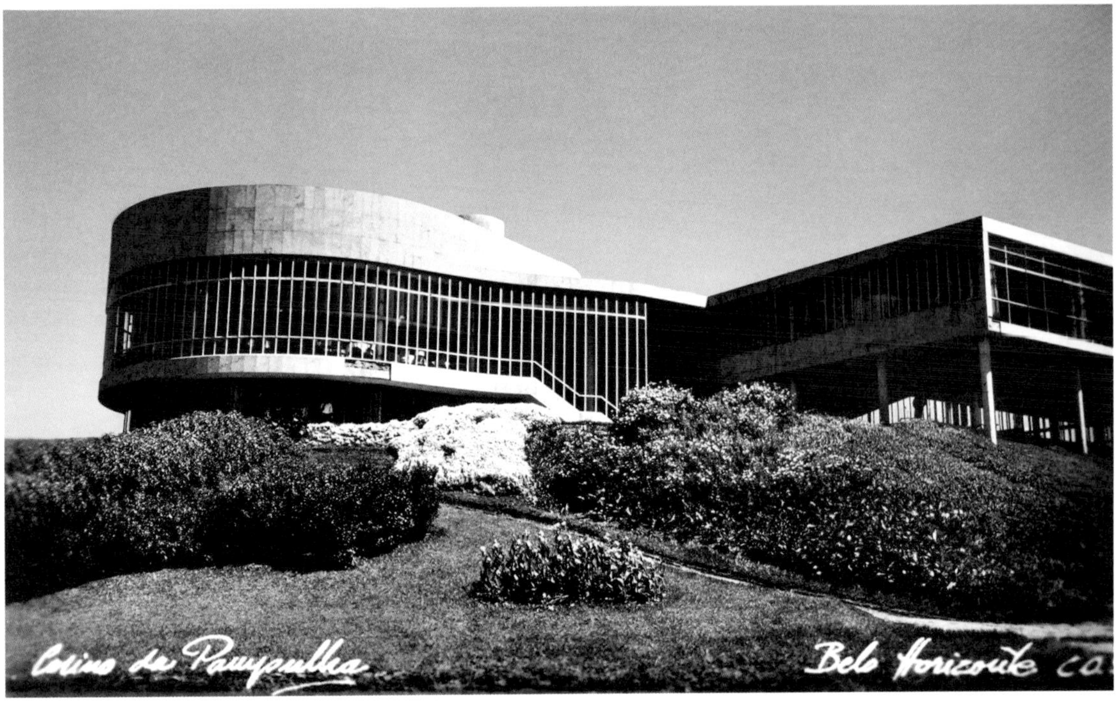
Cassino da Pampulha
Belo Horizonte

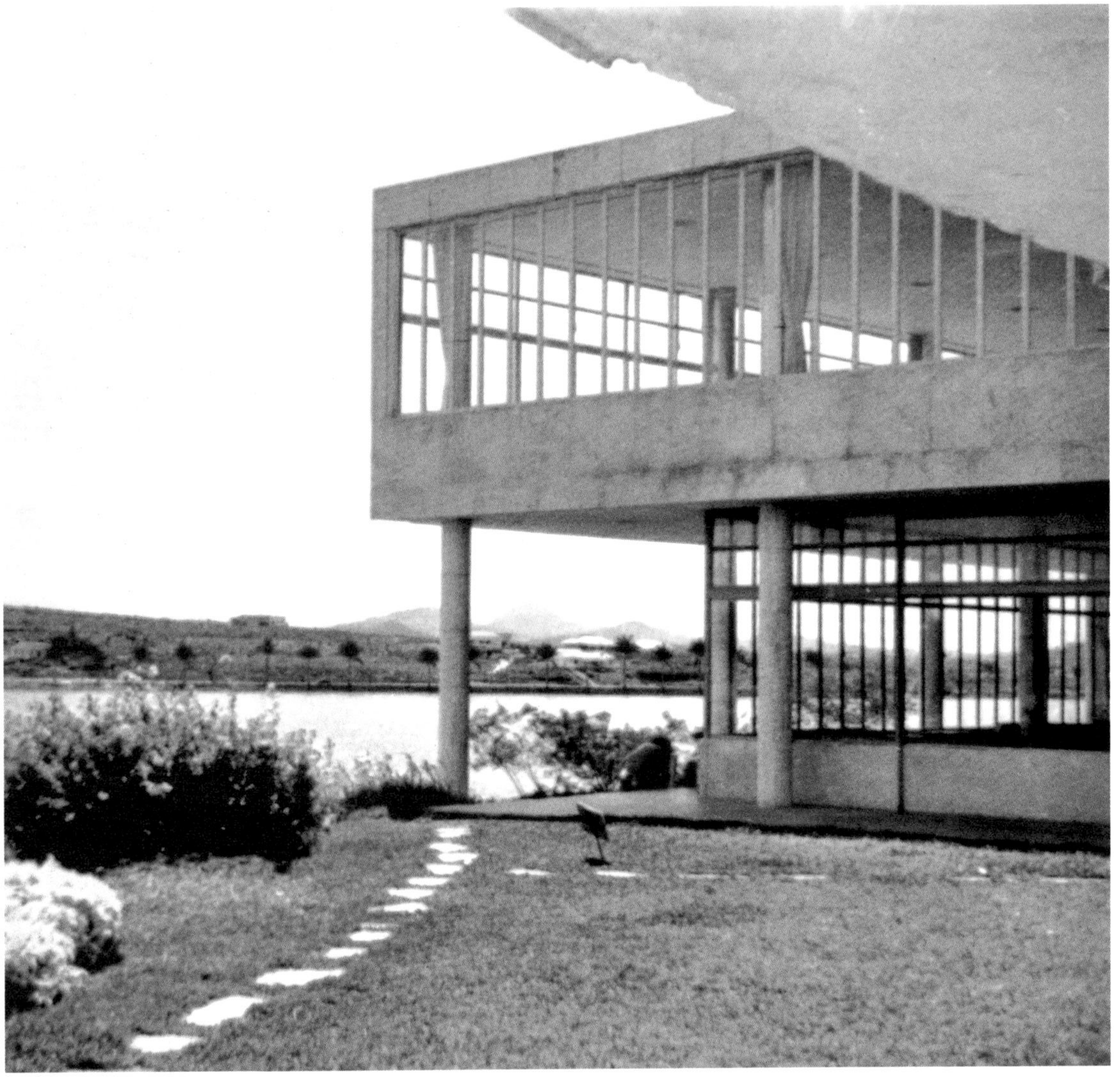

"Como, então, se processaria a transformação do local? Na época, eu acompanhava, com o maior interesse, a revolução arquitetônica iniciada por Le Corbusier. Um prefeito não pode pensar tão somente no aspecto prático ou imediato: tem de lançar suas vistas mais longe. E a beleza, sob todas suas formas, tem de fazer parte de suas cogitações".
JUSCELINO KUBITSCHEK, 1975[48]

"Era necessária uma capital nova para esta nova Minas Gerais, e foi assim que nasceu, num local predeterminado, no centro geográfico e demográfico do estado; a cidade de Belo Horizonte. [...] Mas para que Belo Horizonte fosse digna da antiga civilização do ouro, seria necessário também orná-la com belos monumentos, dignos de seu passado glorioso; no entanto, sendo capital de um outro tipo de civilização – a do ferro e do cimento – não poderia copiar o barroco, que nada significaria nos dias de hoje, mas deveria criar outro estilo de beleza.

O milagre produziu-se. Belo Horizonte encontrou, no arquiteto Oscar Niemeyer e no pintor Portinari, os dois homens capazes de lhe dar beleza igual à do passado, embora de gênero diferente".
ROGER BASTIDE, S.D.[49]

"Chamei o hoje famoso arquiteto Oscar Niemeyer, que então iniciava sua atividade profissional, e levei-o ao local, a fim de que tivesse uma ideia do plano que pretendia executar. Ali, expus a preocupação que tinha no espírito: no fundo do vale, o terreno avançava numa saliência, que seria uma espécie de promontório, quando o lago estivesse concluído; pensava construir naquele ponto um restaurante, debruçado sobre a água; na curva formada pelo morro vizinho talvez pudesse construir uma igreja, sob a invocação de São Francisco [...]; ao longo das margens do futuro lago, outros edifícios poderiam ser construídos, arrematando o conjunto arquitetônico e imprimindo-lhe a indispensável unidade".
JUSCELINO KUBITSCHEK, 1975[50]

"Tudo ficou pronto em tempo recorde – por feliz coincidência, o tempo de gestação de uma vida humana: nove meses. O lago-barragem estava erguido, com 18 metros de profundidade, e achavam-se inteiramente prontas as unidades que integravam o conjunto arquitetônico. Havia sido aberta, numa extensão de 18 quilômetros, a avenida do contorno do lago, da mesma forma que se construíra a autoestrada, de 6.800 metros, dos quais 5 quilômetros em linha reta, ligando a Pampulha a Belo Horizonte".
JUSCELINO KUBITSCHEK, 1975[51]

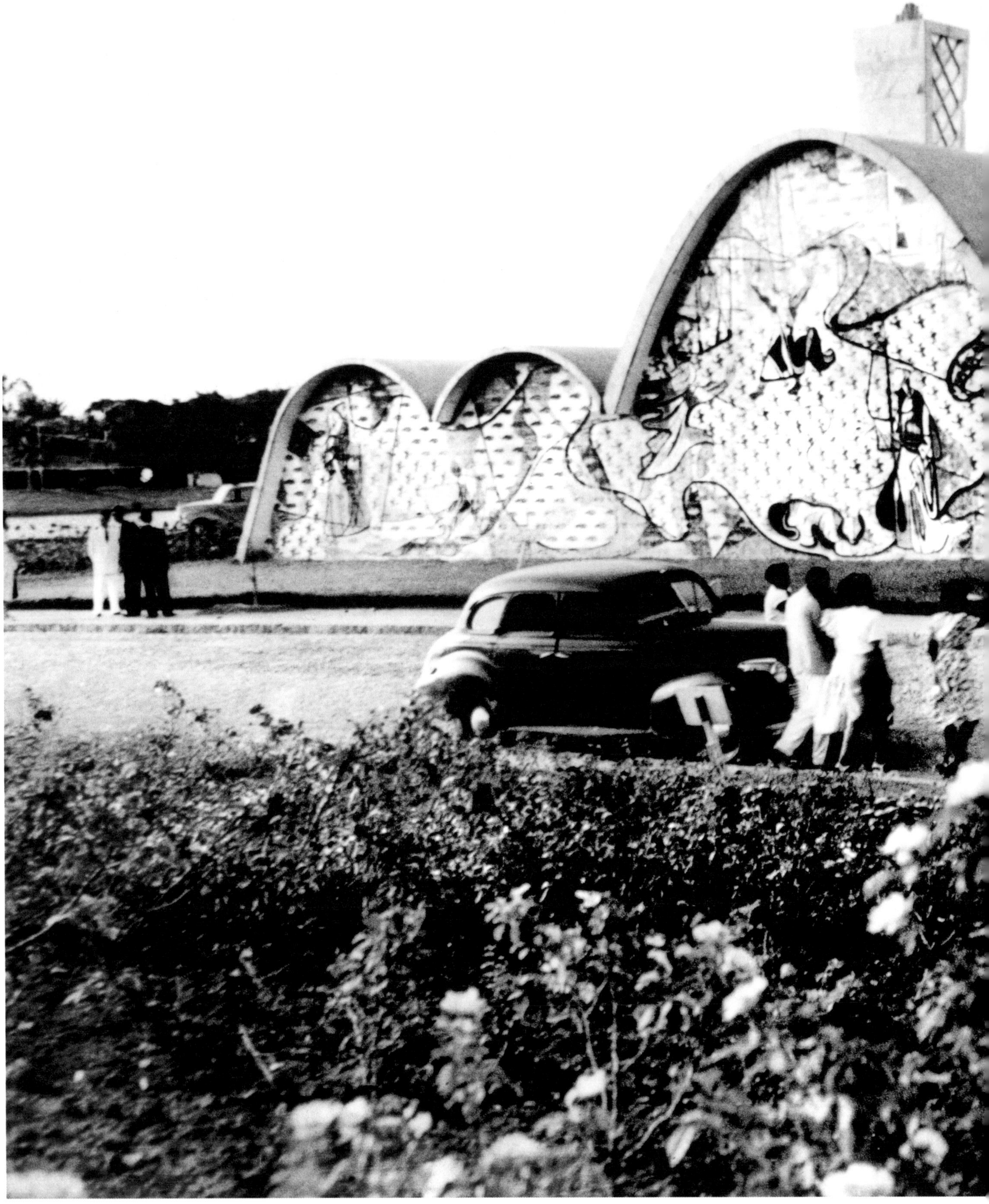

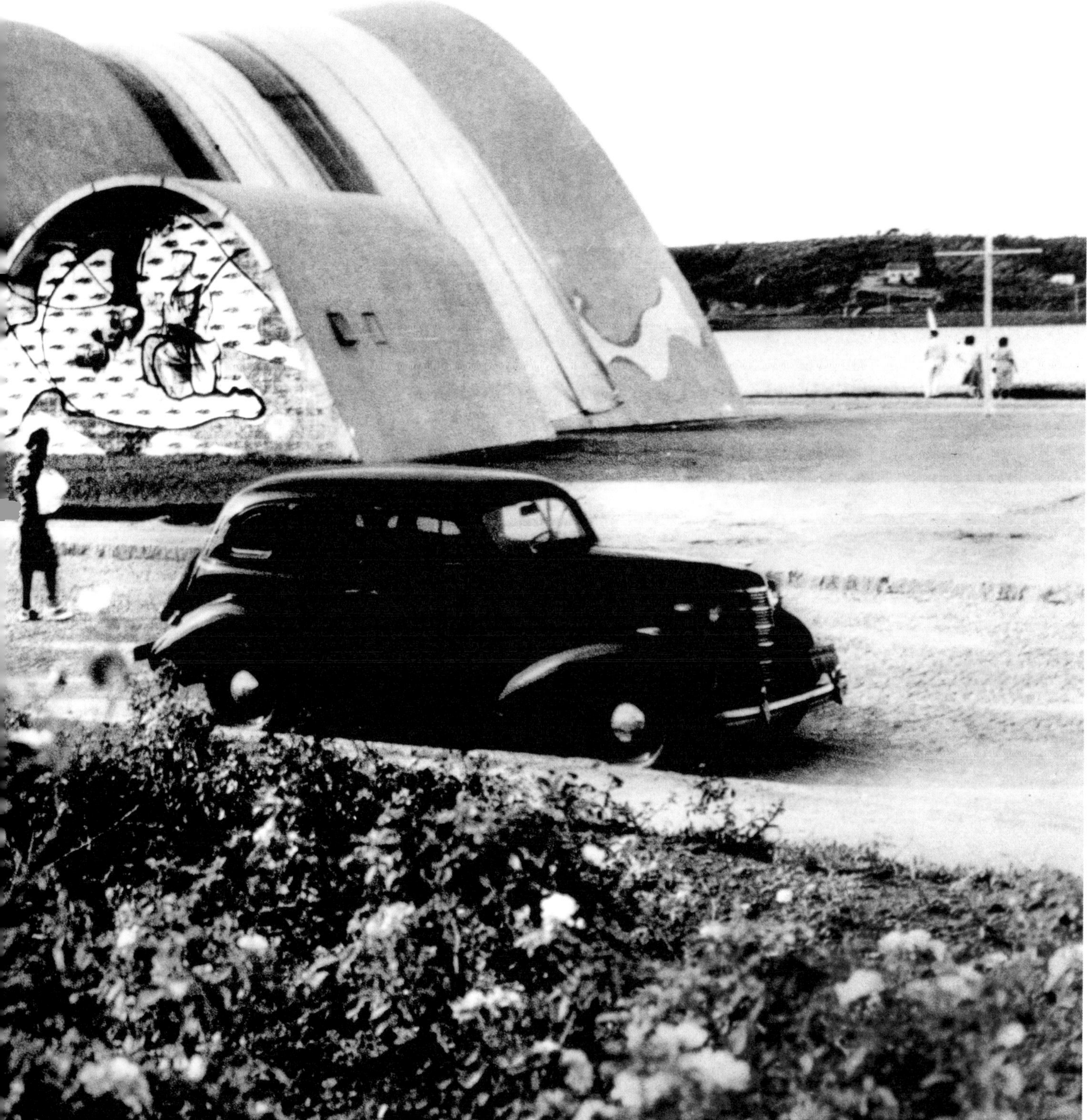

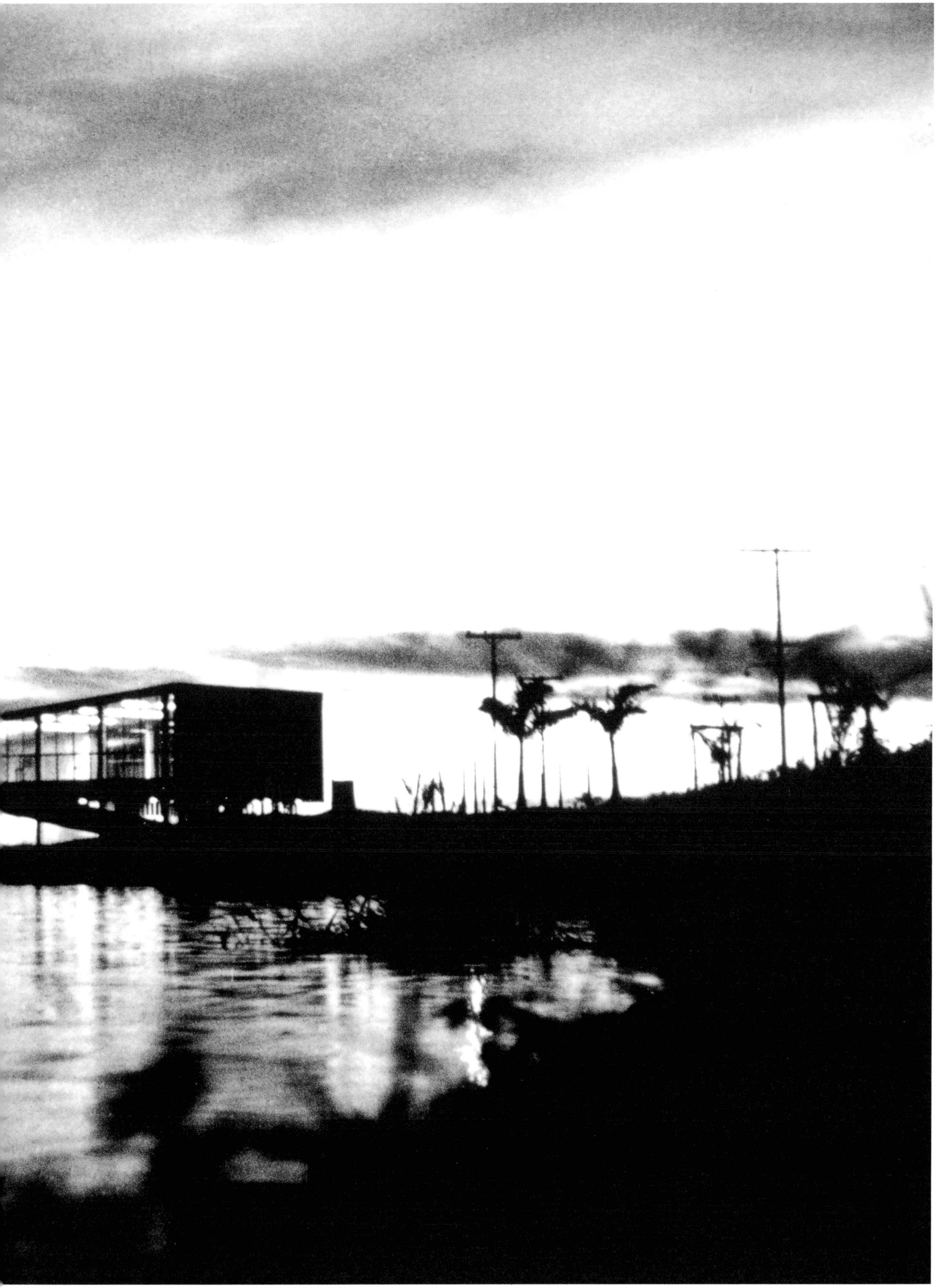

Pamfrulha – B. Horiz

Casa da Lente Nº 91

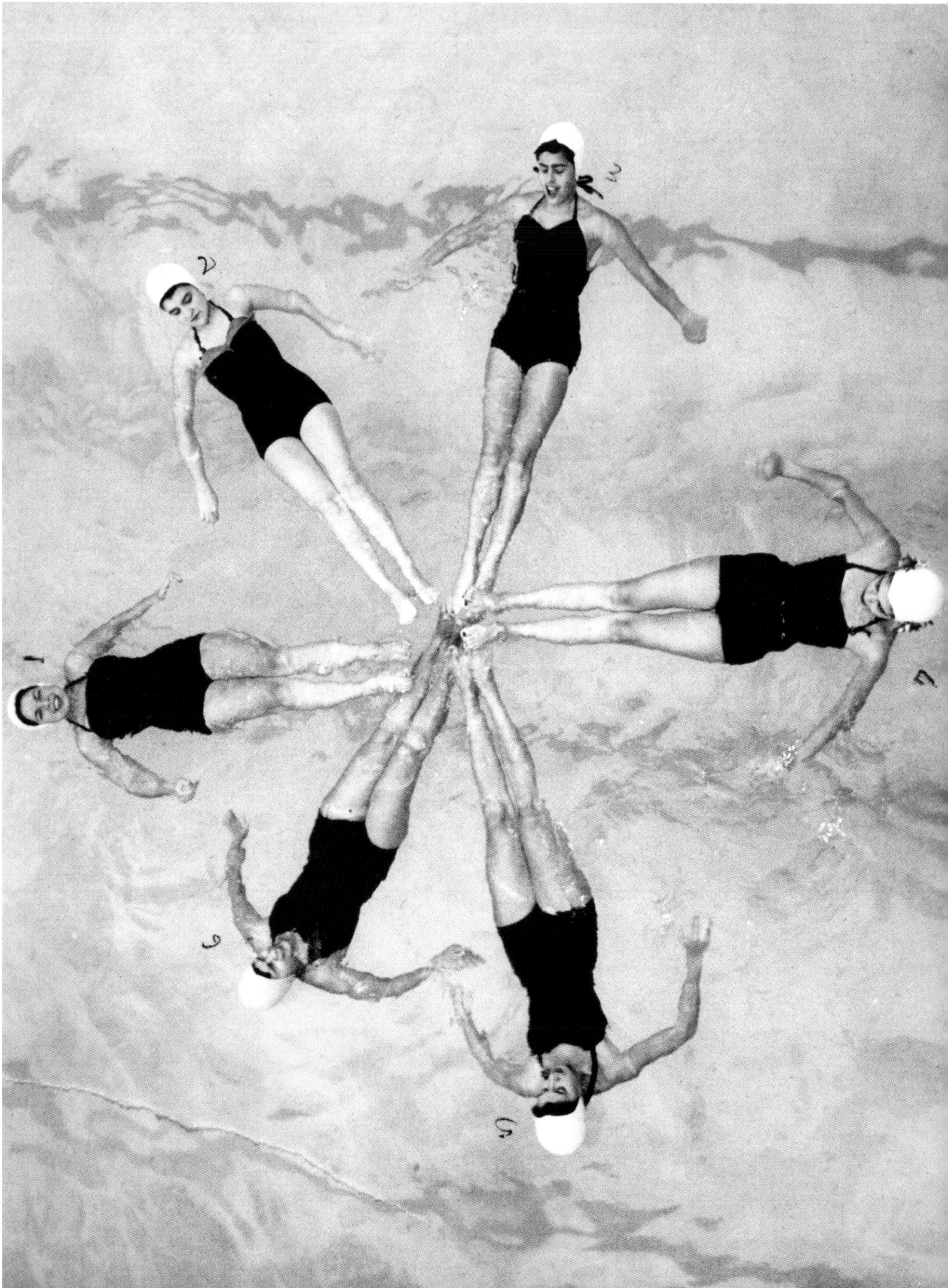

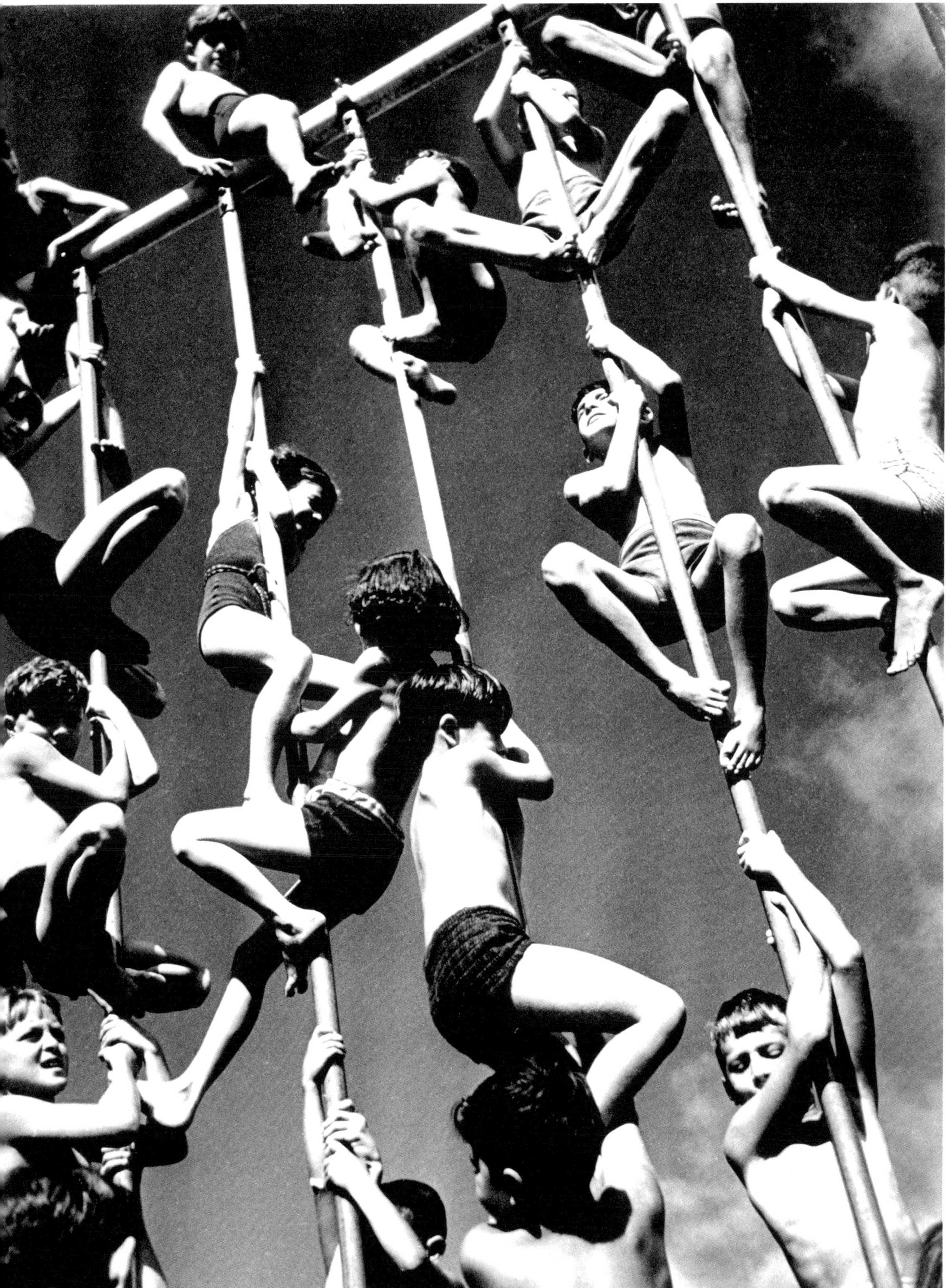

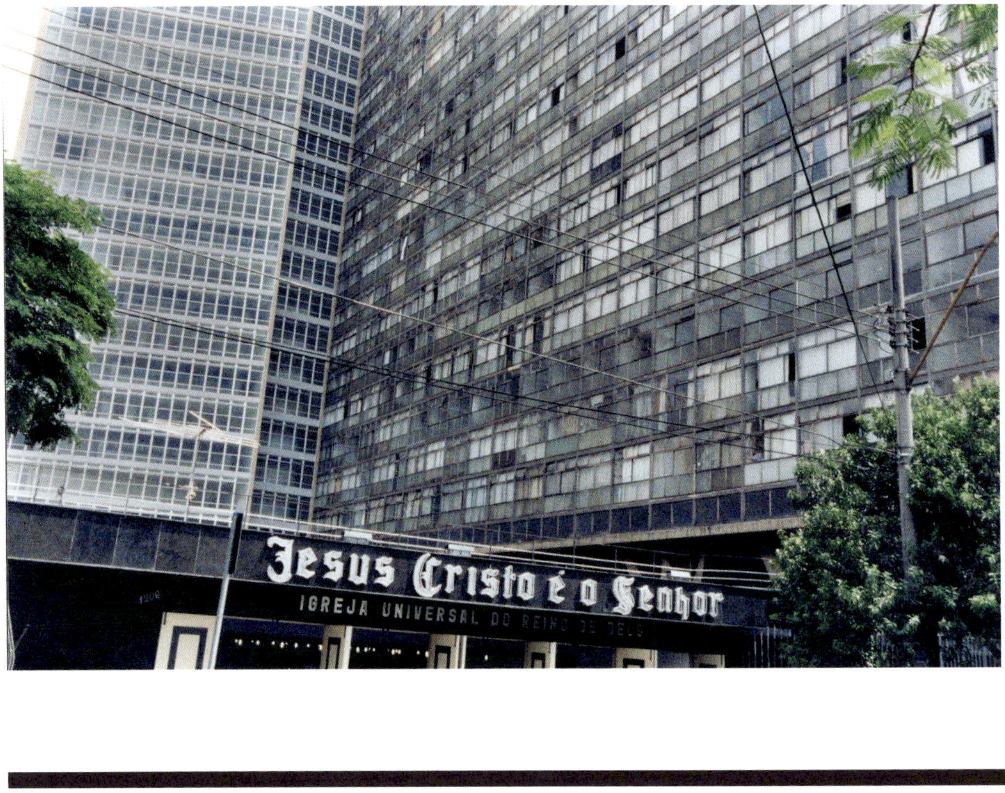
Jesus Cristo é o Senhor
IGREJA UNIVERSAL DO REINO DE DEUS

V.
CJK
(O ANTICARTÃO-POSTAL)

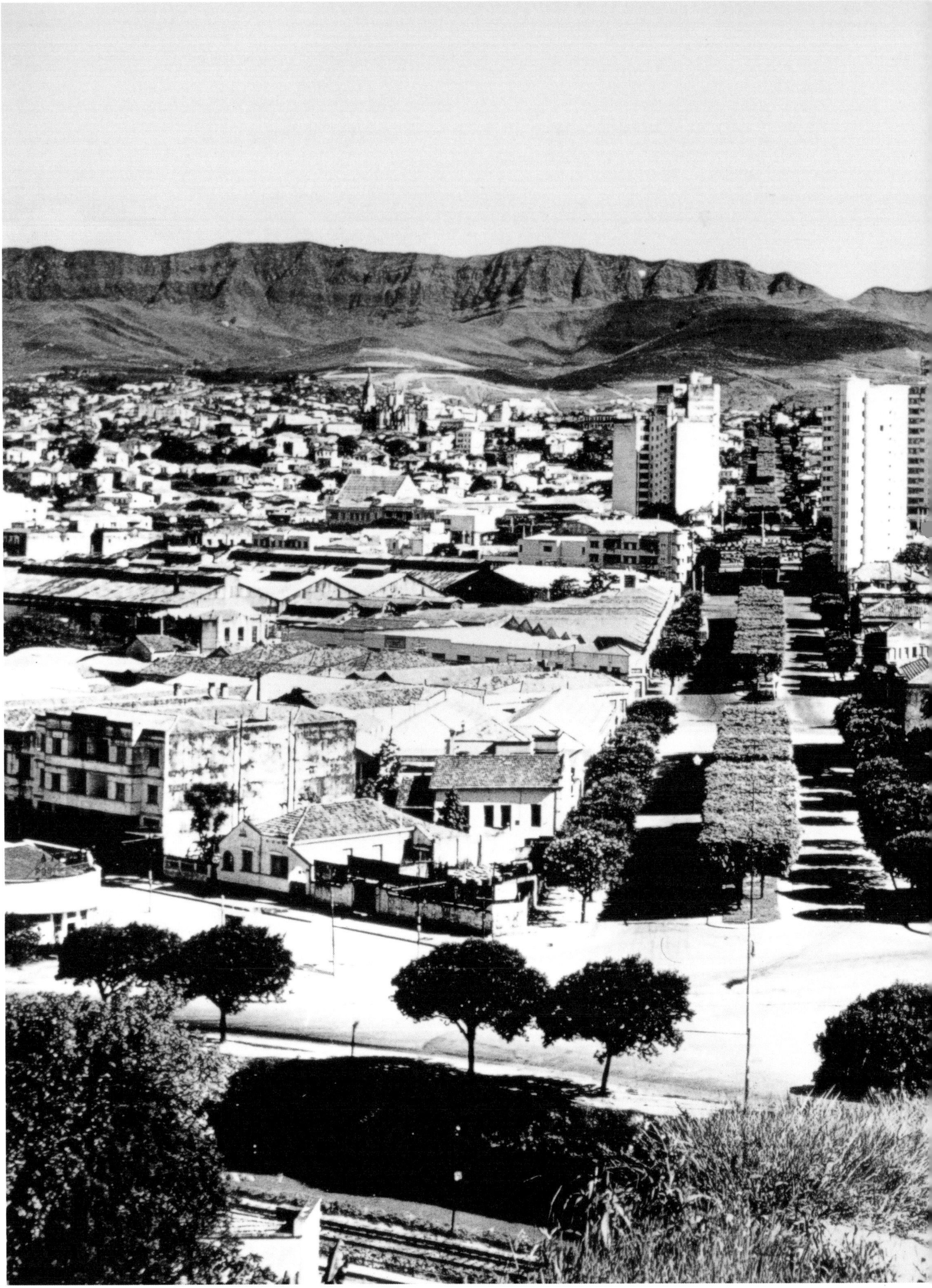

Belo Horizonte 1960

83 Favelas, shoppings e condomínios. Três enclaves que representam o atual estado de qualquer metrópole brasileira, e que evitam ou são evitados pelo restante da cidade. Dentre esses três, os condomínios talvez sejam o fenômeno que assistiu à maior explosão urbana nas duas últimas décadas. Hoje eles estão sendo construídos por todos os lados, seja como loteamentos cercados na periferia, como fortificações residenciais na Zona Sul ou como minicidades implantadas nos municípios vizinhos. E, com certeza, é o condomínio vertical o que mais tem reconfigurado a fisionomia de Belo Horizonte.

84 Procurando as origens e os precursores dessa tipologia, podemos relembrar o sonho dos primeiros condomínios dos arquitetos modernistas – aquelas megaestruturas habitacionais com seus inúmeros equipamentos no terraço e no pilotis – e tudo que aconteceu na época áurea da aventura do movimento moderno. Em 1933, essas ideias eram sintetizadas na Carta de Atenas, documento/doutrina assinado pelos líderes do movimento e que, desde então, passou a ser pregado nos quatro cantos do mundo. A base teórica da arquitetura residencial modernista pode ser didaticamente resumida pelos conceitos de *unidade habitacional* e *máquina de morar*. Segundo padrões dimensionais racionalmente estabelecidos e partindo de uma concepção funcional da moradia, a arquitetura moderna deslocava o problema da casa para a imaginação de soluções sociais e econômicas sintonizadas com a nova sociedade industrial. A máquina de morar, um dos maiores slogans do movimento, é a célula habitacional tratada como mais um elemento utilitário dos tempos da produção em massa; enquanto a unidade de habitação é o conceito que incorpora a repetição de células habitacionais em um só bloco com várias funções auxiliares, como playground, cinema, lojas, padaria etc. A proposta básica era a construção de grande quantidade de unidades verticais em série, alocando na sua base e no terraço os espaços destinados à infraestrutura comercial e residencial condizentes com as necessidades básicas de uma população numerosa. Como se tratava de estrutura arquitetônica considerável, essas grandes unidades deveriam ser integradas a um plano urbano que articulasse bem os padrões de concentração e dispersão. Independentes da compatibilidade da cultura da população com essa forma de verticalização e densificação, tais megaestruturas arquitetônicas exigiriam, por si mesmas, uma articulação coerente com a situação urbana.

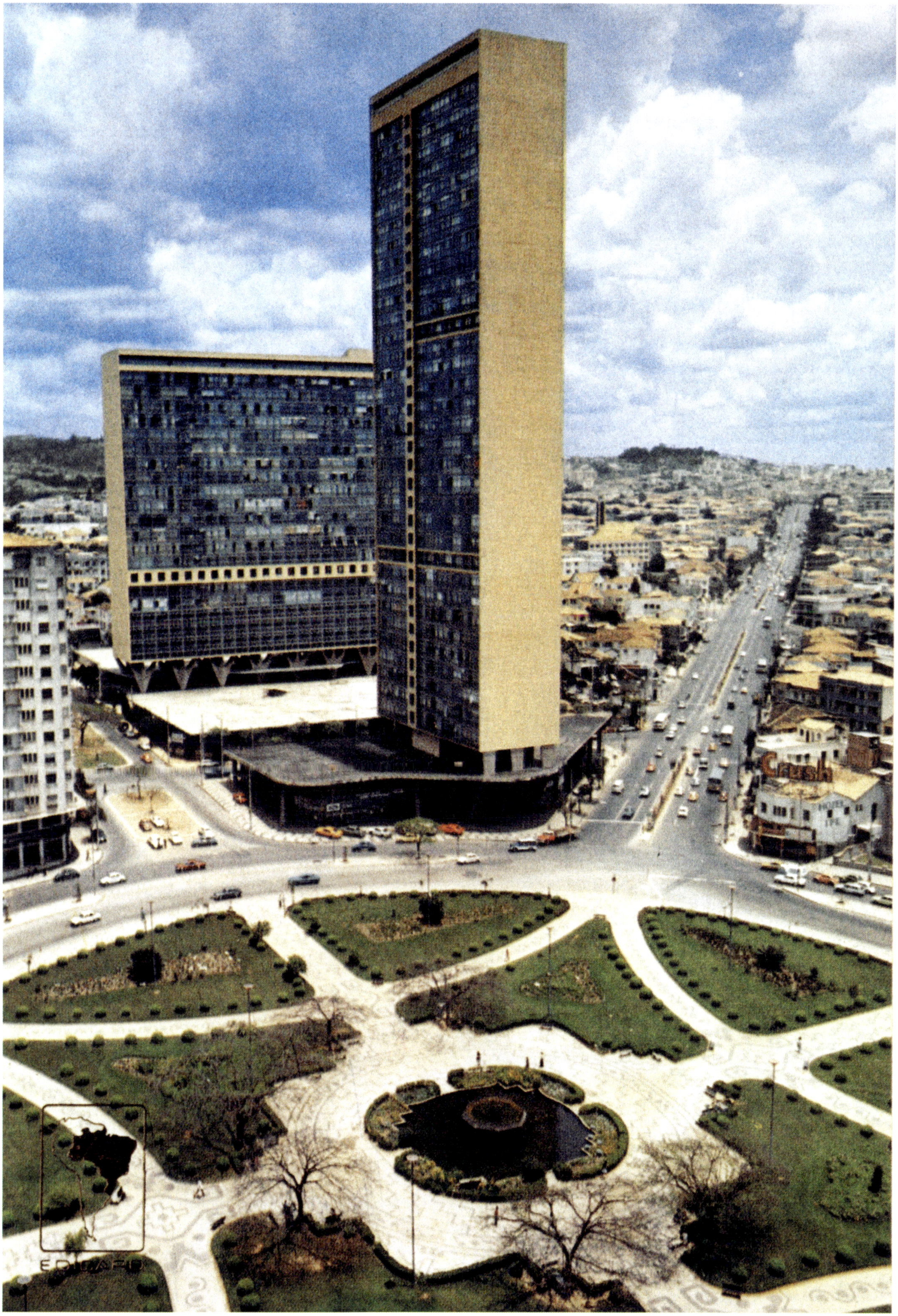

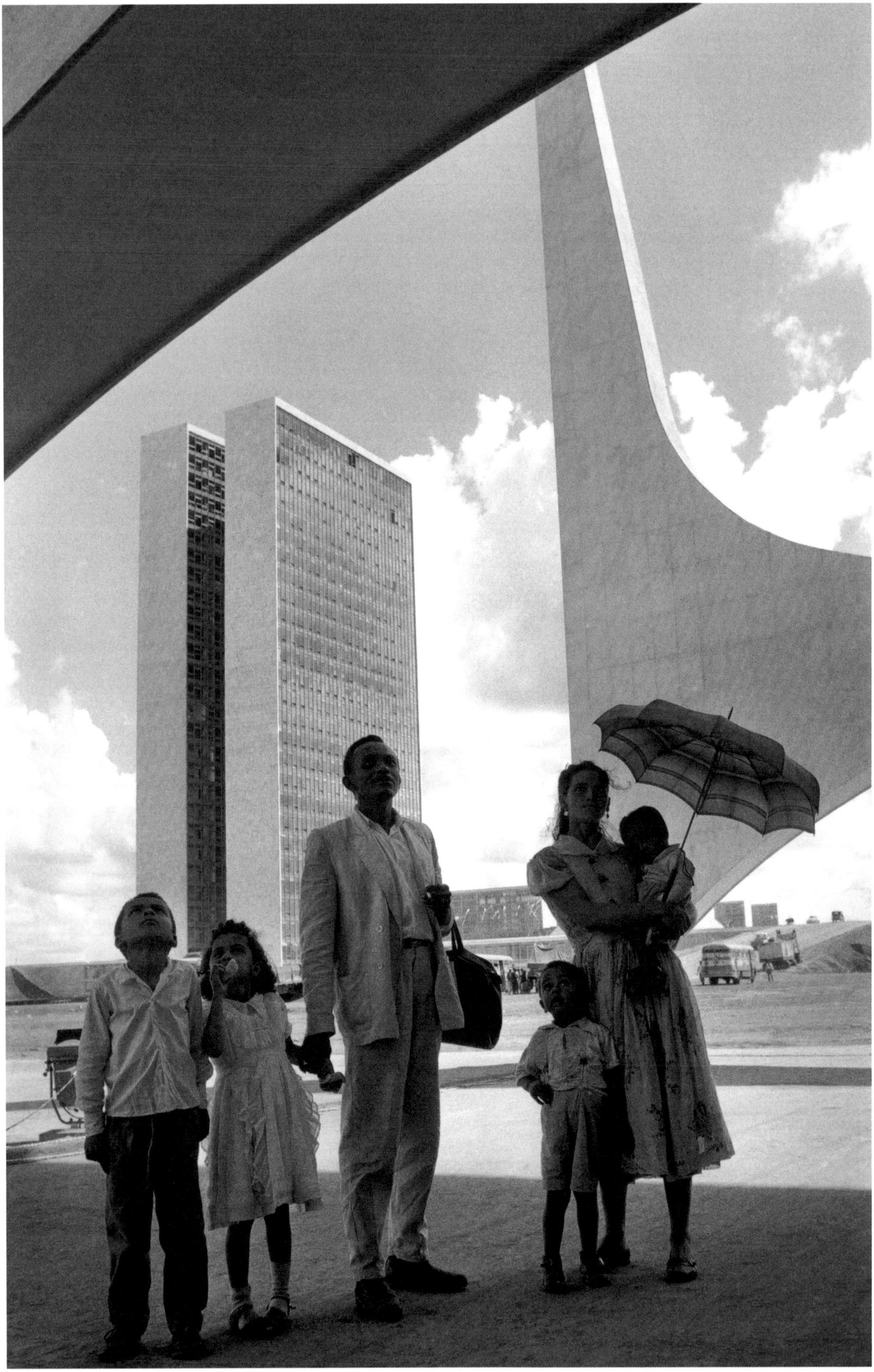

85

Demorou um tempo até que essa arquitetura radicalmente nova e grande e que propunha uma forma de habitar inovadora encontrasse um meio ideal para se materializar. Nas cidades que sofreram destruição massiva durante a Segunda Guerra Mundial, a escassez de moradias demandava uma solução imediata e de larga escala, o que finalmente transformou ideias teóricas em necessidades mais circunstanciais. Em 1945, finalmente, Le Corbusier realiza suas soluções espaciais unindo a máquina de morar aos cinco pontos que determinavam a unidade de habitação: era a Unidade de Habitação de Marselha, protótipo da arquitetura de massa onde a cidade vertical seria implantada sobre áreas ajardinadas, liberada do solo pelo pilotis e acompanhada de serviços de apoio aos moradores.

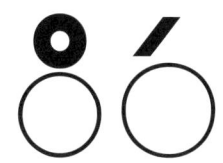

86

No Brasil, um dos primeiros exemplos de megaestrutura habitacional aconteceu na jovem Belo Horizonte, cidade transformada em laboratório arquitetônico nas décadas de 1940 e 1950. Mesmo sem guerra, nela aconteceu a aventura da construção do gigantesco Conjunto JK, um complexo formado por duas torres, a mais alta com 36 andares e a mais baixa com 26 andares e quase 120 metros de extensão horizontal. Os responsáveis por esse projeto foram o político Juscelino Kubitschek, o arquiteto Oscar Niemeyer e o empresário Joaquim Rolla.

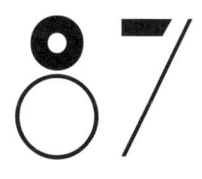

87

Joaquim Rolla, que havia começado com tropas de burros, fez fortuna nos anos 1940, principalmente devido à sua atividade ligada ao jogo. Em 1942, sua firma Belo Horizonte S.A. arrendou o então recém-inaugurado Cassino da Pampulha, projetado pelo arquiteto Oscar Niemeyer e sob administração de Juscelino Kubitschek quando este era prefeito de Belo Horizonte. O Cassino da Pampulha, entretanto, só funcionou como cassino por quatro anos. Em 1946, os jogos foram declarados ilegais em todo o país e, daí, a prefeitura transformou-o em Museu de Arte.

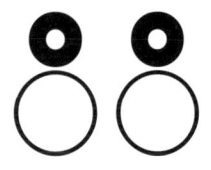

88 Com o fim dos jogos, Rolla ficou determinado a apostar numa outra atividade, e a construção civil parecia ótima alternativa num país que começava a febre da urbanização. O Estado de Minas Gerais era proprietário de um grande terreno (16.000 metros quadrados) em Belo Horizonte, lindeiro a uma praça numa região que assistia a uma urbanização crescente. Essa praça, a praça Raul Soares, apesar de estar no centro da zona urbana, só foi construída em 1936, por ocasião de um evento religioso nacional. Com sua construção, a região torna-se lugar privilegiado e a cidade se expande em sua direção, para logo depois ultrapassá-la. Os terrenos da praça, antes abandonados à espera do crescimento, valorizam-se exponencialmente. As colinas dos bairros de Lourdes e Santo Agostinho (os bairros adjacentes) começam a se desenvolver a partir dessa época; sendo que, no final dos anos 1950, suas fontes iluminadas, seus bares e seu cinema já a tinham transformado em ponto para os encontros noturnos dos belo-horizontinos.

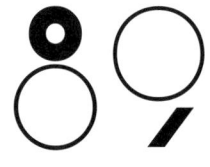

89 Com a posse do terreno e o interesse do empresário, o agora governador de Minas Gerais, Juscelino Kubitschek, chama mais uma vez Oscar Niemeyer, arquiteto que então já tinha virado sinônimo de arquitetura pública brasileira. Unido e incentivado pelo sucesso da Pampulha, o trio formado pelo político, pelo empresário e pelo arquiteto resolve encarar um projeto mais ambicioso e mais próximo dos perigos contaminadores da arquitetura urbana. Pampulha, afinal, tinha sido *férias da realidade*, uma aventura que flutuava na antigravidade da periferia com um programa que, de certa forma, procurava esquecer a zona urbana: o clube, a igreja, o restaurante e o cassino. Agora não. Hora de testar uma mistura contaminada pela realidade: experimento social + monumentalismo, tudo no epicentro da zona urbana.

'90

Estimular a iniciativa privada, construir centenas de moradias, inovar urbanisticamente, simbolizar o progresso de Minas Gerais. A saga do conjunto começa publicamente em fevereiro de 1952, quando o jornal *Tribuna de Minas* publica na íntegra o discurso proferido pelo governador Juscelino Kubitschek, por ocasião do primeiro aniversário de sua administração. Kubitschek anunciava, entre outras obras, "a construção de monumental realização arquitetônica" que, localizada na praça Raul Soares, "irá destacar Belo Horizonte na admiração de todos os brasileiros". O governador, tratado pela imprensa como o administrador que tinha projetado mundialmente a capital de Minas com a construção da Pampulha, voltava a atuar modificando a fisionomia provinciana da cidade. "O conjunto caracterizará a silhueta da cidade e já se prediz que constituirá ele, nos impressos e na tradição oral, a *marca registrada* de Belo Horizonte, ou seja, o que é a Torre Eiffel para Paris ou o Rockefeller Center para Nova York".[52]

91

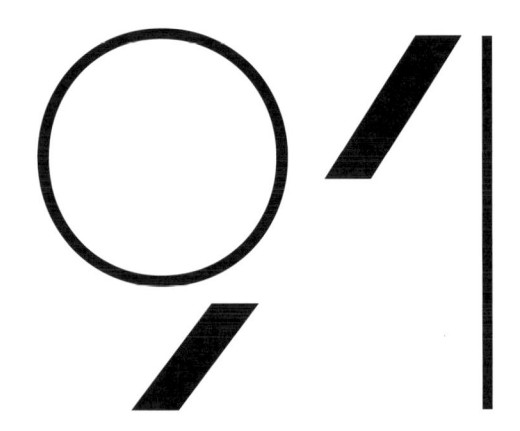

Epicamente, uma espécie de Arca de Noé salvadora seria lançada na calmaria de uma Belo Horizonte sem nada que lembrasse um dilúvio. O CJK anunciava uma nova época, um novo espírito, uma forma totalmente diferente de habitação: apartamentos pequenos em um condomínio com lavanderias, cinemas, hotel, museu, lojas, padaria, confeitaria, restaurante, salão de beleza, barbearia, piscinas, playground e rodoviária – tudo isso na pacata BH de 1951 e seus 350 mil habitantes. Primeiro Niemeyer projeta o Bloco A, rasgando um quarteirão de ponta a ponta, com 120 metros de comprimento e 23 andares (120 metros é o maior comprimento possível permitido pelos quarteirões de Aarão, já que a malha da zona urbana é formada por blocos quadrados com esse comprimento). O empresário Rolla olha para o quarteirão vizinho, que também pertencia ao poder público, sonha mais alto e solicita mais uma torre com área praticamente igual à anterior. O arquiteto projeta então o Bloco B, paralelepípedo vertical de 36 andares, que compunha com a horizontalidade de seu companheiro. Com o acréscimo, o total de apartamentos pula para 1.100, número que atrairia aproximadamente 5 mil moradores – algo como 1,5% da população da cidade! Os dois prédios, cada qual com seu quarteirão, cada qual flutuando sobre pilotis marcados por pilares em "W", seriam interligados por uma passarela. Nos pilotis, as marcas da arquitetura moderna brasileira nas lajes sinuosas passeando entre os pilares. No terraço, um restaurante de planta curva envolveria um complexo esportivo, que seria o clube dos moradores. Na fachada sóbria, o único motivo é um "T" deitado que passa sobre o pano de vidro das janelas. Ao lado do Bloco A, foi desenhado um grande prisma de vidro: os dez elevadores do edifício foram concentrados nesse volume anexo, solução que deixou os corredores de 85 metros de extensão só para os apartamentos e longe do ruído da casa de máquinas. Uma percentagem dos apartamentos – num total de sete tipos diferentes, com plantas e programas diferentes – é semiduplex, distribuindo-se em dois níveis que interligam uma fachada à outra, passando entre os corredores.

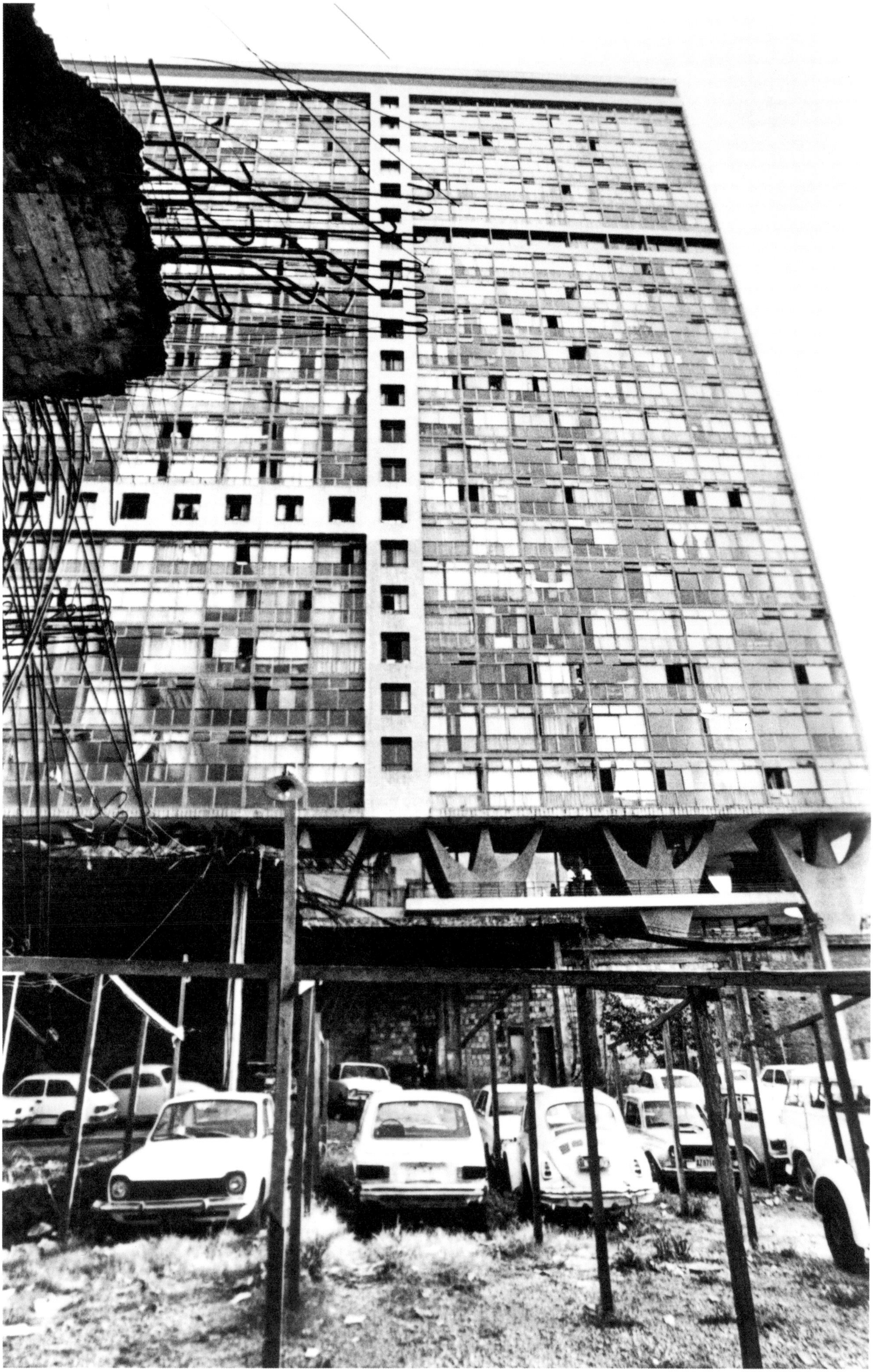

92

A "cidade dentro da cidade" marcava e ainda marca presença como objeto estranho que se estabeleceu sem ser convidado e que propunha um programa totalmente diverso de tudo já existente. Seus riscos eram proporcionais às possibilidades imprevisíveis de desfecho da aventura, e aqueles que moram em BH conhecem o final desse ímã arquitetônico: um edifício que representa toda a ingenuidade, o otimismo e o exagero de seu tempo; uma minicidade que abriga espécies sociais variadíssimas – e que definitivamente não coincidem com a classe-alvo do projeto, a classe média então emergente.[53] Hoje Niemeyer o despreza, Juscelino quis esquecê-lo, a história da arquitetura brasileira tenta ignorá-lo, mas a presença incômoda desse monstro jamais passará despercebida pela cidade.

93

Na verdade, o projeto que previa um prazo de três anos para ser finalizado, até hoje está incompleto. As obras dependiam do dinheiro dos condôminos seduzidos pelo novo estilo de vida, mas desentendimentos entre eles e o incorporador adiaram a obra por décadas. A demanda também não correspondeu à expectativa das empresas envolvidas, já que era quase óbvia a desproporção entre a escala da cidade e a do prédio – seria necessário todo o mercado de apartamentos voltado para um único edifício para que seu sucesso ocorresse a curto prazo. A construção teve início em 1954, através do consórcio formado pelas construtoras Cia. Alcassan, Wady Simão, Rabelo, Adersy e Conege. Em 1961, ano em que Kubitschek encerra seu mandato na presidência da República e inaugura Brasília, Joaquim Rolla procede a transferência do encargo da incorporação para a empresa responsável pelo Bloco B – Construtora Adersy –, que assina um contrato obrigando-se a terminar a obra em 24 meses. Pouco tempo depois a empresa vai à bancarrota e a incorporação é transferida para um banco estadual. A construção seguiu inacabada até 1970, quando finalmente começaram a ser entregues os primeiros apartamentos do Bloco A. Tapumes continuaram nas calçadas do Bloco B durante toda a década de 1970, sendo que os resquícios do canteiro de obras só desapareceram por completo depois de 1980. A ideia inicial de se construir um terminal rodoviário só foi concretizada em 1987, mas poucos dos equipamentos sociais foram construídos. Ainda assim, o terminal rodoviário implantado funciona como um terminal turístico e não tem utilidade nenhuma para os moradores. O teatro, os cinemas, o hotel, o clube – quase todos os itens públicos do programa foram arquivados.

A) Olhem as linhas do Conjunto Governador Kubitscheck. Uma novidade para Belo Horizonte? Sem dúvida! Mas se você correr outras grandes cidades, e se comparar, verá que o arrojo da concepção e a sobriedade de linhas desse grande edifício lhe asseguram uma posição singular, não somente aqui, mas entre todas as grandes realizações da moderna arquitetura brasileira.

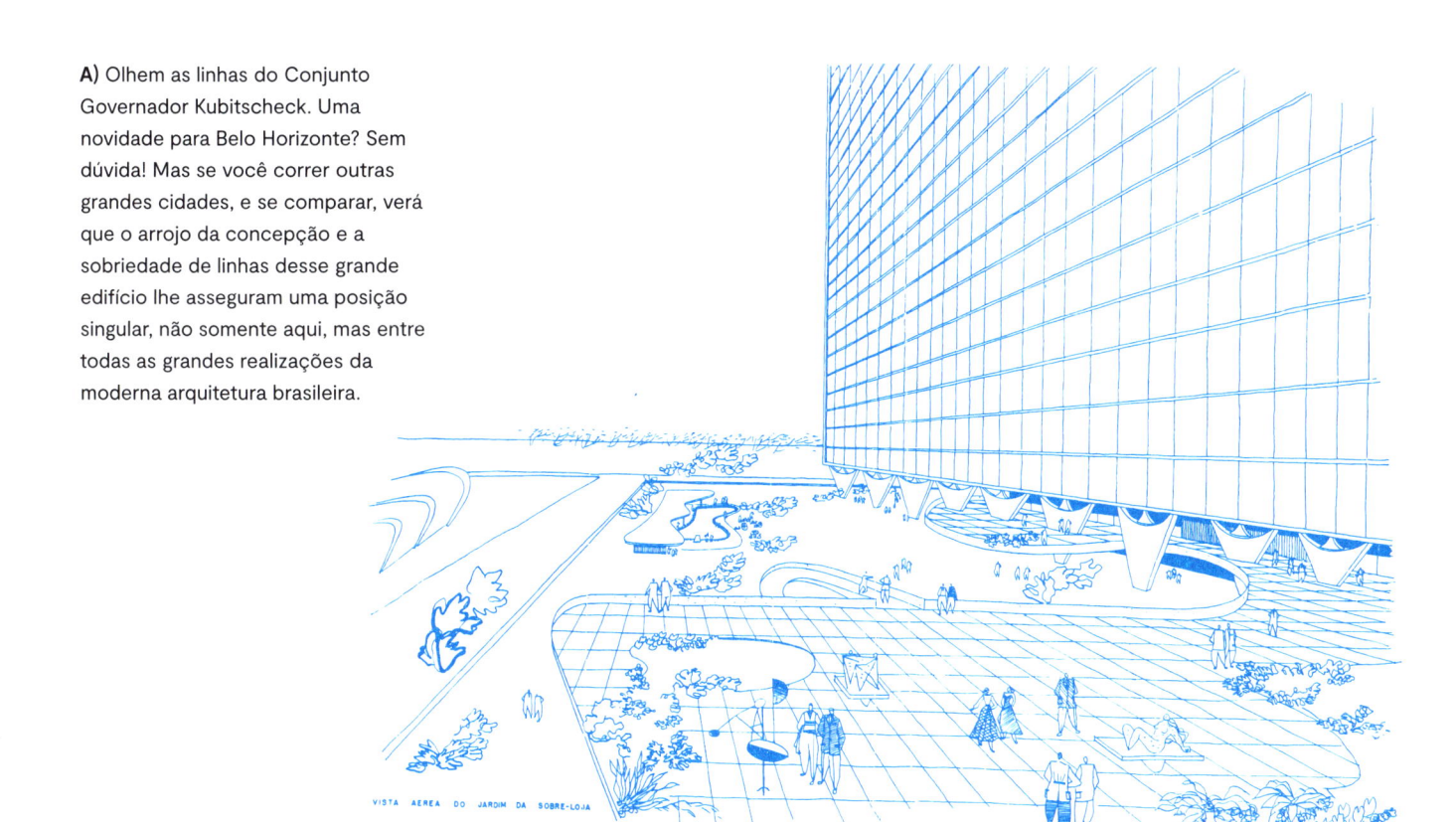

B) Esta é a fachada posterior do conjunto. Aqui está uma de suas originalidades. Essa torre que acompanha o edifício, rumo ao alto, dando-lhe uma beleza nova e marcante, tem uma finalidade rigorosamente funcional. É a torre dos elevadores, que serão sete. Quer dizer que o ruído dos elevadores, que tanto enerva nas edificações comuns, fica assim afastado da vida que se desenrola no interior do conjunto, preservando a tranquilidade e a paz de seus moradores. E na torre serão concentrados também os serviços de copa e rouparia, com a mesma finalidade de afastar ruídos de serviço.

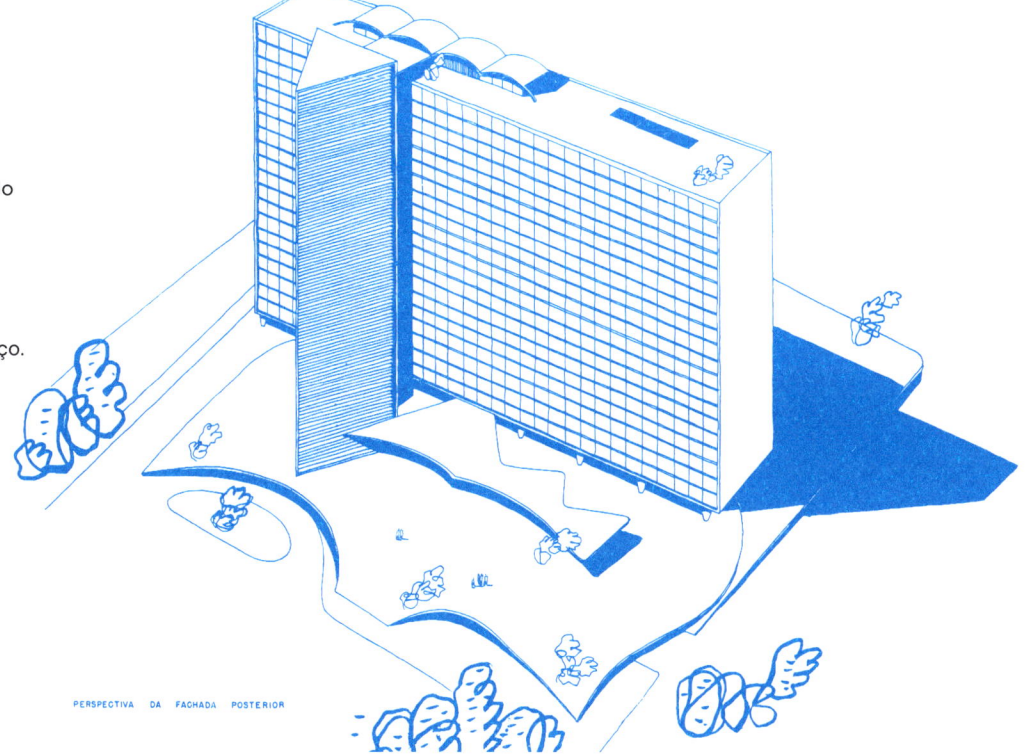

C) Houve uma preocupação extrema de emprestar harmonia a todos os detalhes do conjunto. Observe-o do alto. Não é uma construção fria, apressada, opressiva. Ela se prolonga em jardins, que são partes integrantes de sua própria vida.

PERSPECTIVA DA FACHADA PRINCIPAL

D) Este jardim encantado, onde se poderão realizar festas, aberto para a praça, dando para a futura unidade onde se erguerão a boate, o teatro e o cinema. É o prolongamento do Museu de Arte, com o qual Belo Horizonte se alinhará ao lado das mais avançadas capitais sul-americanas.

JARDIM DA SOBRE-LOJA

E) O Museu de Arte será um presente do governo estadual à cidade de Belo Horizonte e seus visitantes. Característico do movimento renovador que anima a nova geração mineira, reunindo coleções de arte do mais alto valor, abrigando exposições de toda a sorte, o Museu de Arte concentrará muitas atividades culturais da cidade. Aqui você terá obras de arte famosas, poderá ouvir concertos e conferências, num ambiente da mais alta espiritualidade.

MUSEU

F) Mas a vida é ativamente física também. Você terá, no interior do edifício, áreas reservadas a esportes de salão, a jogos recreativos. Aqui você encontrará uma piscina ao ar livre, de belo desenho, com diferentes profundidades. Você e seus filhos. Aliás, no bar ao lado, você encontrará o seu aperitivo. Seus filhos, o refrigerante predileto.

VISTA AÉREA DA PISCINA

G) Sim... Esta já é a citada estação rodoviária, outro presente do governo ao estado de Minas. Daqui partem ônibus para as cidades do interior. Aqui terminam muitas linhas. Os fazendeiros, comerciantes e industriais que vêm do interior terminarão a sua viagem à porta do mais moderno e completo hotel de Belo Horizonte.

H) Suponhamos que você precise comprar uma gravata... Ou seja necessário um remédio... Ou que sua esposa precise de manicura ou cabelereiro... Nesta cidade vertical há de tudo. As lojas externas e, mais embaixo, as lojas da Estação Rodoviária, serão um reflexo de toda vida comercial lá de fora. Sem deixar o conjunto, você encontrará tudo o que precisa, até a agência bancária, a agência postal ou a agência de turismo e viagens.

I) Pensemos agora não na compra de flores, mas na compra de frutas, de carne, dessas mil e uma coisas tão necessárias à alimentação, e, às vezes, inesperadamente procuradas. Não... Não será preciso ir muito longe. É descer ao subsolo. Ao sair do elevador encontrará o mercado. Aliás, ao lado, fica o frigorífico. Está à sua disposição para nele preservar alimentos deterioráveis. E convém lembrar que, no mesmo subsolo, fica uma padaria de moldes modernos. E não é preciso lavar roupa no apartamento ou mandar a roupa para fora. A lavanderia está ali, também...

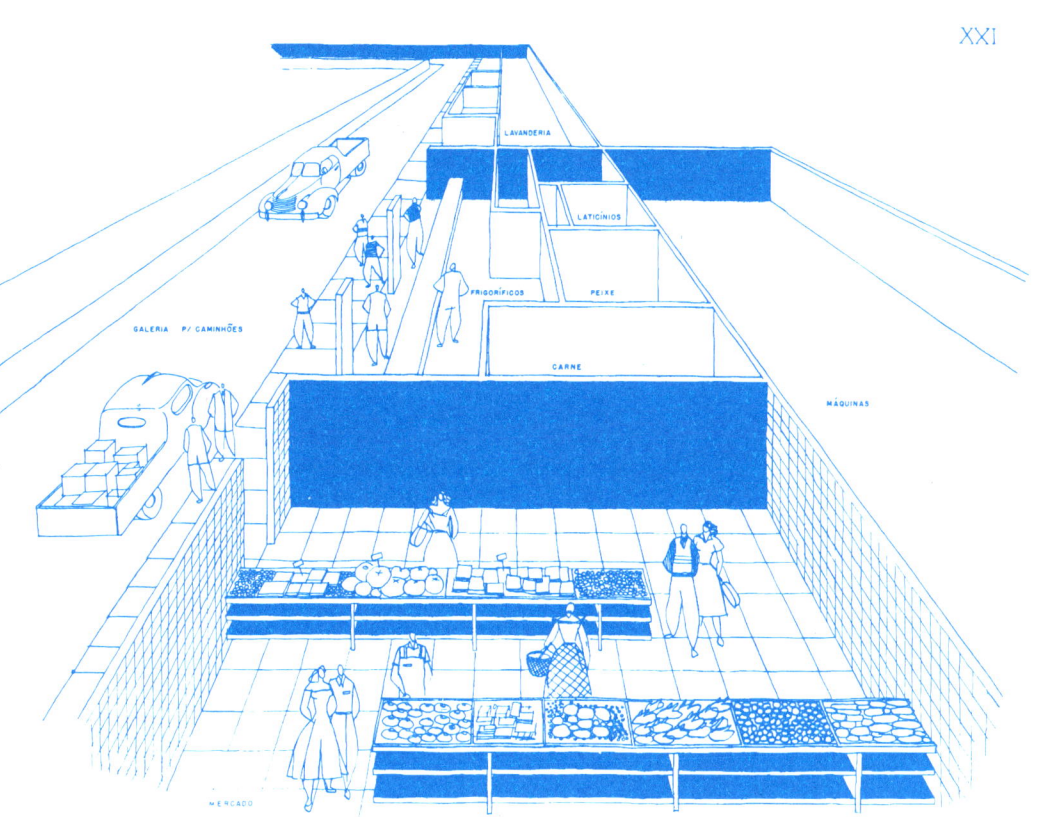

J) Mas vamos por partes. É preciso que você compreenda que tudo aqui foi previsto e estudado para melhor atender às suas comodidades. Você tem carro? Ele terá onde ficar, nesta garagem. É hóspede do hotel? Aqui encontrará também onde guardar o seu carro.

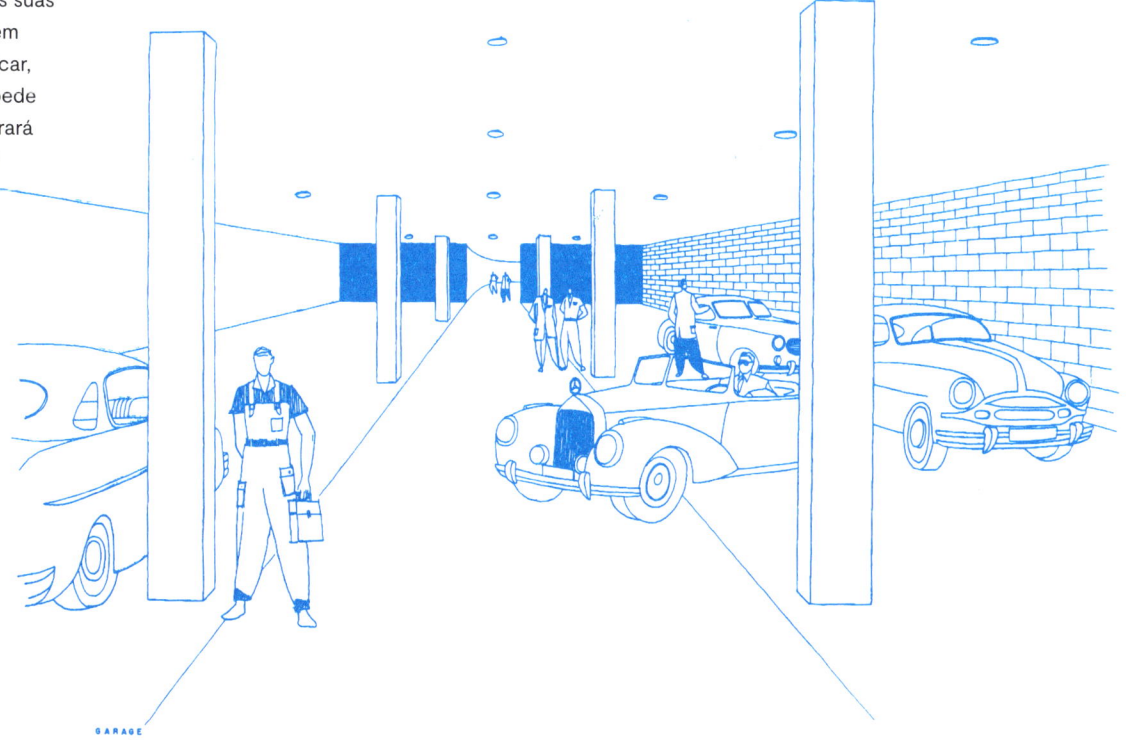

HALL DO HOTEL

K) Este é o hall do hotel. Um hotel que será motivo de orgulho para a cidade e que será para você, morador do conjunto, uma perfeita organização a seu serviço, neste edifício em que se conjugam tantas atividades diferentes. Você viverá tranquilo em seu apartamento. Nada irá perturbar a sua doce paz familiar. Mas ao mesmo tempo, você estará vivendo num grande hotel, com todo o conforto de um grande hotel. E todos os serviços hoteleiros, com criadagem especializada, poderão estar a suas ordens. A qualquer hora do dia ou da noite, um simples telefonema seu mobilizará os serviços de que precisa. E seu telefone, ligado a uma central do edifício, ficar-lhe-á, também, mais econômico.

L) Voltemos ao hotel. Ele será a chave da solução de múltiplos problemas seus, que antes só podiam ser resolvidos com muito tempo, muitos empregados ou muito espaço, um quintal, um jardim, um salão.

SALA DE ESTAR DO HOTEL

M) Por exemplo: você pode querer não pensar em mercado, sua esposa pode estar cansada dessas pequenas dores de cabeça que formam a rotina da vida doméstica. O melhor seria comer fora. Mas não é preciso sair... Qual é a cozinha de sua preferência? Brasileira? Francesa? Italiana? Pois bem! Neste restaurante de alta classe que funciona como vários restaurantes pelos seus diferentes serviços de cozinha, você se sentirá perfeitamente à vontade. Aliás, seus filhos encontrarão ao lado um restaurante infantil, com teatrinho de finalidade educativa, em que eles terão oportunidade de representar.

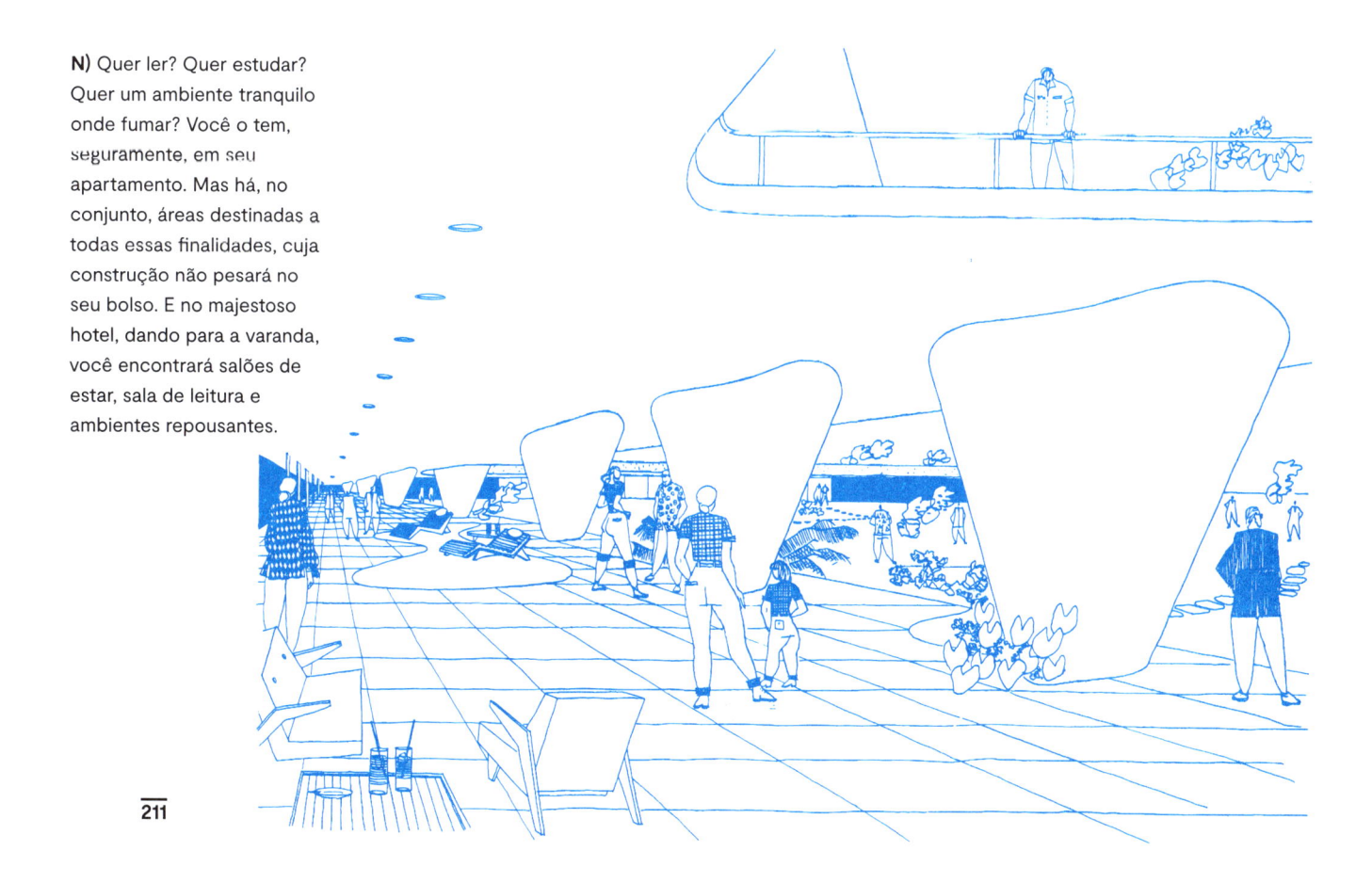

N) Quer ler? Quer estudar? Quer um ambiente tranquilo onde fumar? Você o tem, seguramente, em seu apartamento. Mas há, no conjunto, áreas destinadas a todas essas finalidades, cuja construção não pesará no seu bolso. E no majestoso hotel, dando para a varanda, você encontrará salões de estar, sala de leitura e ambientes repousantes.

O) Mas hoje você tem pressa e não quer sentar-se à mesa de um restaurante, enquanto lhe preparam um prato especial. Quer uma refeição ligeira, uma salada, um sanduíche, um refrigerante? Por que não desce ao restaurante americano, onde tudo é rápido e o serviço é extremamente econômico?

P) A verdade é que os organizadores do conjunto pensaram com antecipação em todos os problemas que ele iria apresentar. Observe estes desenhos. São estudos de móveis para o hotel. Você não encontrará, entre eles, alguma sugestão que lhe agrade?

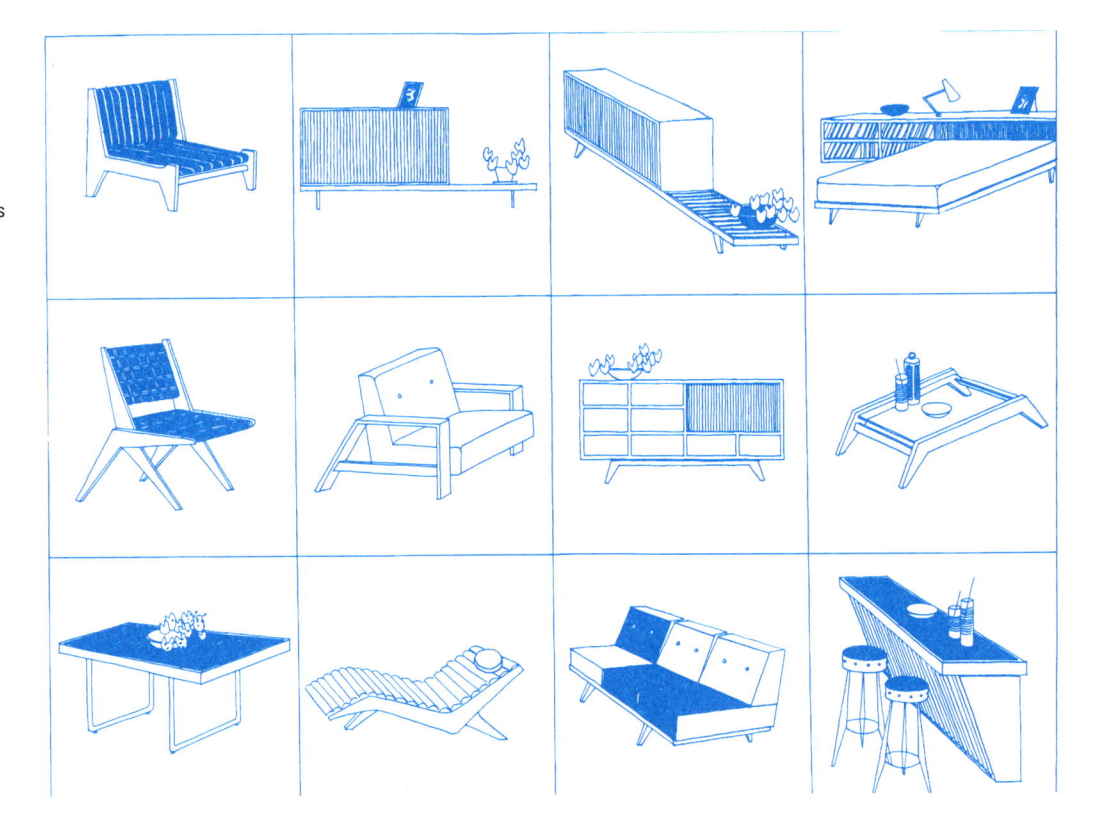

Q) Mas o importante, realmente, é seu apartamento, essa peça que será sua, na qual você vai empregar vantajosamente seu dinheiro, que lhe será vendida pelo preço de custo e pela qual, cedo ou tarde, lhe oferecerão muito mais. Este é o hall dos apartamentos, independente do hall do hotel. Sua propriedade começa aqui...

R) O novo sistema de vida lançado pelo Conjunto Governador Kubitschek reduziu ao mínimo as necessidades no interior de cada unidade residencial. O problema da criadagem desapareceu, praticamente, com os serviços da organização hoteleira. Uma empregada de emergência, uma babá para sair com as crianças ou com elas ficar à noite, podem ser contratadas (sic) à hora. Um solteiro ou um casal terão, neste apartamento simples, o essencial para morar. As áreas comuns, os espaços comuns do conjunto, complementarão o seu apartamento. E a organização dos serviços hoteleiros simplificará a sua vida.

S) Mas você pode querer mais espaço. Aqui já encontrará uma sala, um quarto, kitchenette e banheiro. Note que você está pagando apenas por seu apartamento com as áreas de condomínio indispensáveis, mas está comprando muito mais, isto é, todo o complexo de facilidades que o rodeiam.

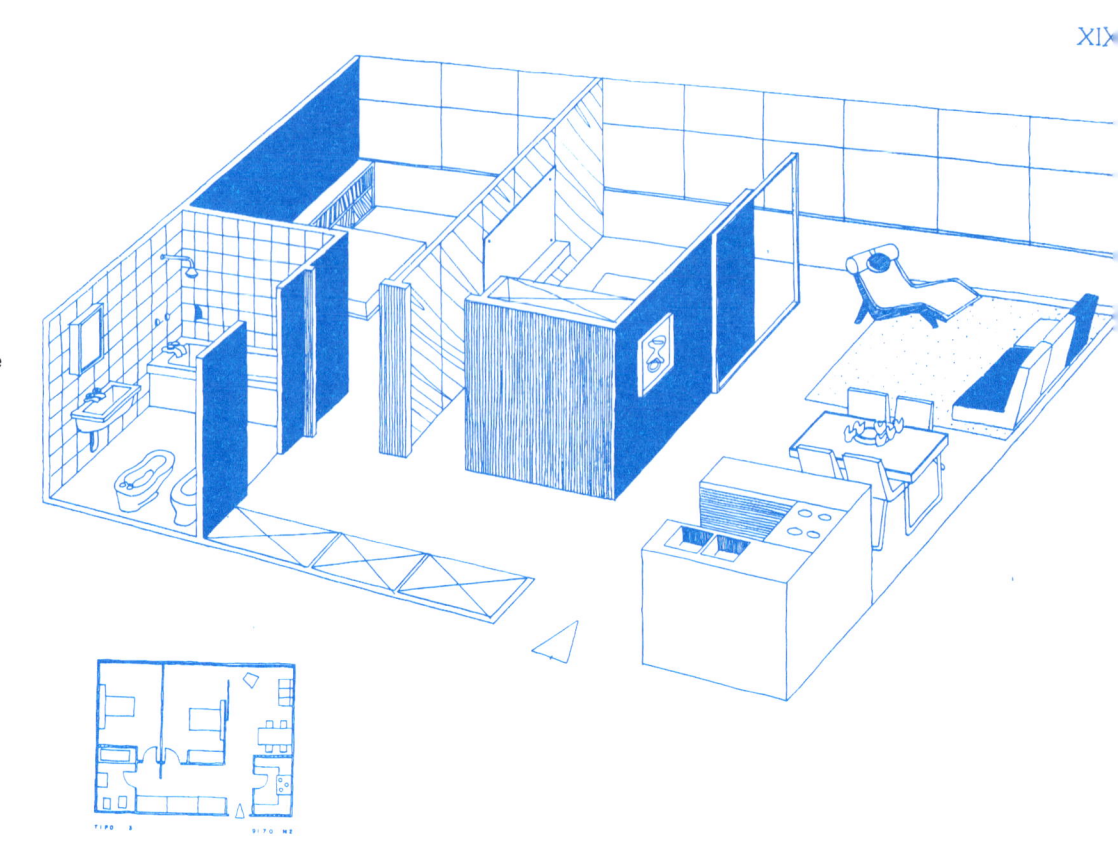

T) Estes dois apartamentos, já mais amplos, destinam-se a famílias mais numerosas. Até quarto de empregada você terá, no apartamento tipo 4, embora não precise considerar essa solução como indispensável, pois a organização hoteleira poderá suprir, de maneira mais prática e econômica, as suas necessidades. Note bem: tipo 3 – sala, dois quartos, banheiro, kitchenette; tipo 4 – sala, três quartos, banheiro, cozinha, quarto e banheiro de empregada.

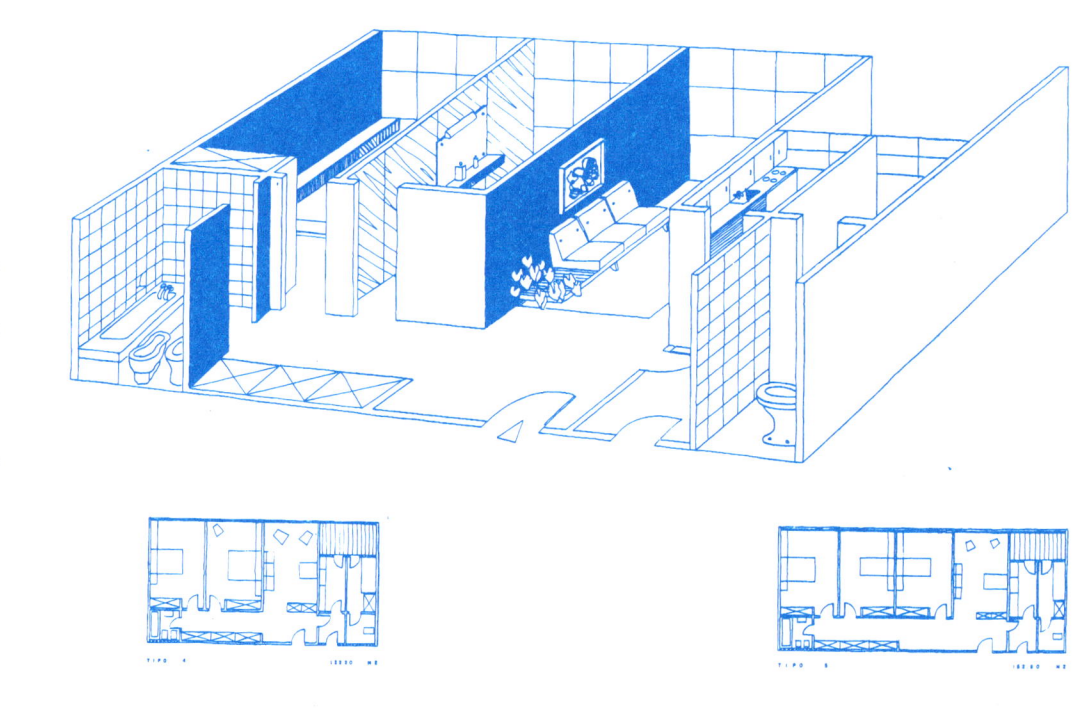

U) Esta nova vista do conjunto, mostrando o mercado, a padaria, a lavanderia e o frigorífico, vem mostrar, em síntese, como você tem facilitada a vida no apartamento que escolheu. Tudo está a seu alcance, inclusive a criadagem da organização, que poderá estar a seu serviço e pode ser contratada aqui mesmo.

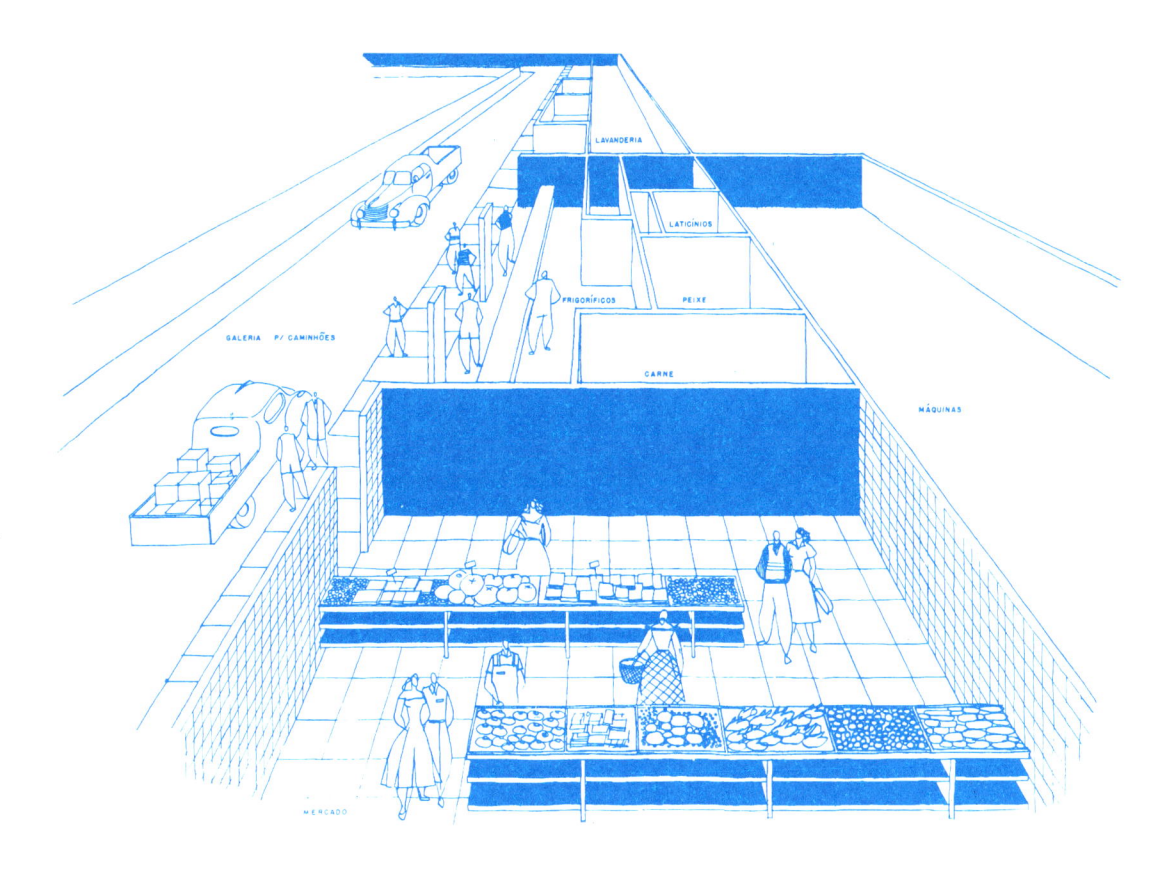

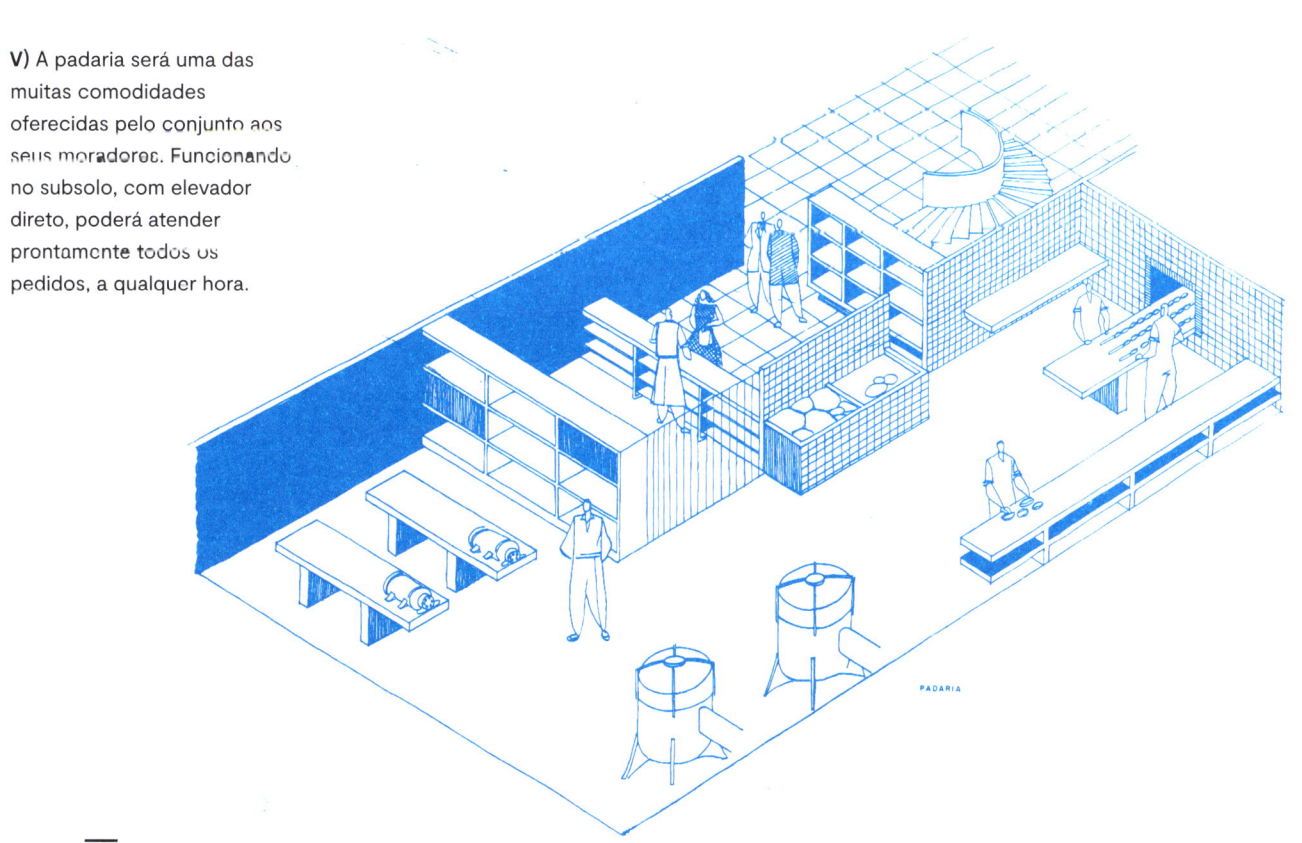

V) A padaria será uma das muitas comodidades oferecidas pelo conjunto aos seus moradores. Funcionando no subsolo, com elevador direto, poderá atender prontamente todos os pedidos, a qualquer hora.

W) Num setor do conjunto você poderá adquirir um tipo também interessante de apartamento, o chamado semiduplex, que dá para as duas fachadas do edifício, sem os inconvenientes do tipo duplex, que coloca o quarto a três metros do piso das salas. E está mais isolado e mais independente de toda a vida do conjunto. Terá sala, quarto, banheiro, kitchenette e duas varandas.

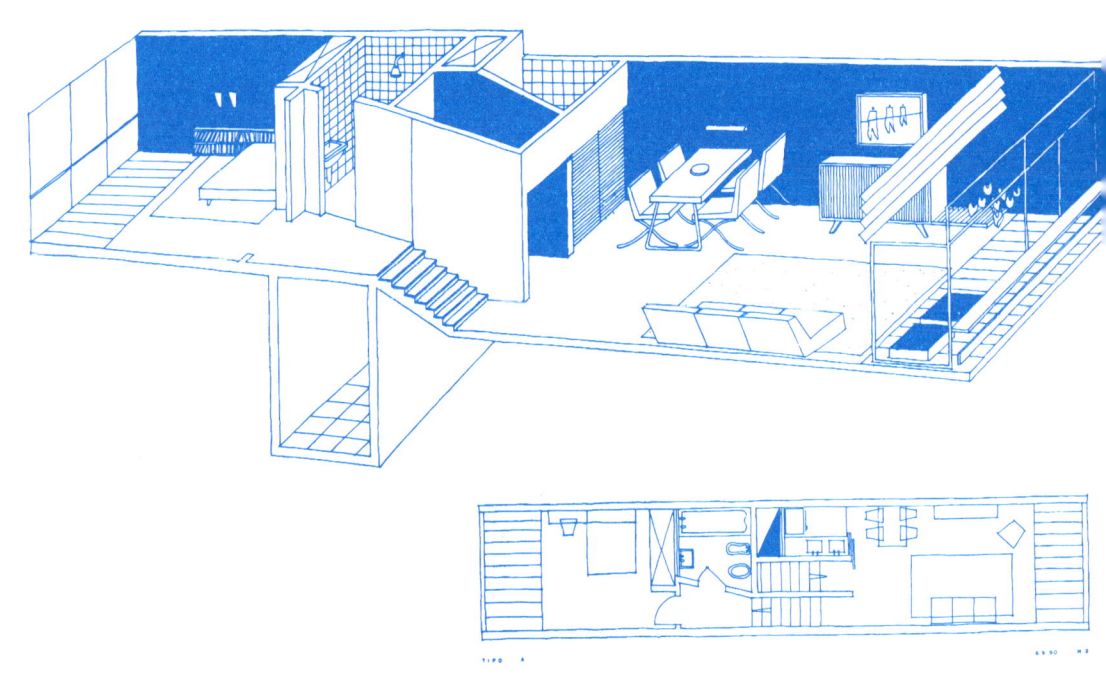

X) Neste mesmo setor, mais isolado, como ficou dito, da vida geral do edifício, fica o apartamento tipo B, com sala, quarto, banheiro, kitchenette e uma varanda.

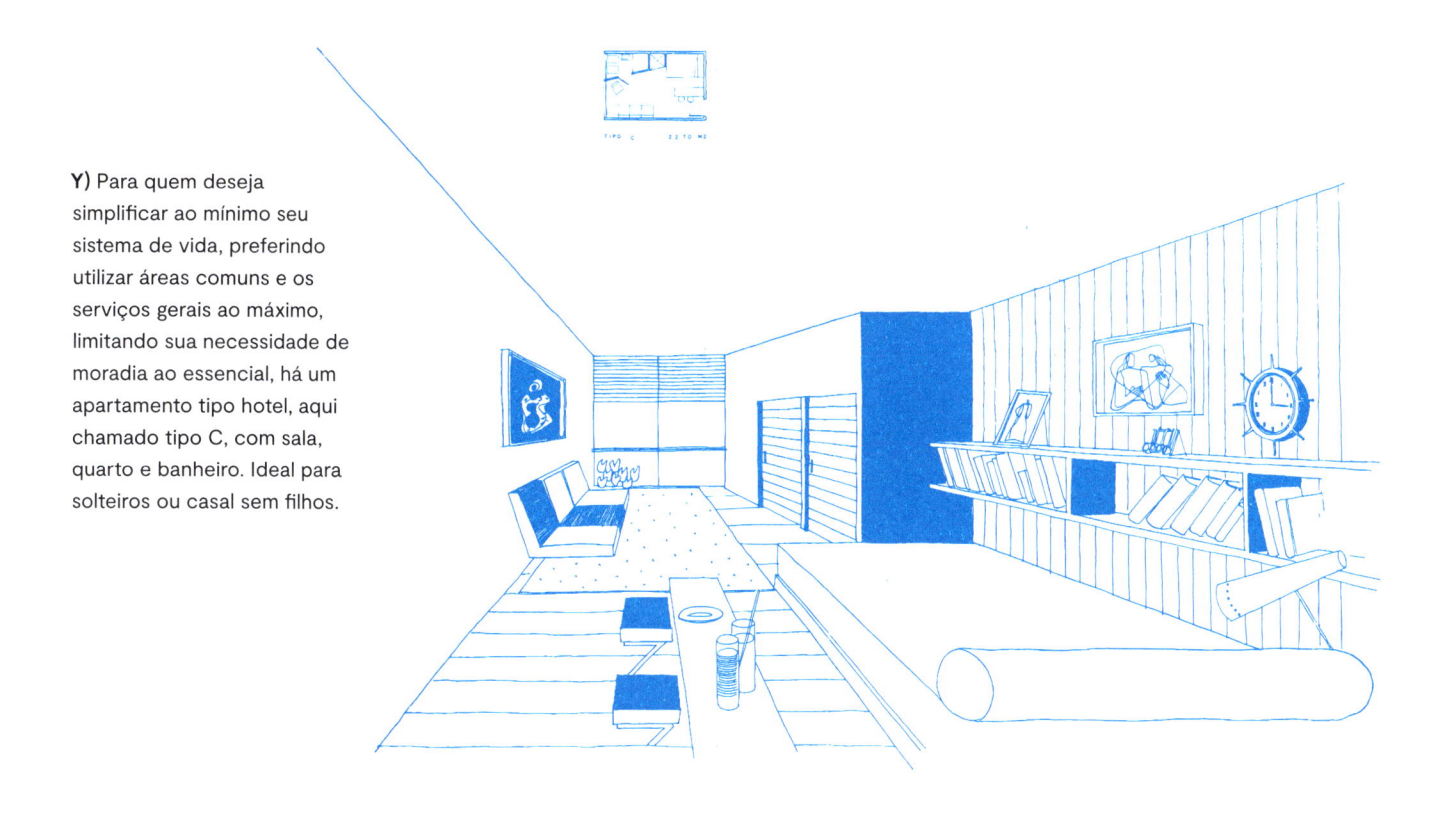

Y) Para quem deseja simplificar ao mínimo seu sistema de vida, preferindo utilizar áreas comuns e os serviços gerais ao máximo, limitando sua necessidade de moradia ao essencial, há um apartamento tipo hotel, aqui chamado tipo C, com sala, quarto e banheiro. Ideal para solteiros ou casal sem filhos.

Z) O apartamento semiduplex merece uma explicação adicional. Os gráficos ao lado poderão melhor mostrar o seu funcionamento. Na figura prejudicada por um X temos o corte transversal das construções comuns. Na figura à direita, temos o corte do setor semiduplex do Conjunto Governador Kubitschek. Nela se vê, muito claramente, a disposição dos diferentes tipos de apartamento desse setor: A, B e C. Na parte inferior mostra-se a ampliação do corte de um pavimento por onde se demonstra como se obtém acesso ao apartamento A, que é o semiduplex. Nota-se que ele tem a grande vantagem de contar com duas varandas, uma para a fachada fronteira, outra para a fachada posterior do conjunto. E está ao mesmo tempo mais insulado. E seu interior, o quarto e a sala são, também, mais independentes.

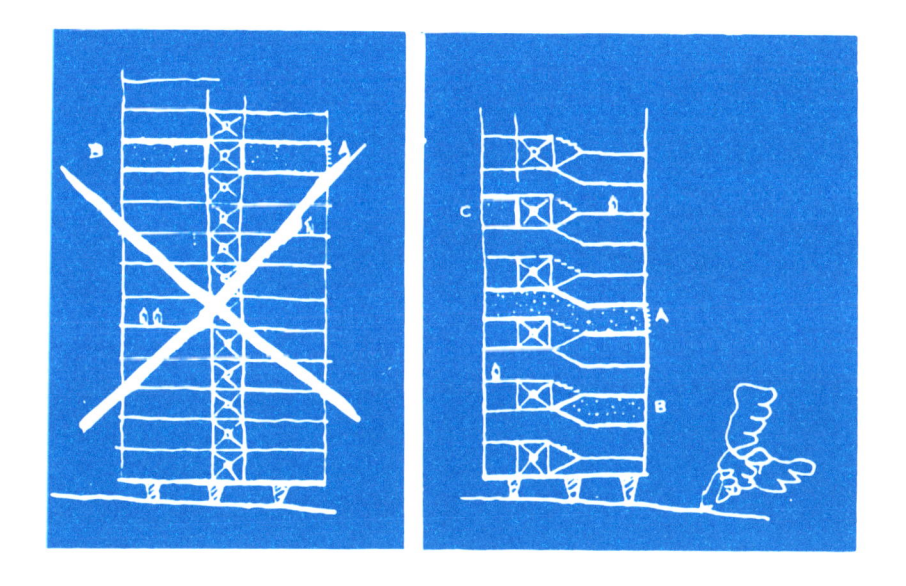

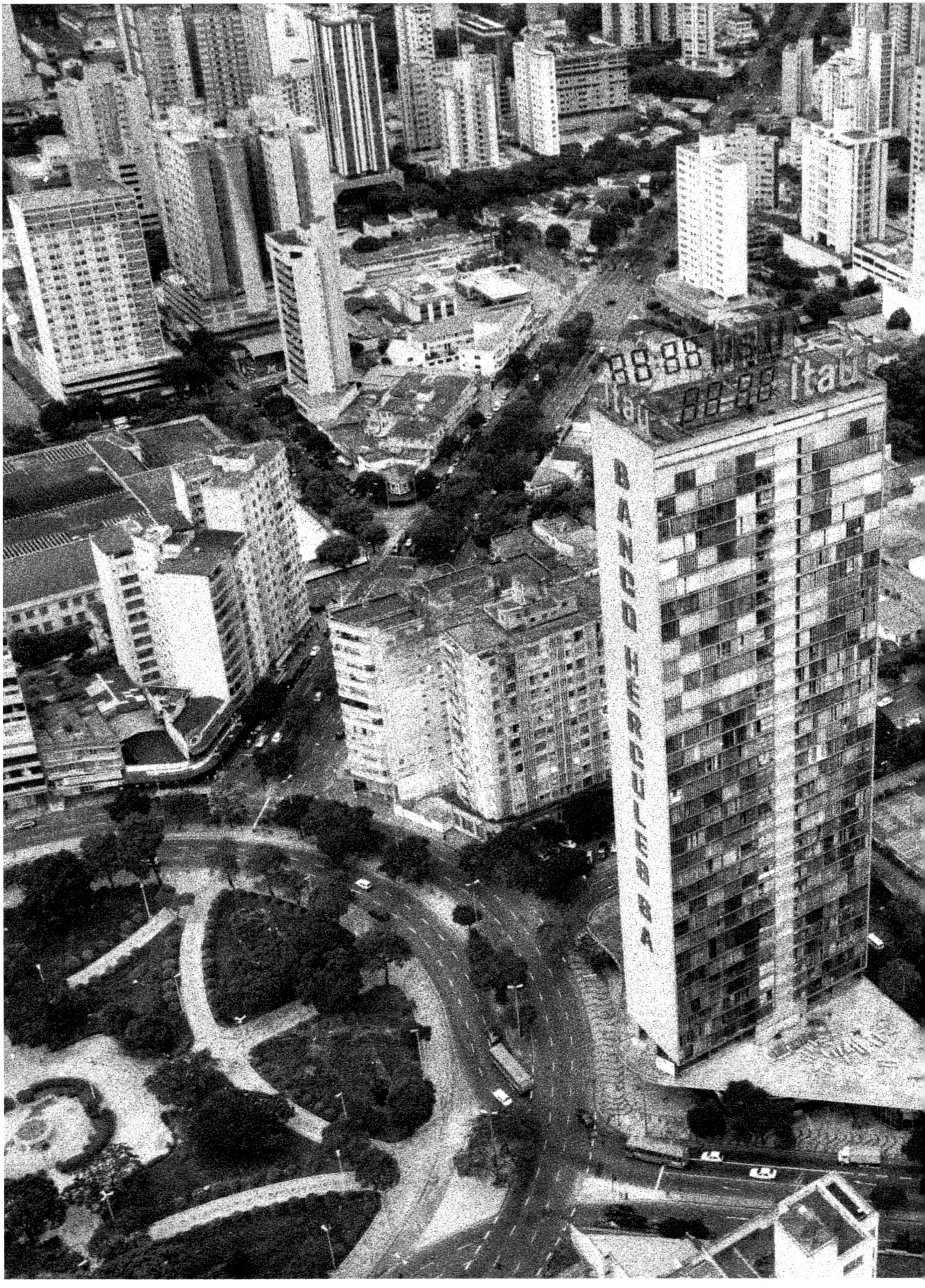
Itaú
BANCO

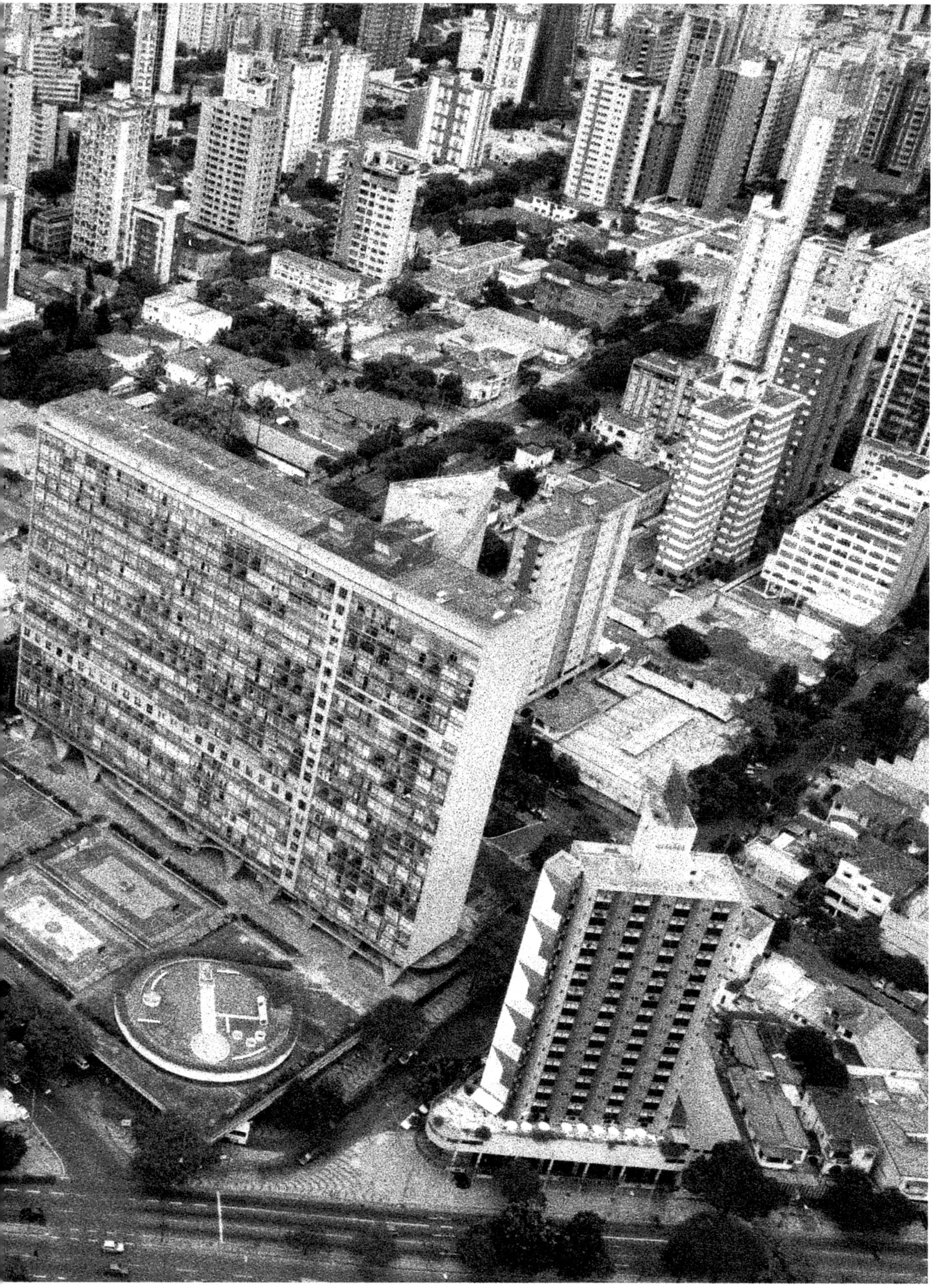

94. Enquanto a obra era tocada a passos lentíssimos, o país saía dos anos dourados de JK para a repressão do governo militar a partir de 1964. Os generais, que implantaram uma política nova com novas regras para a vida econômica e social do país, não viam aquele elefante cinza com bons olhos. Se não bastasse a tradição dos políticos de não continuar o que foi iniciado por seus antecessores, pesou muito a imagem de *comunista* de Niemeyer e do próprio programa do edifício – com muitas áreas para convívio e com espaços privados reduzidos a um mínimo. Com isso, o próprio Estado de Minas Gerais, um dos condôminos do edifício, que inicialmente tinha 16% da área total de construção, tornou-se mais um dos condôminos inadimplentes depois de 1964.

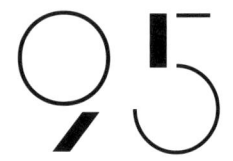

95. À medida que os novos habitantes iam chegando, a repressão política aumentava. A grande maioria dos primeiros moradores foi chegando pouco depois de 1968, ano em que o governo decreta o AI-5 e inicia a época mais dura da caça a comunistas. O CJK vira arquitetura suspeita: seus solteiros, seus profissionais liberais, sua planta que não convidava à constituição da família, seus elementos não-tradicionais. Tudo podia ser interpretado como representações arquitetônicas do caos da democracia. Com os espaços comuns do programa esquecidos, a base do *prédio subversivo* é cercada por *ordem*: a política instala a Secretaria de Segurança Pública do Estado onde deveria ser construído o Museu de Arte. Os policiais são incentivados por seus superiores a residirem no próprio condomínio, o que os deixa mais próximos de seus observados e torna a domesticação dos moradores mais fácil. A violência entra de todas as formas, seja pela própria inospitalidade de uma construção inacabada ou na contrapartida, manifestada pelo vandalismo dos moradores.

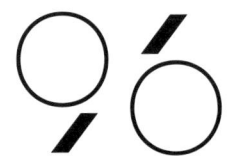

96. Para coroar uma trajetória de usos totalmente diferente dos previstos, ninguém menos que o bispo Edir Macedo comprou um dos maiores espaços do conjunto – uma mistura de loja e porão onde funciona o maior templo da Igreja Universal do Reino de Deus da cidade.[54]

97

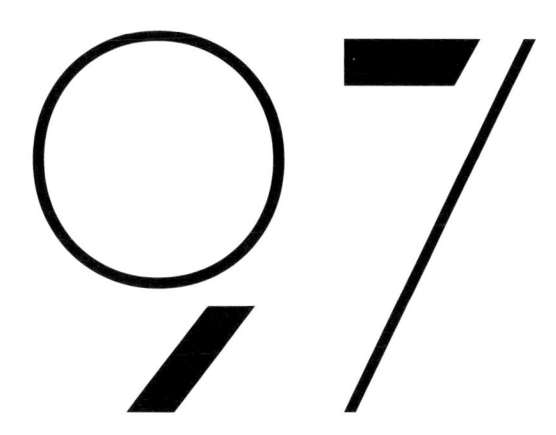

Aparentemente um simples retrato de decadência, a vinda da igreja representa bem a trajetória do prédio. Esse Frankenstein que nunca correspondeu à ideia de seus criadores teve que se adaptar à sua situação urbana real e ilustra, sem dúvida, a mistura de zonas, a confusão entre os limites da zona urbana e zona suburbana. Ora, as igrejas universais começaram a ser instaladas em construções baratas da periferia, como galpões e depósitos. Com o aumento de fiéis crescendo galopantemente, a religião passou a conquistar áreas cada vez mais próximas do centro e dos bairros nobres, culminando (por enquanto) com a aquisição da enorme boate que funcionava no CJK Uma nova função foi inserida sem a menor cerimônia, demonstrando toda a flexibilidade de um monstro inflexível. Num dia, quartel dos milicos; no outro, boate para duas mil pessoas, hoje templo.

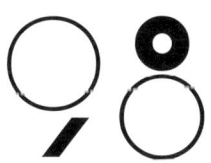

98

Como concluir alguma coisa sobre esse desvio? Considerando-o com um outro desvio, talvez. Para esse filho bastardo de Niemeyer, nada a fazer senão o vermos como uma fantástica fonte de surpresas ou como um palco das incertezas da cidade. E então, após reinjetarmos esperança e teatro nesse emblema maldito, é só aguardar mais transformações a partir do que há de incompleto e molesto na cidade, torcendo, ao mesmo tempo, para que tudo continue incompleto.

99

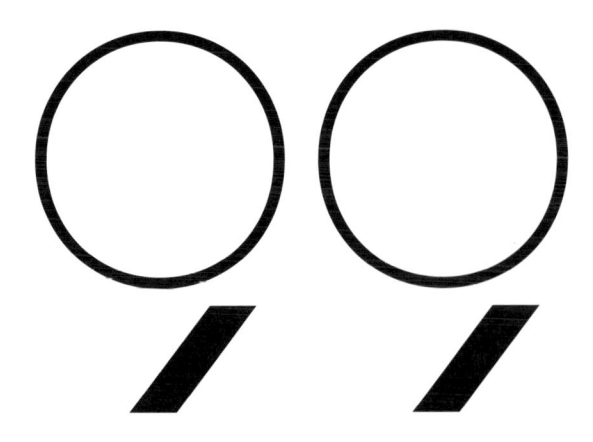

O curioso é que o CJK e seu aspecto de estigma da modernidade, suas ocorrências policiais e sua aura de condensador desgovernado carrega também a fórmula do maior êxito imobiliário dos nossos dias. Hoje, sabemos que o que era um sonho de arquitetos na década de 1920 tornou-se modelo concretizado a partir da década de 1940 e 1950; e sabemos também que essa mesma fórmula virou o pesadelo dos anos 1970 em todo o mundo. Demolições em série, críticas ao aspecto *desumano* da arquitetura, repúdio a um programa que tinha chegado para propor uma revolução social. Junto com o CJK, toda a relação entre arquitetura e sociedade entra em crise a ponto da morte da arquitetura moderna ser decretada por um crítico: "A arquitetura moderna morreu em 15 de julho de 1972 às 3:32 da tarde (mais ou menos), quando a vários blocos do infame projeto Pruitt Igoe deu-se o tiro de graça com dinamite".[55] O Pruitt Igoe teve que ser demolido por total rejeição de seus usuários. Como alternativa desesperada à arquitetura moderna, estilos passados são relembrados, as cores voltam à moda e os frontões da arquitetura clássica se incorporam ao vocabulário de todos os arquitetos: tempos pós-modernos. Teóricos europeus, que se sentiram mais agredidos por uma arquitetura que desprezava totalmente o passado glorioso de suas cidades, iniciam uma cruzada contra esses monstros. Em Belo Horizonte, o CJK e sua evidente arrogância para com a cidade gerou críticos que passaram a falar do *contexto* da cidade, da *delicadeza* do tecido urbano e da arquitetura, pedindo uma leitura sensível e *histórica* do entorno – como se Belo Horizonte fosse Roma ou Ouro Preto.

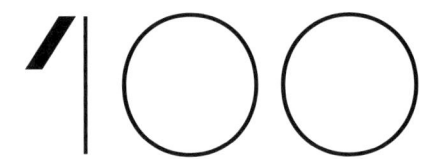

100

Alguns anos se passaram. O exagero das cores *pós* começou a cansar, e citar templos gregos perdeu a graça para os arquitetos. O pós-modernismo acabou.

'101'

Não se sabe se a tal crise do modernismo foi superada, mas o fato é que pouco depois aconteceu a volta da velha tipologia como uma espécie de reedição no final do século. Inegavelmente, hoje é ela a que mais transforma Belo Horizonte, São Paulo e todas as outras grandes cidades brasileiras. É como se, depois de um ciclo de apogeu e decadência, a arquitetura moderna mais uma vez avançasse no front – mas agora na confortável posição da retaguarda domesticada. A ideia das mega-habitações foi enterrada porém viva e, não muito tempo depois, seu fantasma ressuscitou com toda a vitalidade e com todos os seus traumas exorcizados: os condomínios verticais apropriaram-se de uma ideia modernista e, para uma aplicação mais eficaz, purgaram-na de todo seu idealismo improdutivo.

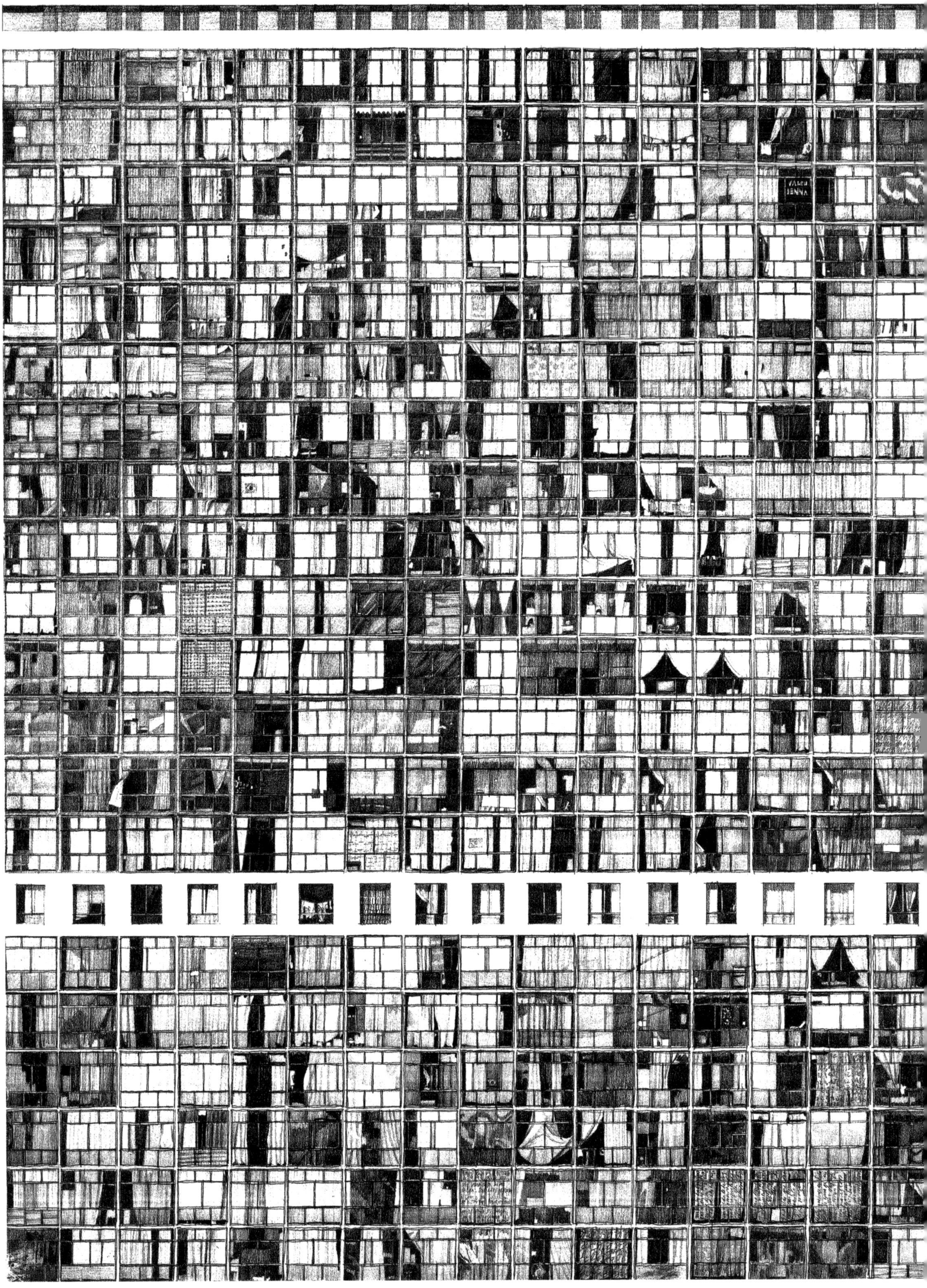
SENNA

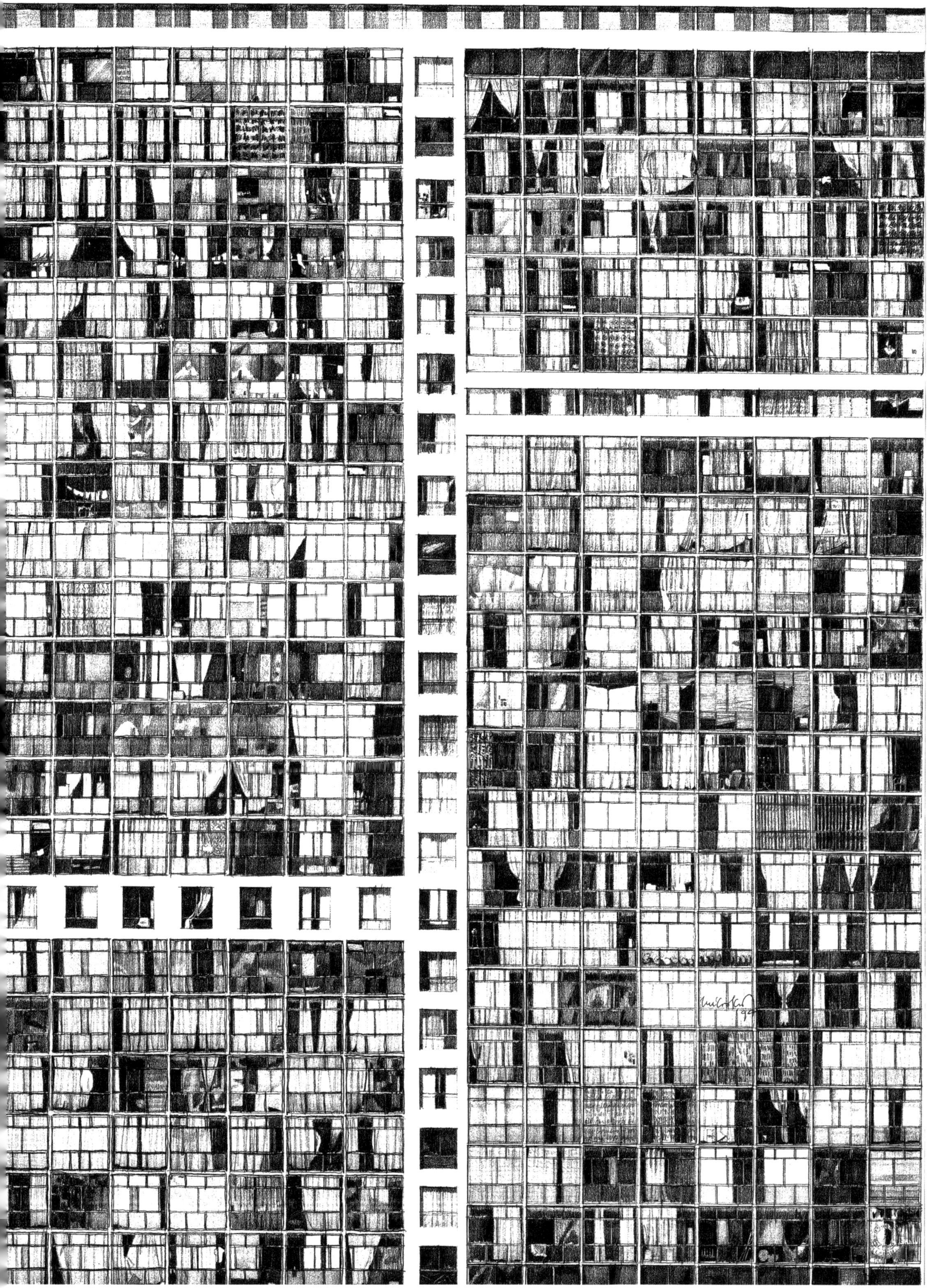

'02

Nada é muito diferente entre os de ontem e os de hoje, excetuando-se o fenômeno da *containerização*, que é bem mais evidente nos últimos. A outra diferença é que, ao contrário dos arquitetos modernistas – que procuravam associar os condomínios à necessidade de uma reforma social –, os arquitetos dos condomínios atuais não publicam manifestos, não escrevem, não são militantes do PCB e não causam nenhum rebuliço – mas estão cheios de projetos. Os condomínios de hoje são grandes e quase que autossuficientes. Crescem com impressionante rapidez, brotam por todos os cantos e possuem uma série de facilidades: as mesmas do programa da Unidade de Habitação acrescidas de guarita. Todos têm como objetivo não-declarado tornar o resto da cidade obsoleto – assim como o CJK também tinha. São visados pelos demais habitantes da cidade e se parecem, em certo sentido, com Berlim Ocidental antes da queda do muro. Nem parece que a civilização dividida entre condôminos e não-condôminos é a mesma: lá fora, tudo se passa na perigosa mesmice do cotidiano. Coisas desagradáveis acontecem: assaltos, acidentes de carro, eventos urbanos – dificuldades da vida em geral. Nos condomínios, todos os eventos inesperados são suspensos, o que torna a vida menos estressante e mais propícia ao planejamento. Paradoxalmente, é graças ao muro que os moradores podem usufruir de liberdade e da liberação da mente; e é por causa dessa demarcação de território que todos na cidade procuram, quando podem, fazer o embarque. Imagine uma ilha de prosperidade e liberdade que emergiu em meio a um mar ameaçador onde os outros nadam. Nela tudo é permitido, e todas as liberdades são patrocinadas à exaustão. A ilha não é simplesmente um objeto arquitetônico. É muito mais que um programa revolucionário e despolitizado; é muito mais que um atrativo estranho. Os moradores são incentivados a praticar exercícios criativos, a dilatar suas capacidades sensoriais, a reativar suas possibilidades de invenção e a conviver em sociedade em cidades onde isso já é pouco possível. Eles vivem em *civitas*, cultivam os corpos, alimentam-se de comida para o pensamento. Totalmente indiferentes à retórica do modernismo, eles definem uma comunidade de autoexilados que imigrou sem mudar de cidade. São aqueles que fizeram a opção pela rendição à arquitetura numa época em que ela perdeu todas as suas tendências revolucionárias incompreendidas. Aí, então, ela retorna triunfalmente, sem JK, sem Niemeyer, sem livros e sem rebuliços.

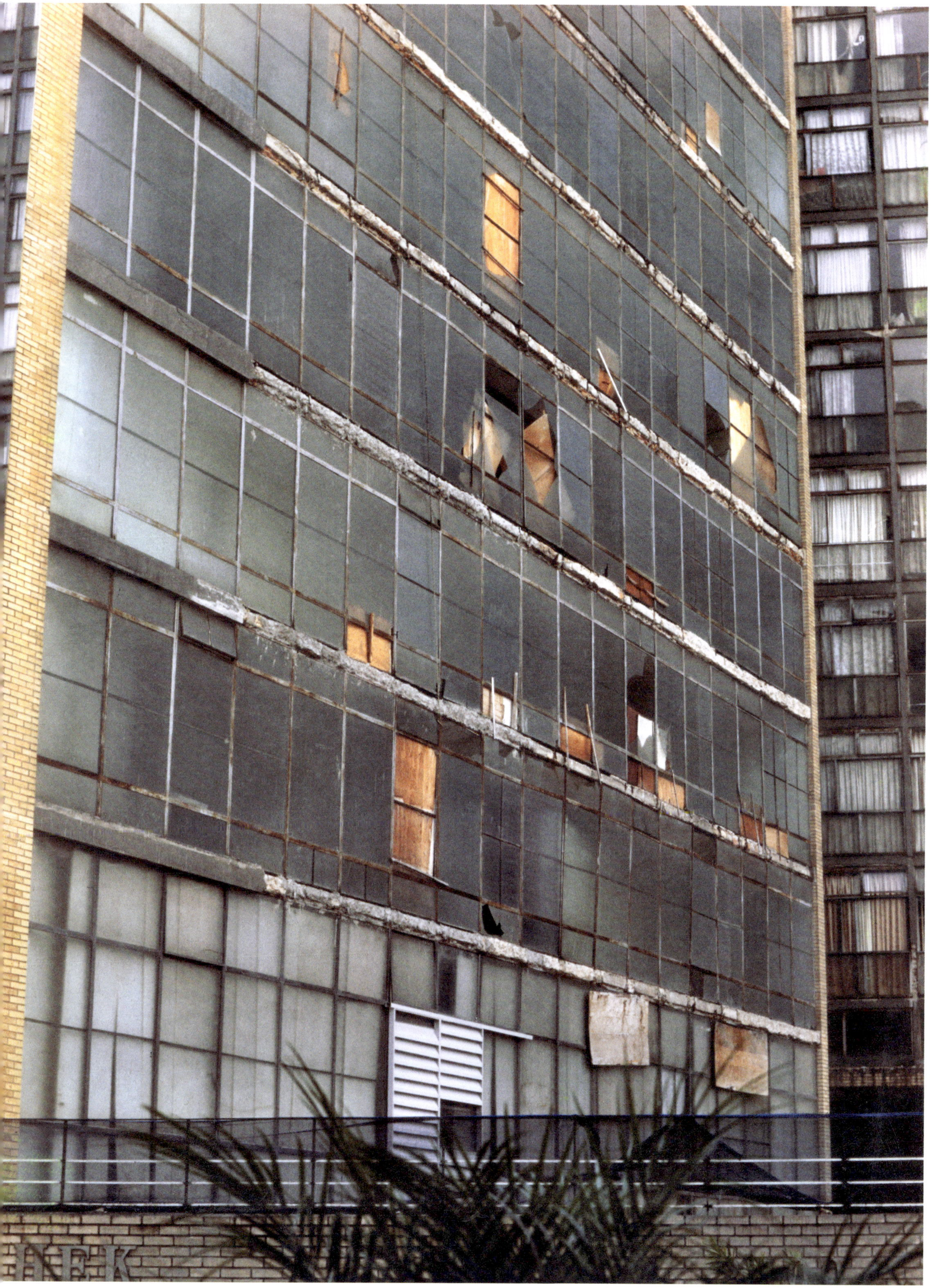

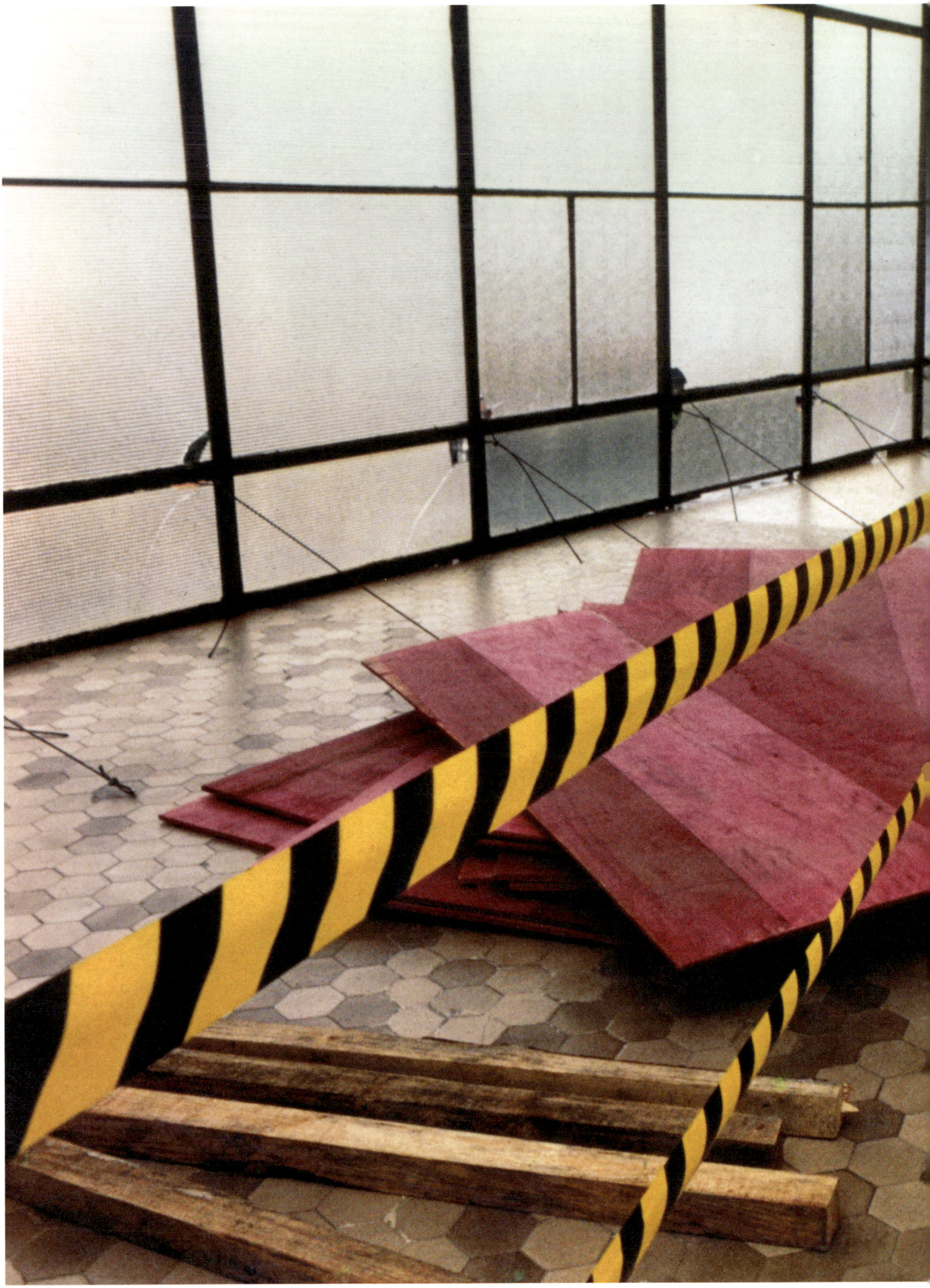

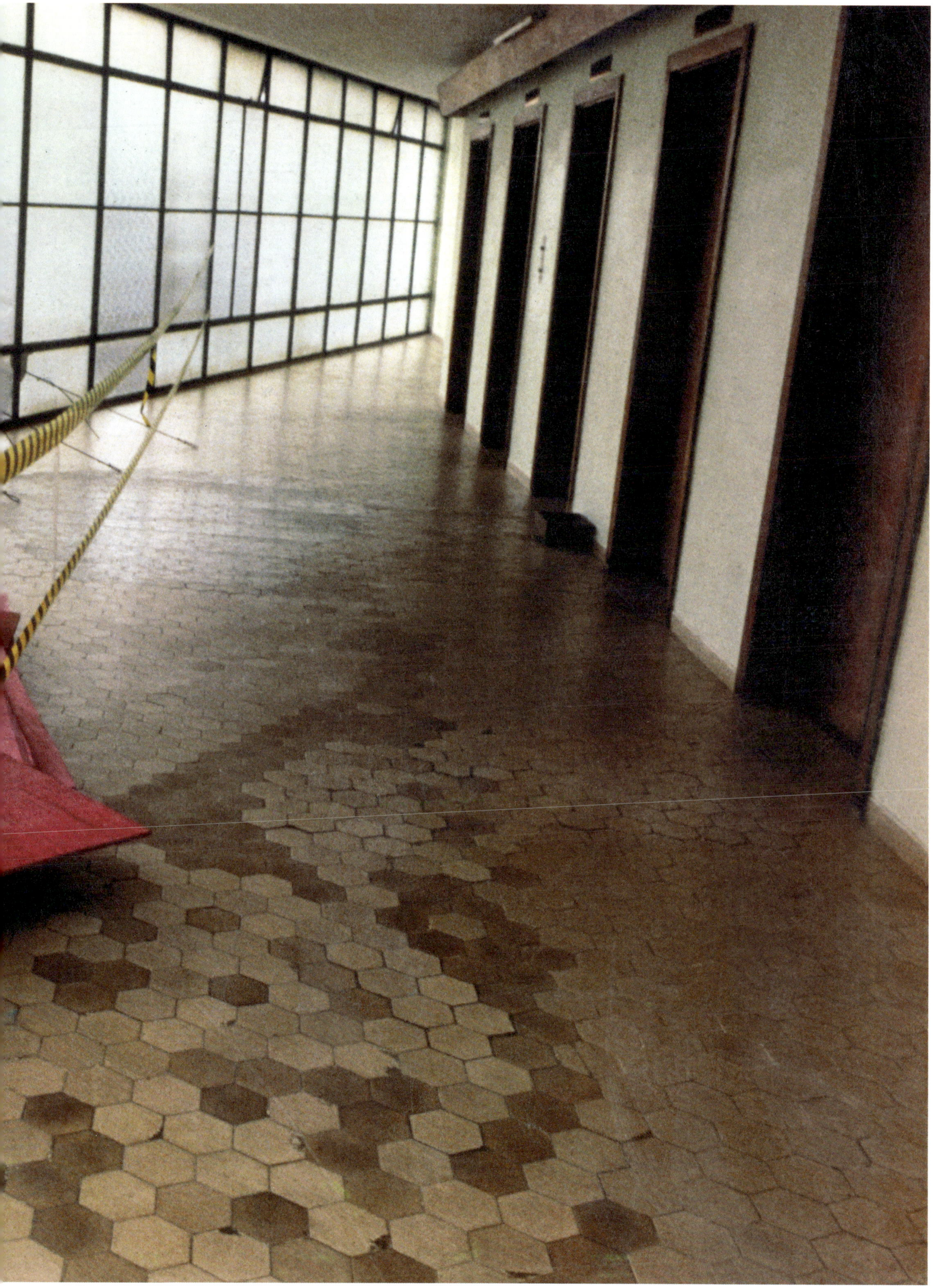

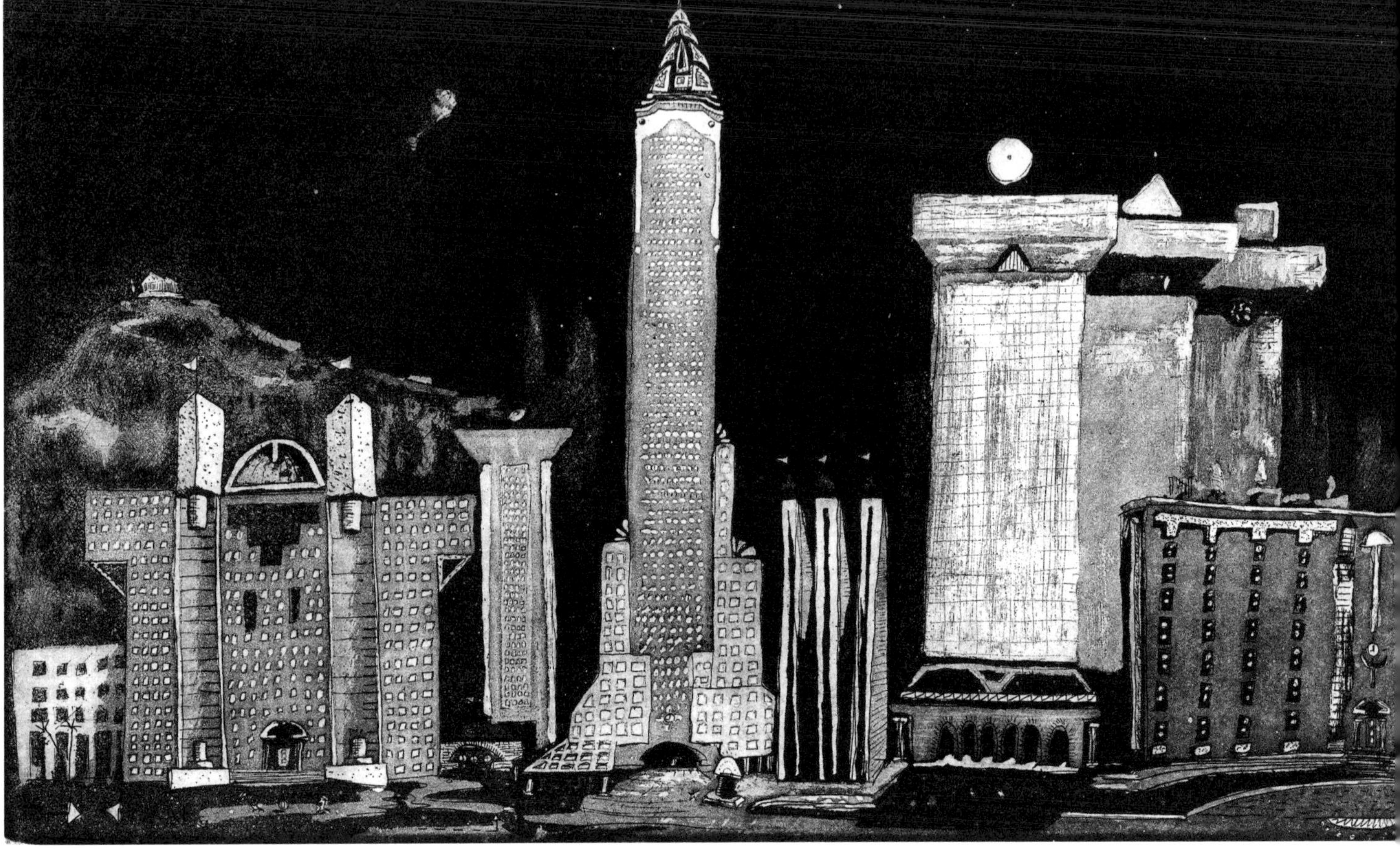

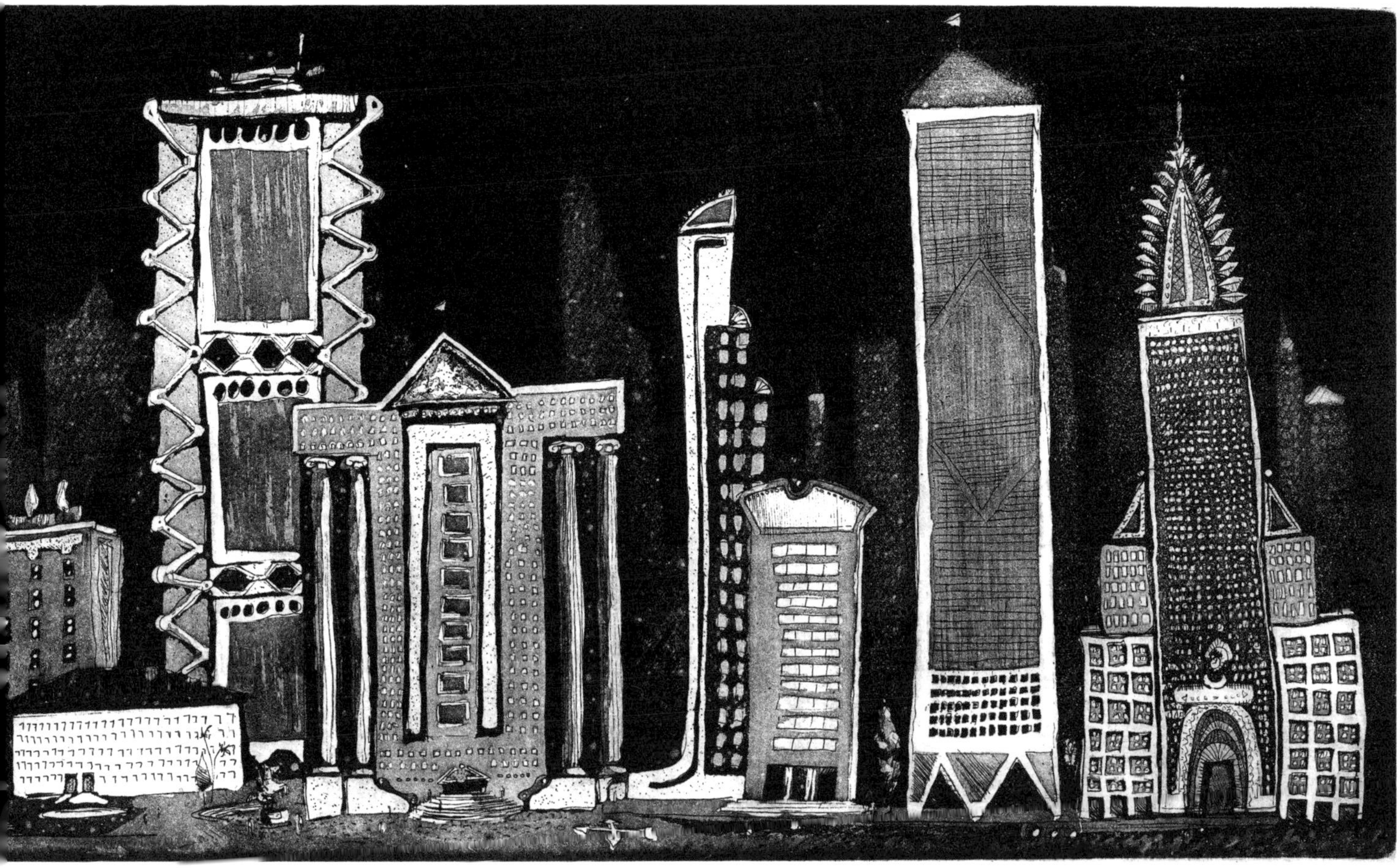

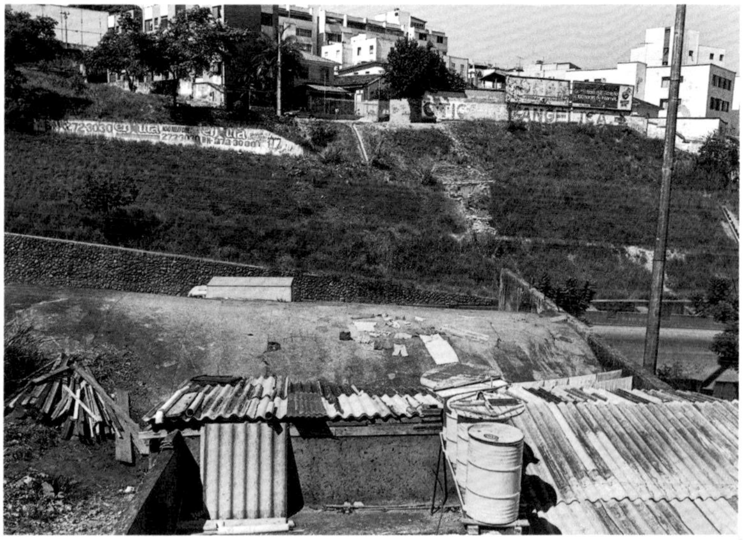

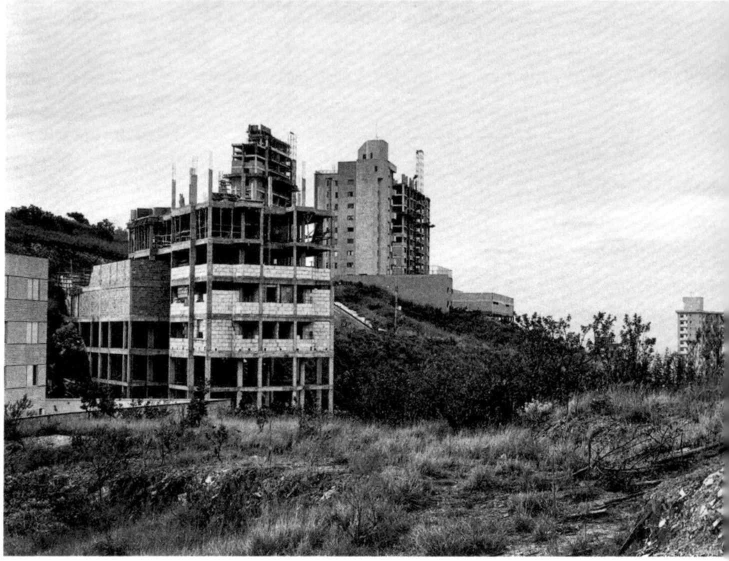

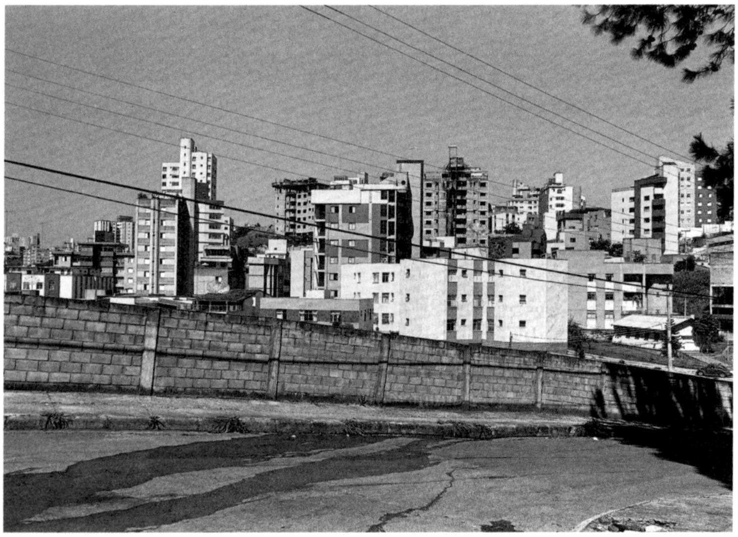

Uma outra comunidade, uma outra mentalidade, uma outra sociabilidade. Todo o condicionamento castrador imposto pela cidade aqui foi abolido, o que gera perspectivas para o "exercício experimental da liberdade".[56] Na ágora, nenhum assunto é proibido, e nenhuma cidade que escreveu suas páginas na história é desmerecida. As conversas são sobre a civilização intra-muros – eles mesmos – ou sobre outras civilizações, e só raramente a cidade que envolve a ilha é considerada. Utopias, cidades fantásticas, novas Babilônias, Fatepur-Sikri e Brasília figuram sempre nas rodas. Conversa-se também sobre lugares obscuros: Tlõn, Uqbar, Orbis Tertius, cidades que insinuam parábolas sobre a própria situação dos palestristas. Maurília, a cidade que esqueceu seus cartões-postais, é referência frequente. Eles citam Akhenaton, o visionário imperador egípcio que iniciou um outro padrão estético no Novo Reinado, que ignorou os deuses de seus antecessores, que construiu sua própria cidade – Akhetaton – e que só foi habitada durante seu reino para depois ser totalmente abandonada, e que significava "O horizonte de Aton".

    Lembram-se de Paris, mas não deixam Nova Déli passar batido; trafegam com facilidade pelos três mundos do mundo, trespassam fronteiras para, ao fim da jornada, sempre terminarem dentro do confortável domínio dos muros. Consideram, com certo ressentimento, o Éden que são esses novos edifícios, e põem-se a pensar sobre a solução para o dilema das cidades contemporâneas: uma cidade ideal só com condomínios, só com coisas boas. Uma cidade onde os muros fossem se expandindo, aumentando a área que delimitam até o ponto de coincidirem todos uns com os outros, até o ponto em que eles dividissem exatamente as mesmas fronteiras para, numa situação limite, se tornarem absolutamente desnecessários. Cidades cheias de suprassensoriais, onde a arte invadiria todos os bairros e deixaria de pertencer ao domínio limitado aos artistas. Onde todos poderiam viver o tal *exercício experimental da liberdade*. Onde os muros, ao invés de definirem enclaves, conformassem a própria essência das cidades para depois se tornarem irrelevantes. "Cidades-bólidos", "habitações-parangolés", "condomínios-penetráveis" – urbes Hélio Oiticica!, concluem.

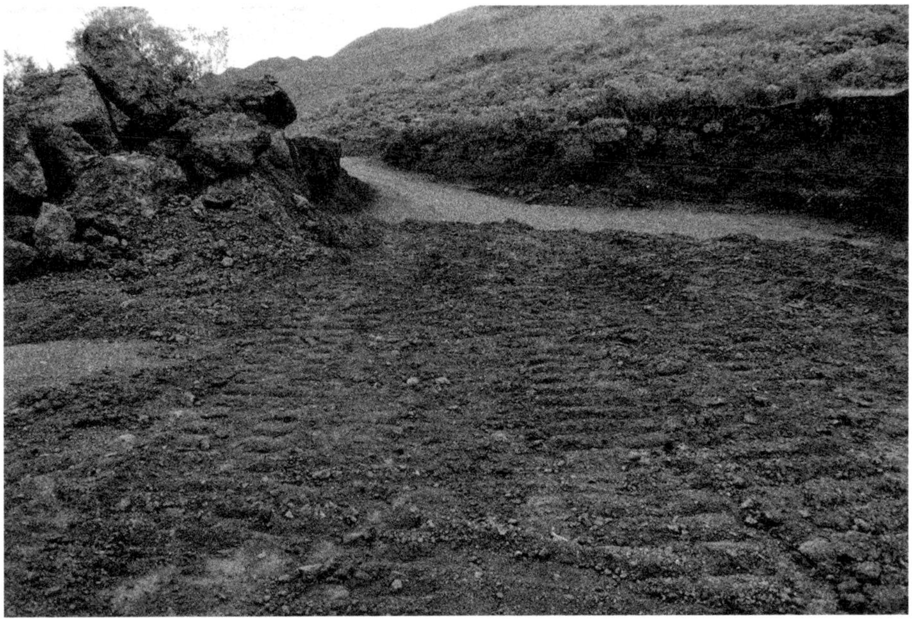

VI. LIBERDADE, ELA É O VAZIO

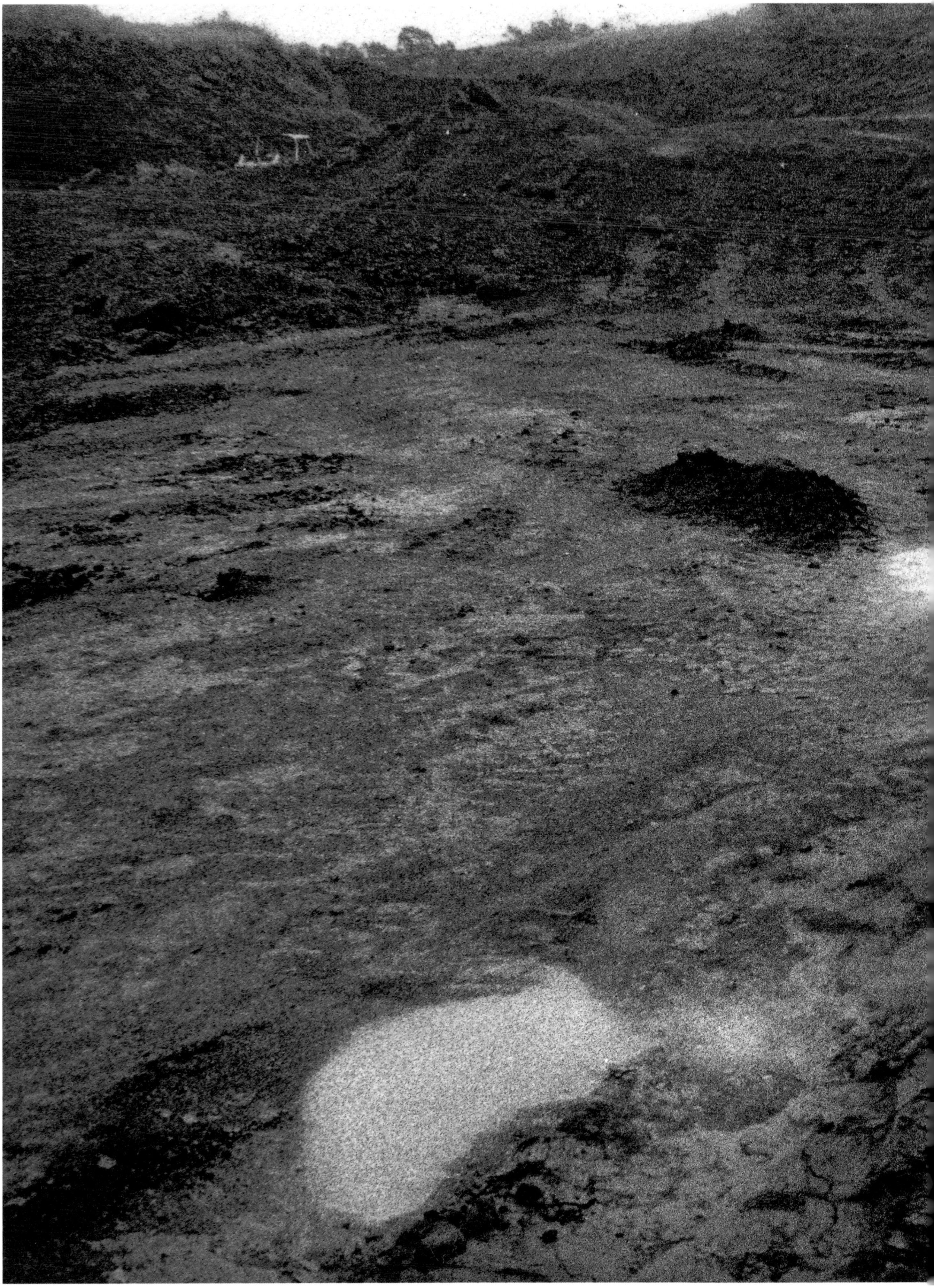

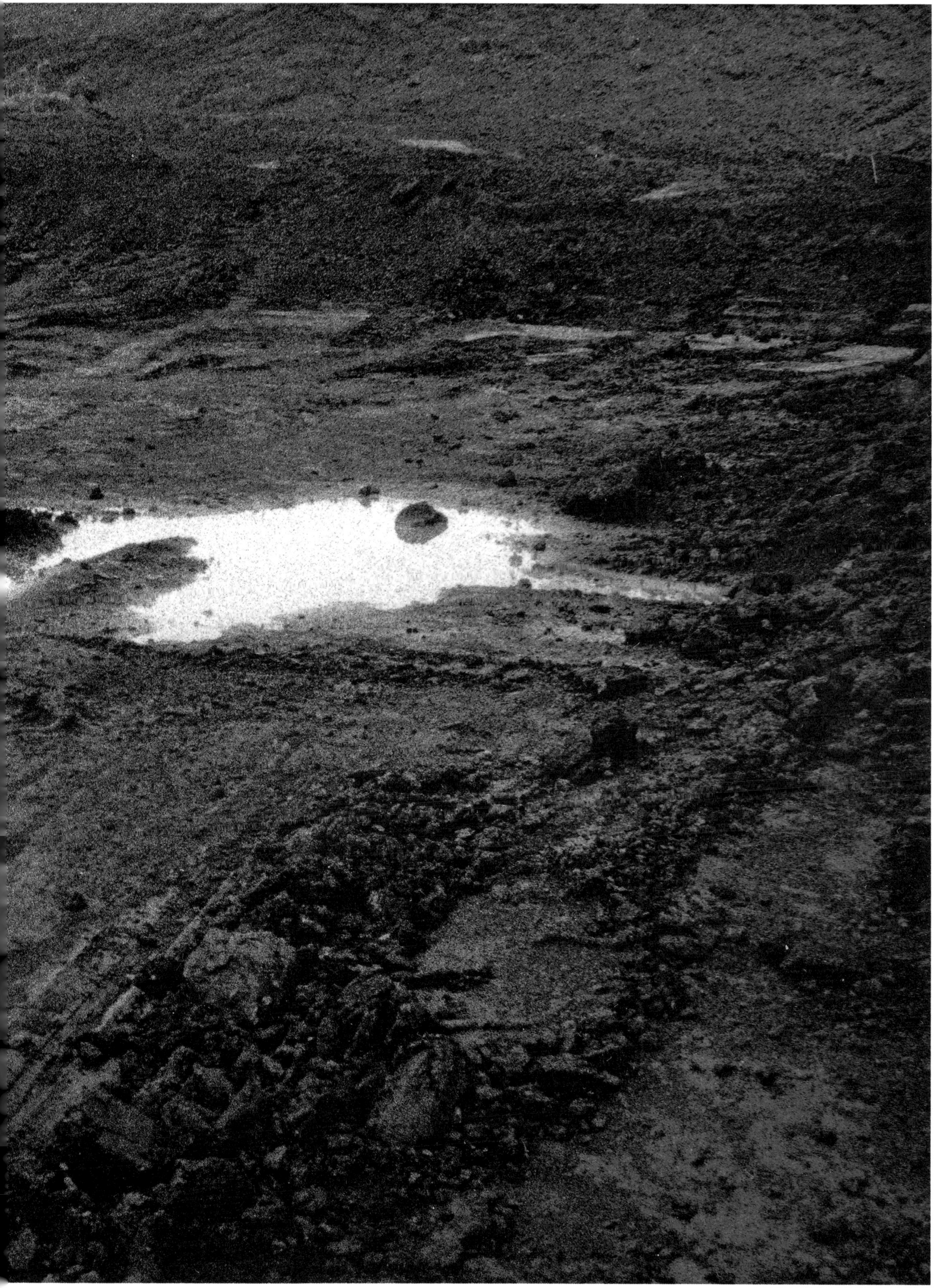

Em 1958, o artista plástico Yves Klein, então com trinta anos, plenamente convicto de que a ideia de uma obra de arte é mais importante do que a obra em si, já se destacava no *métier* da vanguarda parisiense. Depois de passar algum tempo pintando telas em um único tom de azul com o pigmento da tinta elaborado por ele mesmo, ele patenteia sua invenção: não suas telas, mas o pigmento, que ele intitula IKB ou Azul Yves Klein. Com IKB ele pinta telas, pinta a Vênus de Milo, a Vitória de Samotrácia, um dos Escravos de Michelangelo – e pinta objetos mundanos: esponjas, cubos, círculos, discos, papelões, culminando com a exposição de puro IKB sem qualquer suporte, espalhado a esmo pelo piso de uma galeria. As telas eram montadas não sobre a parede, mas a uma distância de aproximadamente 20 centímetros. Aparentemente destacadas da estabilidade arquitetônica da sala, elas procuravam criar uma impressão de leveza, de falta de peso e de indeterminação espacial. O visitante (ou parte dos visitantes) sentia-se mergulhado em um azul que tentava transmutar a substância da pintura em algo incorpóreo, etéreo.
O pigmento, aplicado sem modulação e sem o mínimo traço de toque pessoal, elevava o fator da cor na arte a um nível absoluto. Como uma consequência natural do desenvolvimento de seu trabalho azul, Yves *le monochrome* Klein decide expor o nada – ou ao menos nada que pudesse ser visto ou que fosse imediatamente tangível. A apresentação de sua outra fase não seria devotada nem a uma ideia abstrata, nem a uma coisa concreta, mas ao *indefinível*, ao *imaterial*, ou a tudo que estivesse por trás do resultado de uma obra. A fase pós-IKB foi anunciada na legendária exposição originalmente chamada de *Époque Pneumatic*, mais conhecida como *Le Vide* (o vazio), e que aconteceu em 1958, em Paris. Klein removeu toda a mobília da pequena sala de 15 metros quadrados da galeria. Depois, limpando seus pensamentos de tudo, exceto de uma atenção especial à sensibilidade pictórica, passou 48 horas pintando a galeria de branco para conseguir a luminosidade, o valor intrínseco e a energia de sua nova *não-cor*. A única exceção feita: o coquetel servido na abertura, que era azul (uma mistura de gin, Cointreau e azul de metileno).

O vazio, na concepção de Klein, não representava simplesmente o vácuo ou o espaço vacante, mas o estado de abertura e liberdade, uma espécie de campo de forças invisível: "O objeto dessa empresa: criar, estabelecer e apresentar ao público um estado pictórico palpável nos limites de uma galeria de arte. Em outras palavras, criação de uma ambiência, de um clima pictórico genuíno e, logo, invisível. Esse estado pictórico invisível dentro da galeria deve estar tão presente e tão envolvido por uma vida autônoma a ponto de ser aquilo que, até esse momento, é

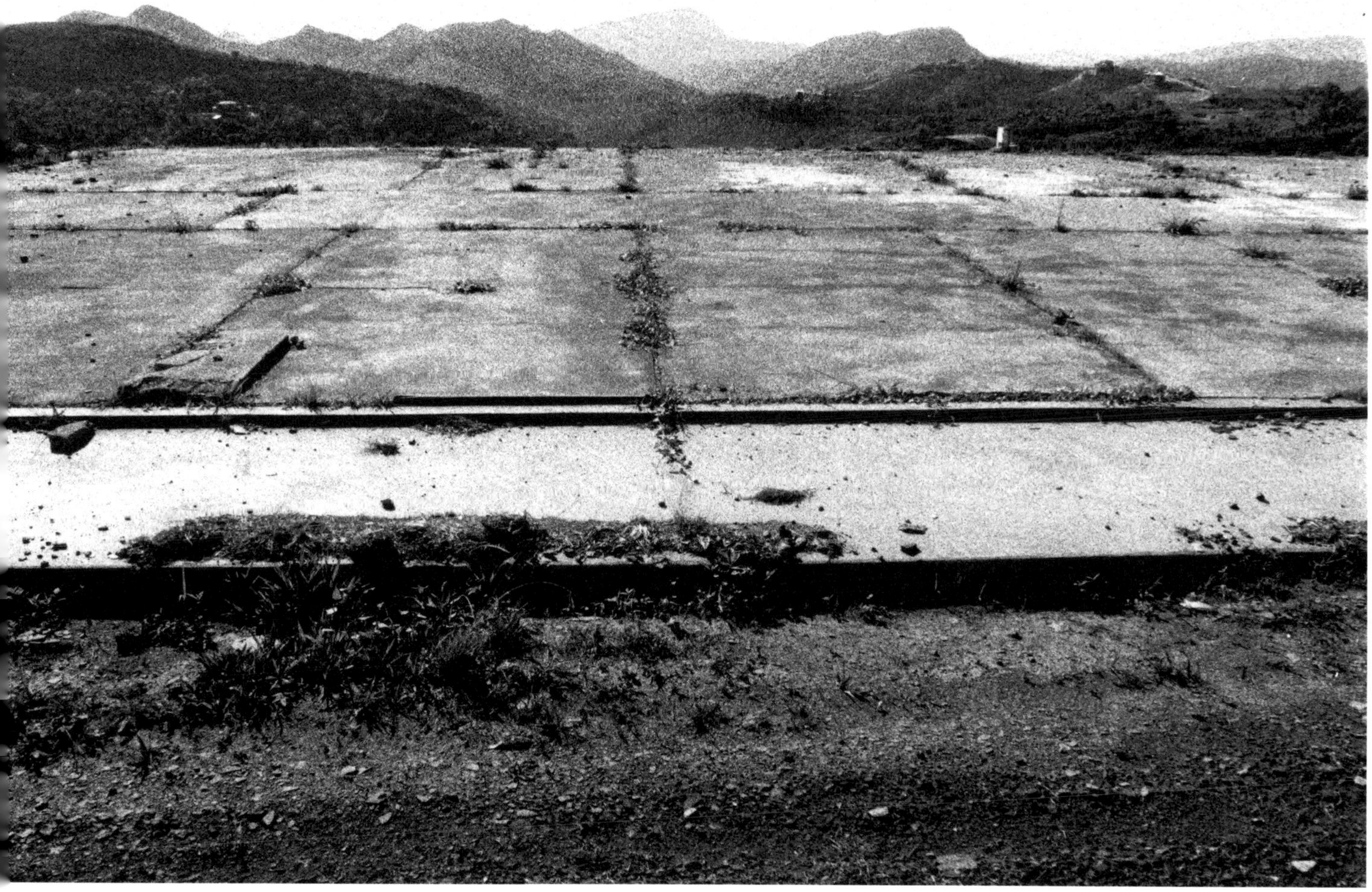

considerado como a melhor definição geral de pintura: radiância".[57] Com *Le Vide*, Klein procurou colocar os indivíduos em contato direto com o espaço *sensibilizante* e *sensibilizado*. Um vazio dono de uma potência irradiadora perceptível por aqueles que penetravam no espaço da galeria. Um vazio como arte liberada de todas as suas amarras, já que esta estava sendo exibida desprendida dos confinamentos das telas esticadas, dos pedestais e das paredes, e longe dos exercícios de pintar e de esculpir. Não era o vazio como uma negação, e, sim, o vazio como puro otimismo. Residindo em algum lugar entre o físico e o espiritual, *Le Vide* não procurava negar ou transcender o mundo, mas, sim, revelá-lo em sua totalidade, em seu modo latente, em seus novos territórios ainda inexplorados.

O próprio Klein descreveu esquematicamente a apoteótica noite de abertura de *Le Vide*:

"**20:00** Vou ao Café La Coupole pegar o cocktail azul preparado especialmente para a exposição.
21:30 O local está lotado, o corredor está cheio, a galeria também. Lá fora, a multidão que se aglomera começa a ter dificuldades para entrar.
21:45 Está gelado. A multidão está tão densa que não se pode mover para lugar nenhum. Eu permaneço na galeria. De três em três minutos, grito para as pessoas que estão entrando em ritmo cada vez maior para dentro da galeria: '*Mesdames, Messieurs*, por favor, tenham a gentileza de não ficar por muito tempo na galeria para que outros visitantes que estão esperando possam entrar também'.
21:50 Na galeria, percebo um jovem desenhando sobre uma das paredes. Corro em sua direção, interrompo-o e educada, mas firmemente, peço-lhe que deixe a galeria. Enquanto o acompanho até a porta, onde dois guardas estavam a postos, grito para os que estão fora: 'Controlem este homem e expulsem-no com violência'.
[...]
22:10 2.500 a 3 mil pessoas estão nas ruas; a polícia na rue de la Seine e o corpo de bombeiros na rue Bonaparte tentam empurrar a multidão para as margens do Sena. Quando uma patrulha entra para pedir uma explicação (algumas pessoas, furiosas depois de terem pago 1.500 francos de admissão para ver absolutamente nada no interior, reclamam), meus guarda-costas declaram para eles lacônica e firmemente: 'Nós temos nossa própria polícia aqui, nós não precisamos de vocês'. A patrulha não pode entrar legalmente e retira-se do local.
Em algum momento: o escritor Albert Camus escreve no livro de comentários: 'Com os vazios, plenas forças'.

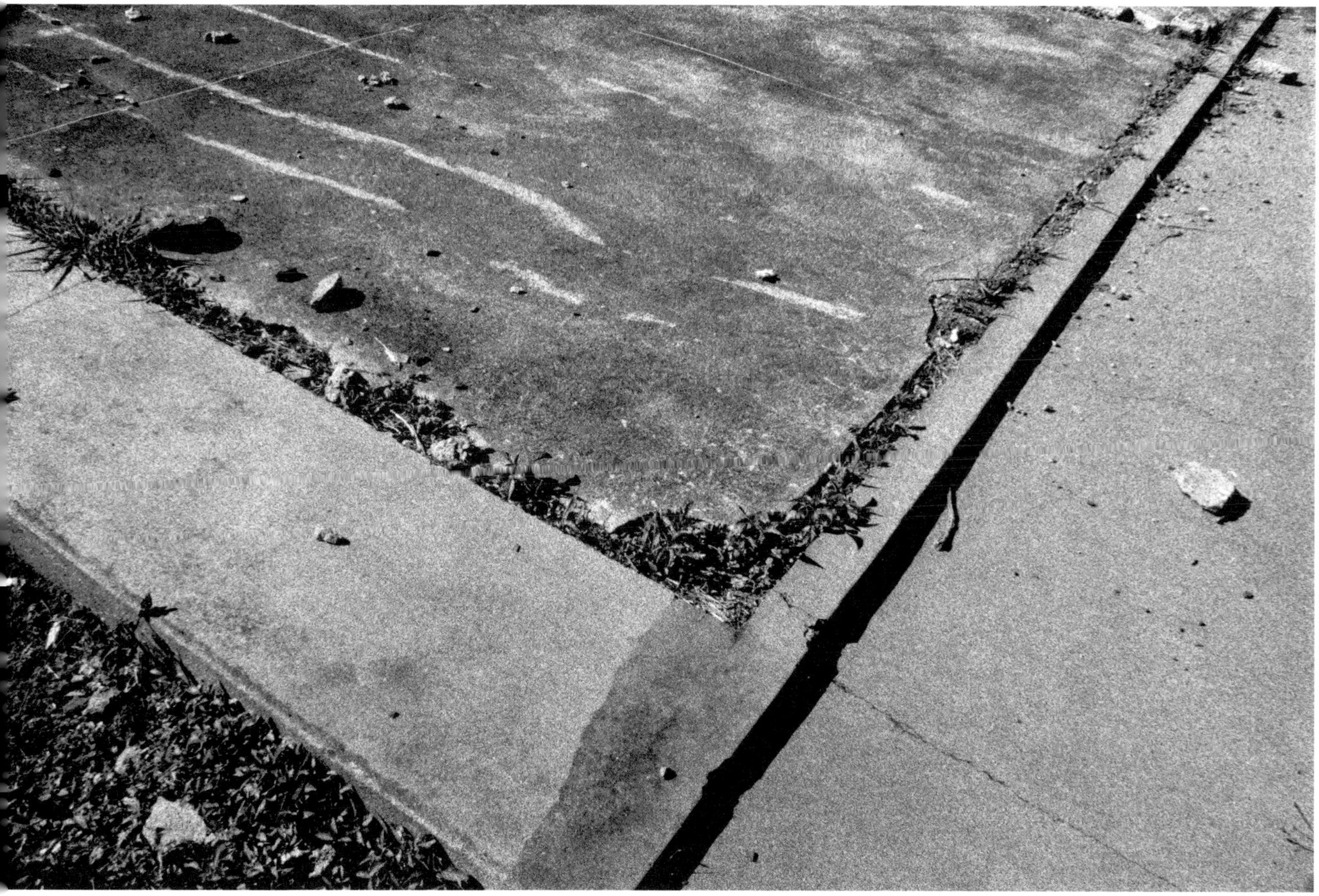

22:20 Um representante da Ordem de São Sebastião chega em regalia completa. [...] De modo geral, as pessoas entram na galeria raivosas e saem satisfeitas. Aquilo que a imprensa seria compelida a registrar é que 40% dos visitantes estão otimistas, apreendendo o estado pictorial sensível e estimulados pelo clima intenso que reina magnificamente dentro do vazio aparente da sala de exposição.
22:30 Os Guardas Republicanos vão embora irritados. Durante uma hora, estudantes da Escola de Belas Artes ficam dando tapinhas cordiais em suas costas perguntando onde eles alugaram aquelas roupas, ou se eles eram figurantes de cinema.
22:50 Todo o coquetel azul já foi consumido, o que causa uma corrida ao La Coupole para buscar mais líquido. Chegada de duas lindas garotas japonesas em extraordinários quimonos.
[...]
00:30 Fechamos a galeria e vamos para o La Coupole. No La Coupole, uma grande mesa nos fundos para quarenta pessoas.
1:00 Tremendo de cansaço, declaro minha revolucionária palestra".

"Planejada para oito dias, a exposição é estendida por mais uma semana. Diariamente, mais de 200 pessoas visitam o *interior do século*. A experiência humana é aquela de um vasto e indescritível escopo. Alguns não conseguem entrar, como que impedidos por uma parede invisível. Um dia, um dos visitantes grita para mim da porta da galeria: 'Voltarei quando este vazio estiver cheio...'. Eu respondo, 'Quando ele estiver cheio, você não será capaz de entrar!'.

"No dia seguinte à abertura, todas as pessoas que tomaram o cocktail azul urinam em azul".[58]

"Agora, se me encontro sozinho, e se quero poder e força, e se, ao invés de procurar por coisas, puder conquistar para o meu lucro não como uma pessoa egoísta e psicológica, faço contato com o espaço imaterial, que é também totalmente real e ativo como o resto, mas muito, muito mais. Em um único lance, tomo como aliado o proprietário de tudo porque o espaço imaterial interpenetra em todos os lugares, em todas as coisas...

Os maiores bens agrupados na Terra não são nada comparados ao poder do espaço. Este é ilimitado, enquanto os bens materiais são sempre limitados, porque mesmo admitindo que eles cobrem metade do globo, a outra metade continua, e depois há outros planetas, o sol, e todos os outros sistemas solares que não conhecemos.

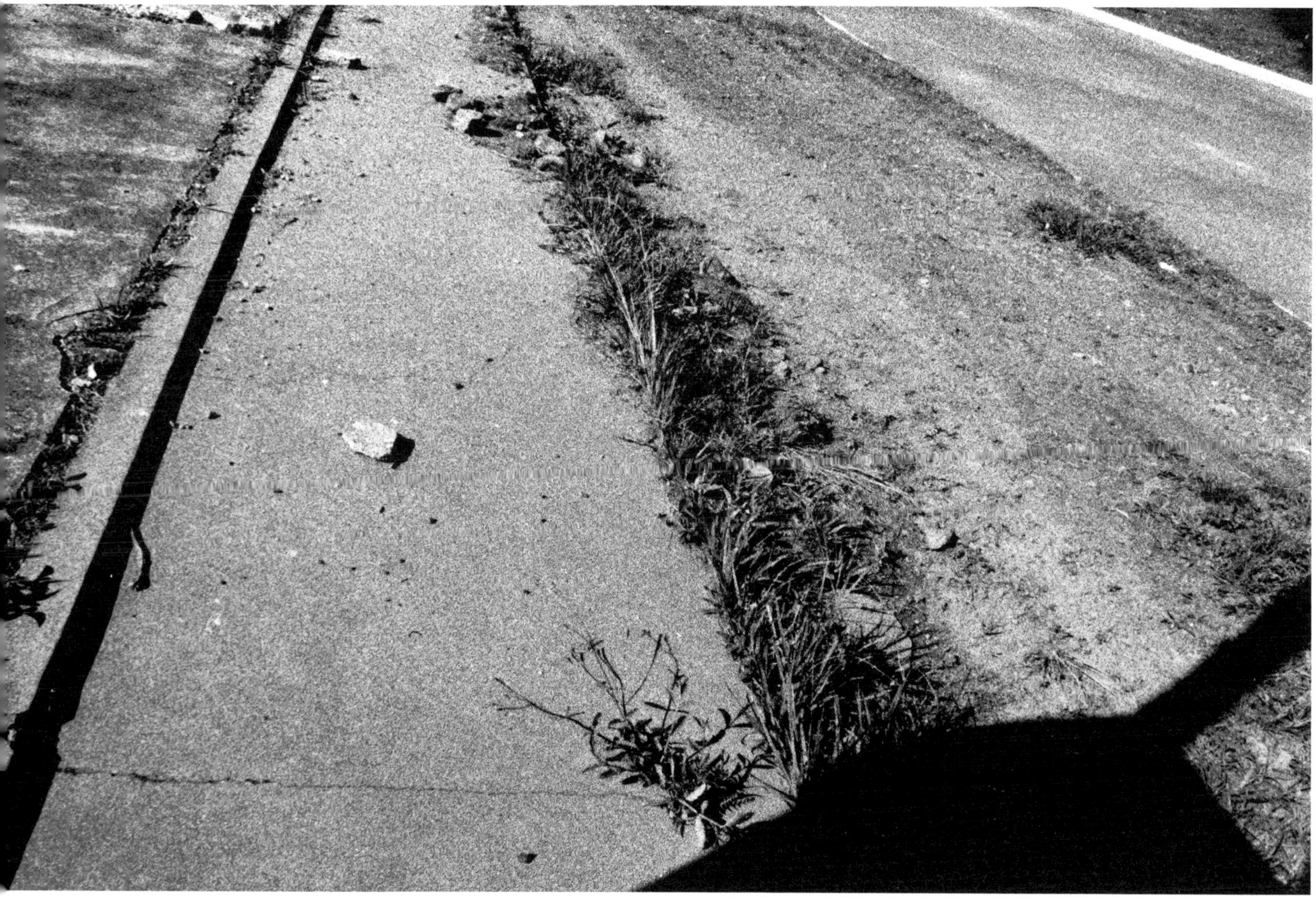

Resumidamente, mesmo se uma pessoa chegar ao ponto de ser proprietária de tudo o que é tangível no cosmo, ela teria um poder infinitamente menor do que o espaço e sua sensibilidade inerente, pulsante".[59]

"Come with me into the void:
When I think of you
The same dream always returns
We walk arm in arm
Along the wild road of our vacation
And then, little by little,
Everything seems to disapear around us
The threes, the flowers, the sea
At the edge of the road,
There is suddenly no longer anything at all
We are at the end of the world
Well... Are we going to go back?
No... I know that you say no
Come with me into the void!
If you come back one day
You who dream also
Of this marvelous void
Of this absolute love
I know that together,
Without saying a word,
We will leap
Into the reality of that void
Which waits for our love,
like me who waits for you each day:
come with me into the void!"[60]

A ideia do vazio foi oposta diametralmente pelo artista plástico Arman, contemporâneo e amigo de Klein, pouco tempo depois e na mesma galeria. Arman começou a fazer suas *acumulações* em 1959, que eram objetos triviais e artigos de consumo dispostos em caixas. Como resposta a *Le Vide*, Arman expôs *Le Plein* (abundância), preenchendo o espaço inteiro da galeria do piso ao teto com uma pilha impenetrável de objetos.

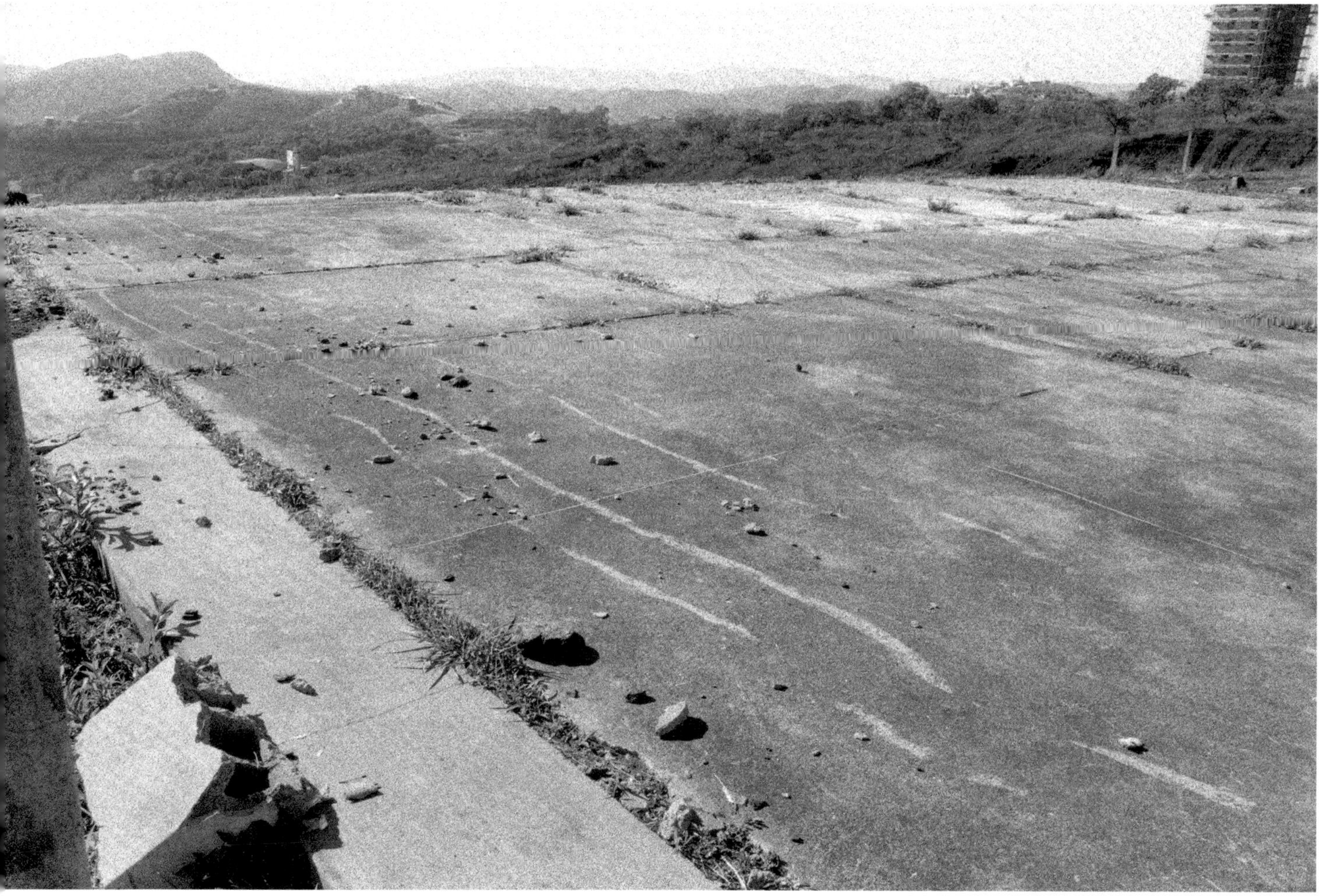

104

Premissas:
1. Belo Horizonte tem a vitalidade e a energia urbana típicas das metrópoles brasileiras.
2. Belo Horizonte é uma cidade com carências de infraestrutura básica e de espaços públicos, sendo que seu único parque central – o Parque Municipal – tem hoje uma área equivalente a apenas um terço da área do projeto original.

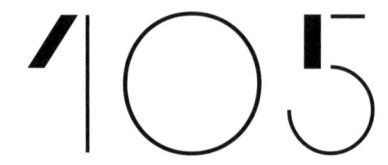

105

= 1+2. Este capítulo é consequência dessas duas observações: é uma proposta de abertura dos vazios existentes à energia que circula pelas ruas e, ao mesmo tempo, uma procura por denunciar as carências mais imediatas da cidade.

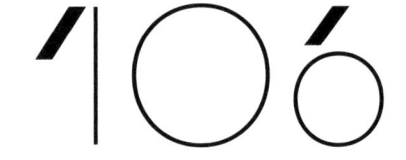

106

Basicamente, ele não propõe demolições nem construções, mas essencialmente a prospecção de vazios com potencial de ativação.

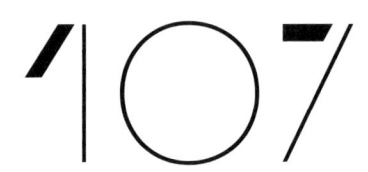

107

Não tenho a menor intenção de relembrar a Belo Horizonte idílica de Aarão Reis. Aquela cidade não existe mais; jaz sob o tecido caótico de uma cidade que partiu do nada, explodiu metrópole em cem anos e ignorou todas as boas intenções de seu plano original. A fonte de inspiração deste texto está apenas em uma coisa: nas antenas que possam captar a energia da Belo Horizonte atual, e que é transmitida especificamente por seus vazios.

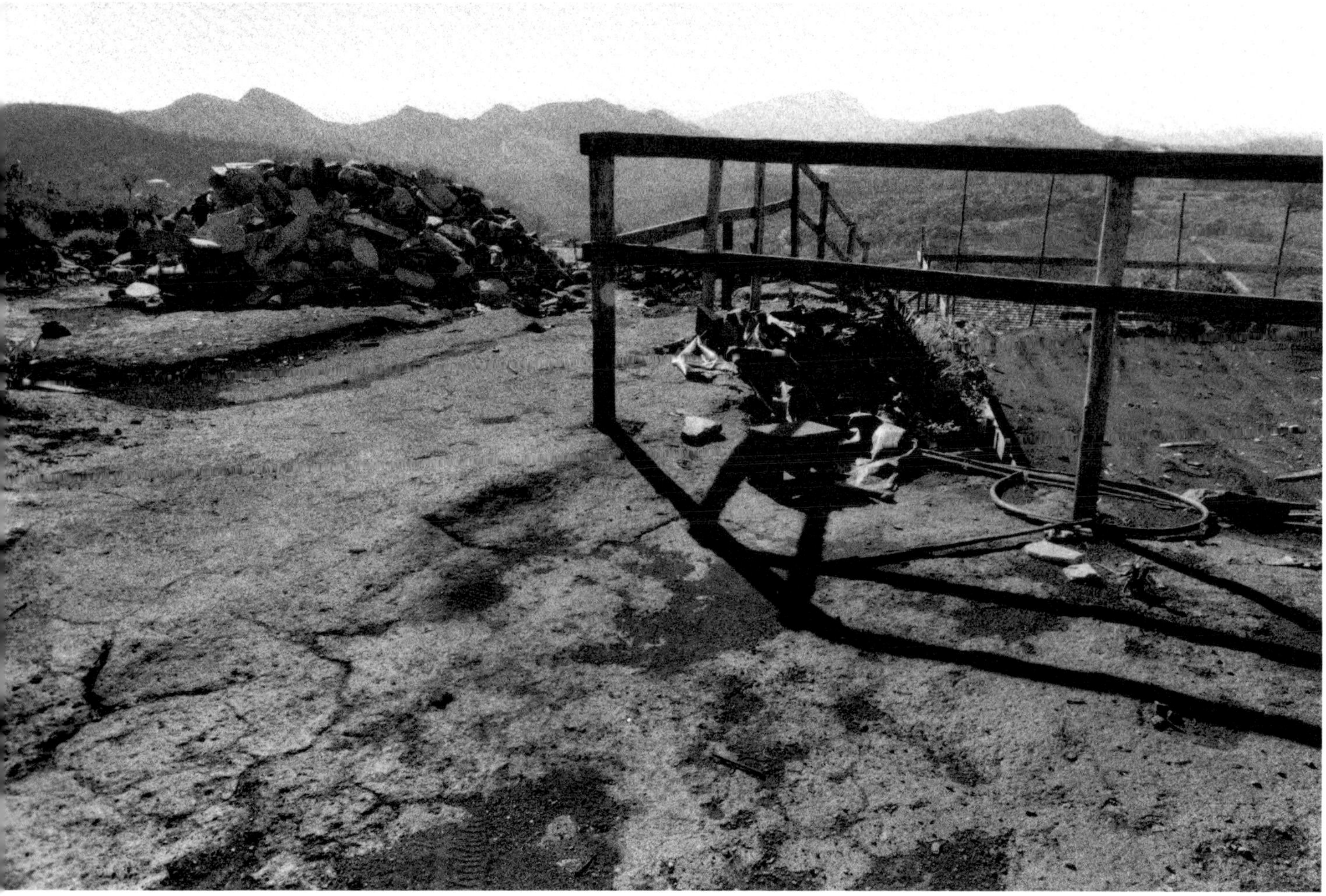

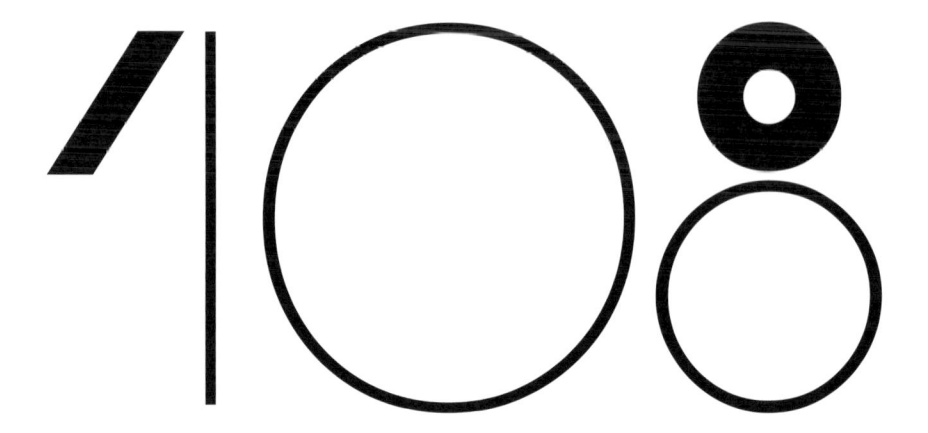

'108 Assim como na fotografia é preciso revelar (quimicamente) a imagem latente já registrada na gelatina do filme, os vazios são uma espécie de ode às energias latentes e que também precisam ser reveladas à cidade.

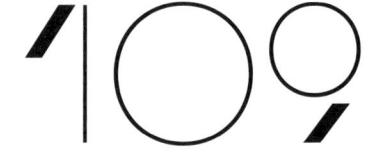

'109 Na Belo Horizonte de hoje não é necessário se preocupar em ler estilos de arquitetura ou outras manifestações próprias da cidade. Saber ler a arquitetura, procurar o murmúrio ou o contexto de um terreno, procurar diálogos entre as construções existentes e as novas – nada disso aqui tem importância. Falo de uma sensibilidade às forças que definem carências; falo de um urbanismo estilo Admirável Mundo Novo, falo como um velho arquiteto moderno que não se arrependeu do que fez e que acredita no projeto de mais e mais Brasílias – Brasílias agora como sobreposições de plantas. Sobreponha o Plano Piloto de Lúcio Costa à planta da cidade satélite de Taguatinga e... pronto!: temos agora a situação de todas as cidades que explodiram juntamente com o milagre econômico brasileiro. Cidades onde a infraestrutura corre atrás da arquitetura, mas que precisam de um emparelhamento entre as duas através de seus vazios.

'110 A arrogância do urbanismo moderno sempre valorizou os vazios – Brasília nos diz isso no Eixo Monumental e nas superquadras. Brasília emociona pela escala desumana da Esplanada dos Ministérios, pelos espaços em branco que distanciam um edifício residencial de outro, pela largura de suas vias. Vazio demais em Brasília, vazio de menos em Taguatinga. É a aceitação dessa trágica superposição de *layers* o que melhor define o estado da Belo Horizonte atual. Brasília + Taguatinga = Belo Horizonte: ilhas planejadas em meio a um mar de crescimento descontrolado; vitalidade urbana que é manifestada nas calçadas, nas ruas e nos estacionamentos desocupados dos shoppings e estádios.

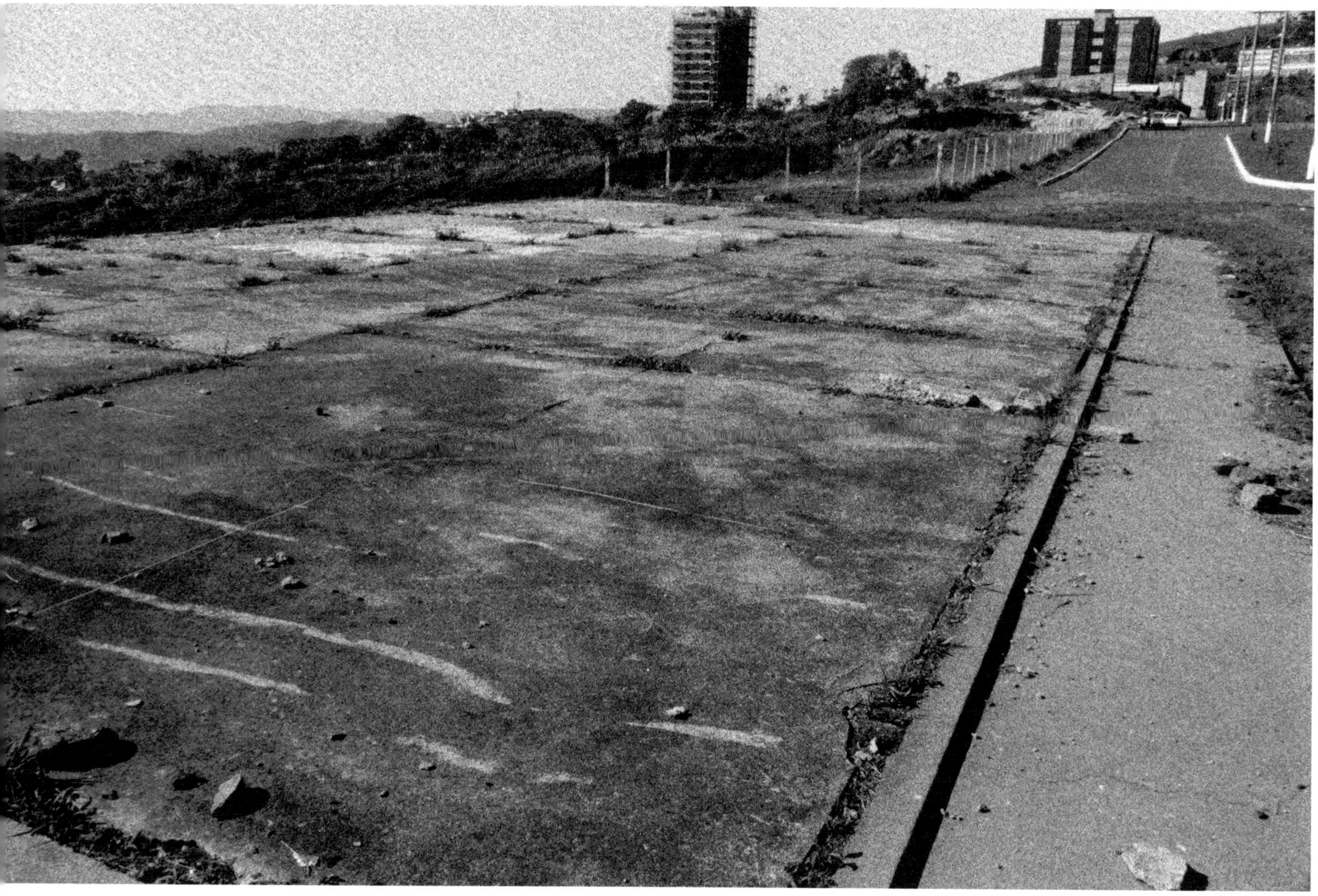

111 Certos casos recentes de investimentos em renovação urbana resultaram em pouca atividade social – vide o exemplo do centro de Baltimore ou o do centro de Los Angeles. Belo Horizonte é o caso oposto: é cidade de prefeitura sem orçamento e cuja energia social explode sem fio terra, sem espaços públicos, descarregada em curtos-circuitos espalhados pela cidade.

112 Não é importante estabelecer um programa determinado para a zona suburbana: um vazio (ou uma edificação qualquer) pode ser utilizado para o alargamento de uma avenida congestionada, para a edificação de habitações sociais, para a construção de um terminal de transporte coletivo ou para conter a demanda de infraestruturas em consequência do crescimento. Na prática, o futuro da cidade não é previsível, mas ele será menos incerto se tomarmos como premissa um certo equilíbrio entre as forças do urbanismo e da arquitetura. Num dia Brasília, no outro Taguatinga; aqui o social, ali um urbanismo com o espírito destruidor de Fausto; um dia preservando os vazios, no outro saturando a cidade com mais e mais arquitetura; um dia provocando curtos-circuitos, no dia seguinte construindo os fios terra que esses acidentes demandam. Ou vice-versa.

113 Uma organização tão complexa como a de uma grande cidade não pode ser entendida pelas limitações políticas, tecnológicas ou estilísticas de urbanismos passados. Ela não precisa de fórmulas nem de receitas. Melhor, então, vermos o futuro de um vazio como consequência de uma resposta criativa, como a reação de um corpo que necessita de problemas para exercitar sua capacidade de pensar e reagir contra as irregularidades. Nesse sentido, toda a vitalidade de uma cidade é um ciclo vicioso proporcional à sua capacidade de gerar problemas, que por sua vez geram anticorpos, que combatem mais problemas, que geram mais anticorpos etc. As cidades *prontas*, então, são aquelas que mais cedo ou mais tarde padecerão por terem, num gesto inconscientemente suicida, aposentado suas energias criadoras (ao não produzirem mais anticorpos como reação aos seus problemas). Por outro lado, as cidades incompletas são aquelas cuja vantagem é exatamente não ter (ainda) conquistado o que as cidades prontas conquistaram.

114 Stéphane Mallarmé escreveu o poema da página em branco; John Cage compôs música com o silêncio; Wim Wenders elogiou os lotes vagos de Berlim; mas os arquitetos – estes continuam cegos com relação ao potencial dos vazios e da zona suburbana (talvez por ainda estarem complexados com as críticas negativas sobre Brasília, mesmo sabendo que Juscelino Kubitschek construiu a Pampulha no vazio da periferia há mais de cinquenta anos).

115 Urbanizar a zona suburbana é importante. Levar à periferia infraestrutura é uma medida emergencial que poderia ter sido consumada há mais tempo, caso o crescimento da cidade não tivesse se dado espontaneamente. Melhorar as condições do sistema de esgoto, do sistema viário e mesmo da qualidade da arquitetura da cidade também é obviamente importante. Mas a realidade parece indicar uma outra alternativa, mais prática e realista: a alternativa de suburbanizar a zona urbana, de levar para os cheios da cidade as qualidades do vazio da periferia.

116 A história de Belo Horizonte pode, ironicamente, ser considerada a história do triunfo do desplanejado sobre o planejado. No início, ainda em 1894, eram as montanhas e o vazio da vegetação do cerrado. Sobre esse vazio encontrado, natural, o engenheiro Aarão Reis projeta vazios nobres – perspectivas, largos, rotores, avenidas, um parque municipal etc. – que seriam definidos pelas construções lindeiras. Acontece que a arquitetura da capital mineira foi sendo construída por todos os lados, invadindo áreas reservadas à não-construção, espremendo os espaços públicos planejados, tirando dos vazios seus simbolismos e transformando-os simplesmente em áreas *sem-arquitetura*.

117

É curioso que, apesar disso, no decorrer da urbanização de Belo Horizonte, foram aparecendo espaços não muito públicos, em lugares não muito planejados, com resultados não muito bonitos, mas que se tornaram tão importantes para a cidade quanto os espaços públicos planejados. São os espaços desplanejados que funcionam como espaço negativo da arquitetura, terrenos alternativos que são utilizados pela população como opção para a falta de vazios de Belo Horizonte. Não tão bonitos como a praça da Liberdade de Aarão Reis, mas com certeza bem mais sintonizados com a estética invertida que é tão típica de Belo Horizonte. Há uma necessidade de rendição a esses espaços públicos residuais, há uma necessidade de aceitar esses vazios que substituíram os espaços públicos pensados por Aarão, pois que eles são uma solução improvisada e talvez mais eficaz do que as antigas praças. A abertura e a relativa falta de normatizações fazem desses locais condensadores sociais, por mais que uma parte da população ou dos urbanistas os vejam como locais desagradáveis aos olhos.

118

Os vazios são os possíveis restauradores de uma cidade que sempre os quis ignorar e que poucas vezes conseguiu se expressar pelos cheios. Ao mesmo tempo, não são um gesto de descrédito pela arquitetura. Pelo contrário, são uma tentativa de exaltar a não-arquitetura que está entre uma arquitetura e outra que, por sua vez, será capaz de valorizar os edifícios existentes. São uma espécie de vingança do projeto original do Parque Municipal: de volta à necessidade de áreas não-construíveis do projeto de Aarão.

119

Ao contrário da complexidade dos cheios, os vazios são simples. São conservacionistas, assim como os técnicos do Patrimônio Histórico. São a versão urbana da ecologia: preservem tudo que é natural na cidade, tudo o que ainda não foi construído. São a *ecologia cinza* do asfalto, da feiura dos matos, da mesmice da periferia. São os lotes vagos, os resíduos de espaço, os *terrain vagues* tão elogiados pelos fotógrafos que exploraram as margens e as zonas degradadas das grandes cidades. É o vale do Rio Arrudas, é a gigantesca mata da Universidade Federal de Minas Gerais, é tudo o que passou despercebido aos olhos dos menos sensíveis às verdadeiras forças que constroem e destroem as cidades. É, em suma, o precioso patrimônio cinza formado por tudo aquilo que escapou das forças destruidoras da arquitetura.

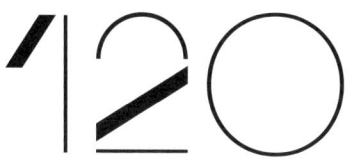

120

O que seria mais precisamente esse urbanismo da ecologia cinza? Não falo do urbanismo do *caos* ou da *complexidade*, mas, sim, do urbanismo da rendição ao improviso e à necessidade da improdutividade. Todo o crescimento aleatório, todas as marcas de uma cidade de fragmentos isolados, independentes e sem nenhuma coerência vão agora formar o ponto de partida da cidade do próximo século. Como resposta a um crescimento tão especulativo e mesquinho, os vazios da ecologia cinza introduzem um tipo diferente de produtividade; uma produtividade que nos permite uma suspensão temporária da atração gravitacional da necessidade, da função, da lógica, do senso comum e de tudo geralmente associado à palavra urbanismo. Eles aceitam a necessidade da perda, aceitam o delírio coletivo das cidades: o delírio do dispêndio e da improvisação, dos jogos e das festas, dos carnavais e dos festivais, das compras e dos rituais arcaicos – atividades ligadas à cultura dos eventos. Eles recebem os excessos que estão fora do domínio da economia clássica, incorporando uma alucinação antieconômica que, afinal, é fundamental para o funcionamento da economia dos economistas. Nesse sentido, os citados espaços públicos *desplanejados* podem ser vistos como saudáveis manifestações em uma cidade onde o mercantilismo acabou por preencher todos os seus vazios planejados; eles podem ser vistos como uma ocupação espontânea do espaço urbano em uma cidade que desistiu de se planejar. Ecologia cinza: urbanismo dos detritos, dos gastos e do desperdício que, numa inversão de valores, se transformam em matéria-prima para um ecossistema a um só tempo ineficiente e eficiente.

'121

Acabou-se a poesia das avenidas vazias, acabou-se a perspectiva da avenida Afonso Pena mirando bucolicamente a Serra do Curral. Acabaram-se os tempos dos poetas das ruas desertas. Sobraram os vazios pouco nobres da periferia, os campos de futebol à espera de empreendimentos, as lacunas urbanas ao lado dos viadutos e das pontes. Os vazios como descargas de energia social subversiva, como atividades de resistência, de sabotagem e de recusa a uma cidade marcada pela invasão da arquitetura, delineada pela vitória dos cheios sobre os vazios, caracterizada por um amontoado de prédios comuns que brotaram como mato pelo urbanismo. Vazios: lugares onde a energia deve ser expurgada e, ao mesmo tempo, onde estão subentendidos os melhores futuros da cidade. Promessas de uma cidade eficiente e improdutiva, improvisada e planejada, de vazios que devem ser ocupados e preservados, e onde os fios terra devem ser criados paralelamente ao incentivo da produção de mais energias.

'122

Todas as atividades urbanas estão aí, acontecendo à nossa frente, em meio a uma cidade nova que reage malignamente aos que tentam reduzi-la a conceitos do passado. Podemos então esperar que o futuro de Belo Horizonte, essa jovem que apagou quase todos os traços de seu passado, esteja nos vazios de sua parte anônima? Nesse conceito absurdo da ecologia cinza e no seu potencial de improvisação? Podemos apostar nesse mal-estar da impossibilidade do urbanismo; nos eventos efêmeros que não conformam a cidade? Devemos aceitar essa paisagem? Sim!, pois esse é o verdadeiro patrimônio que nos resta. Em 1998 – pouco depois de todos terem tentado mitificar um passado pretensamente glorioso e cada vez mais distante –, o mais sensato parece ser um outro tipo de intervenção: aquele voltado para o que não podemos ver. Aceitemos o que nós temos sem os escapismos dos utopistas ou dos nostálgicos, sem lamentações sobre o caos urbano, sem artigos sobre a cidade-jardim. Tudo isso nós enterramos há muito sob a camada mundana e onipresente da periferia. Hoje, capturar a força e a energia dos vazios é a estratégia para uma busca mais equilibrada entre a arquitetura (cheios) e o urbanismo (vazios), tendo em mente que o urbanismo da ecologia cinza e dos vazios deve ser, para os arquitetos, tão estimulante e enigmático quanto um crime perfeito o é para os velhos policiadores da cidade.

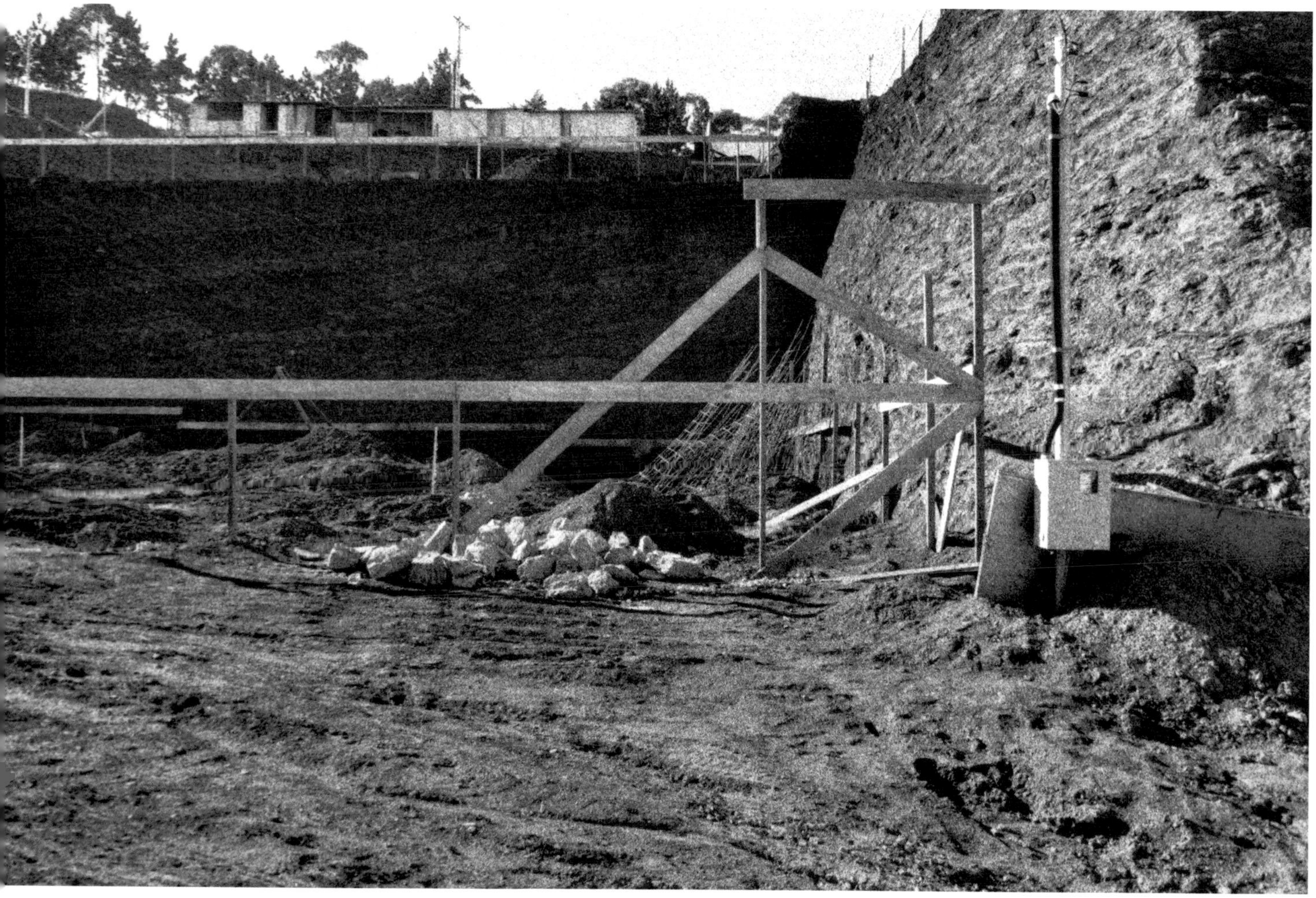

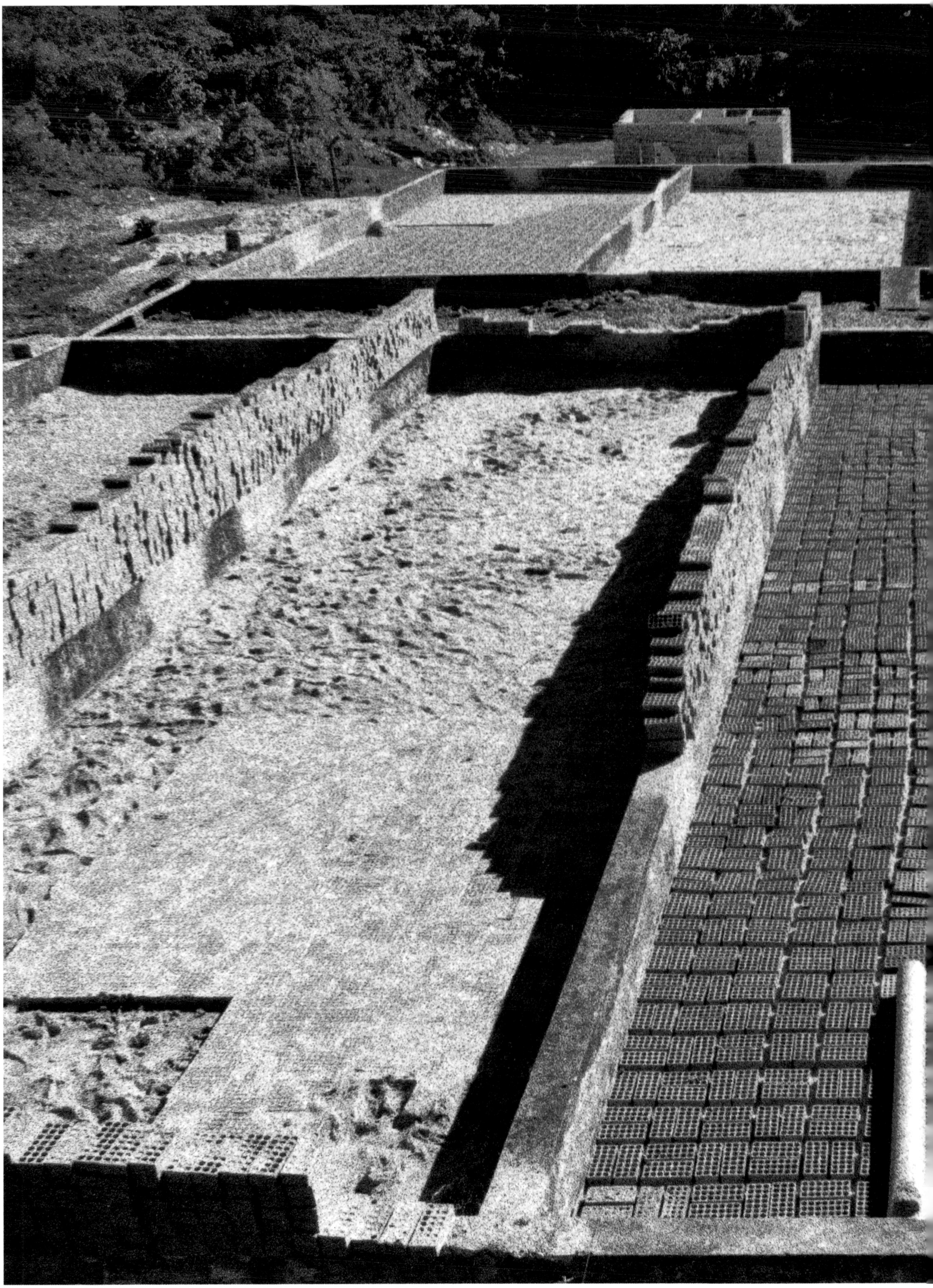

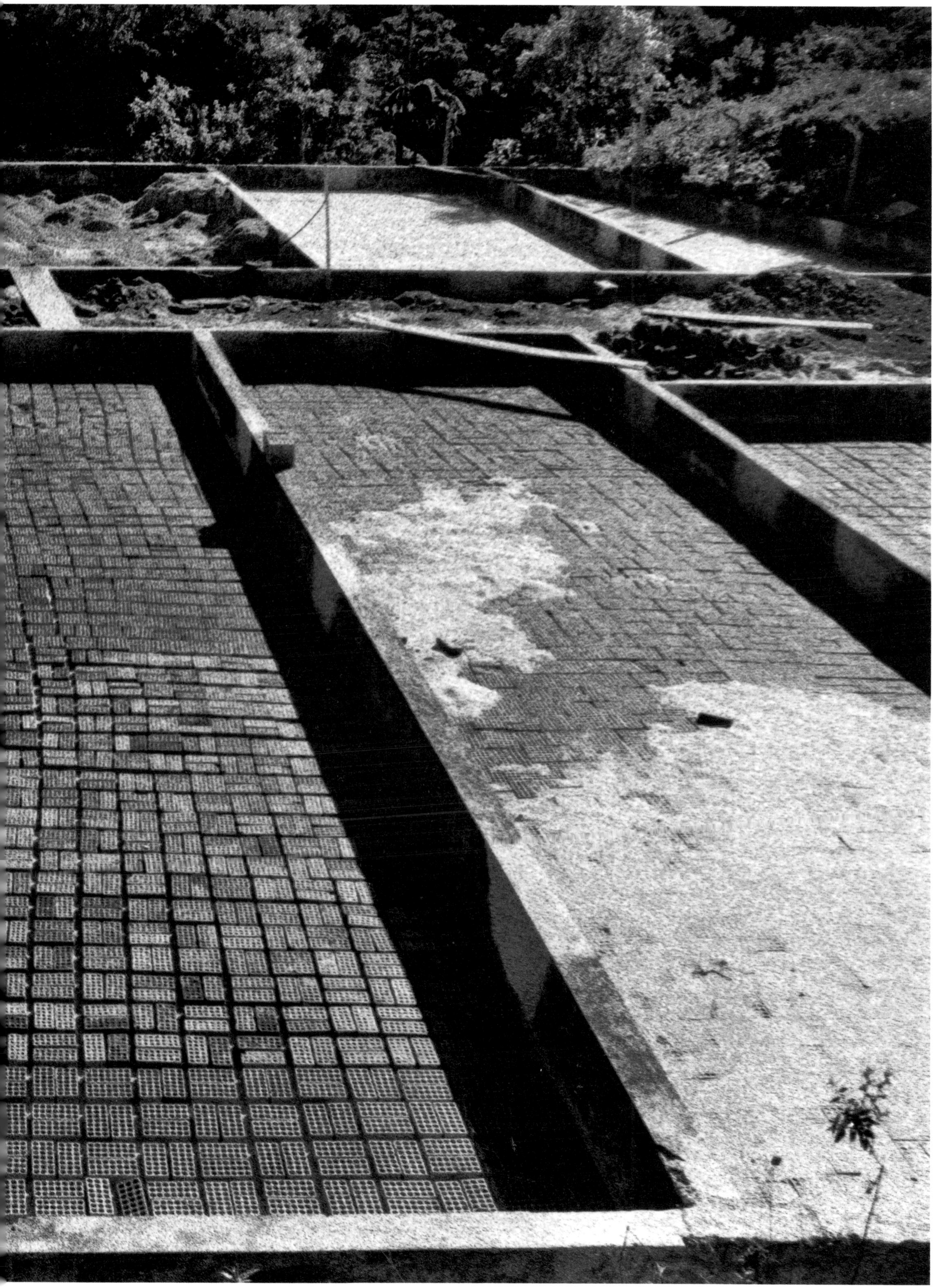

CONCLUSÃO

ORAÇÃO

E depois dessa exaltação irresponsável do improviso urbano, depois de apostar nesse mal-estar da impossibilidade, virá a imprevisível ordem que nos devolverá o sonho de Aarão. Virá uma outra Comissão Construtora que aceitará a zona suburbana sem considerar a desistência de controlar o todo. Uma comissão que atuará em BH sem a ausência de planejamento e sem a visão que considera separados o centro e a periferia. Voltará uma dose nova de inconformismo contra as funções regularizadoras dessa cidade conservadora. Regressarão as temíveis forças destruidoras da arquitetura e chegará, finalmente, toda a promessa de Belo Horizonte. E a periferia vai virar o centro e o centro vai virar periferia. "Feliz o leitor e os ouvintes das palavras desta profecia, se observarem o que nela está escrito, pois o tempo está próximo".[61] E nas favelas, e nos shoppings e nos condomínios, uma outra cidade que nega menos a si mesma se delineará. E virão, no próximo século, os cirurgiões que desobstruirão as veias entupidas da cidade, que a deixarão tão eficiente quanto ineficiente, tão viva e otimista como ela já foi em seus anos dourados.
Virá, enfim, o urbanismo e a arquitetura *esportivos*.
Amém.
Aleluia.

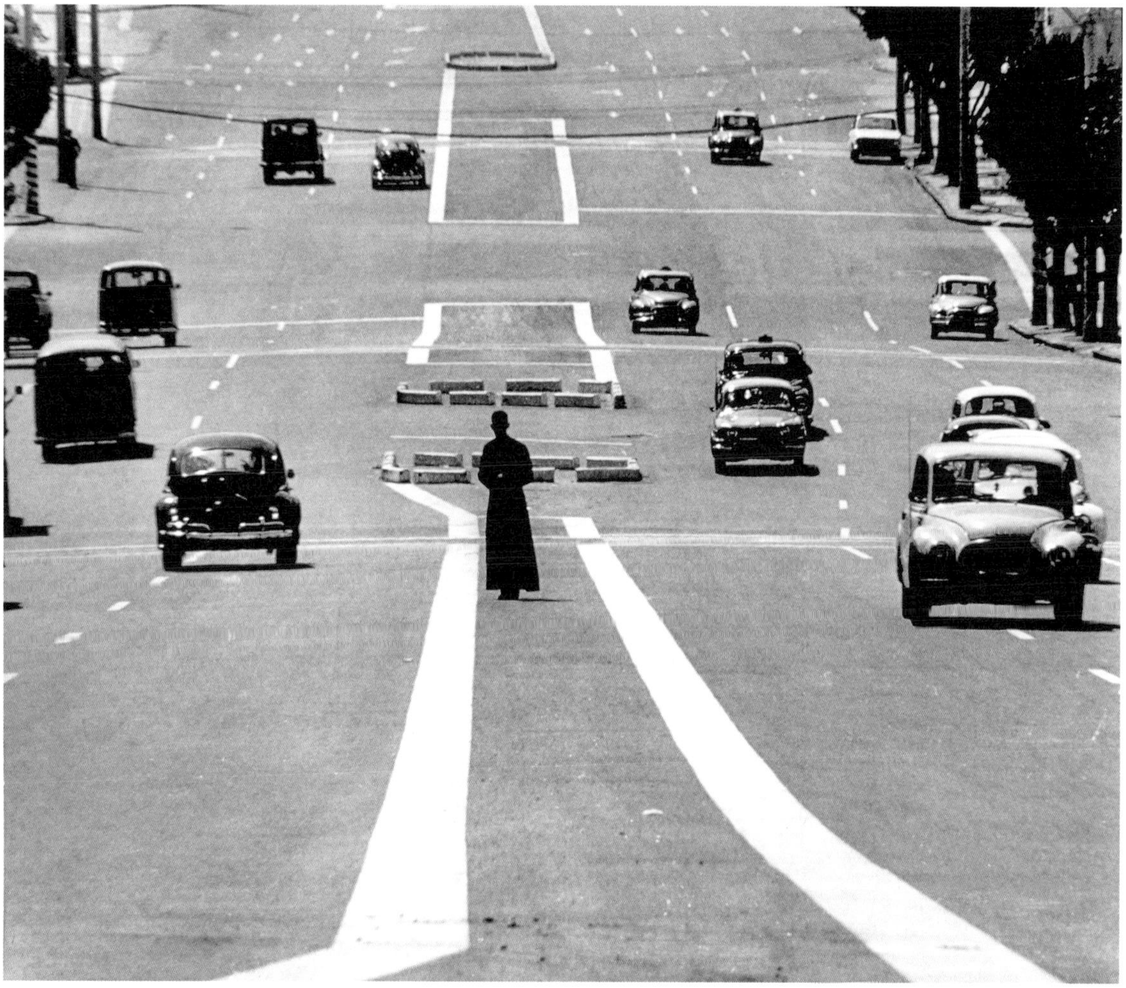

PEQUENAS HISTÓRIAS

CRONOLOGIA DA MUTILAÇÃO DO PARQUE MUNICIPAL

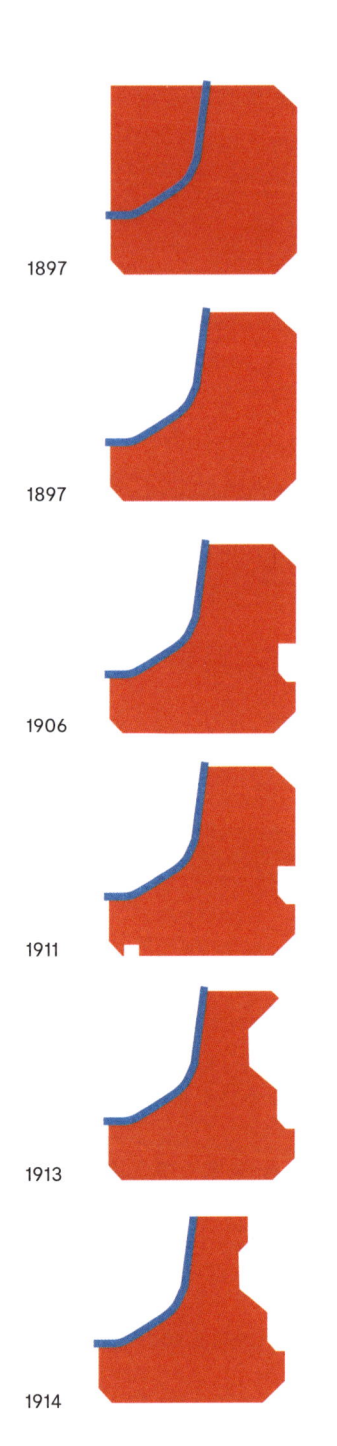

1897: O Parque Municipal, principal referência natural do plano original de Belo Horizonte, foi pensado como foco de convergência de vários eixos da cidade. Sua história, no entanto, é uma sequência de invasões: partindo de uma área de 62 hectares, conforme desenho da zona urbana de Aarão Reis, hoje está reduzido a 18,2 hectares.

S.D.: No início, quando era apenas projeto: "volto ao grande parque que se projeta e que só agora me foi dado ver, em planta, que o Dr. Aarão Reis apresentou ao jardineiro paisagista Villon. É duas vezes e meia maior do que o parque do campo da Aclimação; que já é citado como um dos mais vastos que se encontram no centro das grandes capitais".[62]

1906: Foi entregue ao Governo do Estado parte do parque, onde foi construído o prédio da Diretoria da Agricultura. Em ponto convenientemente escolhido, na parte limitada pela avenida Prof. Alfredo Balena, o Sport Club prepara terreno para construir seu pavilhão e área de jogos.

1911: A mutilação continua: "com o Decreto n. 3.822 de 4 de junho de 1913 e a Portaria n. 149 de 5 de junho de 1913, assinados pelo mesmo prefeito, foi desmembrada do parque uma área de 46.214 metros quadrados, destinada à Escola de Medicina, Diretoria de Higiene e suas dependências".[63]

1919: Recomeça o desmembramento com a ocupação de parte do terreno lindeiro à alameda Álvaro Celso e à avenida Francisco Salles pelo América Football Club, que foi posteriormente concedido pela Lei n. 187 de 6 de outubro de 1920.

1920: É lançada a pedra fundamental do Instituto Radium, ao lado da Escola de Medicina. Em março é fundado o Hospital São Geraldo, ocupando o prédio cedido pela Diretoria de Higiene.

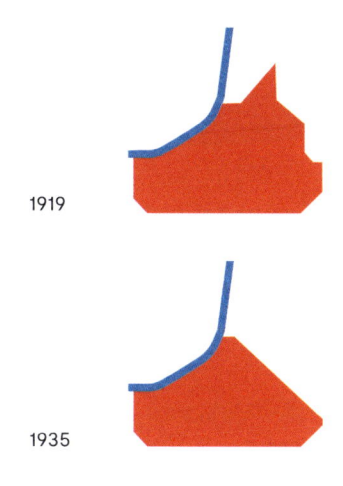

1919

1935

1949

1954

1971

1921: Começam as concessões para construção e exploração de estabelecimentos comerciais dentro do parque pela Lei n. 201 de 4 de outubro de 1921.

1922: Desmembramento de terrenos com a subdivisão dos quarteirões entre as avenidas Assis Chateaubriand e Francisco Salles e linha EFCB.

1935: Foi prolongada a rua Pernambuco, no trecho entre as avenidas Carandaí e Andradas (atual alameda Ezequiel Dias), que passou a ser o limite Leste do parque. Neste mesmo ano, acontece a subdivisão da área da Escola de Medicina, destinada para o Hospital São Vicente. Também neste ano outra área é doada para a construção do Hospital Universitário Maria Guimarães.

1941: O prefeito Juscelino Kubitschek, o primeiro político mecenas da cidade, inicia a construção do Teatro Municipal (hoje Palácio das Artes).

1946: Venda dos poucos terrenos que ainda estavam desocupados entre as avenidas Alfredo Balena e Francisco Salles e alameda Ezequiel Dias.

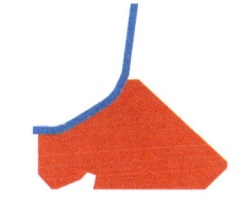

1949: Outra parte do parque é tomada para a construção do Teatro Francisco Nunes. A área do parque agora é de 227.250 metros quadrados.

1951: A administração do prefeito América Renê Gianetti faz um levantamento do parque. Apesar das mutilações, esse levantamento conclui que este não teria sofrido mudanças drásticas em seu desenho!

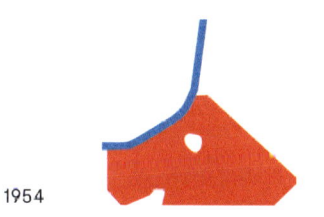

1953: O Hospital João XXIII é construído na área anteriormente ocupada pela garagem da prefeitura.

1968: Com área reduzida à sua terça parte, a Lei n. 1.538 de 26 de setembro de 1968 proíbe qualquer nova edificação no parque.

1971: Doação em lei municipal de nova área à Fundação Palácio das Artes, que inclui várias galerias de arte e um teatro – apesar da Lei n. 1.538 ter sido sancionada pelo mesmo prefeito.

1975: Tombamento do que restou do Conjunto Paisagístico do Parque Municipal pelo IEPHA.

A TRANSFORMAÇÃO DO *VAZIO* EM *CHEIO*

No início do século 20

Segundo os desenhos de Aarão Reis, o quarteirão entre as ruas Bahia e Tamoios e avenida Afonso Pena seria um largo em frente a uma das arestas chanfradas do Parque Municipal. Um quarteirão não ocupável. Poucos anos depois, a quadra é transformada em quarteirão edificável, cedendo espaço para a sede dos Correios. O edifício, em estilo Beaux-Arts, é projeto de José de Magalhães, o arquiteto oficial da cidade, e foi inaugurado em 1906.

Década de 1930

Necessitando de mais espaço, arquitetos da prefeitura realizam um plano de expansão do edifício em 1933, que, no entanto, não é implementado. É decidido que o edifício deveria ser demolido para dar lugar a uma construção *mais moderna*, mais densa e verticalizada – as torres gêmeas dos edifícios Sulacap e Sulamérica, implantadas como uma alameda para o viaduto Santa Tereza.

Década de 1940

Começam as novas obras, inauguradas poucos anos depois: ambas têm treze pavimentos e são ladeadas em sua base por duas alas. O espaço do térreo entre uma torre e outra foi liberado, o que reforçou a perspectiva que se abre para o viaduto e criou uma nova praça em plena avenida Afonso Pena, a área de maior congestão urbana da cidade.

Década de 1970

Em busca de ainda mais congestão e aproveitando a lacuna entre as duas torres – a brecha que formava uma perspectiva em sintonia com a composição urbanística do plano de Aarão –, um edifício de dois pavimentos é construído para preencher o vazio. Termina a transição do vazio ao cheio.

A história desse quarteirão condensa a história de BH: uma história de desprezo pelas boas intenções de planejadores e arquitetos, numa espécie de salve-se quem puder entre a arquitetura e o urbanismo. A única certeza: sempre ganha o vago conceito da estética invertida. Num moto-contínuo de densificação, o que era para ser uma praça assiste a todos os seus vazios serem eliminados passo a passo, de vazio absoluto ao cheio absoluto.

A história de BH é uma espécie de rendição do urbanismo (infraestrutura e vazios) à pressão dos cheios. Luta desequilibrada entre a arquitetura e o urbanismo; prova de impotência do urbanismo e do triunfo da arquitetura; vitória da desordem sobre a ordem. Quando o urbanismo vem antes da arquitetura, esta trata de eliminar a eficiência das infraestruturas e a plasticidade dos vazios, como é o caso de BH.

Quando a arquitetura vem antes das infraestruturas (o caso das favelas e loteamentos periféricos), o urbanismo é lento para saciar a sede de serviços que a arquitetura demanda.

PIRULITO: MONUMENTO MÓVEL

Belo Horizonte sempre sofreu de instabilidade de personalidade, de surtos de altos e baixos com relação à sua autoimagem. É interessante lembrar o trajeto do obelisco da praça Sete, ponto que marca o epicentro da zona urbana de Belo Horizonte. Daqui brotaram os primeiros arranha-céus, o maior cinema e os principais cafés da cidade.

1897-1924

Até meados da década de 1920, esta praça não tinha qualquer tipo de referência visual. Ela era apenas a parte mais ativa da cidade, definida pelo cruzamento das duas vias de maior tráfego, as avenidas Amazonas e Afonso Pena. Atenta a essa carência, a prefeitura decidiu transformar a praça em praça. Em setembro de 1924, foi instalado um obelisco de duas mil toneladas sobre uma base que se encaixou com facilidade na largura das avenidas. No meio de uma Afonso Pena arborizada e ainda vazia, o obelisco cumpria bem a função de símbolo do centro, destacando-se na paisagem belo-horizontina e contrastando sua verticalidade com a horizontalidade da serra.

1925-1962

Com a crescente congestão do centro e a construção de edifícios altos ao longo das duas avenidas, a verticalidade do obelisco foi esmagada. Depois de décadas de crescimento urbano ininterrupto, o monumento foi retirado no início dos anos 1960 para aliviar o trânsito já bastante caótico. A praça voltou então a ser exemplo da falta de referências tomada aqui como símbolo do centro: exemplo de praça do *nada*. De vazio ocupado somente pelo fluxo de veículos em movimento. Um espaço público sem marcos, sem arcos, sem estátuas ou qualquer coisa que merecesse o título de praça.

1963-1979

Para não incomodar nenhum outro local público, o "pirulito", como é chamado pela população local, foi deixado em um depósito da prefeitura. Mas em 1963, a necessidade de símbolos falou mais alto, e então o monumento foi transferido para a praça da Savassi, ponto nobre emergente e ainda não degradado pelo trânsito. Ali ele ficou por dezessete anos.

1980–

Em 1980, mais uma vez um prefeito resolveu mover o bloco. Afinal, o lugar, a tradição, o *genis loci* do obelisco era mesmo a praça Sete (agora mais congestionada por ônibus e carros do que nunca) e, portanto, urgia providenciar sua volta ao local de origem. Depois de um longo intervalo, a praça Sete voltou a abrigar o monumento símbolo do centro: um monumento igual a milhares de outros, e que pedestres e motoristas apressados são sempre obrigados a evitar quando o cruzam.
Era melhor o vazio?

PROJETOS

MUN
SERRA
CORR DA TORRE
COR ESTRANGULADO
OK
RIBEIRÃO DA MUTUCA

CÓRR JAMBREIRO

BARAGEM DA
MINA

CÓRR CARRAPATO

MG 030

PROJETOS REALIZADOS PELO AUTOR ENTRE 1996 E 1998

A. SERRA DO CURRAL

Em 1994, a prefeitura de Belo Horizonte patrocina um curioso plebiscito que responderia a uma incógnita: qual é, afinal, o símbolo da cidade? Dentre os mais votados estavam a praça da Liberdade (Aarão Reis e José de Magalhães, 1895), a Igreja da Pampulha (Oscar Niemeyer, 1939) e a Serra do Curral (período pré-cambriano). A serra vence com 270 mil votos, apesar dos inofensivos protestos de alguns arquitetos que queriam a igreja como vencedora.

Se a diferença entre a cidade de hoje e de ontem são os cheios (a arquitetura construída), o símbolo da BH contemporânea paradoxalmente é o vazio escondido; é o único elemento natural que sobrou depois de cem anos de ininterrupto processo de construção e destruição. Ou, quem sabe, o resultado do plebiscito insinua um remorso inconsciente, um sentimento de arrependimento coletivo, uma memória nostálgica de uma montanha antes onipresente na paisagem da cidade e que desapareceu no meio das silhuetas dos prédios – e que agora está condenada a sumir literalmente...

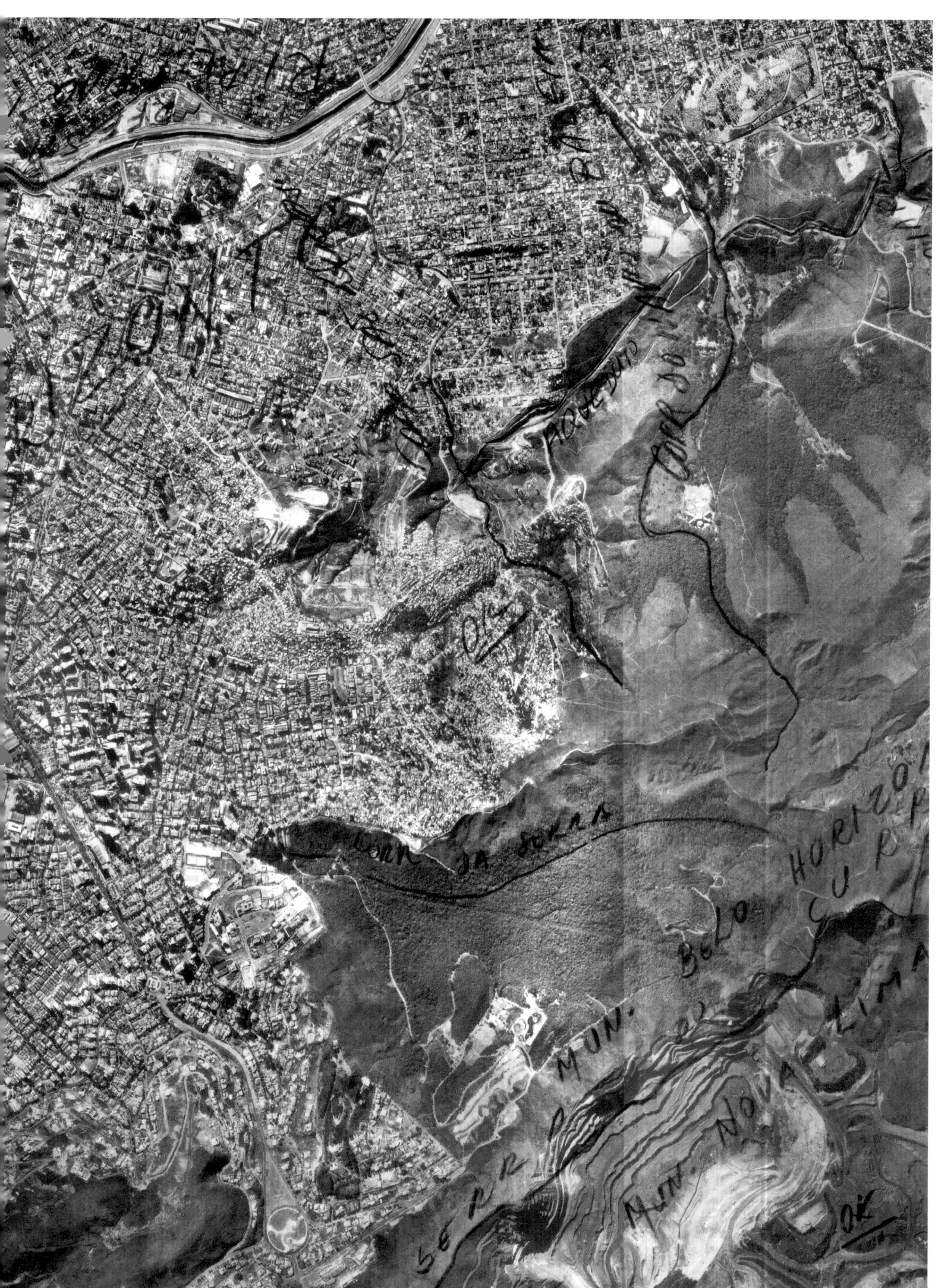
CORR DA SERRA
MUN. NOVA LIMA

Socorro! O símbolo de Belo Horizonte vai desaparecer!

O Estado de Minas Gerais é o mais montanhoso do Brasil, e Belo Horizonte não foge a essa predestinação geográfica: a cidade é dominada por uma serra que sempre limitou seu crescimento ao Sul. A Serra do Curral é um divisor de águas que marca o final da cidade e o início da zona de minerações. Do lado da cidade, as casas do bairro Mangabeiras ocupando terrenos cada vez mais íngremes como que trepando montanha acima. Do outro – o lado escondido –, os fantásticos, enormes, maravilhosos caminhões fora de estrada e escavadeiras explorando o minério de ferro, formando uma paisagem estranhamente bonita, em uma atividade devastadora que devorou a Serra e a transformou num tipo de painel natural, numa montanha *oca* que enfeita a cidade carente de símbolos.

Os degraus artificiais parecendo *campos de arroz de ferro*, o solo avermelhado cintilando, a alteração dramática da paisagem serrana, a bravura dos empreendedores que nunca têm dúvidas... Isso, com certeza, é mais bonito do que a cena estagnada das casas do bairro Mangabeiras. O símbolo de Belo Horizonte é, na verdade, uma obra de engenharia tão brava como os outros monumentos da engenharia do século 20: o lado da mineradora, sim, é o melhor lado dessa montanha. Vazio à espera de um megaprojeto de *land art*, de uma inusitada continuação da avenida Afonso Pena, de um grande parque, ou, quem sabe, de um gesto único e radical como o das telas de Lucia Fontana.

I. UM LADO (MANGABEIRAS)

A Serra do Curral foi tombada pelo Governo Federal em 1960 como reconhecimento de sua importância na configuração da paisagem da cidade e como forma de deter o avanço das mineradoras instaladas no lado oculto da serra. O lado voltado para Belo Horizonte estava intacto, não devastado pela mineradora então atuante, a Hanna Corporation, sendo que a medida foi tomada menos para conter o processo de especulação imobiliária do que para evitar a invasão das atividades de extração mineral no município de BH. A área foi rigorosamente demarcada pelo Instituto de Geo-Ciências Aplicadas – IGA, sob acompanhamento da Secretaria do Patrimônio Histórico e Artístico Nacional – Sphan, totalizando 1.257.115 metros quadrados. Apesar disso, nenhum uso efetivo foi proposto (parques, praças etc.), o que deixou a área vulnerável a outros interesses. Alguns anos depois, em 1969, uma companhia urbanizadora controlada pelo próprio Estado de Minas Gerais deu início à implantação de um loteamento junto ao sopé da Serra com o nome de Cidade da Serra, tendo seus projetos aprovados pela prefeitura de Belo Horizonte em 1973. A área total do loteamento é de 1.030.759 metros quadrados. O detalhe é que 750 mil metros quadrados do loteamento se encontra no perímetro tombado da serra, o que corresponde a 73% da área do loteamento, ou seja, mais da metade da área tombada foi abocanhada por uma empreitada do próprio poder público. Os projetos de parcelamento não foram submetidos à prévia aprovação da Sphan. Em fevereiro de 1975, o órgão procedeu à vistoria no bairro e, posteriormente, solicitou à companhia urbanizadora que promovesse, junto ao Estado e à Prefeitura, três alterações nos decretos de aprovação, visando adequar as normas específicas de edificações às condições de conveniência e interesse de preservação da paisagem tombada.

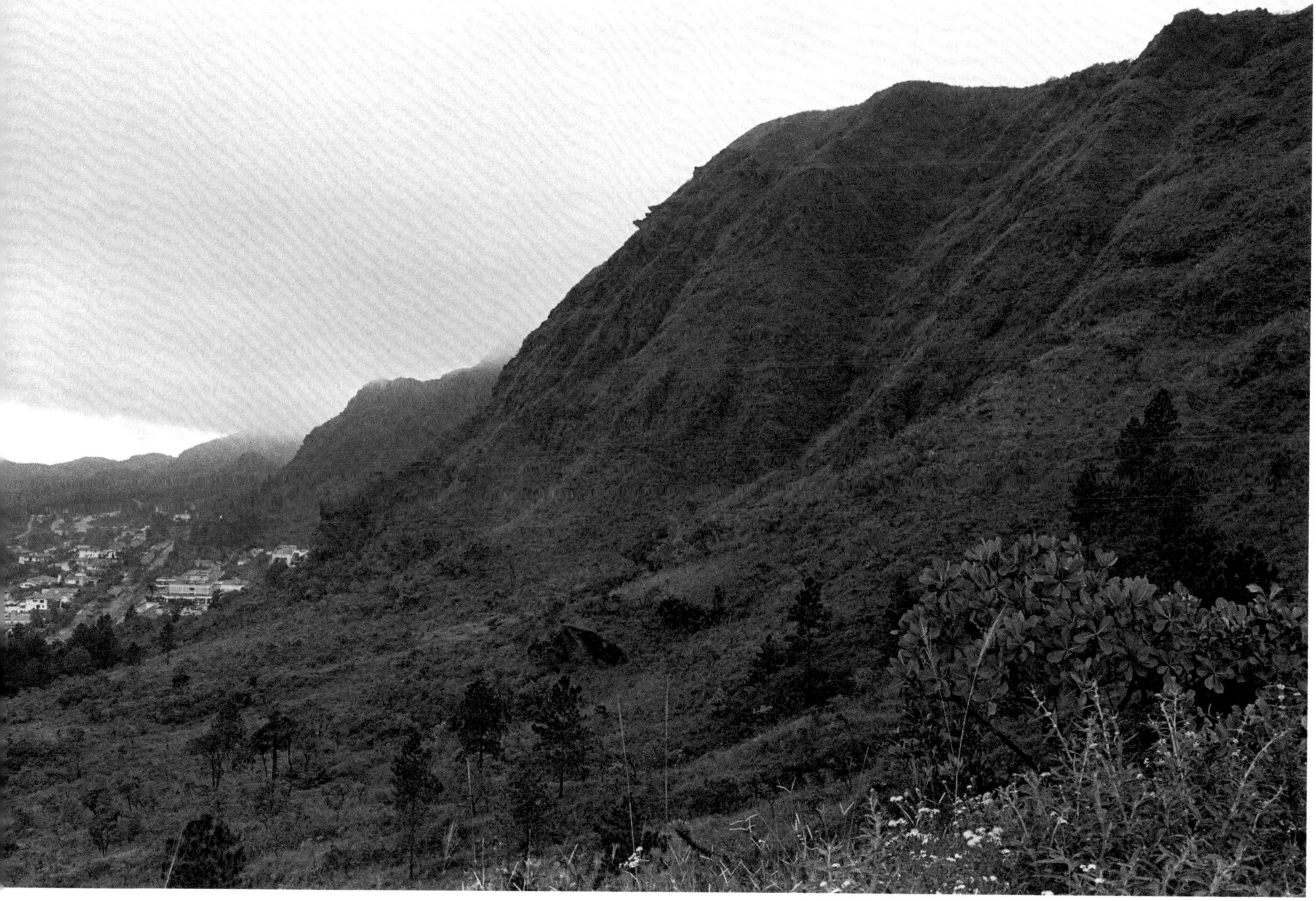

Eram eles:
1. limitar a taxa de ocupação do novo bairro a 40%;
2. limitar o coeficiente de aproveitamento a 0,9;
3. considerar *non-aedificandi* todos os terrenos situados acima do Anel da Serra, avenida que encerra o loteamento ao Sul e que demarca o final do sopé e início da montanha.

A companhia considerou as duas primeiras proposições inviáveis, já que os proprietários dos lotes haviam adquirido o direito de construir segundo as leis vigentes e muitas casas já haviam sido construídas de acordo com os antigos coeficientes de aproveitamento e taxa de ocupação. A terceira proposição foi considerada, mas uma exceção foi feita para a construção do Instituto Hilton Rocha, apesar das tentativas em se negociar a permuta dos lotes do Instituto por área equivalente em local próximo.

O uso e a ocupação do bairro das Mangabeiras (nome atual do loteamento Cidade da Serra) é residencial. O projeto do loteamento determinou a distribuição da área nas seguintes proporções: 52% para lotes residenciais; 17% para arruamento; 13% para áreas verdes; 18% para áreas reservadas; e 0,004% para escolas. A maior parte do bairro apresenta declividades superiores a 30%, com áreas de até 47%, o que o caracteriza como local impróprio para ocupação através de parcelamento do solo. Para a implantação do bairro, foram necessários investimentos financeiros vultosos tanto por parte da iniciativa privada quanto do poder público devido às diversas obras de contenção, aterros e desaterros exigidos. Tombada para ser intocada, a serra passou desde então a ser ocupada como nunca por residências unifamiliares em lotes de 500 metros quadrados, os quais passaram a obstruir a vista da serra in loco, apesar do bairro apresentar uma densidade habitacional bem menor do que a média da cidade. Hoje, dos 650 lotes do bairro, vários ainda estão desocupados. O ritmo das construções ainda continua por cima do símbolo da cidade, enquanto do outro lado – o lado das minerações que motivaram o tombamento – a destruição, paradoxalmente, esconde um futuro uso potencialmente mais interessante.[64]

II. OUTRO LADO (MBR)

A Minerações Brasileiras Reunidas S.A. – MBR tem sua principal mina ao Sul de Belo Horizonte, na divisa com o município de Nova Lima. Essa mina, a Mina de Águas Claras, iniciou sua operação em 1973, estando atualmente em fase de exaustão. Sua produção está prevista até o ano 2002, quando será iniciada a fase de recuperação final da mina.

Águas Claras situa-se numa extensão longitudinal de 1.400 metros na Serra do Curral. Tem ao Sul a mata do Jambreiro e as nascentes formadoras de córregos do Rio das Velhas. A Noroeste está o bairro Mangabeiras, situado atrás das fraldas da Serra e, ao Norte, o Parque das Mangabeiras, uma das poucas opções de lazer e turismo na cidade.

O Complexo Águas Claras tem a sua operação garantida por meio de um plano de lavra. Para diminuir a alteração ambiental a níveis aceitáveis, com possibilidade de alta depuração, a empresa cuidou dos agentes potencialmente agressivos, de modo a evitar a poluição hídrica, atmosférica e edáfica. Para o controle dos efluentes emanados das instalações de beneficiamento de minério, a MBR construiu, entre outras, uma barragem no Córrego Águas Claras destinada à retenção de sólidos. Dela, flui uma água limpa que retoma à reserva ecológica do Jambreiro, utilizável pelos condomínios da região. Os esgotos dos escritórios e oficinas são tratados em estação de lodos ativados e dispostos em irrigação subsuperficial. O controle das detonações também mereceu cuidados especiais. Tanto a sobreposição das ondas de choque quanto a velocidade vibratória das partículas encontram-se em níveis satisfatórios. A recolonização das superfícies decapitadas pelas atividades minerárias se faz através de um programa de cobertura vegetal pelo processo de hidrossemeadura de gramíneas e leguminosas nativas e implantação de florestamento nas encostas da mina. O tratamento do estéril, por sua vez, dá-se na sua deposição controlada. Para evitar o carreamento desse material, um sistema de drenagem de montante é executado de modo a divergir as águas das chuvas que incidem diretamente sobre ele.

Em 1980, em função do impacto visual promovido pelo rebaixamento do perfil da Serra do Curral (aproximadamente 80 metros), delineou-se seu contorno definitivo. Para a reintegração da área, a MBR seguiu a orientação do SPHAN, eliminando a horizontalidade e retilineidade do perfil, determinadas pela mineração em bancadas, e implantou uma cobertura vegetal compatível com aquela existente na região. A Mata do Jambreiro, que também foi uma das preocupações do programa conservacionista da MBR, representa uma formação residual da floresta Atlântica, uma das poucas nas proximidades de Belo Horizonte, e mereceu atenção da empresa que, em 1978, cedeu ao Governo do Estado 912 hectares de sua ocorrência para transformação em reserva

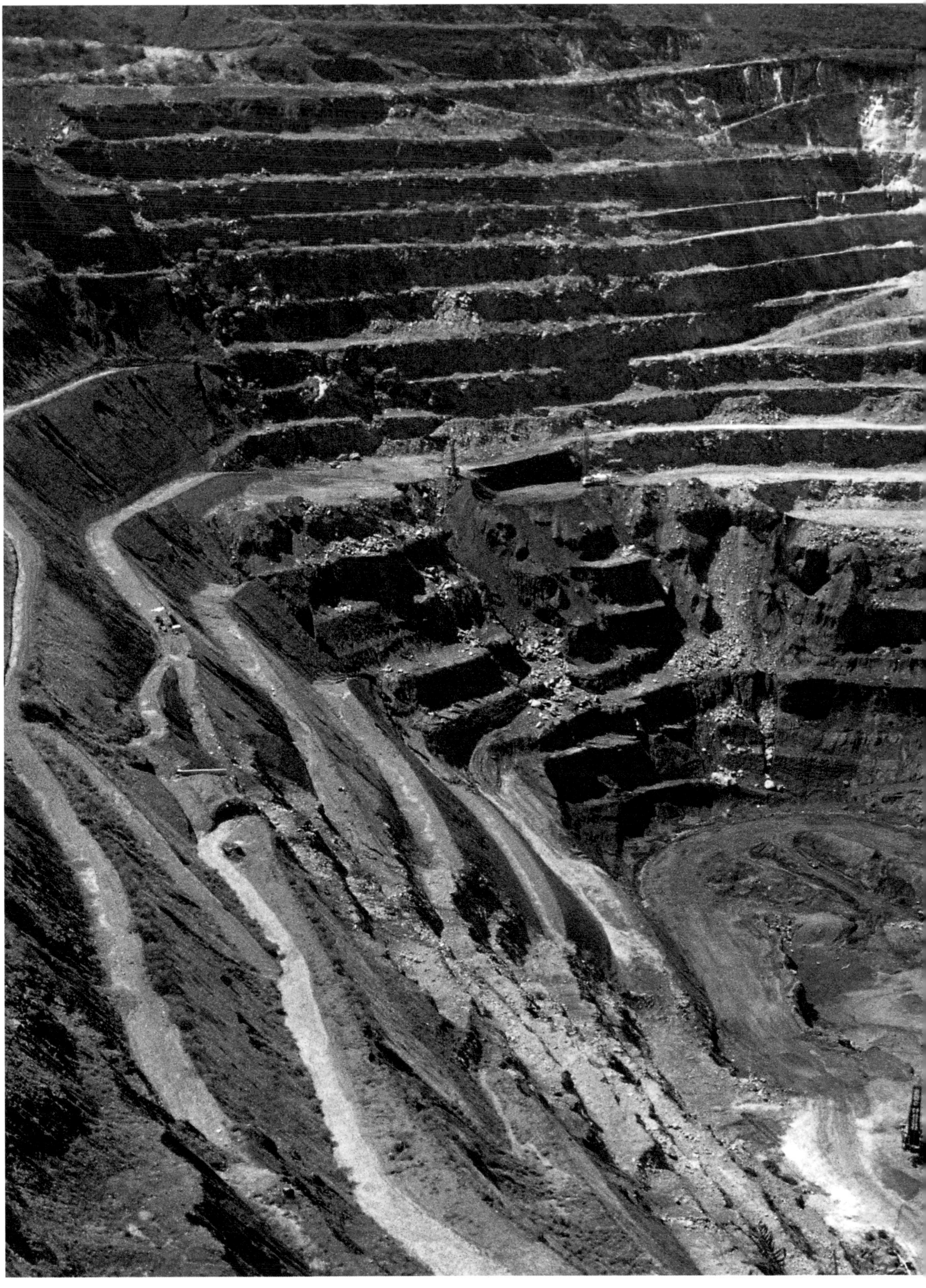

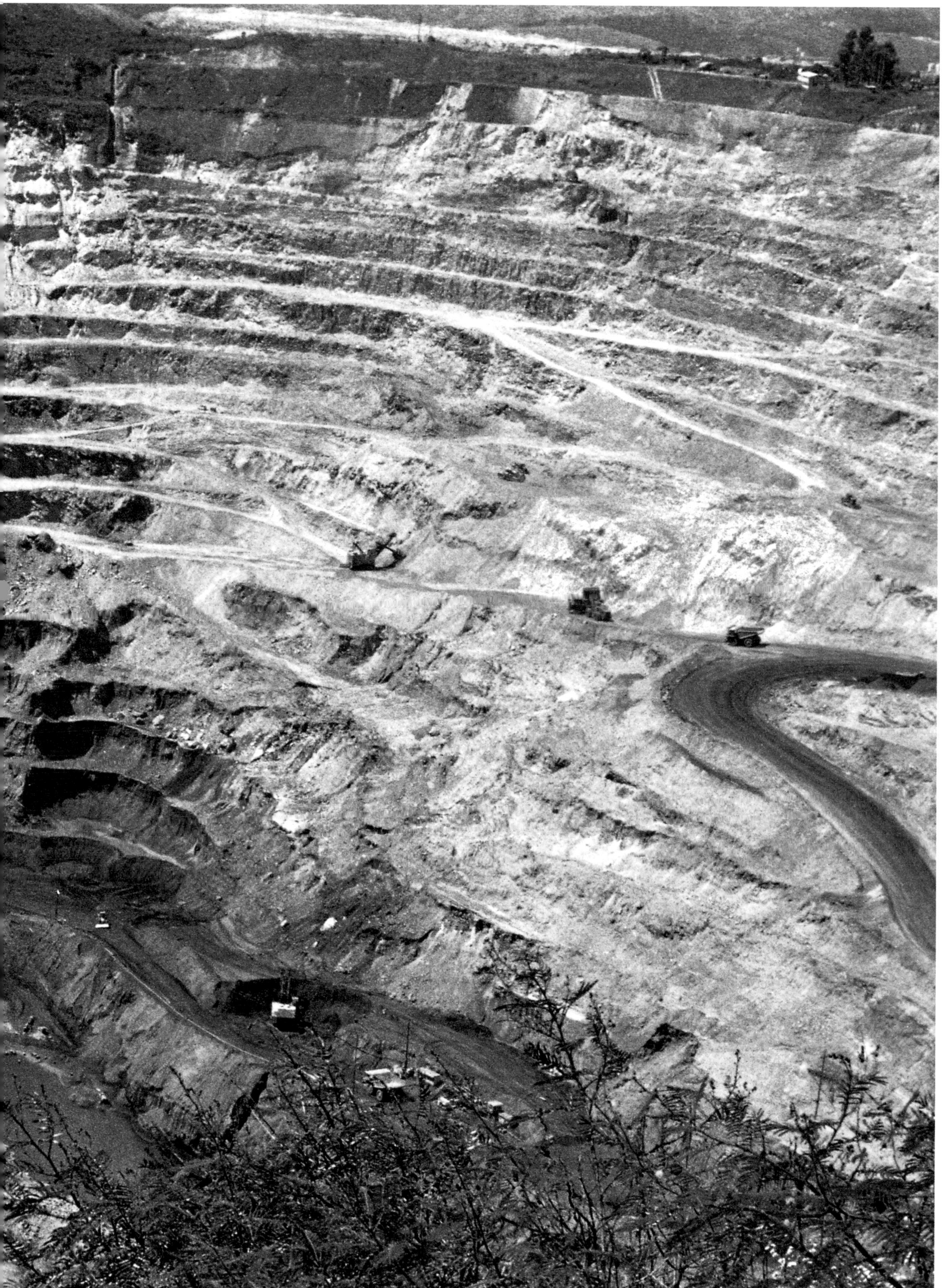

PROJETO

É intenção da mineradora MBR transformar a topografia plana ao redor da cava da mineração em loteamento. Tal área é, na verdade, um imenso depósito de estéril, mas é a única área passível de ser transformada em condomínio residencial fechado. Levando em consideração a posição estratégica, a beleza natural e o potencial da mineração como equipamento de uso público (além da evidente carência de parques em Belo Horizonte), é certo que mais um condomínio fechado nessa paisagem não é, definitivamente, o melhor aproveitamento da área. Todas as radicais alterações sofridas pela Serra do Curral indicam outro caminho, mais ambicioso e mais democrático: após a desativação, deixar a mineração como está. Propor a volta da paisagem natural assim como era antes da MBR é obviamente uma atitude economicamente inviável: a ideia da celebração da natureza ou mesmo do passado da mineração de Águas Claras (um parque temático sobre a história das grandes minas das Minas Gerais, por exemplo) não faz sentido por ser estática e retrógrada. Este projeto baseia-se na ideia de que as cicatrizes deixadas na serra não são desastres ecológicos, mas, sim, sinais que podem ser interpretados como insinuadores de novos programas. Cada uma das marcas deixadas, por mais agressivas que pareçam, são topologias que subentendem novas atividades. Nos caminhos sinuosos que vão das antenas de rádio até o nível mais alto da cava, trilhas para trekking; nos taludes mais acentuados, pistas de *metal-surf*; nos platôs de estéril, um teatro, um centro de convenções e um hotel. Todo vestígio, todo desvio, todo deslocamento de terra deve ser aceito e tombado. A mineração não será mais um condomínio fechado, mas, sim, um parque que combinará a contemplação da mata do Jambreiro com equipamentos culturais e sociais, além de atividades esportivas compatíveis com as limitações e potenciais encontrados.

1. MANCHA DA ATUAL RMBH:
O diagrama mostra a desproporção entre a área inicialmente planejada (avenida do Contorno) e a área total da Região Metropolitana de Belo Horizonte.

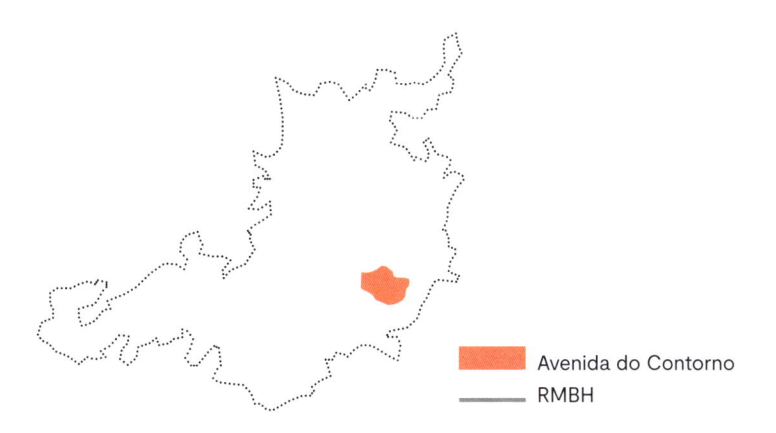

▬ Avenida do Contorno
— RMBH

2. MALHA RODOVIÁRIA:
Estrutura radial, sem articulações entre as áreas periféricas. A única exceção, o anel rodoviário, é, na verdade, um semianel.

— Anel Rodoviário
— Rodovias / vias arteriais

3. MALHA FERROVIÁRIA:

———— Ferrovia

4. MALHA METROVIÁRIA:
Mesmo aproveitando o leito da malha ferroviária, o metrô de BH tem poucas chances de expansão devido à topografia inadequada da região.

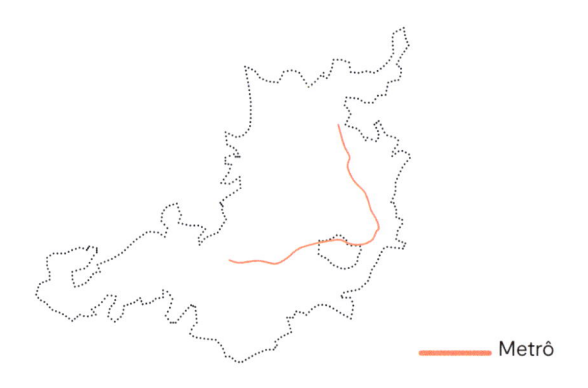

———— Metrô

5. ACESSOS:
O Parque da Serra do Curral, objeto desse projeto, estará articulado a Belo Horizonte pela complementação do anel rodoviário, pelo elevador do Parque das Mangabeiras e pelo túnel sob a Serra do Curral. O túnel marcará o fim das possibilidades de extensão da avenida Afonso Pena, já que o relevo da Mata do Jambreiro é, na prática, intransponível. Além da complementação do anel rodoviário – que hoje não é mais que uma via expressa totalmente absorvida pelo tecido urbano – um novo anel de raio maior (anelão) funcionará, efetivamente, como anel rodoviário, alavancando o desenvolvimento dos municípios da RMBH e descentralizando o núcleo de Belo Horizonte.

———— Avenida Afonso Pena
———— Anel Rodoviário (complemento)
- - - - Novo Anel (Anelão)
———— Serra do Curral
:::::::: Parque da Serra do Curral

6. ATIVAÇÃO:
Essas novas infraestruturas ativarão o maior vazio e uma das mais impactantes cenas dos arredores de Belo Horizonte: a mineração de Águas Claras, da MBR.

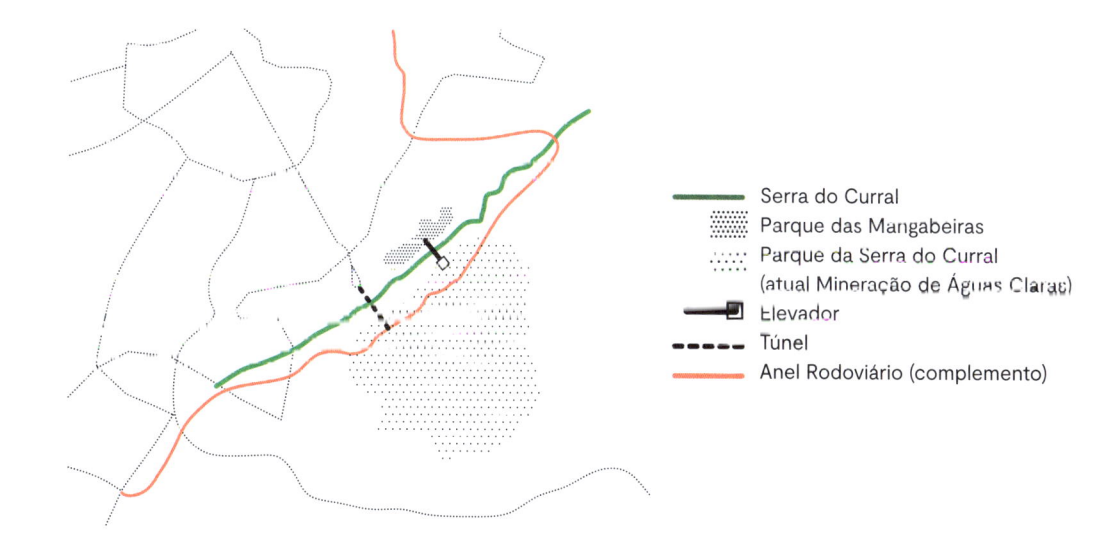

———— Serra do Curral
:::::::: Parque das Mangabeiras
:::::::: Parque da Serra do Curral
(atual Mineração de Águas Claras)
▬☐ Elevador
- - - - Túnel
———— Anel Rodoviário (complemento)

7. ÁGUAS:
Um enorme palco flutuante para shows, sobre o lago que será formado pela elevação do nível do lençol freático (e onde hoje está a cava da mineração), será envolvido por uma extensa arquibancada. O acesso à arquibancada poderá se dar, também, pelo elevador do Parque das Mangabeiras. À margem da represa da MBR – uma piscina para decantação de minério de ferro – poderá ser construído um edifício para fins de ensino e pesquisa.

Lagos

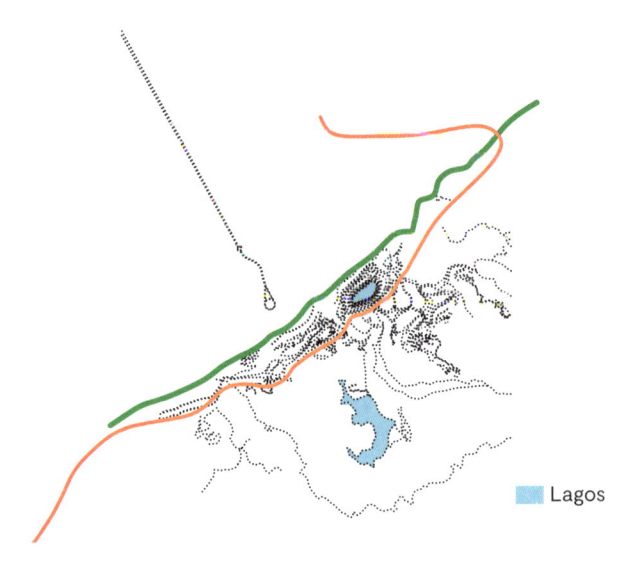

8. PAISAGISMO:
(tornando uma paisagem artificial ainda mais artificial)

A futura paisagem do Parque da Serra do Curral será consequência de uma operação mais ou menos especulativa. Alguns depósitos de estéril serão cobertos por uma *mata virgem* completamente falsa, *igualzinha* a Mata do Jambreiro enquanto, no platô perto do novo anel, uma estranha paisagem será composta por pilhas esculturais de minério de dezenas de metros de altura. Serpentinas de árvores nativas, principalmente imbaúbas, marcarão o percurso do Parque no sentido longitudinal. Nesse desenho, as curvas de nível serão ora respeitadas, ora desrespeitadas. Um malha rígida, formada por árvores de maior porte, delimitará, em uma das poucas áreas planas da mineração, um mirante. O talude da cava da mineração será coberto, em certas partes, por uma camada de gramíneas devidamente preparada para declividades mais acentuadas. O efeito visual será uma mistura dos campos de arroz da Indonésia com algo bem menos pitoresco.

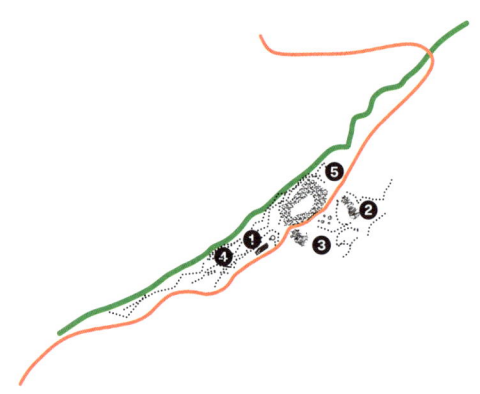

1. Malha de árvores
2. Nova "mata virgem"
3. Pilhas de minério
4. Serpentina de árvores nativas
5. Talude

9. ESPORTES:
(ativando as áreas ativáveis)

Um complexo de quadras esportivas e campos de futebol será construído no *loop* da ferrovia que será desativada. As atividades esportivas irão se espalhar por todo o Parque. Esportes menos convencionais (trekking, *metal-surf*) poderão acontecer em qualquer área, mas algumas facilidades para essas atividades serão providas. Uma pista de cooper oval será construída sobre as curvas de nível mais altas da cava da mineração. Esportes náuticos, desde que condizentes com o tamanho do futuro lago, serão praticados onde hoje está o fundo da cava. Um galpão da MBR será reutilizado para abrigar as quadras poliesportivas cobertas.

1. Trekking
2. Quadras esportivas
3. Campos de futebol
4. Metal-surf
5. Quadras cobertas
6. Pista de cooper
7. Esportes náuticos

10. ARQUITETURA:
(aceitando o relevo da mineração)

Os edifícios do Parque da Serra do Curral foram locados tendo em vista a preservação de sua topografia radicalmente artificial. O Centro de Convenções e o Teatro/Centro Cultural ficarão em locais de fácil acesso, sobre grandes platôs de estéril. Já o Hotel e o Centro de Pesquisas serão edificados em locais mais isolados. Alguns edifícios existentes e toda a estrutura da mineradora (esteiras, galpões etc.) permanecerão para compor ou destoar dessa nova arquitetura. Num deles será instalado um (inevitável) museu da mineração

Fora do Parque e do outro lado da serra, numa das novas regiões que serão acessíveis devido ao complemento do anel rodoviário, está proposta uma "zona livre". A zona livre será um local onde valerá a construção de edifícios de até cinquenta andares com padrão de ocupação tipo baixa densidade. Sua locação poderá ser alterada, mas é importante ressaltar o futuro e enorme potencial de toda a área ao longo do complemento do anel rodoviário.

1. Píer
2. Palco flutuante
3. Teatro / centro cultural
4. Hotel
5. Centro de convenções
6. Teleférico
7. Centro de pesquisas
8. Zona livre

B. TUMOR BENIGNO

Se a história de Belo Horizonte é um filme, este pode ser resumido a uma transformação dos vazios de uma cidade jovem em cheios de uma cidade saturada. Esse projeto é a imagem desse filme vista em câmera rápida, mas em sentido inverso (como a imagem que se tem com a tecla *rewind* dos VCR): é um retrocesso na história que, paradoxalmente, aponta para os melhores futuros de Belo Horizonte. Recapitulemos toda a história de BH em poucos minutos, para que o absurdo da ocupação dos vazios fique mais claro. Se o *progresso* desta cidade está identificado com a paulatina ocupação de seus lotes e parques, um retrocesso significa desocupar os cheios e reinstaurar os vazios. Desafogar o centro, adensar e interligar a periferia eficientemente, imaginar projetos tão delirantes como o foi a densificação de Belo Horizonte. Voltar às origens da cidade. Imaginar, mais uma vez, a liberdade e a força dos vazios. Agora, a zona urbana passará a ser um grande Parque Municipal, num gesto de *vingança do urbanismo*. Como um enorme Central Park – que é ao mesmo tempo negação e exaltação da cidade –, a zona urbana passará a ser a natureza de que dispomos: a natureza das coisas que escaparam ao artificialismo da arquitetura. A vingança: metástase inversa daquela que caracterizou o crescimento de Belo Horizonte.

> Um tumor benigno. Uma mancha de vazios contaminando os cheios. Um retrocesso: volta ao início da história como forma de enxergar um futuro mais saudável.

289

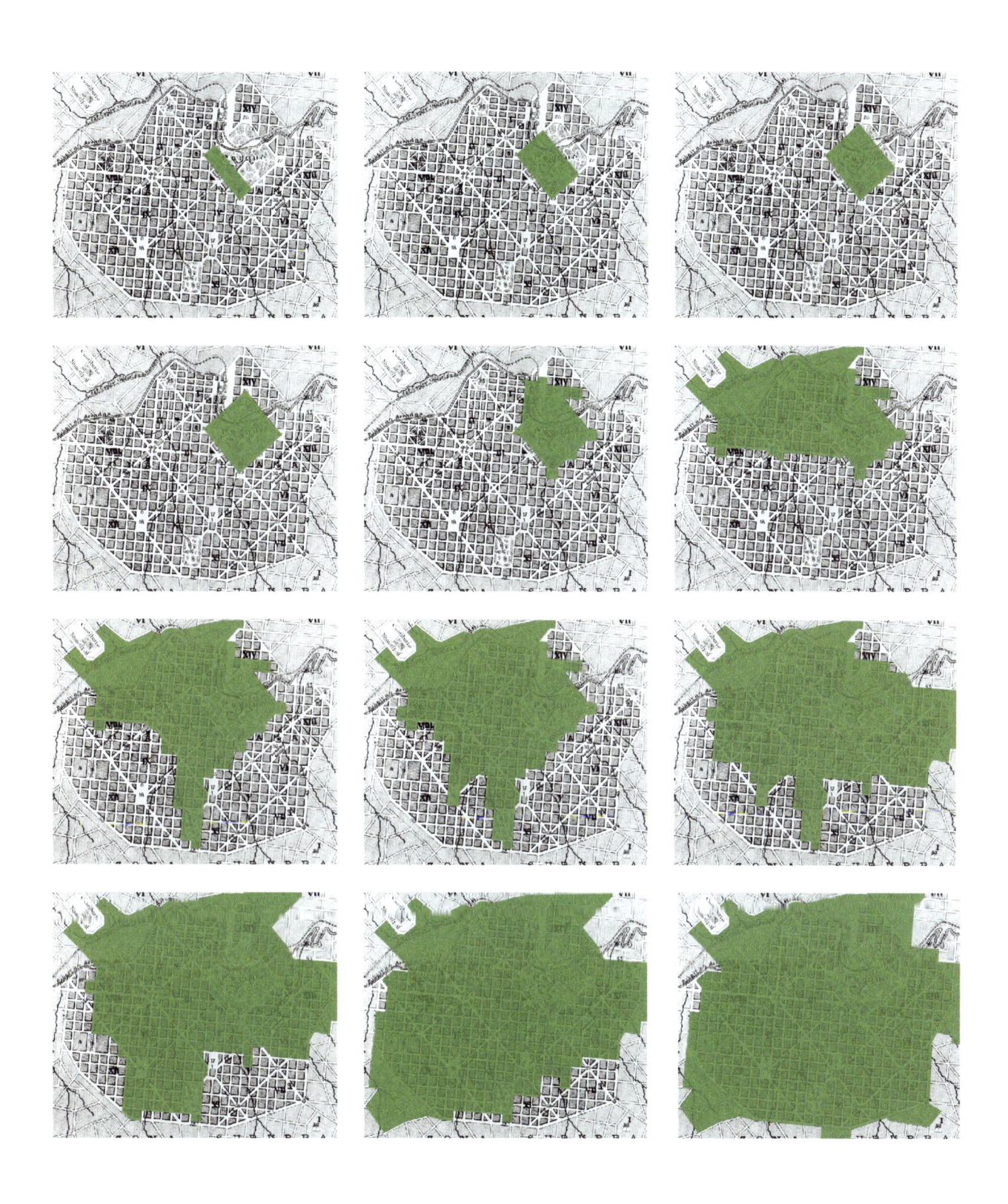

C. TEATRO DOS VAZIOS

Um dia, todos os habitantes de Belo Horizonte ouvem um *toque de saída*: todos são obrigados a sair de suas casas ou de onde quer que estejam alojados, para então invadir os espaços públicos da cidade. As repartições públicas, edifícios residenciais, escritórios, lojas, favelas, condomínios, shoppings, casas, hospitais, escolas, hospícios, cinemas – toda a arquitetura é abandonada simultânea e radicalmente em troca da ocupação repentina das ruas, avenidas, praças e parques. É como um teste de sinal de alerta. Não um teste contra terremoto ou incêndio, e, sim, uma prova cujo objetivo é mostrar como a ocupação forçada dos poucos vazios da cidade pode gerar energias positivas e negativas. Nesse teatro, a arquitetura desempenha o papel de atriz coadjuvante ou mesmo de mera figurante: todas as edificações, totalmente abandonadas, assistindo passivamente ao comportamento imprevisível da massa.

D. INSTALAÇÃO NA PACE GALERIA

O prédio da Pace Arte Galeria (projetado por Gustavo Penna) é um cubo amarelo com poucas aberturas e de pé-direito duplo. Assentado sobre um terreno de declive acentuado, próximo às minerações da Serra do Curral, sua implantação está voltada para a frente do lote. Nos fundos está um talude que acompanha o relevo natural. O projeto prevê a exposição do *espaço negativo* do interior da galeria. A partir de um molde feito com as mesmas medidas do espaço interior do cubo, uma estrutura de madeira será revestida com placas de aço corten no local onde se encontra o talude do terreno.

    1. tomada das medidas do espaço interno da galeria;
    2. locação e construção da estrutura, em seis colunas de concreto, que suportará o novo prédio;
    3. montagem da forma (conforme as medidas do item 1) sobre a estrutura construída sobre o talude;
    4. instalação das placas de aço corten sobre as placas de madeira.

O objeto da exposição será esse volume de aço de peso descomunal, levitando sobre a montanha.
A materialização do vazio só poderá ser vista fora dele, do lado de fora da galeria.
O volume deverá ser retirado do local após dois meses.

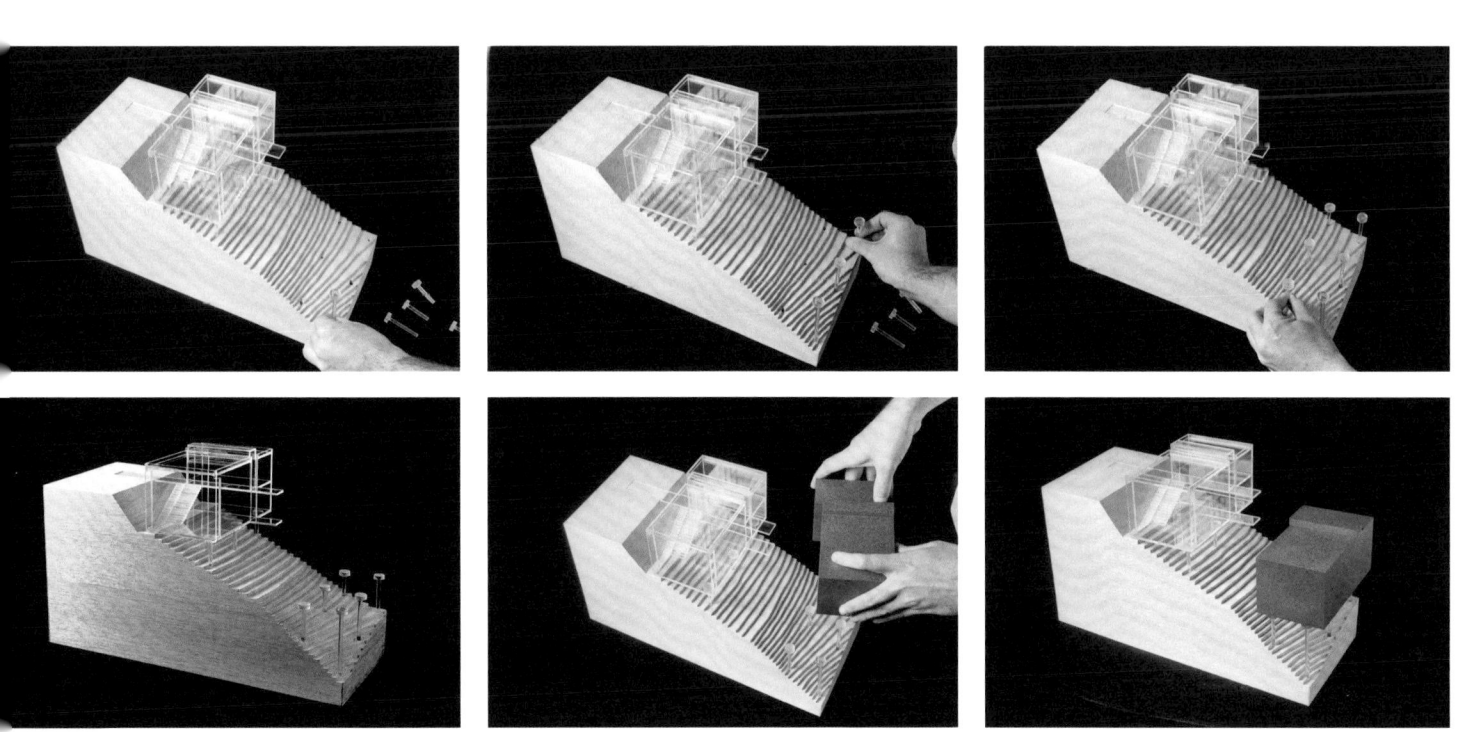

E. INTERVENÇÃO EM UM EDIFÍCIO MEDÍOCRE

NOTAS

1. WERNECK, Celso. *Reminiscências do coletor Celso Werneck*. Belo Horizonte, Museu Abilio Barreto (mimeo, s/d). Apud MAGALHÃES, Beatriz de; ANDRADE, Rodrigo. *Belo Horizonte, um espaço para a República*, p. 82.

2. CALVINO, Italo. *As cidades invisíveis*, p. 30.

3. TAUNAY, Affonso de Escragnole. Impressões de Belo Horizonte, p. 31.

4. SONTAG, Susan. *On Photography*, p. 71. Tradução livre.

5. DIAS, Francisco Martins (padre). *Traços históricos e descritivos de Belo Horizonte*. Belo Horizonte, Typographia do Bello Horizonte, 1897, p. 105-106. Apud MAGALHÃES, Beatriz de; ANDRADE, Rodrigo. Op. cit., p. 116.

6. BAUDRILLARD, Jean. *The Transparency of Evil*, p. 153. Tradução livre.

7. ATAÍDE, Tristão de. Belo Horizonte, cidade morta?, p. 43.

8. Um passeio dentro da cidade de Ouro Preto. *Liberal Mineiro*, Ouro Preto, 1894. Apud *Saneamento básico em Belo Horizonte: trajetória em 100 anos. Os serviços de água e esgoto. Fascículo 3: A Comissão Construtora e o saneamento da nova capital*, p. 10.

9. MAGALHÃES, Beatriz de; ANDRADE, Rodrigo. Op. cit., p. 37.

10. PAULA, Joaquim de. Fonte desconhecida, 1902. Apud *Saneamento básico em Belo Horizonte: trajetória em 100 anos. Os serviços de água e esgoto. Fascículo 3: A Comissão Construtora e o saneamento da nova capital* (op. cit.), p. 15.

11. REIS, Aarão. Comissão de estudo das localidades indicadas para a nova capital – relatório apresentado ao S. Exº Sr Dr Afonso Pena (Presidente do Estado) polo engenheiro Civil Aarão Reis, jan./mai. 1893, p. 9-11. Apud MAGALHÃES, Beatriz de; ANDRADE, Rodrigo. Op. cit., p. 58.

12. REIS, Aarão. Ofício n. 26 de 23 mar. 1895, apresentando ao governo as plantas da cidade. Minas Gerais, Comissão Construtora da nova capital. *Revista Geral dos Trabalhos*, v. 2, Rio de Janeiro, 1985, p. 59-60. Apud BARRETO, Abilio. *Belo Horizonte, memória histórica e descritiva*, p. 250-251.

13. AZEVEDO, Artur. Um passeio a Minas – VI. *Minas Gerais*, Belo Horizonte, 11 dez. 1901, p. 2. Apud MAGALHÃES, Beatriz de; ANDRADE, Rodrigo. Op. cit., p. 94.

14. AZEVEDO, Artur. Um passeio a Minas – IV. *Minas Gerais*, Belo Horizonte, 27 nov. 1901, p. 2. Apud MAGALHÃES, Beatriz de; ANDRADE, Rodrigo. Op. cit., p. 94.

15. RIANCHO, Alfredo (pseudônimo de Alfredo Camarate). Por montes e vales – XLIII. *Minas Gerais*, Ouro Preto, 14 out. 1894, p. 2. Apud MAGALHÃES, Beatriz de; ANDRADE, Rodrigo. Op. cit., p. 80.

16. JULIÃO, Letícia. Belo Horizonte, itinerários da cidade moderna, 1891-1920, p. 57.

17. MINAS GERAIS (Governo do Estado). Regulamento n. 803, p. 232-234.

18. RIANCHO, Alfredo (pseudônimo de Alfredo Camarate). Por montes e vales – XLIX. *Minas Gerais*, Ouro Preto, 23 nov. 1894, p. 2. Apud MAGALHÃES, Beatriz de; ANDRADE, Rodrigo. Op. cit., p. 80.

19. RIANCHO, Alfredo (pseudônimo de Alfredo Camarate). Por montes e vales – XXII. *Minas Gerais*, Ouro Preto, 27 jun. 1894, p. 4. Apud MAGALHÃES, Beatriz de; ANDRADE, Rodrigo. Op. cit., p. 106.

20. REIS, Aarão. Exposição apresentada ao governo do estado pelo Dr. Aarão Reis ao deixar a chefia da Comissão Construtora, p. 298-299.

21. REIS, Aarão. Ofício n. 26 de 23 mar. 1895, apresentando ao governo as plantas da cidade. Minas Gerais, Comissão Construtora da nova capital (op. cit.), p. 59-60. Apud BARRETO, Abílio. Op. cit., p. 253.

22. REIS, Aarão. Belo Horizonte visto por quem lhe delineou o plano inicial. *Diário de Minas*, Belo Horizonte, 21 jul. 1926, p. 1. Apud MAGALHÃES, Maria Beatriz de Almeida, *Poetopos: cidade, código e criação errante*, p. 47.

23. A nova capital do Estado de Minas Gerais em Belo Horizonte – conclusão. *Gazeta de Notícias*, Rio de Janeiro, 31 jan. 1895, p. 2. Apud MAGALHÃES, Beatriz de; ANDRADE, Rodrigo. Op. cit., p. 70.

24. A nova capital do Estado de Minas Gerais em Belo Horizonte – conclusão (op. cit.), p. 2. Apud MAGALHÃES, Beatriz de; ANDRADE, Rodrigo. Op. cit., p. 70.

25. Apáras. *Vida de Minas*, Belo Horizonte, 15 fev. 1915. Apud JULIÃO, Letícia. Op. cit., p. 53.

26. LOBATO, Monteiro. Belo Horizonte, a bela, p. 36.

27. REIS, Aarão. Exposição apresentada ao governo do estado pelo Dr. Aarão Reis ao deixar a chefia da Comissão Construtora (op. cit.), p. 282-283.

28. BAUDRILLARD, Jean. A violência do objeto, p. 70.

29. PEREIRA, Renato Santos. Deforma-se a cidade mais bonita do Brasil. *Estado de Minas*, Belo Horizonte, 7 jan. 1949, p. 5. Apud PASSOS, Luiz Mauro do Carmo. *A metrópole cinquentenária – fundamentos do saber arquitetônico e imaginário social da cidade de Belo Horizonte (1897-1947)*, p. 299.

30. BAUDRILLARD, Jean. *The Transparency of Evil* (op. cit), p. 106. Tradução livre.

31. LEIGH, W. Aspectos de Belo Horizonte, p. 62.

32. WARHOL, Andy. Andy Warhol (1930-1987) Interview with Gene Swenson, p. 731. Tradução livre.

33. ANDRADE, Oswald de. Manifesto da poesia pau-brasil, p. 5.

34. JABOR, Arnaldo. *Brasil na cabeça*, p. 110.

35. FERREIRA, Aurélio Buarque de Holanda. *Novo dicionário Aurélio*.

36. O texto de Adriano Mattos Corrêa é um comentário feito para este livro sobre as fotos publicadas na página 149, onde o autor relaciona o conceito de "literatura menor" de Deleuze e Guattari com o galpão, objeto das fotografias. As transcrições corretas das passagens citadas são as seguintes: "A segunda característica das literaturas menores é que nelas tudo é político" (DELEUZE, Gilles; GUATTARI, Félix. Kafka. Por uma literatura menor. Rio de Janeiro, Imago, 1977, p. 26.); e "O que no seio das grandes literaturas ocorre em baixo e constitui como que uma cave não indispensável ao edifício, aqui ocorre em plena luz; o que lá provoca um tumulto passageiro, aqui não provoca nada menos do que uma sentença de vida ou de morte". (KAFKA, Franz. *The Diaries of Franz Kafka 1910-1913*. Organização Max Brod. Nova York, Schoken Books, 1948, p. 194. Apud DELEUZE, Gilles; GUATTARI, Félix. Op. cit., p. 26.)

37. LEMOS, Celina Borges. A construção simbólica dos espaços da cidade.

38. VALADARES, Décio Eduardo. *Shopping centers: mito e realização do capital*, p. 20.

39. Idem, ibidem, p. 20.

40. Idem, ibidem, p. 18-19.

41. ANDRADE, Oswald de. Manifesto antropófago, p. 15, 19, 13, respectivamente.

42. *Diário de Minas*. Belo Horizonte, 23 abr. 1924.

43. ANDRADE, Oswald de. Embaixada Artística. Minas histórica através da visão de um esteta moderno.

44. ANDRADE, Oswald de. Manifesto antropófago (op. cit.), p. 13.

45. ANDRADE, Oswald de. Embaixada Artística. Minas histórica através da visão de um esteta moderno (op. cit.).

46. KUBITSCHEK, Juscelino. *Porque construí Brasília*, p. 33.

47. KUBITSCHEK, Juscelino. Da Pampulha a Brasília, p. 16.

48. Idem, ibidem.

49. BASTIDE, Roger. Outro estilo de beleza, p. 59.

50. KUBITSCHEK, Juscelino. *Porque construí Brasília* (op. cit.), p. 34.

51. Idem, ibidem.

52. KUBITSCHEK, Juscelino. Entrevista.

53. De 1999 para 2021, o CJK passou por reformas e transformações significativas e hoje abriga extratos sociais ainda mais variados, inclusive a classe média.

54. Nos anos 2000, a Igreja Universal do Reino de Deus construiu um templo gigantesco bem ao lado do CJK, mas ainda mantém suas atividades na loja do conjunto.

55. JENCKS, Charles. *El lenguaje de la arquitectura posmoderna*, p. 9.

56. PEDROSA, Mário. O manifesto pela arte total de Pierre Restany, p. 1.

57. MENIL, Dominique de; BOZO, Dominique; MOCK, Jean-Yves; RESTANY, Pierre; MCEVILLEY, Thomas; ROSENTHAL, Nan. *Yves Klein, 1928-1962: A Retrospective*. Tradução livre.

58. KLEIN, Yves. Préparation et présentation de l'exposition du 28 avril 1958 chez Iris Clert. Apud STICH, Sidra. *Yves Klein*, p. 137-138. Tradução livre.

59. KLEIN, Yves. Mon livre. Apud STICH, Sidra. Op. cit., p. 153. Tradução livre.

60. STICH, Sidra. Op. cit., p. 212-213. Tradução livre.

61. Apocalipse, 1, 3, p. 2301.

62. RIANCHO, Alfredo (pseudônimo de Alfredo Camarate). Por montes e vales – XLIX (op. cit.), p. 2. Apud MAGALHÃES, Beatriz de; ANDRADE, Rodrigo. Op. cit., p. 138.

63. ALVARENGA, Lourdes Janine de. *Estudo do desmembramento da área original do Parque Municipal Américo René Giannetti*.

64. AMORIM, Gláucia Maria. *Impactos ambientais do uso e ocupação do solo na Serra do Curral no município de Belo Horizonte*.

65. Cf. GOMES, Neusa Santos. *Recuperação de áreas mineradoras no contexto urbano*.

olhe bem as montanhas...

POSFÁCIO

HISTÓRIA DO VAZIO

Belo Horizonte, 1999. Os bairros que mais cresciam verticalmente eram o Buritis, o Castelo e o Belvedere, e são eles que foram retratados em alguns dos capítulos deste livro. Naquele ano, os três eram promessas de uma cidade por vir – assim como hoje são exemplos de como *não* se fazer uma cidade.

O fracasso daquelas que eram expectativas em estado de ebulição levaria à conclusão de que este livro, apesar de ácido, é ingenuamente otimista. Pois nestas últimas décadas, é óbvio que não assistimos à construção da *urbis* biblicamente anunciada na "Oração" que encerra o volume. Não construímos mais cidade, apenas estendemos um processo de urbanização muito pouco cívico. O que ocorreu, então? Já não temos motivo algum para a celebração da energia dos vazios? Seria esta segunda edição nada além de um anacrônico culto a um futuro que – hoje sabemos – se nos mostrou muito mais distópico do que esperançoso?

Na verdade, como o leitor pôde notar, o assunto do livro não é propriamente a transformação de bairros residenciais. A das favelas, dos shoppings, dos condomínios e das minerações, sim.

O CJK, de 1951, "anticartão-postal" modernista e maior condomínio vertical de BH, mudou para melhor, ainda que lentamente. Em compensação, uma das últimas grandes obras da cidade – o Centro Administrativo, de 2010, com 260.000m² e desenhado pelo mesmo Oscar Niemeyer – é um dos maiores equívocos já construídos: uma velha aposta em um novo colosso modernista, como se duas mortes pudessem gerar uma vida.

As favelas cresceram e a percentagem de moradores que vivem em vilas e aglomerados continua por volta dos 25% da população. Apesar dos programas implementados, que levaram infraestrutura e serviços públicos às vilas periféricas, não houve mudança naquela percentagem: os esforços não foram suficientes. Já o ritmo de construção dos shoppings não se mostrou tão frenético quanto antes, o que poderíamos considerar como um dado positivo. Mas, infelizmente, a profecia de que os *malls* iriam virar pistas de samba tão esplendorosas como uma Marquês de Sapucaí não se concretizou.

Entre todos os temas tratados, há um que se mostra muito mais pungente hoje do que antes: o do descomissionamento das minerações a céu aberto. É triste dizer que foi preciso duas tragédias socioambientais, uma em Mariana e outra em Brumadinho, para que o tema do minério de ferro passasse ao necessário escrutínio que, até hoje, continua circunscrito a um punhado de engenheiros e consultores. O saldo destas duas catástrofes, como se sabe, são centenas de mortos e danos ambientais irreparáveis.

Já em 1981, o artista plástico Manfredo de Souzanetto nos alertava em sua série *Réquiem para a Serra do Curral*: "olhe bem as montanhas...", indicando o perfil da Serra que estava sendo carcomido pela cava da mineração de Águas Claras em Nova Lima, município vizinho a Belo Horizonte. Impressa como cartões postais e como adesivos para vidro de veículos, a frase reticente extrapolou os limites dos museus e galerias e se alastrou pelas janelas dos carros, alardeando uma destruição que estava apenas começando.

Muito antes de Manfredo, Carlos Drummond de Andrade cutucava a mineradora Vale do Rio Doce na sua Itabira natal ("Por isso sou triste, orgulhoso: de ferro"[1]) ao escrever poemas como "O maior trem do mundo" (1952), "O Pico de Itabirito" (1965) e "A montanha pulverizada" (1979). Assim como o cimo da Serra do Curral de Belo Horizonte, o pico ia virar "bilhões de lascas/ deslizando em correia transportadora/ entupindo 150 vagões".[2]

> O Pico de Itabirito
> será moído, exportado.
> mas ficará no infinito
> seu fantasma desolado.[3]

Mesmo que muitas vezes escritas em linguagem codificada, as tramas entre o poeta e as maquinações minerais que fizeram desaparecer o Pico (e muitas outras montanhas de ferro) levaram a mineradora Vale a uma inacreditável afronta pública contra Drummond em 1970, quando o jornal *O Globo* publicou um anúncio da empresa em retórica bem típica do governo militar, sob o título ufanista de "Há uma pedra no caminho do desenvolvimento Brasileiro".[4]

Como bem notou o músico e ensaísta José Miguel Wisnik em *Maquinação do mundo*, a peça aproveitava-se do mais conhecido verso drummondiano ("No meio do caminho tinha uma pedra/ Tinha uma pedra no meio do caminho"[5]) e, sem pedir licença ao autor, "convertia as palavras do poema numa apologia do lucro e da exportação pela exportação, numa total inversão de sentido da pedra de tropeço do enigma".[6]

O projeto Serra do Curral[7] situa-se na mesma mineração do réquiem "olhe bem as montanhas...". Ele propõe uma espécie de playground poético em meio à paisagem violenta de Águas Claras que, em 1999, era uma mineração bem próxima do fim de suas atividades. Imenso parque urbano experimental, seu paisagismo será desnatural ("tornando uma paisagem artificial ainda mais artificial"), seu parque esportivo será uma tautologia ("ativando as áreas ativáveis") e sua arquitetura potencializa um passado entrópico ("aceitando o relevo da mineração"). Seu efeito visual será, ainda de acordo com o memorial do projeto, "uma mistura dos campos de arroz da Indonésia com algo bem menos pitoresco". Todas as alterações monumentais provocadas pela mineração serão tomadas mais como um verbo que como um substantivo e encaradas como uma soma contraditória dos processos impostos sobre a natureza. E assim um parque a um só tempo natural e artificial, tropical e mineral – um gigantesco vazio desativado de 300 hectares –, se abrirá para todos. E uma qualidade inequívoca da cidade será reivindicada afirmativamente porque, afinal, essa é a capital de um estado de montanhas. E todas as riquezas do quadrilátero ferrífero vão deixar de ser precificadas como *commodities* no mercado internacional para, finalmente, serem reinvestidas aqui, agora, neste possível parque de 300 hectares.

Hoje, a tal paisagem oculta atrás da Serra ainda permanece como terra incógnita pelos moradores de Belo Horizonte – e escondida de todos por parte da atual proprietária do terreno, a famigerada Vale.

Mas nem tudo nesse último quarto de século é remorso ou denúncia: algo do futuro prenunciado se concretizou. A disputa por praças urbanas e espaços públicos passou a ser um mote da sociedade civil brasileira no Recife, em Porto Alegre e em muitas outras capitais. São Paulo conquistou o Parque Augusta e vai conquistar o Parque do

Bixiga no entorno do Teatro Oficina. Em Belo Horizonte, a ocupação subversiva de espaços públicos marcou o ano de 2010, quando a praça da Estação virou a Praia da Estação.[8] Eventos como o circuito de arte Cura levaram grafites monumentais para as empenas de prédios centrais e de bairros históricos. O centro "deixou de ser centro" e recebeu equipamentos culturais tão díspares como o Espaço Comum Luiz Estrela[9] e o Museu de Artes e Ofícios.[10] A cidade de hoje é menos monocêntrica e mais policêntrica (ou menos urbana e mais suburbana): as chamadas novas centralidades incentivadas pelo Plano Diretor impulsionaram centralidades em rede, pulverizando a distribuição de empregos, comércios e serviços. E em termos de mobilidade, o projeto Move[11] articulou o transporte intrabairros, criando conexões periféricas um pouco menos dependentes dos corredores viários saturados do Hipercentro.

A ocupação de espaços públicos ficou patente na reemergência do carnaval de rua, nas diversas práticas de ativismo urbano e nos shows de hip-hop que acontecem no vazio sob o viaduto Santa Tereza, um dos mais antigos ícones da cidade. Os chamados Duelos de MCs começaram em 2007 e inicialmente aconteciam na vizinha praça da Estação, mas logo foram transferidos para os baixios do viaduto, onde passaram a ser referência no circuito rapper local e, pouco a pouco, estabeleceram-se como referência de duelos no país.

(Os Duelos belo-horizontinos têm um irmão *black music* no Dutão, possivelmente o viaduto mais amado do Rio de Janeiro, onde acontece o Baile Charme há mais de trinta anos. Este improvável patrocínio da música negra por um viaduto certamente é um denominador comum que aproxima as danças urbanas praticadas sob um tabuleiro. E delineia, quem sabe, uma futura rede de equipamentos culturais em vazios apropriados de forma espontânea. Quem sabe no Recife, cidade de mil pontes e viadutos – de "rios, pontes e *overdrives*, impressionantes esculturas de lama"[12] – não há um tabuleiro que abrigará os incríveis duelos entre repentistas do coco de embolada?)

Estes são eventos sintonizados com o projeto Teatro dos vazios,[13] que é antimorfológico e algo situacionista. Ele prega um toque de saída conclamando todos à ocupação dos poucos vazios que restam na cidade para, assim, "gerar energias positivas e negativas". A arquitetura desse teatro é um cenário, um fundo que assiste ao curso imprevisível da multidão, obrigada que foi a invadir as praças, as avenidas, as ruas, os viadutos de Belo Horizonte.

Há ainda um terceiro projeto digno de nota, Tumor benigno,[14] de cunho ambiental. O nosso é um século que pede novos paradigmas para um novo regime climático, que pleiteia a economia circular e as energias renováveis, que exige a revisão dos hábitos adquiridos durante o período de modernização do século 20, que reclama a reciclagem das ruínas modernas com novos instrumentos operativos. Dentro deste contexto atual, de crise moral, política e ecológica, a proposta de uma "vingança verde", de uma metástase benigna que contamina e desfaz o projeto moderno, me parece uma crítica lúcida, e não uma mera *boutade*.

Vários projetos desenvolvidos pelo meu escritório de arquitetura Vazio S/A continuaram essas premissas. E, dentro das incoerências e inconsistências próprias da profissão, posso dizer que *História do vazio* – apesar de algumas passagens datadas e de certos parágrafos que hoje me soam insolentes –, tem me servido como referência ao longo desses vinte anos de prática.

Carlos M. Teixeira, abril de 2022

NOTAS

N.A. – O texto da segunda edição foi integralmente reproduzido conforme o texto original. As imagens também são exatamente as mesmas da primeira edição, mas a seleção de fotos foi revista pelo autor e pela equipe editorial.

1. ANDRADE, Carlos Drummond de (1940). Confidência do itabirano. *Canto Mineral*, p. 16.

2. ANDRADE, Carlos Drummond de (1979). A montanha pulverizada. *Canto Mineral*, p. 110.

3. ANDRADE, Carlos Drummond de (1965). O Pico de Itabirito. *Canto Mineral*, p. 102.

4. O anúncio, publicado no dia 20 de novembro de 1970 pelo jornal *O Globo*, dizia o seguinte: "Nosso caminho sempre esteve cheio de pedras. Mas essa tem um significado todo particular. Com ela, alcançamos esta semana a marca de 20 milhões de toneladas de minério de ferro exportadas. Nós e as companhias associadas. Mais 2,5 milhões do que todo o ano passado. O que representa a entrada no País de divisas da ordem de 150 milhões de dólares. É a comprovação de que nossos objetivos de desenvolvimento estão sendo atingidos. Somos especialistas em transformar pedras em lucros para a Nação. É de mais pedras como essa que o Brasil precisa". O anúncio e sua transcrição estão em: WISNIK, José Miguel. *Maquinação do mundo: Drummond e a mineração*, p. 111; 117.

5. ANDRADE, Carlos Drummond de (1930). No meio do caminho. *Poesia completa*, p. 16.

6. WISNIK, José Miguel. Op. cit., p. 117.

7. Sobre o projeto Serra do Curral, ver p. 274-287.

8. "Movimento começou em 2010, após grupo de jovens criar blog para questionar maneira como as pessoas ocupavam espaço público da capital". ALMEIDA, Ana Tereza. Praia da Estação comemora 10 anos no local onde ganhou força: na internet.

9. "Centro cultural livre e autogestionado aberto à cidade", segundo o website oficial da instituição. Espaço Comum Luiz Estrela <https://espacocomumluizestrela.org>.

10. Inaugurado em 2006, o Museu de Artes e Ofícios – MAO, gerido desde 2016 pelo Serviço Social da Indústria – Sesi, está instalado na antiga Estação Ferroviária Central de Belo Horizonte.

11. Move é o nome do sistema Bus Rapid Transit – BRT implantado pela Prefeitura de Belo Horizonte em 2013. Cf. BHTRANS. BRT Move em Belo Horizonte: transformando a cidade com a mobilidade.

12. SCIENCE, Chico; NAÇÃO ZUMBI. Rios, Pontes & Overdrives. CD *Du lama ao caos*, Chaos/Sony, 1994. Sobre Chico Science, Nação Zumbi e o MangueBeat, ver: OLIVEIRA, Esdras Carlos de Lima. "Impressionantes esculturas de lama": o mangue e a criação de um novo espaço-símbolo, p. 165-190.

13. Sobre o projeto Teatro dos vazios, ver p. 290.

14. Sobre o projeto Tumor benigno, ver p. 289.

Essay on Under Construction: History of the Void in Belo Horizonte

FOREWORD 2ND EDITION
Urbanism and Creative Destruction
Jacques Leenhardt

FOREWORD 1ST EDITION
The Experience of Oscillations
Rita Velloso

Preamble
I. On the Postcard
II. Urban
III. Suburban
IV. Brave New World
V. The JK Complex (the Anti-Postcard)
VI. Freedom, It Is a Void
Conclusion

SHORT STORIES
PROJECTS
POSTFACE
BIBLIOGRAPHY

URBANISM AND CREATIVE DESTRUCTION

Essay on *Under Construction: History of the Void in Belo Horizonte* by Carlos M. Teixeira
JACQUES LEENHARDT

The new capital of Minas Gerais, Belo Horizonte, appeared on the map over a century ago, born of a modern project inspired by eclectic architecture and the urban planning of Haussmann's Paris. In retrospect, in his *Under Construction*, Carlos M. Teixeira offers a critical evaluation of what became of that utopia, at the same time as he looks toward the future to imagine what still might emerge out of the 21st-century metropolis. The book derives part of its originality from the fact that the analysis, tensioned between the past and the future, is based on dialogue between brief texts of varied origins and genres and a bountiful supply of suggestive photographs that participate fully in the discussion.

***

Brazil, late 19th century: The Republic has succeeded the Empire and the winds of positivist modernity are blowing across a land in search of a new identity. Political and economic renewal urge for urban reforms. In this context, the project for a new state capital for Minas Gerais is entrusted to Aarão Reis, the engineer tasked with leading the Construction Committee. The site chosen for the new city is currently occupied by a modest village (Curral del Rey), a typical patriarchal agrarian way-station raised from the midlands in colonial Portuguese architecture, right where the coast-bound caravans converged as they hauled their valuable mineral cargos to the nation's ports and waiting ships.

The history of this new capital, Belo Horizonte, and its degradation under the effects of population bloat throughout the 20th century are the objects of Carlos M. Teixeira's reflections. The task the author set himself was to take these depressing images of a city that had dreamed of being beautiful in itself and an ideal for others, but which time had rendered ugly and dysfunctional, and imagine therein a positive side that might offer a future worth extracting.

PRE-HISTORY

The pre-history of this slow-burning urban catastrophe can be found in the symbolic act of raising a modern capital on the site of an old trading station. That decision, which builds the new out of the destruction of the old, in accordance with the principle of the tabula rasa, is indicative of a dynamic that applied just as well to many different fields at the time. The principle has a name: *creative destruction*. The Austrian economist Joseph A. Schumpeter (1883-1950) defined creative destruction as the logic of capitalist modernization, whose constant innovation requires equally ongoing annihilation.[1]

The first to see the consequences of this implacable law of progress was the Construction Committee itself, which, in a highly symbolic gesture, invited the painter Emilio Rouède (1848-1908) to paint the doomed village and landscape of Curral del Rey before it was razed to make way for Belo Horizonte. The choice of artist was definitely no accident. Emilio Rouède was one of those ever-ready European immigrants who could be called on for pretty much any task. He had earned himself a reputation as an exceptionally fast painter, and legend has it some of his works were churned out in under four minutes. Rouède was, therefore, just the man for the job, as the development work was already underway and time was of the essence.

Rouède's paintings unequivocally reveal the symbolic rupture that urban modernization caused. One canvas depicts *Rua do Sabará* (1894), a beaten-earth street lined with simply-built houses, and another *Largo da Matriz de Boa Viagem* (1894),[2] in which the artist chose to paint the twin-steepled church from the lower ground, so as to highlight the imposing architecture of this sacred building. It looms over the village with its Portuguese baroque bell towers as a train of oxen hauls a wagon up the road below. The image rendered of the Our Lady of Boa Viagem Church, which illustrates the picturesque charm of an archaic and patriarchal rural past,[3] jars with the modernization imposed by the plans of Aarão Reis, which would be brought to their fullest expression in Oscar Niemeyer's Pampulha chapel half a century later. The clash of images manifests the historical process that snubs the old town in favor of Belo Horizonte, installed as per the law of creative destruction. Among Rouède's quaint and nostalgic landscapes and the modern postcards Carlos M. Teixeira studies in this book, a memorial cataclysm befell the inhabitants of Curral del Rey, a demolition the poet Afonso Arinos would pay witness to with melancholic irony:

> "In the year 1925, the director of public works
> Tore to the ground the Parish church of Boa Viagem
> (what a beautiful name for a cemetery)
> and constructed in its stead
> a Gothic cathedral in the latest fashion.
> I thought it was nonsense,
> but the people of Minas considered it progress."[4]

These old images constitute what we might call the primordial scene of Belo Horizonte's tragic destiny. New pictures would attempt to erase that old world from memory, images of the original tabula rasa, picture-postcards around which the public and modernist image of the capital would be built.

PICTURE-POSTCARD

Since its invention, the picture-postcard has been a tourism-fueling tool, and especially so once it became technically possible to incorporate photography. As Carlos M. Teixeira says, it represents the "marriage between cities and photography,"[5] the perfect instrument through which to promote noteworthy places, towns and cities and draw in visitors.

Unfortunately for them, the photographers that accompanied the official inauguration of the new capital in 1897 had few landmarks to train their cameras on. The pace of the construction had converted vacant and less than photogenic swaths to film, voids that gave Carlos M. Teixeira total freedom to explore, beyond the odd majestic monument, the weight of absence and the fragility to which these spaces had borne witness.

It is in this original void, another aspect of the primitive tabula rasa, that the guiding idea of this provocative book is rooted: That of anchoring its gaze not in the few monuments there are, and which serve solely as a smokescreen, but in the flipside of that; in drab, unclassified photos capable of capturing what escaped the customary gaze and which the photographers appointed by the promoters failed to master. Carlos M. Teixeira looks behind the ostensible positivity of the not-built for the power of transformation, as power of novelty, as a symptom of the efficacy of this ever-active principle called creative destruction. And, in a provocative dialectical gesture, to show that this void heralds the potentialities of tomorrow, he opens up a liberty that will allow the city to survive the deficiencies and contradictions that so perverted both the modernist ideology that presided over its construction and the practices of the architects that designed it. Carlos M. Teixeira rides his chips on precisely that, which he compares with the approach taken by the intelligent investor:

> An experienced investor, however, looks for stocks selling at a low price whose value could go up a few hours afterwards. In an analogous way, I buy a worthless image (I photograph the blandness of Belo Horizonte today) and I make it the motif of a commemorative book. I bet everything on this anti-sentimental image, on this paper that had no importance whatsoever at the moment of purchase, in order to, immediately thereafter, put it back into circulation (even knowing that the risks of this strategy could bring me both profit and loss, which makes the task of talking about Belo Horizonte a little more stimulating).[6]

The bet that lies at the heart of this book thus promises to be *speculative* and *poetic* in and of itself, in so much as it involves a thoroughly Nietzschean inversion of values. Against the ideal image of picture-postcard urban planning that, by force of reason, would have resolved the contradictions of urban life, Carlos M. Teixeira pits the chaos of the decadent city sprawling right before his eyes. However, this immersion in urban disorder, and the images that illustrate it, are not simply a condemnation of the illusions of urbanist rationality. They are, at the same time, the sign of a clearly destructive vitality in which one needs to know how to see the poetic power that foresees the profile and possibilities of the future. The contemplation of this disaster is by no means a pleasure for the artist, says Carlos M. Teixeira,⁷ but it is the only way to confront the "terrible poetry" of this city and the challenge that it presents to the urban solve-alls of the past. We cannot fail to think here of Aragon's famous text, "Passage de l'Opéra," in which the author finds the roots of a new poetic at the core of the disaster caused by Haussmann's modernization of Paris. He seizes upon the impending demolition of the *Parisian arcades* that so inspired Walter Benjamin, those "human aquariums," as he called them, in order to sense the dawning of a poetry which he describes as a "modern mythology:"

> The great American passion for city planning, imported into Paris by a mayor during the Second Empire and now being applied to the task of redrawing the map of our capital in straight lines, will soon spell the doom of these human aquariums. Although the life that originally quickened them has drained away, they deserve, nevertheless, to be regarded as the secret repositories of several modern myths: *It is only today, when the pickaxe menaces them*, that they have at last become the true sanctuaries of a cult of the ephemeral, the ghostly landscape of damnable pleasures and professions, incomprehensible today, and which tomorrow will never know.⁸

It's the imminence of destruction that triggers poetic opening, and Carlos M. Teixeira, faced with the distressing spectacle served up by Belo Horizonte, is alert to the positive dynamic that arises out of that disaster. The pictures he chooses by Marcelo Sant'Anna (page 149) reveal an aesthetic and vital energy that prove that *it is now*, in the heart of decrepitude, that one can finally dream of a new urban world. Without attempting to fish in the past or create an agenda for tomorrow, this poetry draws from the ephemeral rather than from any fantasies of long-term planning. It dreams of an unexpected architecture, a form of city that might emerge spontaneously from urban life. Through its own peculiar exercise in urban planning, this is the *modern mythology* with which this most unusual book invites us to engage.

To carry forward this often paradoxical reflection, Carlos M. Teixeira built his work upon a clear opposition: Under the title "Urban," the first chapter discusses the law of urbanist idealism, while the second, "Suburban," illustrates the deconstruction of the dream of planning and all the promise-laden beliefs of the postcard. The singularity of this demonstration lies in the fact that the argument is not based on a discursive text, as one would expect, but on the power of the images. The ambivalence of the image, its metaphorical power, the poetic license that defines it, all of these characteristics conduct the judgement – and eloquently so, thanks to the imaginative and effective layout. The author knows how to make the most of pictures that break with the aesthetic codes of the architecture periodicals, and one might even wager that he was sensitive to the turning point in photography that was the exhibition *New Topographics: Photographs of a Man-Altered Landscape*.⁹ But his photography is more than a simple redemption from ugliness and banality. Teixeira speaks less of degraded nature than of an urban dream corrupted by its own architectonic sprawl. We should, therefore, pay close attention to the chapter on one of Belo Horizonte's most emblematic complexes, the Juscelino Kubitschek Complex – CJK. Dedicating a whole chapter to a spectacular failure might legitimately seem like a manifesto. In fact, the CJK condenses myriad city-planning aberrations that paved the way toward the insistence on cramming as much constructed area into plots as possible. This chapter is, therefore, a specific accusation against the power of unabashed space-stuffing that, unfortunately, architecture so frequently assumes.

It is without doubt with regard to the CJK that Carlos M. Teixeira's use of a photographic poetic becomes all the more eloquent. The title of the chapter speaks for itself: "The JK Complex (the Anti-Postcard)." The team assembled around then-governor Kubitschek and the architect Niemeyer in 1946 yielded some gems, such as the Pampulha chapel and casino, wisely positioned on a lakeshore. Far from the city, they became jewels in the suburban crown that could even claim a place alongside the best of the state's baroque. The CJK, on the other hand, was an adventure that began in the heart of downtown and bore all the marks of the architectonic hybridity of the modern movement. The complex's two towers, one 26 story-high, the other 36, were designed to accommodate some 5 thousand residents – effectively a town within a city. It was endowed with an innovative program inspired by some of the collective principles Le Corbusier tested in his La Cité Radieuse[10] in Marseille.

Unfortunately, it was such an economic, political and urban failure that, when the dictatorship took hold in 1964, putting an end to the halcyon days of Juscelino Kubitschek's presidency, the unfinished, architectonic monstrosity sank into an irreversible entropic decline, vandalized by its own residents. The pictures of this architectonic and urban catastrophe, especially those on the page spread 224-225, taken by José Octavio Cavalcanti and named for Fellini's *E la nave va* ("and the ship sails on," in free translation), are eloquently brutal. Once again, through the choices he makes, the author succeeds in enlisting the art of photography into the service of his demonstration, and we see, beyond the desperate clichés of uniformity, the aesthetic of the tragic monumentality of an Andreas Gursky.

Carlos M. Teixeira is an architect: If his work has a reflexive aspect to it and is fed by countless artistic references it is because, for him, urbanism ought to yield proposals, plans and a concrete desire to transform the world. For Teixeira, the city is a permanent activity and thus a phoenix that demands above all else that the mind free itself from the binds of habit. The territories explored and later abandoned by mining operations, like the decrepit buildings on the verge of collapse, are potential voids and so food for imagination and liberty. Faced with this reality, are we going to reproduce the mistakes of the past and keep filling up the available space downtown and in the outskirts? Or, on the contrary, will we manage to find reinvigorating alternatives for these now sterile spaces? In order to infuse these questions with some dynamic power, Carlos M. Teixeira appeals to artistic radicalism as the poetic punch behind his proposal. He evokes the ethical and aesthetic revolt represented by Yves Klein's *Le Vide*,[11] which offered for reflection the absence of the artworks one would expect to see on the other side of a gallery door. He also evokes Lucio Fontana's gesture in *Concetto spaciale attese*, imagining the Italian's radical blade slicing the Serra do Curral that gird the city and so renewing, once and for all, the perception of the landscape emerging on the horizon.

The book ends with "Projects," as if the author were about to propose a new architectonic program. But that is perhaps not the true radical nature of his argument. In evoking Klein and Fontana, Carlos M. Teixeira pays tribute to gesture-works, not object-works. The "void" at Iris Clert Gallery wasn't actually all that "void" after all, as the photos we have of it show us something: The gallery space, its walls and cubishness. They also show an empty window, which the artist was unable to remove, and a pair of curtains, one of which is held in a tieback. Windows and curtains are the very instruments of scene-setting and extend a clear invitation to come and look. They indicate this essential element in art, which is the conditioning of vision, the educating of the eye, but also the need for its liberation. Returning, as Klein wanted, to the raw material that is sensibility itself, this is the crucible and the freedom onto which the void opens, as through a Fontana slash that reveals the hitherto hidden third dimension behind the canvas.

If this book is an appeal to the freedom of feeling and thinking, and of thinking in mid-dream, it is because urban catastrophe is never definitive, and there will always be drives and desires towards renewal. Faced with the impasse created by the blind stuffing of urban space, Carlos M. Teixeira invites us to be faithfully awake to the surprising possibilities of the void.

NOTES

1. Joseph Aloïs Schumpeter, *Theorie der wirtschaftlichen Entwicklung: Eine Untersuchung über Unternehmergewinn, Kapital, Kredit, Zins und den Konjunkturzyklus*.
2. These paintings are currently on show at the Museu Histórico Abílio Barreto.
3. A modest chapel was built in the early 18th century by the Portuguese Francisco Homem del Rey and replaced in the 19th century by the impressive parish church, in turn demolished in 1925 to make way (in 1932?) for the standing cathedral of Belo Horizonte, in full Gothic style.
4. Afonso Arinos, Nossa Senhora de Boa Viagem, 17.
5. Carlos M. Teixeira, *Em obras: história do vazio em Belo Horizonte*, 313.
6. Ibid., 316.
7. Ibid., 317.
8. Louis Aragon, Le passage de l'Opéra, p. 19 (author's italics).
9. *New Topographics: Photographs of a Man-Altered Landscape*, exhibition of the work of eight young American photographers held at George Eastman House in Rochester NY in 1975. The defining characteristic was an eschewal of the classical, mythical view of the American landscape and exploration of the rips and tears in the social fabric.
10. Cité Radieuse, which Le Corbusier built in the outskirts of Marseille between 1945 and 1952, consisted of 337 residential units and 26 shared service units.
11. Yves Klein, *Le Vide*, an exhibition held at the Iris Clert Gallery in Paris between April 28 and May 12, 1958. The show's real title has actually been shed over time: *The Specialization of Sensibility in the Raw Material State of Stabilized Pictorial Sensibility*. In order to generate a radical sensible experience of color, Yves Klein had the whole gallery interior whitewashed, appropriating the space and turning it into his studio.

THE EXPERIENCE OF OSCILLATIONS

Foreword to the 1st edition of *Under Construction: History of the Void in Belo Horizonte* of Carlos M. Teixeira
RITA VELLOSO

This is not a book about the history of Belo Horizonte, if by history we understand that which is established by the validity of proof, which relies on the status of the document. This is not a book on a theory of urbanism, if we think of urbanism as a series of concepts embodied in a standard to regulate and shape practical data.

This is a book of deliberately sporadic analyses. It deals with the portrait and narrative of a city, but without celebration. On writing about Belo Horizonte, Carlos M. Teixeira lingers not on that which lets itself be seen explicitly, but on what can be glimpsed behind its stable, centenary history.

This is a book that is not afraid of transformation: As it sees the past in fertile (and sometimes hopeless) continuity with the present life, it can look at it and make a report on it, without, however, loading it down under a blind, abusive certainty that would pretentiously say it has exhausted it. And the book dares to defend, supreme heresy, the idea that things and architectures should destroy each other, if in them one no longer lives in collective guidance to the meaning of that culture. In *Under Construction: History of the Void in Belo Horizonte*, the remains of this world, in the history of the city, are not erased: Monuments are not official; here, to celebrate the centenary is never to forget that the city cannot be renovated, taking it back to where it was — or where it is presumed to have been — when, recently built, it had already become a monument.

The present discussion on cities conceals, in ideas of discontinuity and fragmentation, the irresistible desire of architects to surrender to form: With this, they end up by sheltering, in a certain type of criticism and of urban projects, an anachronistic appeal to beauty, now transfigured in complicated formalist strategies or restorations that intend to eliminate the age of buildings. More than in the aspect of this or that standard of visual harmony, the city is designed by involving and transforming its spectators, its inhabitants. Today, it demands of them more than Walter Benjamin's distracted attention: They are indeed rarefied and distorted spaces, disseminated by the gigantic scale of its fabric. But, above all, they display a culture of dialects: Grammar and syntax that are exercised until they acquire a fixed form.

The work of the architect in the cities will take place, therefore, in an intermediary zone between belonging to a community and making explicit the consciousness of a multiplicity of languages: Displaying the oscillation between belonging and uprooting which so characterizes our culture. To compose its portrait and tell its story will imply the conjugation of some elements that are universal, others particular, of temporal changes vs. the perpetuation of traditions.

This is how Carlos M. Teixeira writes on temporality; his discourse confronts the equivocal, knows how not to belong to the limits of the academic and does not let itself be seduced by rapid historiographic approaches. Nevertheless, it preserves its own polyvalence, maintaining for its readers the plurality of the voices of its interpretations, yet to urban life — to the experimentation of places and architectures — there is no other task than to unveil its polyhedral meaning.

PREAMBLE

HYPOTHESES

What if the centennial of Belo Horizonte were used as a moment to commemorate everything that has not been built in Belo Horizonte? What if we were to try, in the shallow layers of this city without a history, to excavate the potential of BH200? The *voids*, rather than the *fullnesses*, the true fountainhead of urban celebrations? The city, fragmented and prosaic, accepted with no nostalgic sentiment and exalted as what is most important in the city?

PHOTOS

Young cities always try to tell a little of their history when it comes to self-promotion by way of books. *Under Construction: History of the Void in Belo Horizonte* takes the opposite approach: It doesn't celebrate its past and glories, but rather the absence of architectonic symbols and the here and now. Seeking to take as its starting point the freedom offered by a city that is far from being *finished*, *Under Construction* follows a secret tradition of Belo Horizonte: The tradition of its anti-postcards, since this city was never attached to the postcards it tried to produce. Its postcards are rare, very rare indeed, which makes me want to photograph anything and everything: The good and bad, ugly and beautiful, full and empty. Capturing the repetitions, the ambiguities, and the contradictions of the cityscape, they are like photographic short circuits; visual shocks beside familiar images; historical reports followed by photo essays on the contemporary city. Images running in parallel, at times referring to the accompanying texts, at others offering up an independent discourse. Photos from archives, photos by the author, photos by other authors, essays that take themselves seriously, essays that do not take themselves seriously at all, clippings from newspapers, good photos, bad photos etc.

TEXTS

The texts, on the other hand, follow a structure of numbered paragraphs. "On the Postcard" celebrated the history of Belo Horizonte as the performance of a mechanical mantra marked by uninterrupted cycles of construction and destruction. The old images of the city, under construction and in transformation, are treated not as fond reminiscences, but as the very essence of this capital.

"Urban" describes the original plan drawn up in 1895 by Aarão Reis – the planner of Belo Horizonte – while "Suburban" attempts to accept its inverted aesthetics: The misshapen, ordinary city that definitively was not planned by architects or urban planners.

"Brave New World" registers the main works of architecture of the *golden years*: The work of architects who modified the common cityscape of Belo Horizonte, always taking as a source of inspiration the optimistic character of a Modernism which has already taken up residence in the minds of the Belo Horizontians.

"The JK Complex" tells the story of the Kubitschek Tower, taken here as the precursor to the high-rise apartment fever that has devastated the city, and as an extreme example of how a single building can lead to radical urban transformations.

"Freedom, It Is a Void" is a delirium on the Belo Horizonte that we cannot yet see: The city in potential, still to be revealed, waiting for a shock that will unparalyze its present inertia and help it restore its lost optimism.

PROJECTS

Finally, the appendix presents some urban and architectural projects as examples of the activation of voids (Serra do Curral; Benign Tumor; Theater of the Void; Installation at the Pace Gallery; and Intervention in a Mediocre Building).

I. ON THE POSTCARD

DECEMBER 12, 1897

In the year of Belo Horizonte's founding, there was very little architecture – little raw material which could be used as a symbol of the city –, though that did not stop the inaugural festival from being registered by its founding fathers. The city at its inception was little more than a project. It was inhabited by the workers who were building it, city servants, engineers, store keepers and architects who walked among the scaffolding and empty lots. One rode on animals, on occasion bicycles, and even more rarely wagons pulled by horses. In the picture, one can see the new inhabitants in the foreground (12 thousand in total), the Serra do Curral in the background. And only a simple bandstand built in the praça da Liberdade [liberty square]. A pile of wood supports, probably leftovers from the construction of the department buildings in the *praça*, was being used as a bench by some. A ladder at the left shows that the photographer was not concerned by the look of a construction site. The people, in spite of the precarious situation of the city, appear to be well dressed and to ignore the improvised scenario. More *voids* than *fullnesses*. Much more nature than the brave builders of the new community wanted. Much less city, much more promise than the fruit of a culture that, it was hoped, would be stimulated by the new science of urbanism.

1 In a way, mixing photo essays and texts about Belo Horizonte is to rely on that which was and still is the greatest expression of marriage between cities and photography: the postcard. Just as a certain kind of history narrates mainly the official facts, the history of the Belo Horizonte cityscape is mainly the postcards that were left to us. All the parks, the visits of important personalities, the monuments, the squares, the public buildings, the natural beauties, the picturesque views – the total image that this city has striven (and continues to strive) to make of itself, is registered on these postcards.

2 Among other uses, the postcard serves to investigate if Belo Horizonte was successful in the fabrication of its own image, of its own marketing. It is a barometer of the city's efficiency in spreading its fame and applying its make-up, in convincing its non-residents that it deserves to be visited, that it has its good points. For the Belo Horizontians, the quality of community self-esteem is proportional to the quantity of postcards. Belo Horizontians need postcards.

3 And it would be interesting to take advantage of an odd coincidence of dates: Belo Horizonte's entire history can be told through postcards – a city and images of the same age. Belo Horizonte, a planned city, was inaugurated on December 12, 1897. The postcard appeared for the first time in Austria, where it was presented in October 1869. Postcards with photographs, however, came later: Only after new postal regulations and the development of paper especially prepared for higher-definition prints could the medium become popular, which all happened at the end of the 19th century, in 1891.

4 The case involving these young contemporaries – Belo Horizonte (1897) and the photo postcard (1891) – is reasonably original. Just as part of the history of photography can be told as a conscious reaction against conventional beauty, the postcards of Belo Horizonte can be considered an extension of the limits of the traditional postcard: Photography as unconscious research into other forms of urban beauty. Prior to its inauguration, even before any construction was elevated to postcard status, this city was already being registered by photographers eager to document the transformation of its cityscape. Photographers still without a subject, still without architecture, lost in a city that was still empty and obliged to transform the little they had into symbols of the city of the new Republic of the Estados Unidos do Brasil.

5/ The lack of a subject and the idea of poetically photographing a city without traditional poetry is what can make the old photos of Belo Horizonte interesting images, and it is also what precedes that which was to be a trademark of the Minas Gerais state capital: The lack of a connection between intentions and facts. To start with, the postcard represents what is most relevant, functioning as a magical mirror that only reflects the wonders of a given place. What at that time dominated Belo Horizonte was its deserted roads, the urban constructions, the scrubland vegetation and few inhabitants. Pure potential, pure expectation in what is incomplete, and an unconscious invention of new concepts in postcards: The representation of an incomplete city that would be shown, in the photographs, as a *finished* city, and the injection of meaning into areas that meant nothing to anybody. Land and views that no longer exist today, showing more of a process than a form, more of a history of the radical transformation of nature than a demonstration of urban sophistication. Every postcard of the construction of Belo Horizonte is this: A manifestation of optimism and ingenuity; a self-caricature; an expression of self-pride that only confirms the lack of true postcards. Huts with the same status as important constructions, horse-drawn carts as symbols of the cannibalism of progress, deserted streets and avenues as marks of a new civilization, eclectic buildings as examples of an innovating architecture.

6/ Long forgotten in museum archives, as the city's centennial approached these postcards were being rediscovered. The BH100 centennial has spurred the publication of various books, with more certainly to come, just as a few were released in 1987 for the ninetieth anniversary. The contemporary publications of postcards of old Belo Horizonte have aimed at transforming everything into charm and nostalgia, with their duotone photos intimating how the frozen city can be much better than the one we have today. All of this, however, is not quite due to the worth of the city or the photographs, but rather to time. Owing only to time.

7/ "In Maurilia, the traveler is invited to visit the city and, at the same time, to examine some old post cards that show it as it used to be: the same identical square with a hen in the place of the bus station, a bandstand in the place of the overpass, two young ladies with white parasols in the place of the munitions factory. If the traveler does not wish to disappoint the inhabitants, he must praise the postcard city and prefer it to the present one, though he must be careful to contain his regret at the changes within definite limits: admitting that the magnificence and prosperity of the metropolis Maurilia, when compared to the old, provincial Maurilia, cannot compensate for a certain lost grace, which, however, can be appreciated only now in the old post cards, whereas before, when that provincial Maurilia was before one's eyes, one saw absolutely nothing graceful and would see it even less today,

MUD
"the impression can't have been good. The entire area of the future city was churned up with land fills and excavations, the beginnings of the first constructions, opening of the streets and intense traffic of carriages, and the dust was terrible! Fine-ground and red, in some places it piled up in layers over a palm thick, so the legs of the pedestrians sank deep, making the use of leather calf-high boots a must. At only $45.000 a pair! They were waterproof, so they were useful in the rain, too. We were at the height of dry season, so when that ended, we'd get the other alternative: The mud." CELSO WERNECK, n.d.[1]

if Maurilia had remained unchanged; and in any case the metropolis has the added attraction that, through what it has become, one can look back with nostalgia at what it was." Italo Calvino, 1972[2]

VOID
A melancholic impression left those streets so enormously wide and indefinitely long and unpaved, where houses were separated by true distances. And how modest the houses seemed at the margin of such wide ways."
AFONSO DE ESCRAGNOLE TAUNAY, 1929[3]

08 The city often seemed less than kind to the pioneers who lived through its first years, but today the old scenes with wide deserted streets evoke nostalgia and regret. Belo Horizonte is like Maurília, a city too young to be regretful. In the archives of its images three incoherences are evident. Three contradictions which the escapists try to ignore, but which we need to recognize: First, the contradiction of the photos themselves — the photographers and the involuntary search for things that are not very photographable in a city always under construction (the postcards of a city without postcards). Afterward, the contradiction of urbanism — the uncontrolled growth and the indifference to the geometric rigor of the original plan (its anti-urbanism). And, finally, the contradiction of architecture — the constant repetition of a single theme: Unending creation and destruction. If architecture is "frozen music," the music of Belo Horizonte is a mantra progressively less relaxing and more upsetting. It is like Ravel's Bolero, in which the most important thing is the successive increase in intensity of a single theme repeated categorically throughout the music.

09 And yet, why the nostalgia, if the climax of Bolero is its grand finale, and not its timid beginning? Belo Horizonte destroys like a steamroller everything it constructs, yet sustains a moralistic lament when it comes to its postcards. Bolero is a repetition of a short melodic pattern, in a constant pulse. It is an austere musical construction that grows gradually and helps to define the music of Belo Horizonte as a process in a state of continuous unfolding. Bolero ("seventeen minutes of orchestra without any music" in the words of Ravel himself) dramatizes its grandiose finale in progressing from the almost inaudible to the almost deafening, like an urban mantra that's in no way tranquilizing. Belo Horizonte remembers its provincial architecture as though there were something intrinsically good in its past, forgetting that all that was exactly what happens today — the same refrain, the same unflagging rhythm of construction and destruction — except that it was still being played at a low intensity. Everything with a subtle difference: The tremulous rhythm marked by Bolero's tonal system was totally syncopated by Brazil's mixed race culture, a fact that even more unravels the urban performance according to the rate at which its music develops.

10 Since its earliest moments Belo Horizonte has relied upon photography and postcards to construct the memory of that which it destroys. Certainly, the importance that photography had for the

Construction Commission that built and inaugurated Belo Horizonte as a substitution for what was demolished proves this fact. The invention of the memory and the constituting of the image archives of the small village of Curral del Rey, the hamlet that was summarily destroyed to make way for the capital, were also concerns of Aarão Reis, the city's planner. To this end, the Construction Commission's Photography Bureau was created as a propaganda center for the capital being born from its ashes: In the period from January to April, 1895 alone, albums and 1.500 photos of scenes of Curral del Rey were produced, capturing the hamlet as it disappeared...

11 Today, a hundred years after the date of the city's inauguration*, Belo Horizonte's beauty continues to be of a rather unreachable order, only expressed by this cult to the past. It's the beauty exalted by the old photography, like those babies that are only different from others because we know who they became. But when was Belo Horizonte ever so good? At the time of its Beaux-Arts architecture? Of its fabricated identity? Of its tedious provincialism? Maybe. It is important to bear in mind, however, that photography of bygone time and space is always more interesting than that of our day-to-day lives. Reality, as everyone knows, is often monotonous. When they travel, people take photos even when the trip is not exciting and, when they are developed, they always bring fond memories. Mixed with nostalgia, everything is more important, more coherent. Prettier. And incredible as it may seen, perhaps Belo Horizonte, taken on the basis of its quotidian, on the basis of its immense suburbs, is actually more interesting, more coherent. Prettier. As if acting like a stranger in a city where I am not a stranger were the best strategy for accepting it

12 To define a strategy for photographing the Belo Horizonte of today, I accept its here-and-now, and I do, prosaically, the same thing that investors in the stock market do. An inexperienced investor only buys stocks when their price is high because he feels insecure — and he makes little money. An experienced investor, however, looks for stocks selling at a low price whose value could go up a few hours afterwards. In an analogous way, I buy a worthless image (I photograph the blandness of Belo Horizonte today) and I make it the motif of a commemorative book. I bet everything on this anti-sentimental image, on this paper that had no importance whatsoever at the moment of purchase, in order to, immediately thereafter, put it back into circulation (even knowing that the risks of this strategy could bring me both profit and loss, which makes the task of talking about Belo Horizonte a little more stimulating).

13 Actually, Belo Horizonte in its first decades was another city altogether, which, by coincidence, was also called Belo Horizonte. For as much as we believe in the truth of pho-

AUGUSTO DE LIMA
Everything is slightly uninteresting (a small building on the left and some light poles separated by the immense earth road in the foreground) until the references with the present city become clear. That panorama of the beginning of the century is not at all interesting until — surprise! — you (inhabitant of Belo Horizonte) recognize a stretch of Augusto de Lima Avenue.

"As the fascination that photographs exercise is a reminder of death, it is also an invitation to sentimentality. Photographs turn the past into an object of tender regard, scrambling moral distinctions and disarming historical judgments by the generalized pathos of looking at time past. One recent book arranges in alphabetical order the photographs of an incongruous group of celebrities as babies or children. Stalin and Gertrude Stein, who face outward from opposite pages, look equally solemn and huggable; Elvis Presley and Proust, another pair of youthful page-mates, slightly resemble each other; Hubert Humphrey (age three) and Aldous Huxley (age eight), side by side, have in common that both already display the forceful exaggerations of character for which they were to be known as adults. No picture in the book is without interest or charm, given what we know (including, in most cases, photographs) of the famous creatures those children were to become. For this and similar ventures in Surrealist irony, naïve snapshots or the most conventional studio portraits are most effective: such pictures seem even more odd, moving, premonitory."
SUSAN SONTAG, 1977[4]

* Belo Horizonte, a planned city, was inaugurated in December 12, 1897. The hundred years refers to 1998, year of the book's first edition.

GOOD-BYE, CURRAL DEL REY

"Today Belo Horizonte is a contrast between the new and the old: At the foot of a mud hut, covered with thatch or zinc roofing, an elegant and solid building is erected; beside an old building from Curral del Rey, a shining mansion arises from the new capitol; next to a poor and narrow lane, formed of houses and huts in all colors and categories which attest to the modesty or poverty of the old residents of the Curral, stretches the wide, long thoroughfare of the new city. But these huts, these old houses and these irregular streets of the Curral disappear, and, little by little, as if by enchantment, other new ones appear. L would not speak harshly of anyone who thought to compare Belo Horizonte to a sky cluttered with tiny stars gradually fizzling out before the emergence of shinier, larger orbs. Nothing is more beautiful to use, more poetic and more enjoyable than the careful observation of this sublime metamorphosis."
FATHER FRANCISCO MARTINS, 1897[6]

WHERE?

"The houses lost in the streets. The silence. Trams, once in a lifetime. [...] The large schools. And the empty streets, the vast empty streets, along which one still heard the echo of Nabuco asking João Pinheiro, who was nearly arriving at the Palácio da Liverdade: – 'When does the city begin?'"
TRISTÃO DE ATAÍDE, 1959[7]

tography, there always exists a secret reserve in the desire to show and explain something by way of it. "If a thing wants to be photographed, this is precisely because it does not want to offer up its meaning, because it does not want to have a reflection."[5] The images are consumed, and yet the enigma of the city remains. The city, in its indifference to the photographer, adopts the strategy of feigning: It makes him think he understands it, and this keeps up the production of images of what is not deducible to images, what cannot be learned through the mediation of images. And the more the city is photographed the more it is revealed to be ungraspable and beyond all attempts at representation. It remains internally indivisible and therefore unanalyzable, infinitely versatile, ironic, and superior to all attempts to manipulate it. A postcard par excellence, the Parthenon is an extremely visited site, and yet it is vanishing due to the ever-increasing pace of tourist visits: Each stone picked up from the ground as a souvenir corresponds to the gradual disappearance of what they want to photograph – the Parthenon itself.

14. The Parthenon and tourism, the duo that symbolizes the collusion between the postcard and the city. But this is a collusion that weighs heavily on the conscience of photographers and architects who work in cities that, in effect, live off their postcards. It weighs heavily in Venice, in Agra, in Ouro Preto. In Belo Horizonte, avoiding this collusion means simply returning to its occult traditions and unveiling it by surprise, it is to rediscover it and expose it in spite of itself, in all its rawness. The photography of Belo Horizonte is that which does not represent and which seeks to capture its Bolero musicality: The cadence of the cycles of growth, redundancy and substitution; the *ritornellos* of destruction after the concerts of construction; the dissonances of instantaneous history; and the unpredictable rhythm of the syncopes.

15. Today, to try to find charm in the off-rhythms of Belo Horizonte is no longer an eccentric or artistic pleasure, but rather the only way to face the terrible poetry of this city. It requires this: The conversion of sensitivity to the *inverted aesthetics* of the photographers into an energy capable of making us directly face the existing urbanism. If, on the one hand, an uncommon growth prevented any attempt at ordered urbanization, on the other, Belo Horizonte certainly would have died of boredom if it had been *finished*. If it is true that every centennial can be glorified, it is not so unreasonable to bet on the glory of all

II. URBAN

that is about to happen, assuming "that nothing will be like before, tomorrow," and imagining how the BH200 bicentennial will be. After the disenchantment of Carlos Drummond de Andrade and Guimarães Rosa, it is left to us to glorify the potential of Belo Horizonte's lack of identity. From the high and middle-class neighborhoods, from the favelas and from the Belvedere, from the shopping malls and the condominiums – from the result of everything that is constructed we can perceive, at least, another urban organization that is not yet delineated, a *process* – never a *form*, and always with an ever-expanding infrastructure that will probably never be enough.

16 Why be so cold on such a special date for the city? Should I be more obliging on this festive occasion? No. As minimally critical and as highly optimistic as this book may appear, it is an expression of faith in the true and secret tradition of Belo Horizonte: The tradition of the anti-postcards that were never released because they are not good-publicity, but which reveal something strangely promising.

17 It is widely known that the *Entradas* and *Bandeiras* phases of Brazil's exploration and settlement ended in the 18th century, but a new movement was to begin when it became obvious that the historical essence and the rugged topography of Ouro Preto was preventing it from growing. On every square there was a church; on every corner, a fountain; on every street, a photogenic row of houses: Ouro Preto has the greatest reserve of postcards per square meter in Brazil. The São Francisco de Assis church, the Rosário dos Pretos church, the Cathedral, the São Francisco de Paula church, the Casa dos Contos, the Padre Faria chapel – everything that has ever played a religious role today serves as photographable architecture. A symbol of the wealth of the colony and a repository of its best architecture, by the end of last century it had become a prisoner of its own importance. That high density of monuments was too extremely Baroque, overly Portuguese, and overbearingly religious to be regarded as a symbol of the Republic. Downtown, the praça Tiradentes (Tiradentes plaza), with the Casa de Câmara (City Hall) and a fort guarding a city that would never again be attacked by anybody. From that point – the only flat square in the entire city – steep streets descend into plazas which exalt churches which exalt cemeteries which exalt tombs. And then more steep streets, curvy and narrow, lined by houses and more churches and more alleys. A labyrinth that was just what the politicians at the end of the 19th century were seeking to replace.

18 The music of the arrhythmic windows oscillating unpredictably over the walls. The communal water faucets set in sculptural soapstone in an era that required a piped-in water system. The insufficient sunlight, the precarious street system, the possibilities of growth being minimized and new infrastructure made more difficult by the existing architecture. What was needed, above all, was to let light and air enter that fantastic historical congestion. Hung on the slopes of a scarped valley that had been the greatest of all gold mines in Brazil, Ouro Preto was no longer in any condition to play an active role as a center of development. Although today this World Heritage Site is the pride of Brazilians, at that time the city was seen as an insurmountable barrier by the sanitarians. "Unaccustomed newcomers to Ouro Preto immediately begin to feel sick as a consequence of the fumes that rise out of the latrines, doubtless due to a lack of scruples concerning hygiene."[8]

19 Also contributing to the move of the capital were the differences between Ouro Preto ("daughter of chance") and the cities of other South-American colonies. Unlike the cities of Spanish America, the cities of the Brazilian colonies were bereft of any trace of planning. The Spanish had to confront the Incas and the Aztecs, but here the Portuguese encountered more provincial Indian tribes, which accounts for Ouro Preto's spontaneous urban design: "The traditional form of urban settlement in Brazil is that of Portuguese occupation – spontaneous, irregular, organic, in a word: Medieval –, which, when adapted to the local conditions, was established in practice and, persisting beyond the colonial period, remains to our day. [...] The case here was very different from the laws of the Indies that Spain elaborated to conquer the better-organized societies that it encountered. Rigid postures of ordering space, establishing the obligatory use of the geometric line, the grid."[9]

20 How to effect changes in a city that better epitomized colonial civilization than any other on the sub-continent and which wanted to be rid of a past that, contradictorily, translated cultural and economic wealth along with the urban *laissez-faire* of the Portuguese? It would have been better, in a genuinely American gesture, to start from scratch. To construct a new city would be to eliminate the disorder, the filth, the irrationality and the promiscuity of the colonial city. The new capital

would be everything that its antecedent was not: Rational, delimited, designed according to the imagery of a new political regime and offering perfect conditions for health. Ouro Preto is the result of an urbanism "of the mules". Twisting streets which conformed to the natural conditions and topography. Belo Horizonte, on the other hand, would be pure modern heroism.

21 Slavery was abolished in 1888 and the Republic was proclaimed in 1889, thus forming the bases for the flowering of capitalist society in Brazil. Minas Gerais, at that time the most populous state in Brazil, felt stimulated to carry forward the old thesis of the new capital, due to the autonomy that the states then enjoyed. A state in economic decline since the end of the 18th century gold rush, its new capital would be a reaffirmation of the distant, glorious past of the miners.

22 After getting past the debates of the local *antimudancistas* (literally anti-transferists, those against moving the capital) and the political battles between those who were quarreling in favor of other regions and other existing cities, in 1893 the old Curral del Rey was chosen to be the birthplace of the future Belo Horizonte.

23 The origin of Curral del Rey is linked with the auriferous adventure that gave rise to Ouro Preto. It was one of those small way-stations that sprang up along the trails plying the mining areas with agricultural produce. The São Paulo *bandeirante* (frontier explorer) João Leite da Silva Ortiz established a ranch there at the beginning of the 1700s, having surmounted the spurs of the mountain range now called Serra do Curral. The original village began to develop along the route from Sabará to Contagem. The location was criticized by some opponents as being unhealthy, prone to outbreaks of endemic goiter, with an inadequate topography and insufficient water supply etc. There would be extra construction costs too, beginning with the indemnification of the owners of the houses and the lands, since the population of Curral del Rey was already four thousand. There was no railway connecting Curral del Rey to Rio de Janeiro, which would also result in additional costs for its construction. But the site had the advantage of a mild climate and central geographical location, an important factor that swayed the balance of the vote in a state with accentuated regional differences and which reflected the influences of the neighboring states (Rio de Janeiro, São Paulo, Bahia, Espírito Santo and Goiás), rich and poor alike.

24 In 1893, Aarão Reis was invited to assume the head of the new capital's Construction Commission, which was seized by the "megalomaniacal obsession with the delirious business of choosing, localizing, delineating and constructing a great city."[10] Serving on the commission, besides Reis, were four other engineers, an architect, a medical hygienist, and technical assistants. It was systematically organized in six sections, each with subdivisions whose staff, with precisely defined functions, should form one whole that was, in the words of the commission itself, "organic and harmonious."

25 Aarão Leal de Carvalho Reis, engineer, administrator, ardent fan of the designs of the cities of Washington and the Paris of Haussmann and the 45° triangle, would work with the calculating approach necessary to build a modern city and with absolute confidence in the power of engineering. He belonged to the pre-Republic generation of graduates of the Escola Politécnica do Rio de Janeiro – the school recognized as the greatest producer of Brazilian engineers, shaped in the molds of the French École Polytechnique and influenced by positivist ideas.

26 The Escola Politécnica played a fundamental role in the education of intellectuals, scientists and engineers who, at the turn of the century, saw themselves as capable of reforming society through rational knowledge. The École Politechnique de Paris = Escola Politécnica do Rio de Janeiro = Positivism = the planning for Belo Horizonte. With Auguste Comte in Aarão Reis' head and a T-square in his hand, nothing would thwart the Commission's plans. As a student, Reis had founded a Republican newspaper (*O Centro Acadêmico*) and after that became a political journalist, and translated works which corresponded to his own ideology: *A República Constitucional* (the constitutional republic, in free translation), *A Ideia de Deus Segundo a Filosofia Positivista* (the idea of God according to positivist philosophy, in free translation) and *A Escravidão dos Negros* (the black slavery, in free translation), all by French contemporaries of Reis. When asked to head up the commission, Reis was already known as an activist and abolitionist responsible for the process of intellectual renovation in Brazil. He was from another state, which was an important factor in his status as an independent and impartial professional: "Not being originally from Minas Gerais, nor having any direct or indirect personal interest, and animated by the sentiments I have already referred to, I found myself, and find myself, fortunately, in the examination of this subject, with the most perfect independence of motives and spirit, without previous predilections and, even now, without acquired passions."[11] An experienced professional, he had a diversified résumé (as did most engineers at that time): He had worked on the Customs Dock in Rio de Janeiro, he had been construction engineer for the Ministry of the Empire, he had been at the head of the Telegraphic Services of the Dom Pedro II Railway, he had been chief engineer of the Dams Commission of the State of Ceará, director of Civil and Hydraulic Construction for the Naval Ministry and (whew!) engineer of the Central Railway of the State of Pernambuco. After working in Belo Horizonte, he would go on to be general director of the Postal and Telegraphic Services and, after that, general director of the State Bank of Brazil. Beyond his activities as an engineer, he also held the professorial chair in Statistics, Political Economics and Finance at the Escola Politécnica and served as a federal congressman.

27 It is March 1895. After various months of research with the commission, Reis presents his plan to the Governor of Minas Gerais and the principal advocate of the move to the capital, Afonso Pena:

> "It is with great pleasure that I submit, today, for the approval of your honour the master plans for the future Minas [...]. The master plan of the city envisions a central district at the location of the present town, an urban area of 8.815.382 square meters, divided into 120m x 120m blocks, with wide, well-ordered streets that cross at right angles, as well as some avenues that cross at 45° angles. The streets I made are 20 meters wide, which is necessary for the presence of trees, the free circulation of vehicles, trolleys, and the placement and maintenance of the underground water channels. I made the avenues 35 meters wide, enough to allow them the beauty and comfort that they, in the future, should offer to the population. Only one of these avenues – which cuts the urban zone from North to South, and which is destined to link the districts on either side – was made 50 meters wide, so as to establish it as the obligatory center, and thus force the population as much as possible to develop from the center towards the outskirts, as befits the municipal economy [...]. The urban zone is delimited and separated from the suburban zone by an avenue which goes all the way around it, which will help in the convenient assignment of local taxes, and which in the future will be one of the most appreciated beauties of the city. The 24.930.806--square-meter suburban zone – in which the blocks are irregular, the lots of diverse sizes, and the streets (only 14 meters wide) interconnecting according to the topography – surrounds the urban zone, comprising several districts, and is, in turn, surrounded by a third zone measuring 17.474.619 square meters, reserved for small farms."[12]

28 From the area where the capital would be built (the timid and singular Curral del Rey) the commission resolves to eradicate the things reminiscent of the barbarism of the place – which is to say, everything. "He told me a short story about Belo Horizonte. He told it in a few words, a brief summary [...]. He painted for me, with precise colors, the old town disappeared, and the phantasmagoric city which, with its picturesque population of engineers, architects, businessmen and workers, little by little arose from among the debris of that which had been Curral del Rey."[13]

"– What the devil! Let me see something old! – I said to my courteous tour guides. – All right, we can oblige by showing you the old church of the parish of Curral del Rey. And, you'll need to be happy with that; we don't have anything else that is old!"[14]

29) *Tabula rasa* ready for the novelty, Reis plans out the efficient city with the obsession of the insane and the strong. The plan demonstrates the separation of three well-defined areas, as the author emphasizes in his presentation: An urban zone, a suburban zone, and a zone for the farming settlements. Of these three, certainly the urban zone was the only one most diligently worked out, the other two being clearly less relevant to the planner. In the master plan, presented on a scale of 1:10.000, the aesthetic emphasis was focused on the urban zone and on the detailing of the landscaping projects of parks and squares. The suburban zone received a very simplified treatment, without a precise spatial delimitation, and was differentiated from the region of the agricultural settlements only by the spacing of the urban fabric. The hydrographic network, an important factor in choosing where to locate a city, was represented, but ignored: The urban zone was defined by a checkered pattern whose function would be to wring continuous homogeneity out of a site which, like all others in Minas Gerais, was continuously heterogeneous.

30) One absolute certainty gave Reis total confidence in his task. The choice of the locale was a determining factor, but the power of the new techniques of engineering and construction were, in and of themselves, truly responsible for the conception of Belo Horizonte. In that it was a new city, the result of a deliberate proposal, the intention was to make it clear that the product was a city constructed by method. The city founded on nothing must have a regular plan, and this plan, designed by an engineer, would take into account his professional practice, responding to the ideal of regularization current among the positivists.

31) In the old Curral del Rey there were rivers, hills, pockets of tropical forest and a mountain range that made it difficult to adopt a rigid layout. Nonetheless, Reis chose to overlay his grid rather than yield to the caprices of nature. Actually, he decided to implant two grids. He drew a main grid, of streets, and overlaid another more open one at a 45° tilt, forming a double orthogonal web, with streets defined by square blocks and wide avenues that obviated zigzag paths and articulated the street system to make it faster. Only one of these avenues, central and wider, was differentiated for being the *obligatory center* of the city, structuring the economy and defining the North-South axis. It was not by chance that this one, Afonso Pena Avenue, lies along a more-or-less flat level-curve within the urban zone and was

thought of as an inclined axis linking the highest part of the city to the lowest, from the river to the mountain, starting from the Arrudas River and ending at the foot of the Serra do Curral mountain range: "The large avenue, which starts at the base and goes up to the shrine of the cross, will be in place soon. And they tell me that this location is definitive; taking out buildings, shacks, everything that gets in the way of its total installation on the land. And as this avenue is to be the *master* one, since the other streets will be drawn according to it, this work will be done with the meticulous exactitude of a scientific work. How superb and majestic this avenue should be, wide and ever-so long, having at the vertex of its angle from the horizontal plane the majestic temple that ought to crown the cross shrine."[15]

32 By way of a numbering system demarcating sections, blocks and lots, all the land of the urban zone was identified, while letter codes represented what each part was intended for (government workers, state reserves etc.). The area within the avenue encircling the urban zone, called avenida do Contorno [or surrounding avenue, in free translation], had its functions predefined by the zoning plan. The commission classified the city into various regions and set up their limits, which "ceased to be an indefinite and fluid dimension (as in the suburban zone), but transformed into delimited and immediately identifiable areas."[16] The lower part was reserved for services and commercial use since it was near the train station and the Arrudas Stream. This was also were the sewage treatment plant, the city laundry, the trash incinerator, the railway workshops, the cemetery and the slaughterhouse were located, the latter two in the suburban zone. And on the extreme opposite side, at the highest point of the plan, where Afonso Pena Avenue culminates, was the location chosen for the construction of the city's cathedral. (The cathedral, even though it was planned by the Construction Commission in 1895, was never built. As a diplomatic compromise, the commission decided to keep the colonial Boa Viagem Church of Curral del Rey for a few more years, and then replace it with a *more modern*, neo-Gothic temple in 1932.)

33 Beyond the obvious denotations of the Cartesian lines, the engineer's plan connotes other relations between city and nature. In a strategic pact, nature on the site of Curral del Rey was recognized only at the level of the great configurations of the landscape. This is demonstrated by the limits of the urban zone, where two natural elements structure the city: On a lower plane, the valley of the Arrudas Stream as a service area; and, on a higher plane, overlooking the noble perspective of the gradually rising Afonso Pena Avenue, the Serra do Curral. In terms of topography, the Serra do Curral functions as an audience for the stage which is Belo Horizonte: The part planned by Aarão Reis occupies the lowest part of a curved slope of this mountain range, which extends up to a bend of

---

THE DESIGN PLAN
"Article I – The plan for the city of Minas will be made on the scale of 1:4.000.
Article II – Its area will be divided into sections, blocks, and lots, with plazas, avenues and streets necessary for the quick and easy communications of its inhabitants, good ventilation and hygiene [...]
Article III – The plazas, avenues and streets will receive names that recall the most important cities, rivers, mountains, and historical dates, whether of the state of Minas Gerais itself, or of the country; and so, by extension, the citizens who, for their relevant services, have deserved the honors of the Brazilian Nation.
Article IV – The same plan will designate the places intended for the public buildings, temples, hospitals, cemeteries, parks, gardens, slaughterhouses, markets etc.; and the blocks and lots that need to be left reserved."
AARÃO REIS, 1895[17]

THE MODEL
"In my first very humble opinion, it is not upon the contemplation of and respect for Greek art that the modern architect should be inspired, nor, even less, upon the exaggerated practical sense of North-American architecture [...]. Modern French architecture is, in my understanding, the only model to follow, because it adapts itself, with a few modifications, to the peoples of the North, the South, the cold and hot zones."
Alfredo Camarate, 1894[18]

FORGET PORTUGAL, REMEMBER FRANCE

The architect who was commissioned to design the palaces and an extensive list of public buildings, José de Magalhães, was a disciple of the Ècole de Beaus-Arts, an institution created around 1830 in Paris and which remained a stigma for architecture during the 19th century. The Ècole preached the study of a fragmentation of styles and a more or less free re-reading of past monuments, which generated a trend towards ornamentation and eclectic thinking. After obtaining his diploma at the Escola Politécnica of Rio de Janeiro, Magalhães travelled to Paris in 1875 to try to enter the famous school, from which he would later graduate with a second-class degree. After an apprenticeship with a French architect, he returned to Brazil in 1880, at which time he set up an office in Rio and found fame as a municipal architect.

At the end of the century, however, the ideas of the Beaux-Arts and Magalhães' architecture were not exactly contemporary. The style was being attacked by the first generation of modern architects – the proto-modernists. These were young people in favor of an architecture more in tune with the new times of the machine and with the forces of modernization, and who repudiated decorative elements and the cultivation of the past. Since then, the Institution has been considered an antiquated school to satisfy the inclinations of antiquated students. It even survived the uprisings of May 1968 (!), when much less conservative students provoked the definite closure of the Ècole in the midst of the barricades in Paris.
In spite of this, just as the modern architects parted with tradition, Magalhães played the role of creating a non-colonial architecture, anti-Ouro Preto, outside of the canons of Portuguese architecture and, above all, without any link with the past. This, indeed, was the true objective of those who planned Belo Horizonte.

the Arrudas Stream, making what is almost a theater in an irregular hill that goes all the way down to the riverbed. Today smothered by buildings, the sight of the mountain range was once an omnipresent profile. In this relation with the natural landscape, the plan gave precedence to the view of the mountain, suggesting the main direction for residential growth along a climb toward the scarps of the mountain range and leaving the riverside as a commercial area. The closer to the Serra do Curral, the more privileged the location; the closer to the riverside, the more ordinary the neighborhood.

34 At a location midway in this scheme was placed the Liberdade plaza, near which the district for public workers would be developed. A stretch at around the halfway point of Afonso Pena Avenue serves as one of the 800-meter-long sides of a large square park, the Municipal Park, which is the third structuring element of the city (the man-made natural element). For its design, the architect-landscaper Paul Villon was called upon. Opening a reserve for the organic in Reis' plans, he preferred to start with the natural elements and the topography and "took advantage of all the sinuosity of the land, of which there is much in that zone. In the depression at the center he established a large lake, fed by the many springs and the nearby stream. In the middle of this lake, one hundred meters shore to shore, sit little islands with large, flowering trees. Canals strike out from the lakeshore in all directions, winding their way throughout the park, and upon these tongues of water one can only go by canoe."[19] An apparent contrast in a plan of rigid lines, the park follows a classical principle: The combination of order and disorder that was common in 19th century cities of the Western world. An English-style park overlaid at a right-angle and diagonal streets which, as a nature preserve, was actually just as artificial as the rest of the city.

35 The other areas of the urban zone were marked off for palaces that emphasized the three powers of the Republic. The Presidential Palace was constructed at the center of the Liberdade plaza; the Congress, in front of the Lei (law) plaza; and the Palace of Justice, in front of the Justiça (justice) plaza. According to the Construction Commission, the official buildings needed to be submitted to architectonic standards to assure "artistic effect". Reis observed, however, that there was no necessity for "unsuitable sumptuousness, nor even dispensable artistic luxury, but all the elegance, all the comfort and all the conveniences it would be unpardonable to lack in a city being built at the start of the 20th century."[20]

36 The streets running North-South were named for the new Brazilian states and those running East-West, after Indian tribes and the Inconfidentes Mineiros (freedom group). In the suburban zone, the streets carry the names of Minas Gerais cities and towns: "The plazas, avenues and streets have been named in honor of the cities, rivers, mountains, and historical dates most important to the state of Minas Gerais and the Union, as well as of some citizens who, because of relevant services, deserve to live on in the memory of the people."[21]

37/ And enclosing this rational paradise, the above mentioned Contorno Avenue clearly marks the boundaries of this Cartesianism, where the regular grid of the urban zone meets the burgeoning imprecision of the suburban zone: "17 kilometers encircling the city, the exclusive privilege of this capital city among all cities of the world. I can personally assure you that there is no other avenue on par with this one in any of the most beautiful cities of the old or the new continent."[22]

38/ Contorno Avenue was the road that would function as the definer of a "fortified city without walls;" the translation of the will to conserve the formal integrity of the urban zone. It would regulate the entry and exit of the inhabitants and was thought of as a symbolic obstacle to the circulation of goods and social relations; as the ideal city dominated by positivist ideas, the master of the disorder lying outside. Within the Contorno, taxes are higher, urban services are plentiful, the people appear, the city happens. Contorno Avenue: The zone of business, of interrelations of power, of identity, of seduction and destruction. On one side, the suburban zone; on the other, the urban zone. Implicit to this membrane are strategic principles of defense and attack which seek a certain kind of control, express a desire to conserve the city, and suggest a fear of the urban growth which could fatally transform Belo Horizonte. But like all barriers, it came into being along with the desire of those on the outside to breach it, an urge which would be favored, in the future, by the disordered growth of the suburban zone... Today, the Contorno Avenue no longer defines a fortified citadel within a larger city. The citadel was taken.

39/ But beyond the idea of a perimeter avenue and the apparently cold and purely segregating calculation, an inclination to the fine arts was behind Reis' mechanistic coldness — it is enough to take a look at the expressive character of the design. Belo Horizonte has nothing of the pragmatism of North-American cities nor the militarism of the Spanish who founded the cities of Andean America. Plazas, perspectives, traffic circles, palaces — all the exceptions to the squareness of this plan indicate that, at heart, Reis was an aesthete, a scientist who had fallen for the beauties of the Paris of Haussmann. There was an aesthetic intention behind all that calculating, and the final result looks more like a product of a Beaux-Arts architect than that which the words of the Construction Commission presuppose.

THE PALACES
"Many plazas of different sizes and shapes intersect the streets and avenues, broadening the architectonical effect of the public buildings, true palaces that are splendidly situated. Thus, the Presidential Palace will be built in the center of the Liberdade plaza, on which five avenues converge; the Administrative Palace and House of Congress will face one another across the splendid Lei plaza, which is circular, and located where six avenues meet; the Palace of Justice will be in the Justiça plaza, in front of an area reserved for a large hotel; the Palace of Municipality will occupy, along with the library and the museum, the center of 14 de Setembro, plaza of a triangular shape etc."
Gazeta de Notícias, 1895[23]

* Ferdinand the Bull tells the sto of a sensitive, romantic bull wh likes nothing better than to lie about smelling the fragrant flowers of his Spanish woodlar home. One day, some bull trappers come to the woods ir search of that wildest of beast prime specimen capable of challenging the best matadors Madrid. On this very day, Ferdinand gets stung by a bumblebee, and it hurts so bac goes thundering off through th pasture. The trappers don't ha to think twice: this raging bull trampling everything in his pat precisely what they've been looking for. But by the time the get him into the bullring, the pa has subsided and all Ferdinanc wants to do is smell the flower

---

THE *BELA*
"On the American continent, there are only two cities made-to-order, studied, calculated, designed on paper before being fixed in cement and brick: Washington and Belo Horizonte. As a result, only two cities can receive the qualification of the beautiful without restriction, of an integral beauty where there is harmony of the whole. All of the rest, born and developed by chance and extraneous to any greater plan,

will have but a picturesque beauty or partial beauties, because they all contain within themselves at least one irreparably crippled feature: the city center. [...] Yes, Belo Horizonte, the *Bela*! The right city! The city more and more certain and more and more *bela*. [...] That explains, therefore, our enthusiasm and our surprise. Sincerely, Belo Horizonte is the first thing that enthuses us in Brazil, this country of horribly ugly cities, architectural horrors which are either colonial towns inherited from uncultured grandparents or the architectonic carnival that we see in São Paulo or Rio."
MONTEIRO LOBATO, 1937[26]

THE PROJECT
"3rd section – architecture
The numerous excellent works in this section are due to the unquestionable proficiency of its head, the distinctive national architect Dr. José de Magalhães. Among these works, the following are notable:
- Plans for the Central Station [...];
- Plans for the General Carneiro Station [...];
- Plans for the buildings for the rolling stock depot and machine-shops;
- Plans for residential houses for agents, engineers, and crews for railway maintenance;
- Plans for a catholic temple, with detail and ornamentation;
- Plans for a catholic chapel, with detail;
- Plans for a Presidential Palace, with detail and ornamentation;
- Plans for two hotels;
- Plans for a great Administrative Palace [...];
- Plans for three palaces for the Secretaries of State [...];
- Plans for the armorial bearings for the future capital and for the state of Minas;
- Plans for a public cemetery, plus morgue;
- Plans for seven types of residence for the respective civil servants of the capitals;
- Plans for a House of Congress;
- Plans for a Palace of Justice."
AARÃO REIS, 1895[27]

40 | Neither *American* nor *European*, the plans of Belo Horizonte were actually a hybrid which synthesized distinct experiences. A mix of various influences: La Plata, the Paris of Haussmann, the Ringstrasse at the Vienna of Camilo Site, and the Washington of L'Enfant. A *pure*, rational plan would require streets and avenues which permitted perfect traffic flow, and the rigidity of the drawing clearly transmits this concern. But the efficiency of the street system – music to the ears of the traffic engineers – was compromised by the excessive number of public squares that marked the axial perspectives of the public buildings. Few arterial roadways were not obstructed by the plan itself. At the intersections there are innumerable public spaces "lending spatial ampleness to the architectonic effect of the public buildings, true palaces splendidly situated."[24] Pompous and at the same time rational, Reis did not hesitate to sacrifice the myth of "American efficiency" in the name of the "noble European arts."

41 | Reis himself began the mutilation of the ideas of the positivist city. João Pinheiro, Álvares Cabral and Augusto de Lima avenues were interrupted by the three buildings of the civic center (Legislative, Judicial and Executive); three noble arteries, each forming a perspective that culminates in a public square. The separation between the tighter grid of streets and the more open one of avenues suffered exceptions for the sake of the views created, the congestion of Raul Soares plaza being a consequence of the confluence of four avenues that would not have met if the plan were strict in the articulation between the streets and the avenues. On the other hand, all the streams were ignored by the checkerboard pattern, which would later cause problems with watercourse flooding and unhealthy conditions that were in no way compatible with the commission's own statements. Although the proposed plan had indicated the hydrographic network made up by the Arrudas Stream and its feeder streams, these watercourses would not interfere in the rigidity and the arrangement of the streets and blocks, remaining as nothing more than a backdrop in this representation.

42 | Fussy or insensitive? Rational or inefficient? On the one hand, uniform and ruthless with nature; on the other, concerned with the conceptions of the *city as art*: Belo Horizonte was planned to be both fierce and placid like Ferdinand the Bull from the children's story.* Industrial and artistic, constructive and plastic. Modernism without modernity, progressive ideas sponsored by old regional politicians, postmodern before modernism: "In this fake urbs, everything is fake."[25]

3. SUBURBAN

43 Reviewing studies of Belo Horizonte, various analyses have been made of the urban zone, while almost nothing positive has been said about the suburban zone and its *spontaneous* lines, which are so striking in the city today. According to Reis' plan, the suburban zone had a much more simplified treatment, with large tracts of land separated by straight streets where country houses and small farms were to be established. Contorno Avenue set a clear boundary between the planned space and the outside land with hardly any planning at all, since the two zones enjoyed practically no communication: Few streets of the urban zone crossed the border established by Contorno Avenue.

44 The initial concept of the suburban zone had more flexible and, in some senses, more appropriate characteristics for expansion because they were suited to the topography. Here the hydrography was determinant for city planning, with avenues in valleys following the winding course of the streams, in an urban formation that began at the crest lines and mid-slopes. It took in land that was even more topographically diverse, but its design was better suited to the conditions, with irregularly shaped lots and sections, as well as streets of varying widths.

45 Although the Construction Commission did not devote as much study and care to the suburban zone, its expansion followed that of the city: An exponential, uncontrolled growth that ran totally contrary to the beautification concepts of the urban zone. According to the 1912 census, only 32% of the city's inhabitants were living in the urban zone, while 38% were in the suburban zone and 30% in the rural zone. Even back then, one workers' district created in 1902, Barro Preto, was not large enough to meet the demands of a low-income population and needed to grow towards the outskirts.

46 The suburban zone prophesied what Belo Horizonte was to become: A city where nothing stood out as being different from its unplanned colleagues. Instead of growing where there was ample infrastructure and Beaux-Arts architecture, the city spread to those areas where these were lacking, beginning a process that was to be repeated throughout its history: Infrastructure at the center, inhabitants in the outskirts; Beaux-Arts along the axes of the noble avenues, spontaneous constructions at the fringes; right-angled lines at the center, *organic* lines throughout the rest. In 1949, *Estado de Minas,* a local newspaper, published an article about the dispar-

NOT LINEAR

"We are all players, gamblers. In other words, our most fervent hope is that rational sequences of events will unravel every now and again and be replaced, if only for a short time, by an unprecedented sequence of a different order, an extraordinary, apparently predestined build-up of events. [...] And there must surely be a kind of ineluctable curvature to the imagination, as there is in space, which runs counter to any kind of planning, linearity or programming."
JEAN BAUDRILLARD, 1996[30]

THE THEOREM OF THE ACCURSED SHARE

"The uninterrupted production of positivity has a terrifying consequence. Whereas negativity engenders crisis and critique, hyperbolic positivity for its part engenders catastrophe, for it is incapable of distilling crisis and criticism in homeopathic doses. Any structure that hunts down, expels or exorcises its negative elements risks a catastrophe caused by a thoroughgoing backlash, just as any organism that hunts down and eliminates its germs, bacteria, parasites, or other biological antagonists risks metastasis and cancer — in other words, it is threatened by a voracious positivity of its own cells, or, in the viral context, by the prospect of being devoured by its own — now unemployed — antibodies.

Anything that purges the accursed share in itself signs its own death warrant. That is the theorem of the accursed share."
JEAN BAUDRILLARD, 1993[31]

ities between the two zones: "In reality the entire stretch beyond Contorno Avenue (a ring separating the beautiful from the ugly, the logical from the illogical, a clear and inhabitable world from another world abandoned in its ugliness) does not constitute, truly, an extension of the capital, rather, the growth around the city of Belo Horizonte is best thought of as a separate city."[28] Reis' idealistic perspective was little by little transformed by the acts of a candid and ingenuous positivism. The urban zone was gradually invaded by unforeseen architectonic elements which clouded the clarity of its design; while large eclectic houses which presumably belonged to the urban zone were mixed into the rough character of the suburban.

17 In the urban zone everything was to be *different*. Having laid out a neutral and impersonal right-angled grid, Reis set about throwing in *random features* in the name of Beaux-Arts urbanism and in the search for something particular in a city yet without a soul. The plans of Belo Horizonte, in contrast to North American and Andean South America, do not have the simplicity of a right-angled pattern. The city seeks composition and irregularity within regularity, as though the checkerboard were too neutral to generate a *cultivated* urbanism. Certainly Reis was not comfortable with simplicity, and then began a process of Haussmannizing the orthogonal grid. He opened diagonals, inserted impressive buildings and squares with names associated with the three branches of government, widened the main thoroughfare, implanted a cemetery on the axis of an important avenue, and transformed the names of the streets and avenues into an encyclopedia of Brazilian geography and history.

18 A journalist writing about the urban zone at the time said: "He [Reis] took advantage of this mixture of the *utili dulce* that currently makes Belo Horizonte so convenient for commerce and so pleasing to the eye. His plans follow the block system, but, to avoid monotony and unending rectangles, as in New York and Buenos Aires, he laid out those same rectangles in such a way as to form a series of diagonal avenues, with gardens and squares at numerous intersections where streets and avenues meet."[29] After the Haussmannizing operation the checkerboard became an expressive graphic composition, far removed from the monotony and functionality generally associated with these kinds of lines. Since there was as yet no history, the artifice of invented personality was very pertinent: More than efficiency was needed for the new capital, also required were symbols for the new political regime of a young nation — the Republic of Brazil.

19 The growth of Belo Horizonte, however, lent continuity to its anonymous suburban zone and set about progressively feeding an aesthetic that was far removed from the architectonical beauties of the urban zone. If the latter was designed to be the soul of the city, this soul was certainly reincarnated in the unpredictability of the huge suburban zone which is the Belo Horizonte of today. Contrary to how it might appear, those outer fringes, the whole suburban sprawl that multiplied as Reis had never imagined it could, is no longer the blighted and ignorable part of the city. Once a spillover zone, it is now the city per se.

50 The suburban zone grew and invaded the urban zone. The rural-to-urban exodus drawn to the miracle of the big city spurred, and still spurs, the construction of hundreds of thousands of houses on the city's rim. The suburban zone thus experienced a disordered sprawl. It grows too peripherally, making the center an essential hub through which to connect the various outlying areas. These do not link up directly, and they have received more migrants than they were able to handle. After decades of growth following the opposite of the "center-to-outskirts" model envisioned by Reis, the center now begins to collapse—saturated, obese, unsuited to the purposes proposed for it. This excessive centralization makes it the mandatory route for whoever wants to cross the city, turning it into one big traffic corridor. The central streets become too small to handle the flow of cars and buses that pour in from all the outlying districts. The architecture suffers. The center becomes clogged.

51 At the outset, the Center and the urban zone were the image, the symbol of what best represented the Belo Horizontian community. They were the face of the city, the meeting point of all social classes, all races, all dances. The place where the city throbbed; the mark where it began and that spoke of where it had come from, which evoked its origins, its purpose and the objectives of all its inhabitants. All that is representative of a city is almost always at its center: Piccadilly Circus, the Eiffel Tower, the obelisk of Sete plaza… But it is interesting that the center ceases to be the center precisely because it is far too centralized, because it allows itself to be attacked by its very own antibodies. Paradoxically, it abandons its central status because of the simple fact of being in the center, of *being central* and not being able to sustain its status. Everything happens as though its primary functions were reacting and changing in order to carry out functions that are contrary to those that distinguish it from the rest of the city and, gradually, sap it of its gravitational force. The center thus becomes the place from which everything that is good escapes – the best business, the best services, the money that generates investments and jobs –, and to which everything that is bad converges – disorder, criminality, decadence.

NO HEROISM
"All these people who aren't very good should be really good. Everybody is too good now, really. Like, how many actors are there? There are millions of actors. They are all pretty good. How can you say a style is better than another? You ought to be able to be an Abstract-Expressionist next week, or a pop artist, or a realist, without feeling you've given up something. I think the artists who aren't very good should become like everybody else so that people would like things that aren't very good. It's already happening."
ANDY WARHOL, 1963[32]

52 There thus occurs an inverse attraction by the void of the city rather than by its center. It is a little like a negation in physics, which summarizes the force of gravity as "mass attracts mass" and supposes a city that is dense, cohesive and uniform. There then occurs a kind of escape toward the parts of the city that are unsaturated and far from the center, an escape en masse, in an order of growth that obeys neither the center-periphery direction nor the periphery-center direction.

53 We cannot hope that the congestion of the center will contaminate the adjacent voids, like a shapeless blob that is darker in the center and lighter at the edges. This kind of classic growth has never occurred in Belo Horizonte. The blob of this city is more like a large cork full of potential voids that have escaped the gravity of the center, at random, in an unexpected distribution that is difficult to reduce to a formula. Maybe it is this physics that controls the growth of Brazilian cities: Contrary to the old classical physics, it's a new force of gravity where the void is what attracts, in a pull towards the non-constructions and fragments brought about the *antigravity*.

54 There is nothing incompatible between the urban localization and the cultural and economic production of the center, nothing that hinders it from regaining its status. Actually, it could very well continue to completely fulfill its old functions. It so happens that this fixed zone has to be continuously updated, dictating customs, styles and thoughts in a display of constant innovation and adaptation to the consequences caused by the very changes it sponsors. By its becoming a symbol of the activities to which it is a home, and by its representing a common past, the center is promoted to the category of representative of the collective memory of the city. And so that its image may be preserved and disseminated, its monuments – the temporal and spatial references of the city's population – must necessarily have their architectonic qualities maintained or recreated. With its historical buildings and monuments listed as heritage sites, the center's destiny is to remain symbolic, but at a commercially disadvantageous price of becoming excessively clogged by not responding to the transformations that it itself promoted; by being frozen and no longer able to adapt.

55 The problem probably lies in weak compatibility between the spirit of history and that of flexibility: As is seen in *The Portrait of Dorian Gray* by Oscar Wilde, the classic physiognomy of the center can only be conserved at the cost of selling its soul – a conservation always illustrated by the postcard. Few people accept a natural and dignified aging; everyone wants Reis' center to remain untouched, eternal and beautiful in a European sort of way, possessed of an immobile and superficial beauty. Everyone prefers the postcards

of yesterday to the city of today. More rigid, static and finished, the center represents the past but makes the future impossible. It is therefore adrift, awaiting a policy that may reintegrate it into the city, may restore its soul and may join historical preservation to adaptability, history to contemporaneity. As an operation in which the reactive agent does not succeed, other *centers* spread through the city and begin to capture all the energy that once circulated through it. And, parallel to this, the decadence, the buses, the social dynamism and the ugliness live side by side in this urban space that was conceived to be the best in the city.

56 It is important to note that the architecture and the energies of the center are many. While in certain cities the un-adapted historical center is simply abandoned without the least trace of sentimentalism, in Belo Horizonte it persists indefinitely, even though it is moribund. And it looks like it will remain this way, independent of the wishes of the city government to sponsor its recovery or not. The impression one gets is that it will continue acting as a social condenser where all the bus lines meet and, as a consequence, where the popular trade and street vendors flourish, where historical buildings share blocks with ordinary buildings and where, mainly, uncontrolled congestion goes hand-in-hand with a rich urban vitality.

57 The urban zone stopped fulfilling its initial mission not only for lack of proper public policies, but also due to a cultural fatality. It is still the center, but a center different from that dreamed of by the lovers of the traditional city. It is the center that entered into decadence even before knowing its glory, in a process of frighteningly rapid aging (like the David Bowie character in the movie *The Hunger*). The suburban zone, therefore, became an escape valve for the urban zone: It does a good job at absorbing the shackles imposed by the urban zone, it is unstable, fluid and lacks any concept or identifying form. Its acritical flexibility is its greatest virtue, making it permeable to the ideas of the other and open to the incorporation of movements from outside, from other peripheries, and from the center itself.

58 From the unhygienic Ouro Preto, to the rational Belo Horizonte of the beginning of the 20th century, to the disordered contemporary Belo Horizonte, it all evolves in a vicious cycle that returns to its starting point. From an efficient and clean space to the spontaneity of the Belo Horizonte that is home to 2,5 million inhabitants: This is the balance of this urban adventure. The suburban zone: Many homes shoddily erected without building permits, shopping malls, stadiums, favelas, condominiums and people who can only live in areas without any infrastructure. The urban zone: The center densifying and moving headlong toward a process of deterioration.

DECONSTRUCTION...
"Architecture which insults mayors and councilmen, because these cannot plaster it with electoral campaign propaganda. Architecture which denies itself by insisting that its beauty is still deeper. Abandoned, neglected architecture no; waiting to be filled in by some use, but deserted and serene in its mundane transcendence. Architecture whose shapes are the cause of a rebellion against the planners, against the work which placed them in existence. Spontaneous architecture, designed as if it did not need to be built; constructed as if it were never designed. *Sporting* architecture that moves, quickly or slowly, delicately or violently. Resisting the false assurance of stability and its death. Gypsy, nomadic architecture, which can be built anywhere, far from the urban references of the city which shelters it. Architecture of a mutating philosophy, of infinitely varying shapes, with a vocabulary of words spoken only once, then later forgotten. Architecture which destroys. But only on the condition and the coolness of a deep respect for what it destroys."*

* This paragraph is a free version from the text and project "Turbulance" by Lebbeus Woods, an architect and visiting professor at the Catholic University of Belo Horizonte. Woods acquired international attention in the latter 80s by sharing formal characteristics within the so-called deconstructionist group. The photos from page 149 (by Marcelo Sant'Anna) depict a random, deconstructive, which presents formal similarities to Woods' projects and is located a few blocks away from the University. Architect Adriano Mattos Corrêa, while attending Woods' lecture on his work, gave the photos to Woods and asked the following question, "Mr. Woods, I would like to know if it was you who designed this building or, if not, tell me who it was..." Woods: "Yes, I designed this building a few hours after my arrival..."

59/ All sense of coherency in Belo Horizonte vanished a long time ago, along with the capital's Construction Commission. What then would be the suburban zone? *Una cosa mentale*? The accursed share? The benign share? For some, it is a field for experiments which are translatable into fringe styles of architecture – the formalist avant-garde of the profession, glorified in the 1980s by some deconstructivist architects. For others, it is a region of the non-place that always remains in movement, free, unregulated and not subject to cosmetic operations – a position more closely associated with speculation than with the reality of cities. The more conservative opinions romantically envision an outskirts reminiscent of the old medieval villas, only adapted to the big city (the most famous patriarch of this kind of revival is, undoubtedly, Price Charles and his Urban Villages proposal). But the suburban zone – the periphery and its naked and raw reality – obviously does not fit any of these stereotypes. Labeling or trying to escape from the suburban zone with rhetorics, architectural styles or nostalgia is like Don Quixote jousting with windmills. It is simply what we have, a simplistic but undeniable argument. The architects can try to ignore it, try to belittle it, try to despise it, but it will not disappear nor move away from its place because they do not have the power to transform it. It is here and now.

60/ The suburban zone is not totally plannable. As any process that relies on planning subject to innumerable variables, it winds up being the unplanned result of a succession of happenings with a planning desire. It becomes mixed, generates a hybrid race that adapts to all hills and valleys, all streams and rivers, all the irregularities of the urban infrastructure. Ready to be occupied, it has the discreet capacity for digesting the influences that it ingests and, at the same time, eliminating the force of these influences by placing them side by side with various others. Each living together with the other, without common denominators, but peaceably sharing the same space. Various styles, numerous architectures. At the center, the ideas of Aarão Reis. Everywhere else, a mosaic formed by a contradictory logic of growth. All common, very common, but full of differences.

61/ Agile and illogical. Agile is the suburban zone. All the differences are accepted and end up causing a certain indifference – a healthy indifference in that it expresses total tolerance. This is because the indifference, in the suburban zone, is caused precisely by the excess of tolerance, by a hospitality that is host to even the most arrogant foreigners, the most colonizing of theories. Concepts, styles and cultures are mixed and digested, each living alongside the others within a permeability which removes from them all totalitarian aspects: Even the most orthodox of doctrines is introduced without friction and accepted without the least hesitation.

62 The suburban zone does not suffer from the typical questions of theorists that do not know how to move in the realm of action. Too misshapen and inconsistent to be rationalized, the effectiveness of the operations in this zone is inversely proportional to the degree of intellectual pretension of the design. Theoretical speculations are generally nothing more than this: A trap ingenuous enough to believe that the city can be its prey. There are, however, exceptions.

63 The occupation of the suburban zone is always an inaugural gesture that can lead to a result that is either extremely clean ("less is more," Ludwig Mies van der Rohe), or extremely kitsch ("less is a bore," Robert Venturi), or else in the most speculative of architectures (less is less, more is more). From its empty tracts of land there emerges what is necessary, according to the pragmatic requirements that define its program. Market forces and the needs of the city define this monstrously open place – and not the ideas taken from philosophy or the concepts borrowed from the urban planning of other cities. No real care is taken either to overshadow or respect the context of the city, much less sharpen *out of focus* strategies.

64 The suburban zone consumes the attempts at analysis coming from outside and is always ready for a more successful intellectual colonization (which is hardly likely). Architecture and urbanism are exercised as cultural phenomena precisely because they are not associated with another superior order of knowledge: Architecture and urbanism are simply architecture and urbanism. Architect-philosophers, architect-artists, architect-poets, quotations from Baudelaire – no hypocrisy that serves only to highlight the pathetic irrelevance of the class of architects is applicable to the suburban zone. "Everything digested. Without cultural meeting. Practical. Experimental."[33] All the knots and complexes that make architecture the one discipline that repeats all others are obliterated in favor of a new optimism free of any exalting discourse, from any directives borrowed from other disciplines.

65 The suburban zone absorbs styles, theories, construction techniques and master plans; all present in its inelegant urban dissonance. In this zone lies a tension that arises from the desire to react, mythically, against the regulations that are imposed from above, thereby generating a disorder that will never be curbed by conventional legal mechanisms. Out of the blue, as a side effect of these excessive regulations, the city's unpredictable reaction leaves its mark, in a symbolic pact that escapes the rationality of the urban planners. As though a part of the city obeyed a higher set of rules, and yet a set of rules amenable to being incorporated into the rational city.

66 Coexisting in the suburban zone are the first, second and third waves, to use Alvin Toffler's classifications. The suburban zone is modernity, but an incomplete modernity, one still agricultural and yet, paradoxically, already computerized. It is made up of all the waves, all the developmental phases; phases which, in certain countries, were substituted one for the other. They weren't here. It is necessary to think about all the layers, all the waves: Everything from the importance of adapting to the virtual infrastructures essential to world cities, to the need for providing the minimal infrastructure required by illegally constructed settlements. Everything from applying urban planning principles to the favelas, to the organization of international events promoting the city; from public housing to the most sophisticated financial centers; meeting the demands of both ghettoes with Bangladesh-grade underdevelopment and prosperous enclaves akin to Silicon Valley. Acting on a micro and on a macro level. Transforming the city. Blending the rough-and-ready philosophy of the Brazilian politicians ("to govern a country is to construct public works!") with visionary social postures. For those who think that social issues are what matter most, alright; for those who travel in circles where only imported models have any worth... that's alright too. The partial visions and the reactionary and socialist postures should be liquefied to generate ideological impurities. A *melting pot of races*, an example of postmodern differences, a country of racial mixing: The clichés that label Brazil indicate the way of effecting changes in the city. "Not the spirit, nor the material, much less class struggle, but the debris of reason, the whirl of trash, the dialectic of leftovers."[34]

67 Architectonically, the suburban zone is currently characterized by mediocre constructions (among other things). Mediocre warehouses, mediocre bars, mediocre houses. Shopping malls and anonymous commercial centers, highways and empty lots in the areas surrounding the city center: The scene of common-more-than-common architecture, of the things that make up 99% of cities.

68 All of this amorphous architectonic substance, however, has its secrets, and these secrets are associated with its very own unimportance. In contrast to symbolic and *important* architecture, the unimportance generates the flexibility of use and function, which liberates us totally from a great cliché of modern architecture: Form follows function. According to the ideas of modern architects at the beginning of the 20th century, architecture should be the consequence of its function: Its formal aspect should obey its purpose, what its use demands in terms of spatial configuration. A commercial building, for example, should, above all else, be a response to the necessities of the connections that its use requires: Good articulation between the serving and served spaces, correct interpretation of the local land-use laws, minimization of the areas of circulation etc.

But what the decadent buildings say is exactly the opposite: They are an ode to the insertion of uses that are totally different from those originally intended. Function might not follow form; form may perhaps not follow function: The new function of a building warrants the application of a survival test. Go to the suburban zone and take any building, abandoned or not, in use or not. Take it as an experiment and try to ascertain whether or not it has what it takes to continue to exist. Transform its purpose, make or tear down whatever is necessary for it to adapt to its present urban structure. Destroy it, adapt it, forget it, preserve it, photograph it. Turn to the city codes for signs of its new inclinations, its new function, even it they indicate its death (demolition), even if the indicate leaving all well enough alone.

69 There is nothing perverse about imagining that the mediocre buildings are the best buildings in the city. The desire to alter existing buildings with new uses is interesting because it is associated with the flexibility of functions; it is interesting because of what it says regarding a more instigating relation between architecture and the city. This is what energizes the imagination behind such retrofitting: Restaurants in warehouses, nightclubs in churches, churches in warehouses, cultural centers in train stations, public housing in old docks etc.

70 Churches in warehouses particularly. For the new religions, a new architecture. A pertinent question: Has modern architecture managed to design churches with a religious meaning? Rarely, and the emerging churches achieve more effect precisely because they are installed in architectures that possess little significance – Franciscan, *detached*, mediocre warehouses. Here is the way out for those who are most troubled by this kind of architecture: Taking advantage of the surprises, the paradoxes, the expectation that something that surprises the architects is what makes this unadmirable architecture admirable. An architecture where the best is what wasn't planned. Could it be that these pieces of the cityscape and all their barbarism are, contrary to what the skeptics preach, more interesting than the imported and copied look – and interesting precisely because of their inhuman and less divine aspects? Isn't it precisely the unimportance of this architecture that makes it important?

71 As far as the suburban zone's infrastructure network goes, it is irregular, not organic. The concentration of wealth in financial centers and high-rise apartment buildings generates an irregular urban growth marked by *no-infrastructure* holes that are then occupied by those who could not afford the basic urban services. The condominiums and commercial buildings are, naturally, constructed in areas of abundant infrastructure. The favelas follow an inverse strategy; they can be defined as such precisely because they lack infrastructure, functioning as areas constructed by those who build where they can: The absence of sewers, of streets, of planning,

MEDIOCRE>IMPORTANT, OR IMPORTANT>MEDIOCRE?
Important: Adj. of great value, meaning, or effect · Important also means having great influence Mediocre: Adj. [not gradable] just acceptable but not good.[35]

FACED WITH THE LARGER PREDICAMENT, A SMALLER ARCHITECTURE

"n the architecture occurring as necessary interference. Inscribed on a garage in the outskirts of Belo Horizonte, one makes a *smaller architecture*, in the *front*, on the *threshold*, meticulously *designed* by the mechanic of such a building. This does not mean to say that the architectural fact of this garage is not done in a *larger way*. This also does not mean that one does a *minor* literature if done in a *lesser tongue*; on the contrary, it reveals what a minority does in a *major language*. This is architecture modified by a strong content of *deterritorialization* and by the necessary construction of a *territory*. In a minor architecture, its demanding space makes each individual case immediately connected to politics, such as: characteristic of minor literatures is that everything in them is political.' Gilles Deleuze and Felix Guattari, *Kafka: Toward a Minor Literature*). Thus, it is the 'individual case' which becomes necessary and indispensable:

'what in great literature goes on down below, constituting a not indispensable cellar of the structure, here in *minor literature* takes place in the full light of day, what is there a matter of passing interest for a few, here absorbs everyone no less than as a matter of life or death.' (Franz Kafka, *The Diaries of Franz Kafka 1910-1913*, ed. Max Brod [New York: Schoken Books, 1948]: 194)

The same goes for the architecture of the garage in the Salgado Filho neighborhood, different from the projects/proposals and the beautiful designs of the *major architecture* of architect Lebbeus Woods – in spite of all the incredible formal similarities and Woods cleverly declaring himself the author of the garage's design."[36]

of an address. They are black holes arranged like spots on the urban fabric; territorial deserts occupied by inhabitants who create their own services. They are born as processes of self-organization, as unplanned subdivisions where the arrangement of lots is carried out randomly. They define segments of the cityscape where the illegal lives alongside the legal, because they are built at times in the outskirts, at times in the neighborhoods of the higher-class residential districts. They are fringe areas, large settlements of low-class housing occupying unstructured spaces without any apparent coherence with the laws of the city. Constructed mostly by their own inhabitants, they are a consequence of galloping urban growth and lack of housing policies, and, in some Brazilian cities, are home to as much as 50% of the urban population.

72 In the absence of housing policies capable of yielding concrete results and setting new trends in urban growth, access to the city is largely determined by private-sector activity, as much in terms of product offered as of localization – both of which become increasingly more expensive in response to the price of urban land. These are structures shorn of any planned order, isolated from any previously planned basic infrastructure, configuring a system which is vibrating, full of collisions, missed encounters and intersections, and which end up generating spaces of perturbation, fissures, gaps, voids.

73 With the high-rise apartment condominium x favela duo – thesis and antithesis that maintain some similarities – the city is transformed into a collection of multiple cities within a single city. The condominiums reject the city, while the city rejects the favelas. But even the favelas can be absorbed by the urban fabric. They are incorporable as long as a strategy is adopted for legitimizing this spontaneous urbanism. The favela dwellers develop their own economy, their own construction services; they create mechanisms of economic participation and seek, within their limits, to be their own service-providing government. The urban networks can and should be extended to the more *resistant* enclaves, the more *dangerous* favelas, even if these are the favelas that use violence as the only form of urban communication. The role of incremental infrastructure, in this sense, is to transform the illegal into the legal. By infrastructure we mean not only urban improvements but also mechanisms for the stimulation of the institutional channels of popular participation; infrastructure that can do more than substitute the more tribal forms of communication (violence); that knows how to respect and motivate the more subjective aspects of the local communities; infrastructure responsible for the development of the new institutionalities, able to better articulate the favelas, to integrate them socially and economically with the official residential neighborhoods. Infrastructure, finally, as an attempt to make a totally non-organic city into an organic city; as a re-nerving of a partially paralyzed urban body; as the absorption of the unofficial areas that incorporate the fringe and assimilate the positive energies of the foci of violence.

74 Another typology that has come to dominate the city, along with the favelas, are the shopping malls. There have been various negative analyses of these, and they all have a basis of truth. In contrast to the favelas, which can be seen both as a problem and as a solution to the housing question, it is difficult to see the mall as an optimum example of urban typology. It has patently negative aspects. The word container, which is easily associated with the closed architecture of the malls, does not convey good connotations: The container is impermeable, segregating, does not accept negotiations and fears the uncivilized race from beyond the walls, preserving one group that sees itself as watched and threatened by others. The containers are the negation of life in a society, they are the proof that the human being is not as social as life within a city requires. Container = anti-urbanism, it is architecture as proof of the city's failure. Before the unimpeded circulation of violence, the containers.

75 But it is also true that nothing else has been constructed with so much vehemence. The malls have definitively reconfigured the cityscape and, refusing the city, have taken it inside themselves. The cinemas, the theaters, the amusement parks, the snack bars, the antique fairs, the art exhibitions – they are all being devoured by the malls. It is as though everything had been embraced in a display of selective cannibalism, in which nothing was left but what was undeserving of attention. And, without a doubt, it is amazing to see these monsters functioning without interruption, appearing everywhere, violently attracting all the potential of the consumer classes and stimulating the essential spending of Saturdays and Sundays.

76 To fight against the shopping malls is a little like Don Quixote fighting against the windmills. We learn too late: Now we have buildings spanning millions of square meters which generate incalculable sums of money and suck the social and commercial life-blood out of the city. They are the radical transformation of the way lives are lived together within the city, but since they are already here (and are not going to go away), it would be more interesting to think of new leisure options. Instead of condemning them, leave the malls alone. It is said that, despite established needs, there has been no construction of public areas in the city. Would it be better, then, if we returned to other ways of spending our leisure time and doing our shopping, and looked anew at the street markets as a model worth reimplementing? Or perhaps

Year	Slum Population	Number of slum dwellings
1981	233.500	52.000
1985	550.000	105.000

SOURCE: PLAMBEL, 1989

SHOPPINGS SOURCE: *VEJA*/INTERNET

SHOPPING	AREA (M2)	NUMBER OF SHOPS	LEISURE SPACES
BH Shopping	131.000	211	33
Del Rey	180.000	215	20
Minas	105.000	118	18
Cidade	31.000	186	13
Diamond Mall			
Casa Raja Shopping			
Ponteio	55.000	100	9
Central	5.000	81	6

AREA IN 1993 "The malls affiliated with Abrasce (88 in total, of which 76 are in operation and 12 under construction) occupied a combined area of 5 million square meters, with constructed area of 4,5 million square meters, excluding earthworks and access roads and parking lots (accommodating 138.111 vehicles, all told). Total commercial area (as of 1993) came to 2,1 million square meters, containing 12.505 stores, including 241 department stores and 155 places of entertainment."[39]

JOBS "The shopping mall industry presently offers 123 thousand direct jobs, without counting labor used in the installation of the stores and the buildings themselves. The number of indirect jobs is several times greater."[40]

HISTORY "The first Brazilian shopping center was inaugurated in 1966 and, in total, only six more shopping malls became operational in the 1960s. With very restricted presence until the 1970s, the shopping mall industry only really gathered momentum in the following decade, and is now totally consolidated. (Bearing in mind that shopping-mall fever in Brazil took hold in the 1980s, the *lost decade* of Latin America's economies)."[41]

LOCATION The standard for shopping-mall location in Brazil follows that of urbanization and income distribution countrywide. The urban location always takes advantage of an existing bottleneck (in the case of downtown malls) or, in the case of suburban malls, follows an order where the more infrastructure (existing or latent), the better the location indicated for these *downtown energy leeches*.

there really is no more demand for these old things, and this is nothing more than a daydream, mere romanticism? Do people spend their Saturdays in the malls for lack of other options or because there is nothing as good as a mall? If there are few parks and public squares in the city, should we rely on the malls as a compensation for the lack of these green areas? Is the *plastic* architecture of the malls so very bad after all, or is it acceptable?

77/ Now, maybe the best thing would be to hope for something new to happen in these bubbles: Find some interesting new uses for their empty parking lots and hope that these unexpected uses will invade their interiors, thus transforming the stores into soccer fields, the art galleries into stores, the malls into samba parade grounds. The fact that even in the most capitalist of urban spaces activities like fairs and other social events can still occur is a sign that urban communities use their private spaces collectively, which is what any well-intentioned planner of public squares and parks would want. It is undeniable that certain malls and mall parking lots are where the public tends to form spontaneous groups and that in many aspects these fulfill the same functions of the healthy and conventional public squares of yesteryear. Among the images of a fragmented city, the malls offer spaces where alternative forms of sociability are possible. Their implantation recuperates the lost "territorial community,"[37] seeking to balance the differences of the little-planned urban expansion. The public spaces of Belo Horizonte – so omnipresent at the inauguration of the city and so rare today – have the malls as an alternative. As the State withdraws, the malls, in an artificial way, meet the social needs of the city. By creating a sanctuary for consumers, they are transmuted into meeting places. As niches of sociability, they stimulate public space, announcing its substitution by semi-private, semi-permeable and semi-public spaces.

78/ "Routes. Routes. Routes. Routes. Routes. Routes. Routes. Routes." The suburban zone consumes things, the urban zone has already been consumed. As early as 1928, "year 374 of the deglutination of Bishop Sardinha," Oswald de Andrade, in his Manifesto Antropófago [cannibal's manifesto] proclaimed: "I am only interested in what is not mine."[38] Four years before that, the modernist *enfant terrible* arrived in Belo Horizonte to see the symbol of the new Brazil. He was under the effects of the Modern Art Week of 1922, a milestone of Brazilian art and the beginning of the questioning of the national identity in the visual arts, architecture, music, literature and poetry. It was two years after the Week that a group of São Paulo modernists decided to tour Minas Gerais state to study its baroque architecture, taking the not-so-baroque Belo Horizonte as their base for excursions to the historical cities in the state's interior. Besides de Andrade, the group included Olívia Penteado, painter Tarsila do Amaral, Godofredo Telles and Swiss writer Blaise Cendrars, and it was described in the local press as "a radiant intellectual delegation," "the group of São Paulo artists and intellectuals who came to Minas Gerais to gather aspects, customs and traditions of our historic cities."[42]

79 Belo Horizonte disdained the baroque architecture of Ouro Preto, while the modernists disdained the modernness of Belo Horizonte. After touring the capital city, the group would follow an itinerary to the historic cities, which included Ouro Preto, São João del Rei, Tiradentes, Congonhas, Sabará, Mariana and Diamantina. Upon his arrival in Belo Horizonte, de Andrade took in the capital's modernity – a modernity digested by that holy Brazilian promiscuity – and, to his misfortune, found only what was his own. He strolled down the wide avenues, met the key figures of Minas Gerais modernity, breathed in the pure air of the garden-city considered a cure for tuberculosis. And afterwards he let loose a comment that was not very diplomatic, yet somehow hopeful: "I can't deny that the first impression I had of the capital was not the best. Its constructions display a banal disorder copied from all possible styles, as unfortunately in São Paulo and Rio de Janeiro. What saves this neologistic and chaotic aspect is its temporariness. All the plastering on the current buildings will disappear little by little, absorbed by the formidable progress that is being heralded and achieved in Minas Gerais. Reinforced concrete will certainly kill off all that stuccoed Versailles."[43]

80 Instead of accepting Belo Horizonte, a city without Brazilianness, Andrade prefers to devour the urban zone. He visits the Beaux-Arts buildings – *imported* architecture that he and others thought to be too much *the same* – but only see signs of chaos. He searches for the essence of Brazilian culture but only finds neoclassical pastiches. He aspires to things that could be used as raw materials for an art and an architecture without inferiority complexes, but he doesn't find anything: The city symbolic of good citizenship, of order and of the possible Brazil only makes Andrade laugh.

81 And after the rejection of what he saw, the destroyer/creator designs the new bricks for the city. Aarão Reis made a hybrid by blending the American and European urban experiences, while Andrade wanted a hybridism that was, at least, less academic. Further on in the Manifesto Antropófago, he would give tips for the deglutination of everything, for the urban and suburban zones to be devoured, creating another authentically promiscuous city: "Only anthropophagy unites us. Socially. Economically. Philosophically. The world's only law. The expression masked behind all the individualisms, all collectivisms. Behind all religions. Behind all peace treaties."[44] And in prophetic tone, he proclaims: "As the city [Belo Horizonte] was mightily cleared and its location very well chosen, the skyscrapers will be admirably installed here."[45]

IV. BRAVE NEW WORLD: PAMPULHA, THE SUBURBAN ZONE AS VACATION FROM REALITY

82 During the Second World War, the mayor Juscelino Kubitschek and the architect Oscar Niemeyer conceived the occupation of a suburban void, a region 10 kilometers to the North of Belo Horizonte. The program (a madness similar to the caprices of the 18th century princes, according to the critic Mário Pedrosa), included a casino, a church, a restaurant, a club, and a hotel, although the latter was never built. Pampulha, the largest covered soccer stadium in the world and the campus of the Federal University of Minas Gerais were also built.

"It would be fastidious of me to remember what I accomplished during my administration as mayor. I will cite a few examples: I put an end to the only existing favela in the city, the so-called Pedreira Prado Lopes [Prado Lopes Quarry]. I built the municipal hospital. I set up a network of public restaurants for the workers and lesser civil servants, the so-called city restaurants. I built the avenues Silviano Brandão, Pedro II, Francisco Sã, and Teresa Cristina. I began the construction of the 3.500-seat municipal theater, within the municipal park. I enlarged the neighborhood of Lourdes, and created those of Sion and Cidade-Jardim. And, lastly, I built the tourist center of Pampulha, which today draws international curiosity, and is connected to the capital by an avenue 50 meters wide and 11.000 meters long, called Pampulha Avenue." JUSCELINO KUBITSCHEK, 1975[46]

"The remodeling of the urban center had been set up as a principal goal, but this remodeling was not everything. The city needed to breathe, to acquire its own lungs, to be converted, in short, into a living organism, taking oxygen from the environment surrounding it, to absorb it so that its blood could circulate in a rational way, Pampulha, I thought, could be converted into the center of a tourist attraction that Belo Horizonte lacked."
JUSCELINO KUBITSCHEK, 1975[47]

"How, then, would the transformation of the locale be made? At the time, I followed with great interest the architectural revolution begun by Le Corbusier. A mayor cannot think only of the practical or immediate aspect: He must have a more far-reaching vision. And beauty, in all its forms, has to be a part of his reflections." JUSCELINO KUBITSCHEK, 1975[48]

"A new capital was needed for this Minas Gerais, and it was thus that, in a predetermined place, in the geographic and demographic center of Minas Gerais, the city of Belo Horizonte was born. [...] But so that Belo Horizonte would be worthy of the old civilization of gold, it was also necessary to ornament it with beautiful monuments, worthy of its glorious past; however, being the capital of another type of civilization – that of iron and cement – it could not copy the Baroque, which would mean nothing in these days, but had to create another type of beauty. The miracle was produced. Belo Horizonte found, in the architect Oscar Niemeyer and in the painter Portinari, the two men able to give beauty equal to that of its past, though of a different kind." ROGER BASTIDE, n.d.[49]

"I called the now famous architect Oscar Niemeyer, who was then beginning his career, and took him to the place so that he might have an idea of the plan I intended to carry out. There, I revealed what I had in mind: At the bottom of the valley, the land jutted out in what would be a kind of promontory, when the lake was concluded; I thought of building a restaurant on that point, which would hang over the water; in the curve formed by the neighboring hill I could perhaps build a church, dedicated to St. Francis [...]; along the banks of the future lake, other buildings could be built, putting the finishing touch to the architectonic complex and impressing on it an indispensable unity." JUSCELINO KUBITSCHEK, 1975[50]

"Everything was ready in record time – by a happy coincidence, the time of pregnancy for a human life: Nine months. The lake-dam was built, 18 meters deep, and the units completing the architectonic complex were found to be entirely ready. The avenue around the lake, 18 kilometers in length, had been laid, as had the highway, 6.800 meters long, 5 kilometers of those in a straight line, connecting Pampulha to Belo Horizonte." JUSCELINO KUBITSCHEK, 1975[51]

V. THE JK COMPLEX (THE ANTI-POSTCARD)

083 Favelas, shopping malls and condominiums. Three enclaves that represent the current state of every Brazilian metropolis, and which avoid, or are avoided by, the rest of the city. Of these three, the condominium is perhaps the phenomenon that has witnessed the greatest urban explosion in the last two decades. Today they are being built everywhere, whether as fenced-in subdivisions in the outskirts, as residential fortifications in the Southern zone or as mini-cities implanted into the neighboring municipalities. And, certainly, it is the condominium as high-rise apartment building that has most greatly reconfigured the physiognomy of Belo Horizonte.

084 When looking for the origins and the precursors of this typology we can recall the dream of the first apartment buildings of the modernist architects – those residential megastructures with their innumerable facilities on the roof and among the pilotis – and everything that happened in the era surrounding the adventure of the modern movement. In 1933, these ideas were synthesized in the Charter of Athens, the document/doctrine signed by the movement's leaders and which has been preached to the four corners of the world ever since. The theoretical base of modernist residential architecture can be didactically summarized by the concepts of the *unité d'habitation* and the *machine for living*. Following rationally established dimensional standards and based on a functional conception of the dwelling, modern architecture displaced the problem of the house to the imagination of social and economic solutions in step with the new industrial society. The machine for living, one of the greatest slogans of the movement, is a habitation cell treated as one more utilitarian element of the era of mass production, while the unité d'habitation is the concept that incorporates the repetition of habitation cells in a single constructed block with various auxiliary functions, such as a playground, stores, bakery etc. The basic proposal was the construction of a large quantity of vertical units in series, allocating to the base of the edifice and its raised patio the commercial and residential infrastructure for meeting the basic needs of a large population. As this was a considerable architectonic structure, these large units required an urban plan to be properly absorbed by the city. Independent of the compatibility or incompatibility of the culture of the population with this form of living, such architectonic megastructures asked, for themselves, a coherent fit with the urban situation.

85 — It took some time until this radically new architecture which proposed an innovative form of habitation found an ideal context in which to materialize. In the cities that suffered massive destruction in World War II, the scarceness of dwellings demanded an immediate and large-scale solution, which ended up transforming the theoretical ideas into more circumstantial necessities. In 1945, finally, Le Corbusier realized his spatial solutions uniting the machine for living with the five points that determined the unité d'habitation: It was the Unité d'Habitation de Marseilles, a prototype of mass architecture where the vertical city was to be implanted over gardened areas, liberated from the ground by way of pilotis and accompanied by support services for the residents.

86 — In Brazil, one of the first examples of a residential megastructure was built in the young Belo Horizonte, the city transformed into an architectonic laboratory in the 1940s and 1950s. Even without a war, the great adventure took place with the construction of the giant JK Complex, consisting of two towers, one 36 stories tall and the other 26, but almost 120 meters across. Those responsible for this project were the politician Juscelino Kubitschek, the architect Oscar Niemeyer, and the businessman Joaquim Rolla.

87 — Joaquim Rolla, who began his career with mule trains, made his fortune in the 1940s mainly from business linked with gambling. In 1942, his company Belo Horizonte S.A. rented the recently built Pampulha Casino, designed by the architect Oscar Niemeyer during Juscelino Kubitschek's term as mayor of Belo Horizonte. The Pampulha Casino, however, only functioned as a casino for four years. In 1946, gambling was declared illegal throughout Brazil, after which City Hall transformed it into an art museum.

88 — With the end of gambling, Rolla was determined to bet on another activity, and construction looked like a great alternative in a country that was catching the fever of urbanization. The state of Minas Gerais was the owner of a large piece of land (16.000 square meters) adjoining a public square in a region that was undergoing increasing urbanization – Raul Soares plaza. Although it was in the urban zone, the plaza was only built in 1936, on the occasion of a national religious event. Its construction turned the area into a prime location and the city expanded towards it, and then beyond it. The land around the plaza, long abandoned and awaiting growth, suddenly became very expensive real estate. Development began on the hills of the adjacent Lourdes and Santo Agostinho neighborhoods at this time; and by the end of the 1950s, their lit fountains, bars and cinema had become hotspots on the Belo Horizonte nightlife.

89 With the land in his possession and the keen eye of a businessman, Juscelino Kubitschek, by this stage Governor of Minas Gerais, once again enlisted the services of Oscar Niemeyer, the architect that had become synonymous with Brazilian public architecture. United and motivated by the success of Pampulha, the trio (politician, businessman and architect) resolved to take on a more ambitious project that was closer to the contaminating dangers of urban architecture. Pampulha, after all, had been a *vacation from reality*, an adventure that floated in the antigravity of the city's outskirts with a program that, in a certain way, sought to forget the urban zone, with its club, church, restaurant and casino. Not now. The time had come to test a mixture contaminated by reality: Social experiment + monumentalism, and all at the epicenter of the urban zone.

90 To stimulate private-sector initiative, build hundreds of dwellings, drive urbanistic innovation, symbolize the progress of Minas Gerais. The saga of the JK Complex began publicly in February of 1952, when the newspaper *Tribuna de Minas* published the entirety of a speech Juscelino Kubitschek gave on the first anniversary of his administration. Kubitschek announced, among other enterprises, the "construction of a monumental architectonic undertaking" which, located in Raul Soares Square, "will set Belo Horizonte a notch higher in the admiration of all Brazilians." The governor, whom the press touted as the administrator who had put the capital of Minas Gerais on the global map with the construction of Pampulha, had returned to make modifications in the provincial physiognomy of the city. "The complex will shape the skyline and it is expected to become, in print and by word of mouth, the *trademark* of Belo Horizonte, much as the Eiffel Tower is to Paris or the Rockefeller Center is to New York."[52]

91 In an epic way, a kind of savior Noah's Ark was to be launched in the calm of a Belo Horizonte that recalled nothing like a deluge. The JK Complex announced a new era, a new spirit, a totally different form of habitation: Small apartments in a building with laundries, movie theaters, hotel, museum, stores, bakery, confectioner's shop, beauty parlor, barber, swimming pools, playground and bus station – all this in the placid Belo Horizonte of 1951 with its 350 thousand inhabitants. First Niemeyer designed the A Tower, tearing up an entire city block to accommodate its 120-meter length and 23 stories (120 meters is the maximum length permitted by Aarão Reis' blocks since the urban grid is formed by square blocks of this length). The businessman Rolla took a look at the neighboring block, which was also owned by the government, dreamed bigger and requested a tower with an area practically the same as the first. The architect then designed B Tower, a vertical parallelepiped 36-stories high, and counterpoised by the sturdy horizontality of its companion. With the increase, the total number of apartments jumped to 1.100, a number that would attract approximately 5 thousand residents – something like 1,5% of the city's population. The two buildings, each on its own city block, each on pilotis supported by W-shaped pillars, were to be connected by a suspended walkway. In the pilotis, one could find the marks of Brazilian modern architecture, with the slabs snaking among the pillars. On the raised patio, a curving restaurant would complement a sports complex, which would serve as the residents' club. On the somber façade the only motif is a T-flipped sideways that runs across some of the window panes. Jutting from the back of A Tower, a great glass prism houses the ten elevators that serve the building, all of which were concentrated in this annexed volume so as to free up the 85-meter-long corridors just for the apartments and to isolate the noise of the elevator machine room. The seven different apartment types, each with its own plan and program, include a semi-duplex, which is a terraced unit that steps over the corridor as it runs from one façade of the tower to the other.

92 To this day, the "city within a city" makes its presence known as a foreign object that arose uninvited, proposing a program totally unlike anything that already existed. Its risks were proportional to the unforeseeable possibilities of the outcome of the adventure, and those who live in Belo Horizonte know the end result of this architectonic magnet: An edifice that represents all the ingenuousness, optimism and exaggeration of its time; a mini-city that is home to very diverse social types – and which definitely do not coincide with the project's target class, the then-emerging middle class.[53] Today Niemeyer belittles it, Kubitschek tried to forget it, the history of Brazilian architecture tries to ignore it, but the annoying presence of this monster will never go unnoticed by the city.

93 Actually, the project was initially scheduled to be completed in three years, but it remains unfinished even today. The construction depended on residents being seduced by the new lifestyle, but misunderstandings between them and the contractor delayed the project for decades. Also, demand did not meet the expectations of the companies involved, since it was almost obvious that the scale of the project was disproportional to that of the city – that single building would have had to monopolize the entire market for new apartments for it to be successfully completed over the short term. Construction began in 1954, undertaken by a consortium formed by the construction companies Alcassan, Wady Simão, Rabelo, Adersy and Conege. In 1961, the year in which Kubitschek completed his mandate as President of the Republic and inaugurated Brasília, Joaquim Rolla transferred his share to another contractor, giving the job to the construction company responsible for B Tower – the Adersy Company – which signed a contract committing to finishing the work in 24 months. A short time afterward, the company went bankrupt and the role of contractor passed to the state bank. The

construction continued unfinished until 1970, when the first apartments of A Tower were finally handed over to the residential buyers. Protective construction barriers remained along the sidewalks of B Tower all through the 1970s, and the construction-site facilities and equipment were only completely removed after 1980. The initial idea of constructing a bus station failed to materialize until 1987, but few of the social facilities were ever built. Even so, the bus station mainly serves tourists, and is not generally used by the residents. The theater, the cinemas, the hotel, the club — almost all the public items on the program were scrapped.

A) Look at the imposing lines of the Conjunto Governador Kubitschek (JK Complex). A novelty for Belo Horizonte? Absolutely! But if you look around other cities and make comparisons, you will see that the boldness of conception and sobriety of line of this great building assure it a unique position, not only here, but among all the great works of modern Brazilian architecture.

B) This is the rear façade of the complex. Here is one of its originalities. This rising tower alongside the complex, giving it a new and striking beauty, has a rigorously formal purpose. It is the tower of what will be seven elevators. This means that the noise of the elevators that is so annoying in ordinary buildings is thus removed from the developing life in the interior of the complex, thus preserving the peace and quiet of its residents. In the tower, too, pantry and laundry services will be built, with the same goal of removing the noise of people working.

C) There was a great concern to lend harmony to every detail of the complex. Observe it from above. It is not a cold, hurried, oppressive building. It is prolonged in gardens that are integral parts of its own life.

D) This enchanting garden, where parties can take place, open to the plaza and giving onto the future unit where the night-club, theater, and cinema will be built, is the extension of the Museum of Art, with which Belo Horizonte will take its place beside the most advanced South-American capitals.

E) The Museum of Art will be a present of the state government to the city of Belo Horizonte and its visitors. Characteristic of the movement of renovation that stimulates the new generation of Minas Gerais, containing art collections of the highest value and housing exhibitions of every kind, the Museum of Art will hold many of the city's cultural activities. Here you will have famous works of art and be able to hear concerts and lectures in the highest spiritual environment.

F) But life is physical activity as well. You will have, in the interior of the building, areas reserved for court sports and recreational games. Here you will find an open-air pool of lovely design and different depths. You and your children... In fact, in the poolside bar, you will find your drink of choice, and your children their favorite soda.

G) Yes... This is the Bus Station mentioned above, another present from the governor of the State of Minas Gerais. Here you'll find buses bound for all the cities in the interior of the state. And a great many lines end here too. Farmers, merchants, and industrial executives who come from the countryside on business will disembark right on the doorstep of the most modern and complete hotel in Belo Horizonte.

H) Let us suppose you need to buy a tie... Or some medicine is required... Or your wife needs a manicurist or hair-dresser... This vertical city has it all. The concourse shops, and, further below, the shops of the Bus Station, will be a reflection of all of the commercial life outside. Without leaving the complex, you will find everything you need, even a bank, post-office and tourist agency.

I) Forget about picking up a bouquet, consider for a moment having to buy fruit, or any other of those thousand items so necessary for meals, and at the most unexpected times too. No, you won't have to go very far. Just pop down to the basement floors. Step outside the elevator and the market's right there, next to the cold-storage unit, which is at your disposal in case you want to refrigerate perishable foods. While you're at it, don't forget there's a modern bakery on the very same floor. And don't bother about washing clothes in the apartment or sending them out for dry-cleaning. There's a laundry here as well...

J) But let us proceed by parts. You should know that everything here was predicted and studied to better serve your convenience. Do you have a car? There'll be a parking-place for it in this garage. Are you a guest at the hotel? Here, too, you will have a place to park your car.

K) This is the hotel lobby. A hotel that will be a source of pride for the city. And for you, resident of the complex, a perfect organization will be at your service in this building where so many different activities come together. You will live quietly in your apartment. Nothing will disturb your sweet family peace. But at the same time, you will be living in a great hotel, with all the comforts of a great hotel. The full array of hotel services and specialized staff will be at your disposal. At any hour of the day or night, a simple telephone call will summon the services you need. And your telephone, connected to the building's central switch-board, will be cheaper to boot.

L) Let us go back to the hotel, the solution to many of your problems – things that once would have required lots of time, staff, space, a backyard, a garden, a large room.

M) For example: You might not want to think of a market, your wife might be tired of these small headaches that make up the routine of domestic life. The best thing would be to eat out. But there's no need for that... What is your favorite cuisine? Brazilian? French? Italian? Well then! In this high-class restaurant, which works like several restaurants in one because of its different kitchen services, you will feel perfectly at ease. And your kids will find a children's restaurant right beside it, with a little educational theater where they will have the chance to perform.

N) Do you want to read? To study? Do you want a quiet place to sit and have a smoke? You have one, surely, in your apartment. But the complex also has areas reserved for all these purposes, and their building will not be a burden on your pocket. What's more, in the majestic hotel, giving onto the veranda, you will find games rooms, a reading room, and other restful spaces.

O) But today you're in a hurry and don't want to sit at a restaurant table while they prepare a special dish for you. You want a fast meal, a salad, a sandwich, a coke? Why not go down to the American restaurant, where everything is fast and the service is very cheap?

P) The truth is that the organizers of the complex thought ahead and foresaw all the problems that might arise. Observe these plans. They are studies of the hotel furniture. Come on now, don't say you can't find anything that suits your tastes.

Q) But what really matters is your apartment, the place you'll be calling home and in which you'll be gainfully investing your hard-earned money. You'll be buying it at cost price, but mark our words, sooner or later, you'll be offered a whole lot more for it. This is the apartments foyer, independent of the hotel lobby. Your property begins here...

R) The new system of life introduced by the JK Complex has reduced needs to a minimum in the interior of each residential unit. The household help problem has practically disappeared thanks to the hotel's services. An emergency house-maid, or a baby-sitter to stay with the children at night or take them out during the day can be hired by the hour. Single occupants and couples will find everything they need in this simple apartment, amply complemented by the various common areas and shared facilities the complex has to offer. And with an array of hotel services just a phone call away, life couldn't be easier.

S) But you may want more space. Here you will already find a living-room, bedroom, kitchenette, and bathroom. But bear in mind that while you are only paying for your apartment and the indispensable condominium areas, you are buying so much more, that is, the whole complex of facilities that surround it.

T) These two larger apartments are meant for bigger families, and the type 4 apartment even comes with a room for the live-in maid, though that's hardly an indispensable feature given the hotel structure there to meet your needs in a more practical and economical way. Take your pick: Type 3 – living-room, two bedrooms, bathroom, kitchenette; Type 4 – living-room, three bedrooms, bathroom, kitchen, maid's bedroom and bathroom.

U) This new view of the complex, showing the market, bakery, laundry, and cold-storage unit, sums up just how much easier you have made your life in the apartment of your choice. Everything is on hand, including the organization's servants, who are at your service and can be hired right here.

V) The bakery will be one of the many comforts the complex offers to the residents. Operating on the basement floor, accessible by elevator, it can promptly cater to all requests, at any hour.

W) In one sector of the complex you can also acquire an interesting type of apartment, the so-called semi-duplex, which has windows on both façades of the building, and none of the inconveniences that usually go with the duplex format, with the bedroom hoisted three meters above the living-room floor. It is also the most isolated and independent of all the units in the complex. It will have a living-room, bedroom, bathroom, kitchenette, and two verandas.

X) In this same sector, more isolated, as mentioned above, from the general life of the building, is the Type B apartment, with living-room, bedroom, bathroom, kitchenette, and a veranda.

Y) For those who wish to simplify life to the maximum, making the most of the common areas and general services, while limiting their apartment to only the bare essentials, there is also the aparthotel option (Type C), with living-room, bedroom, and bathroom. It's ideal for single people or couples without children.

Z) The semi-duplex apartment deserves an additional note. The designs to the side can better illustrate how it works. In the figure marked with an X we have the cross-section of the common constructions. In the figure to the right, we have the semi-duplex sector of the JK complex. Here one can very clearly see the placement of the different types of apartments in this sector: A, B, and C. Below is an enlargement showing how one gains access to apartment A, the semi-duplex. Note that it has the great advantage of two verandas, one on the front façade, and another at the rear. It's also more insulated from the comings-and-going of the rest of the complex. Inside, too, the bedroom and living-room are more independent.

04 While the work progressed at a very slow pace, Brazil moved out of the golden JK years and entered the period of repression under the military dictatorship beginning in 1964. The generals, who established a new government, with new rules for the economic and social life of the country, did not see this giant gray elephant in the best of lights. Besides the tradition of those in government of abandoning the programs of their predecessors, their opinion was strongly influenced by Niemeyer's communist image and by the building's own character – with many social spaces, and private spaces reduced to a minimum. Because of this, the state of Minas Gerais itself, which held 16% of the total constructed area, became, after 1964, one more buyer who failed to make their payments.

05 As the number of residents increased, political repression grew stronger. The great majority of the first residents arrived shortly after 1968, the year in which the government decreed Institutional Act no. 5 (known as AI-5), ushering in the period of the most intense persecution of communists. The JK Complex became suspicious architecture: Its single residents, its less than family-friendly layout, its non-traditional elements. It could all be interpreted – by the military dictatorship's intelligence service, at any rate – as an architectonic representation of the chaos of democracy. With the communal spaces of the program forgotten, the base of the *subversive building* was dedicated to *order*: The police installed the State Department of Public Security where the Art Museum was supposed to be constructed. The police were given incentives by their superiors to reside in the complex itself, which put them closer to those they were observing and made it easier to control them. Violence followed in various ways, whether caused by the inhospitality of an unfinished construction or as a reaction, manifested by the residents' vandalism.

06 To crown the story of uses totally different from those envisioned, none other than the evangelical leader Bishop Edir Macedo bought one of the largest spaces in the complex – a nightclub installed in a basement-level store (the parking area in Niemeyer's project) –, which today houses the Belo Horizonte flagship of his church, Igreja Universal do Reino de Deus (Universal Church of God's Reign).[54]

07 Apparently a mere symptom of retrogression, the arrival of the church is a significant fact in the complex's history. This Frankenstein which never corresponded to the idea of its creators has had to adapt to its real urban situation and illustrates, without a doubt, the mixture of zones, the confusion between the limits of the urban zone and the suburban zone. The Universal Church started out in cheap constructions in the city's outskirts, such as large garages or warehouses, but as the flock grew at a galloping rate, the church began to move into locations ever closer to the center and the better neighborhoods,

culminating (for now) with the acquisition of the enormous nightclub in the JK Complex. This new function was inserted by force, without any ceremony, demonstrating all the flexibility of an inflexible monster. A military police base one minute, a nightclub for two thousand people the next, and now a temple.

098 How can anything be concluded from this deviation? By considering it together with another, perhaps. For this bastard child of Niemeyer's there is nothing to do except to see it as a fantastic source of surprises or as a stage for the uncertainties of the city. And then, after the re-injection of hope and theater into this much-maligned emblem, what is left is to wait for the transformations from what is incomplete and ill in the city, hoping, at the same time, that everything remains incomplete.

099 The curious thing is that the JK Complex and its police record also carries the formula of the greatest real-estate success of our times. Today we know that what was the dream of architects in the 1920s became a concretized model in the 1940s and 1950s; and we also know that this same formula became the nightmare of the 1970s all over the world. Demolitions in series, criticism of the *inhuman* aspect of this architecture, a repudiation of a program that had arrived to propose a social revolution. Together with the JK Complex, the entire relationship between architecture and society was plunged into crisis to the point of Charles Jencks announcing the former's demise: "Modern architecture died on July 15, 1972 at 3:32pm (more or less), when the various infamous blocks of the Pruitt Igoe project were put out of their misery with explosions of dynamite."[55] Pruitt Igoe had to be demolished due to total rejection by its users. As a desperate alternative to modern architecture, past styles were then remembered, colors came back into fashion, and the pediments of classical architecture were incorporated into the vocabulary of too many architects: Postmodern times. European theorists, who felt attacked and hurt by an architecture that placed absolutely no store on the glorious past of their cities, started on a crusade against the monsters. In Belo Horizonte, the JK complex and its evident arrogance in regard to the city drew the ire of critics who spoke about the *context* of the city, the *delicateness* of its urban fabric and its architecture, asking for a *historical* and sensitive reading of the surroundings — as if Belo Horizonte were Rome or Ouro Preto.

100 A few years went by. The exaggeration of the postmodern colors began to tire, and all that riffing on Greek temples was no longer amusing to architects. Postmodernism ended.

/101/ Whether or not the crisis of modernism was ever resolved, soon came the return to the old modern typology, as a kind of re-editing of the end of the century. There is no denying that it is what most transforms Belo Horizonte, São Paulo, and all the other large Brazilian metropolises today. It is as if, after a cycle of apogee and decadence, modern architecture once again advanced to the front – but now in the comfortable position of a tamed avant-garde. The idea of mega social housing was buried, albeit alive, and, not long afterwards, its ghost was resuscitated with all its vitality and with all its traumas exorcised: Vertical condos have appropriated a modernist idea and, for a more efficient application, purged it of all its unproductive idealism.

/102/ Not much differs between the unités of yesterday and those of today, except for the phenomenon of *containerization*, which is more evident in the latest ones. The other difference is that, in contrast to the modernist architects – who sought to associate condominiums with social reform – the architects of today do not publish manifestoes, do not write, are not militants of the Communist Party and do not rock the boat – yet they get a lot of work. The condominiums of today are large and practically self-sustaining. They grow with impressive speed, sprout from every corner and possess a series of facilities: As in the program of the original unité d'habitation, with the addition of a guard-post. All have the undeclared aim of rendering the rest of the city obsolete – as the JK Complex had attempted. They are watched by the other inhabitants of the city and they appear, in a certain way, like East Berlin before the fall of the wall. It doesn't even look as if the civilization shared by the condos and non-condos is the same: On the outside everything happens with commensurate dangerous sameness of day-to-day life. Unpleasant things occur: Muggings, car accidents, urban events – difficulties of life in general. In the condos, all unexpected events are suspended, which makes life less stressful and more amenable to planning. Paradoxically, it is thanks to the wall that the dwellers can enjoy freedom and the mind's liberation; and it is because of this demarcation of territory that everyone in the city wants, when they can, to make the trip. An island of prosperity and liberty that emerged in the middle of a threatening sea wherein the others swim. On it everything is permitted, and all liberties are supported to exhaustion. The island is not simply an architectonic object. It is much more than a revolutionary and depoliticized program: It is much more than a strange attractor. The dwellers are given incentive to practice creative exercises, to dilate their sensorial capacities, to reactivate their possibilities of invention and to live together in a society in cities where this is little possible. They live in *civitas*, cultivate their bodies, feed on food for thought. Totally indifferent to the rhetoric of modernism, they define a community of self-exiled people who emigrated without moving out of the city. They are those who chose to surrender to architecture in an age in which it lost all its uncomprehended revolutionary tendencies. Then it returns triumphantly, without JK, without Niemeyer, without books and without boat-rocking.

'103 Another community, another mentality, another sociability. All the castrating conditioning imposed by the city here was abolished, which generates perspectives for the "experimental exercise of liberty."[56] In the *ágora*, no subject is prohibited, and no city that wrote its pages in history is unworthy. Conversations are about intramural civilization — they themselves — or on other civilizations, and only rarely is the city that surrounds the island considered. Utopias, fantastic cities, New Babylons, Fatepur-Sikri and Brasília are always present in the discussions. Obscure places are also talked about: Tiön, Uqbar, Orbis Tertius, cities that insinuate parables about the very situation of the lecturers. Maurilia, the city that forgot its postcards, is a frequent reference. They cite Akhenaten, the visionary Egyptian emperor who began another aesthetic standard in the New Kingdom, who ignored the gods of his predecessors, who constructed his own city — Akhetaten ("the horizon of Aten") —, which was only inhabited during his reign, and then totally abandoned.

They recall Paris but do not let New Delhi go unnoticed, they travel easily throughout the three worlds of the world, crossing borders to, at the end of the journey, arrive within the comfortable domain of the walls. They consider, with a certain resentment, the Eden that these new condos represent, and get to thinking about the solution to the dilemma of contemporary cities: An ideal city containing only condominiums, only good things. A city where the walls are expanding, increasing the area they delimit up to the point that they all coincide with each other, to the point where they share exactly the same borders, and then, at a final push, become absolutely unnecessary. Cities full of suprasensorial things, where art would invade all the districts and cease to belong to the limited domain of artists. Where all could live the so-called *experimental exercise of liberty*. Where the walls, instead of defining enclaves, would shape the very essence of the cities and become, in the process, irrelevant. "Cockpit-cities", "swing-cities", "penetrable condominiums" — Hélio Oiticica towns!, they conclude.

VI. FREEDOM, IT IS A VOID

In 1958, the painter Yves Klein, then thirty years old and fully convinced that the idea of a work of art is more important than the work itself, had already caught the attention of the Parisian avant-garde. After spending some time painting pictures in a single blue, a pigment he especially prepared himself, he patented his invention: Not his pictures, but the pigment, which he named IKB or Yves Klein Blue. With IKB he paints pictures, paints the Venus of Milo, the Victory of Samothrace, one of Michelangelo's slaves — and paints worldly objects: Sponges, cubes, circles, disks, cardboard, culminating in an exhibition of pure IKB without any support, spread out like a carpet on the gallery floor. The paintings were not fixed to the wall, but jutted about 20 centimeters from it. Apparently detached from the architectural stability of the room, they sought to create the impression of levity, of spatial indeterminacy and weightlessness. The visitor (or some of the visitors) felt immersed in a blue that appeared to transmute the substance of the painting into something incorporeal, ethereal. The pigment, applied without modulation and without the slightest personal stroke, elevated the factor of the color in art to an absolute level.

As a natural consequence of the development of his blue work, Yves *"le monochrome* Klein decides to exhibit nothingness or at least nothing that could be seen or be immediately tangible. The presentation of his other phase would be devoted neither to an abstract idea nor to any concrete thing, but to the *undefinable*, to the *"immaterial*, or to everything in the background of the results of a work of art. The post-IKB phase was announced in the legendary exhibition originally called Époque Pneumatic, but known as *Le Vide* (The Void), held in 1958, in Paris. Klein removed all of the furniture in a small, 15 square-meter room in the gallery. Later, clearing his thoughts of everything except a special attention to pictorial sensitivity, he spent 48 hours painting the gallery white to achieve the light, the intrinsic value and the energy of his new *non-color*. The only exception made: A cocktail served at the opening, which was blue (a mixture of gin, Cointreau and methyl blue).

The void in Klein's conception does not simply represent a vacuum or empty space, but the state of opening and freedom, a type of invisible force field: "The object of this endeavor: To create, establish, and present to the public a palpable pictorial climate, and, therefore, an invisible one. This invisible pictorial state within the gallery space should be so present and endowed with autonomous life that it should literally be what has hitherto been regarded as the best overall definition of painting: Radiance."[57] With *Le Vide*, Klein sought to place individuals in direct contact with *sensitizing* and *sensitivized* space. A void which possessed a radiant potency perceived by those who penetrated the space of the gallery: A void such as art freed from all ties, since it was being exhibited loosened from the confines of stretched canvases, from the pedestals and from the walls, and from the exercises of painting and sculpting. It was not the void as negation, rather void as pure optimism. Residing in some place between the physical and the spiritual, *Le Vide* did not seek to deny or transcend the world, but to reveal it in its totality, in its latent manner, in its new unexplored territories.

Klein himself schematically described the glorious evening at the opening of Le Vide:

"**8:00pm** I go to La Coupole to get the blue cocktail specially prepared for the exhibition.
9:30pm The whole place is packed, the corridor is full, the gallery as well. Outside, the crowd that gathers begins to have difficulty getting inside.
9:45pm It is frenzied. The crowd is so dense that one cannot move anywhere. I stay in the gallery itself. Every three minutes, I shout in a loud voice, repeating to the people who are more and more cramming into the gallery (the security service is no longer able to contain them or regulate the entrances and exits): '*Mesdames, Messieurs*, please have the extreme kindness not to stay too long in the gallery so that other visitors who are waiting outside can enter in their turn.'
9:50pm In the gallery, I suddenly notice a young man drawing on one of the walls. I rush to stop him and politely but very firmly ask him to leave. While accompanying him to the small exterior door where two guards are posted (the crowd in the gallery is silent and waits to see what is going to happen), I shout to the guards who are outside: 'Seize this man and throw him out with violence!'

[...]

10:10pm 2.500 to 3 thousand people are in the street; the police in the rue de la Seine and the firemen in the rue Bonaparte try to push the crowd towards the quays of the Seine. When a patrol comes to the entrance to ask for an explanation (some people, furious at having paid 1.500 francs admission in order to see nothing at all in the interior with their eyes, went to complain), my bodyguards declare to them laconically and firmly: 'We have our own security service here; we have no need for you.' The patrol cannot legally enter and withdraws.
10:20pm A representative of the order of Saint Sebastian arrives in full dress. [...] On the whole, the crowd enters the gallery angry and leaves completely satisfied. What the Great Press will be compelled to record officially in writing is that 40% of the visitors are positive, catching the pictorial sensible state and seized by the intense climate that reigns terrible within the apparent void of the exhibition room.
10:30pm The Republican Guards leave in disgust; for an hour, students from the Beaux-Arts have been tapping them on the shoulder in a familiar way, and asking them where they have rented their costumes and if they are movie extras!
10:50pm Blue cocktail is all gone, a run to La Coupole to search for some more. Arrival of two pretty Japanese girls in extraordinary kimonos.
[...]
0:30am We close and leave for La Coupole. At La Coupole, a big table in the back for forty people.
1:00am Trembling with fatigue, I deliver my revolutionary speech."

"Planned for eight days, the exhibition has to be extended for an additional week. Every day, more than 200 visitors rush to *the interior of the century*. The human experience is one of a vast and almost indescribable scope. Some cannot enter, as if prevented by an invisible wall. One of the visitors yells to me one day from the door: 'I will be back when this void is full...' I reply, 'When it is full you will not be able to come in!'"

"The day after opening everyone that drank the blue cocktail urinates blue."[58]

"Now, if I find myself alone, and if I want power and force, and if, instead of looking around for things I can conquer and oppress for my profit as a selfish and psychological person, I make contact with immaterial space, which is also completely real and active as the rest but much more, incommensurably more.
In a single shot, I take as an ally the proprietor of everything because immaterial space interpenetrates everywhere in everything...

The greatest goods amassed on earth are nothing in comparison to the power of space. It is unlimited while material goods are always very limited, because even admitting that they cover half the globe, the other half remains, and then there are the other planets, the sun, and all the other solar systems that we do not know.

Briefly, even if a person comes to be the proprietor of all that is tangible in the cosmos, he would have a power infinitely less weighty than space and its living inhabitant, sensibility."[59]

Come with me into the void:
"When I think of you
The same dream always returns
We walk arm in arm
Along the wild road of our vacation
And then, little by little,
Everything seems to disappear around us
The trees, the flowers, the sea
At the edge of the road,
There is suddenly no longer anything at all
We are at the end of our world
Well... Are we going to go back?
No... I know that you say no
Come with me into the void!
If you come back one day
You who dream also
Of this marvelous void
Of this absolute love
I know that together,
Without saying a word,
We will leap
Into the reality of that void
Which waits for our love,
Like me who waits for you each day:
Come with me into the void!"[60]

The idea of the void was diametrically opposed by the artist Arman, contemporary and friend of Klein, a short time afterwards and in the same gallery. Arman began to make his "accumulations" in 1959, which were trivial objects and articles of consumption deposited in boxes. As a response to *Le Vide*, Arman exhibited *Le Plein* (The Full), filling the entire gallery space from floor to ceiling with an impenetrable pile of objects.

/104 Premises: 1. Belo Horizonte has the vitality and the urban energy typical of the Brazilian metropolis. 2. Belo Horizonte is a city with a need for basic infrastructure and public spaces, and its only central park – the Municipal Park – today has an area equivalent to only one-third the area in the original plans.

/105 = 1+2. This chapter is a consequence of these two observations: it is a proposal to open the existing voids to the energy that circulates along the streets and, at the same time, an attempt to expose the most immediate needs of the city.

/106 Basically, it proposes neither demolitions nor constructions, but essentially a prospecting of the voids with potential for activation.

/107 There is not the least intention to remember the idyllic Belo Horizonte of Aarão Reis. That city no longer exists; it lies under the chaotic fabric of a city that was born from nothing, exploded into a metropolis in 100 years and ignored all the good intentions of its original plans. The source of inspiration of this text lies in only one thing: in the antennas that can capture the energy of today's Belo Horizonte, and which is transmitted specifically by its voids.

/108 Just as it is necessary in photography to develop (chemically) the latent image already registered on the gelatin of the film, the voids are a kind of ode to the latent energies which also need to be revealed (developed) to the city.

/109 In today's Belo Horizonte there is no need to worry about reading architectural styles or other manifestations pertaining to the city. To know how to read architecture, seek out the murmuring or the context of a plot, look for dialogues between the existing constructions and the new ones – nothing of this is important. I am speaking of a sensitivity to the forces which define needs; a Brave New World urbanism, as an old modern architect who did not regret what he did and who believes in the project of more and more Brasílias – Brasílias now as overlays on city blueprints. Overlay the master plan of Lúcio Costa on the satellite city of Taguatinga and… *Presto*! Now we have the situation of all the cities which exploded along with the Brazilian economic miracle. Cities where the infrastructure lags behind the architecture, but which require a balancing-out of the two by means of their voids.

110 The arrogance of modern urbanism has always placed high value on the voids – Brasília says this to us in its Monumental Axis and in its giant superblocks. Brasília is exciting in the inhuman scale of its Esplanade of the Ministries, the vacant spaces that distance one residential building from another, and the width of its streets. Too empty in Brasília, not empty enough in Taguatinga. It is the acceptance of this tragic overlaying of layers which best defines the state of the present Belo Horizonte. Brasília + Taguatinga = Belo Horizonte: Planned islands in the middle of a sea of uncontrolled growth; an urban vitality which is manifested in the sidewalks, in the streets and in the empty parking lots of the shopping malls and stadiums.

111 Certain recent cases of investments in urban renewal have resulted in little social activity – see downtown Baltimore or Los Angeles, for example. The case of Belo Horizonte is the opposite: A metropolis under a city hall with a ridiculously low budget whose social energy explodes without a ground wire, without public spaces, discharged in short circuits all around the city.

112 It is not important to establish a program aimed at the suburban zone: A void (or any construction) can be used to widen a congested street, build public housing, create a public transport station or to contain the demand for infrastructure as a consequence of urban sprawl. In practice, the future of a city cannot be foreseen, but it will be less uncertain if we take as a premise a certain balance between the forces of architecture and urbanism. One day Brasília, the next Taguatinga; here the social, there an urban planning with the destructive spirit of Faust; one day preserving the voids, the next saturating the city with more and more architecture; one day provoking short circuits, the next constructing the ground wires that these accidents demand (or vice-versa).

113 An organization as complex as a big city cannot be understood by the political, technological or stylistic limitations of past urbanisms. It doesn't need formulas or recipes. It is better, then, to see the future of a void as a consequence of a creative response, as the reaction of a body that requires problems to exercise its capacity to think and react against its irregularities. In this sense, all the vitality of a city is a vicious circle proportional to its capacity for generating problems, which in turn generate antibodies, which combat further problems, which generate more antibodies etc. The *finished* cities, then, are those that sooner or later will pass away for having, in an unconsciously suicidal gesture, retired their energies of creation (not producing more antibodies as a reaction to their problems).

114 Stéphane Mallarmé wrote the poem of a blank page, John Cage composed music out of silence, Wim Wenders praised the voids of Berlin, but the Brazilian architects – they remain blind in relation to the potential of the voids and the suburban zone (perhaps because they still have a complex over the negative criticism toward Brasília, despite knowing that Juscelino Kubitschek constructed Pampulha in the void of the periphery more than fifty years ago).

115 It is important to urbanize the suburban zone. Taking infrastructure to the outskirts is an emergency measure which should have been done long ago. Improving the sewer system, the street system and the quality of the city's architecture are also important tasks. But it seems that reality is pointing to another alternative, a more practical and realistic one: The alternative of suburbanizing the urban zone, infusing the fullnesses of the city with the voidal qualities of the periphery.

116 The history of Belo Horizonte can, ironically, be considered the history of the triumph of the unplanned over the planned. In the beginning, back in 1894, it was just mountains and the void of scrubland vegetation. Over this natural, encountered void, the engineer Aarão Reis planned noble voids – perspectives, public squares, roundabouts, avenues, a city park etc. – all to be defined by the neighboring constructions. It happens that the architecture of the Minas Gerais capital was going up everywhere, invading areas reserved for non-construction, squeezing the planned public spaces, robbing the voids of their symbolism and simplistically transforming them into areas without architecture.

117 Interestingly, despite this, the urbanization of Belo Horizonte began to throw up all manner of spaces that were not very public, in places that were not very planned, with results that were not very pretty, but which became as important as the planned public spaces. They are the unplanned spaces that function as a negative space of architecture, alternative plots that are used by the population as an option for the lack of voids in Belo Horizonte. Not as pretty as Aarão Reis' Liberdade plaza, but certainly much more in synch with the inverted esthetics that is so typical of Belo Horizonte. There is a necessity to surrender to these residual public spaces, a need to accept these voids that substituted the public spaces envisioned by Reis, because they are an improvised solution perhaps more effective than the old public squares. The opening and the relative lack of normalizations make these locations social condensers, even though part of the population and certain urban planners see them as eyesores.

118 The voids are the potential restorers of a city which has always wanted to ignore them and which has seldom managed to express itself through its fullnesses. At the same time, they are not a gesture of discredit to architecture. On the contrary, they are an attempt to exalt the nonarchitecture that is between one architecture and another, and which, in turn, is able to value the existing buildings. They are a kind of revenge of the original plans for the Municipal Park: A return to the necessity of the building-free areas of Reis' plan.

119 In contrast to the complexity of the fullnesses, the voids are simple. They are conservationist, just like the technicians of the World Heritage Sites program. They are the urban version of ecology: Preserving everything that is natural in the city, everything that has not yet been built. They are the *gray ecology* of asphalt, the ugliness of the bush, the sameness of the outskirts. They are the empty lots, the residues of space, the *terrain vagues* that are so highly praised by the photographers who explore the fringes and the derelict zones of the big cities. It is the valley of Arrudas River, it is the huge woods at the Federal University of Minas Gerais, it is everything that went unnoticed in the eyes of those who are less sensitive to the true forces that construct and destroy cities. It is, in summary, the precious gray patrimony made up by everything that escaped the destructive forces of architecture.

120 What would this urbanism of the gray ecology be, more precisely? I am not speaking of the urbanism of *chaos* or *complexity*, but rather about urbanism as surrender to improvisation and unproductivity. All of the random sprawl, all of the marks of a city of isolated fragments, independent and lacking any coherence will now form the basis of the city of the next century. As a response to speculative and stingy growth, the voids of gray ecology introduce a different type of productivity; a productivity which allows for a temporary suspension of the gravitational attraction of function, of logic, of common sense and of everything generally associated with the concepts of urbanism. They accept the necessity of loss, they accept the collective delirium of the cities: the delirium of waste and improvisation, of games and parties, of carnivals and festivals, of purchases and archaic rituals – activities linked to the culture of events. They received the excesses that are outside the domain of classic economics, incorporating an anti-economic hallucination which, after all, is fundamental to the functioning of the economy of the economists. In this sense the *unplanned* public spaces referred to can be seen as healthy manifestations in a city where mercantilism ended up filling all the planned voids; they can be seen as a spontaneous occupation of the urban space of a city that gave up on planning. Gray ecology: Urbanism of debris, of expenditure and waste which, in an inversion of values, were transformed into raw material for an ecosystem at one and the same time inefficient and efficient.

'21' Gone is the poetry of the empty avenues, gone is the perspective of Afonso Pena Avenue with its bucolic view towards the Serra do Curral, gone are the times of the poets of the deserted streets. Remaining are the ordinary voids of the outskirts, the soccer fields waiting for improvements, the urban gaps beside the viaducts and bridges. The voids as discharges of subversive social energy, as activities of resistance, of sabotage and of refusal of a city marked by the invasion of architecture, delineated by the victory of fullnesses over voids, characterized by a bunch of nondescript buildings that sprouted like weeds around urbanism. Voids: Places where the energy should be uncorked and, at the same time, where the better futures of the city are presumed. Promises of an efficient and unproductive city, improvised and planned, of voids which should be occupied and preserved, and where the ground wires should be created alongside the incentive for the production of more energies.

'22' All the urban activities are there, taking place before our eyes, in the context of a young city that reacts malignantly to those who try to reduce it to past concepts. Can we then expect that Belo Horizonte's future, this youth that erased almost all the features of its past, should lie in the voids of its anonymous tracts? Lie, that is, in this absurd concept of gray ecology and in its potential for improvisation? Can we bet on this predicament of the impossibility of urbanism; in the ephemeral events that do not conform to the city? Should we accept this cityscape? Yes!, because this is the true heritage left to us. In 1998 — shortly after everyone had tried to mythify a past that was pretentiously glorious — the most reasonable strategy appeared to be another kind of operation: one directed toward what we cannot see. We have to accept what we have without the escapisms of those given to nostalgia, without shedding any tears over the urban chaos, without any articles about the garden city. All of this we buried a long time ago under the mundane and omnipresent layer of the outskirts. Today, capturing the force and energy of the voids is the approach for a quest that is more balanced in regard to architecture (fullnesses) and urbanism (voids), keeping in mind that the urbanism of the gray ecology and of the voids should be, for architects, just as exciting and enigmatic as a perfect crime is to the old policemen of the city.

CONCLUSION

PRAYER

And after this irresponsible exaltation of urban improvisation, after this bet on the uneasiness of impossibility, there will come the unforeseeable order that will return Aarão Reis' dream to us. There will come another Construction Commission that will accept the suburban zone without considering relinquishing all control over the whole. A commission that will carry out its duties without the lack of planning and without the vision that considers the Center and the Periphery as separate entities. We will see a new dose of nonconformism against the regularizing functions of this conservative city. And the fearsome destructive forces of architecture will regress to finally achieve all of the promise of Belo Horizonte. And the periphery will become the center, and the center will become the periphery. "Blessed is he that reads, and those that hear the words of this prophecy, and keep the things written in it; because the time is at hand."[61] And in the favelas, and in the shopping malls, and in the condos, another city that denies itself less will take shape. And the next century will see the coming of those surgeons who will link the obstructed arteries of the city, who will make it as efficient as it is inefficient, as alive and optimistic as it once was in its golden years.There will come, finally, a *sporting* urbanism and architecture.
Amen.
Hallelujah.

SHORT STORIES

CHRONOLOGY OF THE MUTATION OF THE MUNICIPAL PARK

The Municipal Park, the main natural reference of the original design for Belo Horizonte, was conceived as the focus of convergence of several axes of the city. Its history, nevertheless, is a sequence of invasions: beginning with an area of 62 hectares, according to Aarão Reis' urban design, it now finds itself reduced to 18.2 hectares.

In the beginning, when it was only a project: "I come back to the large park which only now was given to me in plant, which Mr. Aarão Reis presented to landscaper Villon. It is two and a half times larger than Aclimação field, which is already heralded as one of the largest found in the centers of large cities."[62]

1906: Part of the Park was turned over to the state government, which built its Agriculture Directorate building there. Meanwhile, at a conveniently located point, in the part limited by Prof. Alfredo Balena Avenue, the Sport Club prepared the land to build its pavilion and gaming fields.
1911: The mutilation continues: "with Decree no. 3.822 of June 4, 1913, and Dispatch no. 149 of June 5, 1913, signed by the same mayor, the park was further dismembered, with a 46.214 square-meter chunk given over to the School of Medicine, Sanitation Department and related buildings."[63]

1919: The dismemberment resumes, with the occupation of part of the land adjacent to Álvaro Celso Boulevard and Francisco Salles Avenue by America Football Club, which was later conceded to it by Law no. 187 of October 6, 1920.

1920: The groundbreaking ceremony of the Radium Institute, next to the Medical School is held. In March, the São Geraldo Hospital is founded, occupying the building on loan from the Sanitation Department.

1921: Concessions for construction and exploitation of commercial establishments within the Park are started by Law no. 201 of October 4, 1921.

1922: The dismemberment of land with the subdivision of the blocks between Assis Chateaubriand Avenue, Francisco Salles Avenue and the railroad line.

1935: Pernambuco Street is extended along the stretch between Carandaí Avenue and Andradas Avenue, which became the Eastern limit of the park. In this same year, subdivision of the Medical School area occurs, destined for the São Vicente Hospital. Also in this year, another area is donated for the construction of the Maria Guimarães University Hospital.

1941: Mayor Juscelino Kubitschek, the first patron of the city, starts construction of the Municipal Theater (current Art Palace).

1946: Sale of the few lots still unoccupied between Alfredo Balena Avenue, Francisco Salles Avenue and Ezequiel Dias Boulevard.

1949: Another part of the park is taken over for construction of the Francisco Nunes Theater. The Park area is now 227.250 square meters.

1951: The administration of mayor América Renê Gianetti surveys the park. In spite of the mutilations, the survey concludes that it has not suffered drastic changes to its original design!

1953: The João XXIII Hospital is built on an area previously occupied by the City Hall garage.

1968: With its area reduced to a third, Law no. 1.538 of September 26, 1968, prohibits any new buildings in the park.

1971: Despite Law no. 1.538, the very same mayor who sanctioned it only three years earlier now issues a municipal decree donating more parkland for the construction of the Palácio das Artes Foundation, which includes several art galleries and a theater.

1975: What is left of the Park's Landscape Complex is listed by the Institute of Historical Heritage – IEPHA.

THE TRANSFORMATION OF VOID INTO FULLNESS

AT THE BEGINNING OF THE 20TH CENTURY

According to the designs of Aarão Reis, the block between Bahia and Tamóios streets and Afonso Pena Avenue would be a plaza facing one of the corners of the Municipal Park. An unoccupied block. A few years later, however, the block is transformed into a constructable area, yielding space to the central post office. The building, in Beaux-Arts style, is designed by José de Magalhães, the official architect of the city, and inaugurated in 1906.

THE 1930s

With the need for more space, architects from City Hall design an expansion plan for the building in 1933, which for the time being is not implemented. It is decided that the building should be razed to give way to a *more modern*, denser and more vertical construction – the twin towers of the Sulacap and Sulamerica buildings, built as a promenade to the Santa Tereza overpass.

THE 1940s

The new works are begun and inaugurated a few years later. Both buildings have thirteen floors and are flanked at their base by two wings. The ground-floor space between one tower and the other is freed up, reinforcing the perspective opening onto the overpass and creating a new plaza right on Afonso Pena Avenue, the most congested area in the city.

THE 1970s

In pursuit of yet more clutter and taking advantage of the gap between the two towers – which formed a perspective in harmony with the urbanistic composition of Reis's plan – a two-storey building is wedged into the space. The transformation from void into fullness is complete.

The story of this block epitomizes the story of Belo Horizonte: A tale of disregard for the plans of planners and architects, a sort of every-man-for-himself between architecture and urbanism. The only certainty: The vague concept of the inverted esthetic always wins. In a continuous motion of densification, what was to be a plaza sees all of its empty spaces gradually eliminated, from absolute emptiness to absolute fullness.

The story of Belo Horizonte is a kind of surrender of urbanism (infrastructure and empty spaces) to the pressure of fullness. An unequal struggle between architecture and urbanism; proof of the impotence of urbanism and the triumph of architecture: A victory of disorder over order. When urbanism trumps architecture, it eliminates the efficiency of the infrastructures and the shape of the voids. When architecture comes before infrastructure (as in favelas), urbanism is slow to slake the thirst of services that architecture demands.

PIRULITO: MOBILE MONUMENT

Belo Horizonte has always suffered from an instability of personality, of ups and downs concerning its self-image. It is interesting to recall the course of the obelisk of Sete plaza, the point that marks the downtown epicenter of Belo Horizonte. Here bloomed the first skyscrapers, the largest cinema and the mains *cafés* of the city.

1897-1924

Until the mid-1920s, this plaza had no point of visual reference. It was merely the most active part of the city, defined by the intersection of the two avenues with the heaviest traffic in BH: Amazonas and Afonso Pena. In September 1924, a two thousand ton obelisk was set up on a base that easily fit within the breadth of the two avenues. In the middle of a tree-lined, still empty Afonso Pena, the obelisk admirably fulfilled its function as the symbol of the city center, standing out within Belo Horizonte's cityscape; its verticality contrasting with the horizontality of the serra.

1925-1962

With increasing downtown congestion and the construction of tall buildings along both avenues, the verticality of the obelisk was lost. After decades of uninterrupted urban growth, the monument was removed at the beginning of the sixties to alleviate the already rather chaotic traffic. The plaza then went back to being shorn of any references elevated to the condition of downtown symbol: a *nothing* plaza, occupied only by the flow of vehicles; a public space with no landmarks, no arcs, no statues or anything that might justify the title of plaza.

1963-1979

So as not to interfere with any another public place, the *Pirulito* (lollypop), as it is known by the local population, was left to languish in a City Hall deposit. And then, in 1963, the need for symbols spoke louder, and the monument was transferred to the Savassi plaza, a place of emerging importance that had not yet been debased by traffic. There it remained for seventeen years.

1980-

In 1980, once again a mayor decided to move the monument. At last, the place, the tradition, the *genis loci* of the obelisk was Sete plaza itself (now more congested by cars and buses than ever) and so he urged its return to its place of origin. After an interval of many years, Sete plaza once more houses the monument-symbol of the city center: A monument like thousands of others, an obstacle to be circumvented by hurried pedestrians and motorists. Was the void better?

PROJECTS

PROJECTS DEVELOPED BY THE AUTHOR BETWEEN 1996 AND 1998

A. SERRA DO CURRAL

In 1994, Belo Horizonte City Hall supported a curious referendum that would answer an old question: what, after all, is the symbol of the city? Among the most voted on were the Liberdade plaza (Aarão Reis and José de Magalhães, 1895), the Pampulha Church (Oscar Niemeyer, 1939) and the Serra do Curral (Pre-Cambrian period). The serra won with 270 thousand votes, despite the harmless protests of some architects who wanted the church to be victorious.

If the difference between the city of today and yesterday is its constructions, the symbol of contemporary BH is, paradoxically, the void; it is the only natural element that has survived 100 years of an uninterrupted process of construction and destruction. Or perhaps the result of the referendum suggests an unconscious remorse, a feeling of collective regret, a nostalgic memory of a mountain once omnipresent in the city's landscape and which has disappeared amidst the skyline – and now is condemned to literally disappear...

Help! The Symbol of Belo Horizonte Is Going to Disappear!

The State of Minas Gerais is the most mountainous in Brazil, and Belo Horizonte is no exception to this geographic pre-destination: The city is dominated by a serra that has always limited its growth to the South. The Serra do Curral is a cut-off point that marks the terminus of the city and the beginning of the mineral zone. On the city side, the houses of Mangabeiras neighborhood invade steeper and steeper slopes as if creeping up the mountain. On the other — the hidden side —, the huge, fantastic, wonderful haul trucks and graders working the iron-ore, sculpting a strangely beautiful landscape as they go about a devastating labor that has devoured the Serra and transformed it into a type of natural mural, a *hollow* mountain that decorates a city devoid of symbols.

The artificial terraces resembling *ricefields of iron*, the reddish soil shimmering, the dramatic alteration in the landscape of the Serra, the boldness of the company contractors who never have any doubts... This, surely, is more beautiful than the stagnant scene of the houses in Mangabeiras. The symbol of Belo Horizonte is really a work of engineering as bold as any other monument of 20th century engineering: the mined side is really the best side of this mountain. Empty, vacant, awaiting a mega-project of land art, perhaps an unexpected extension of Afonso Pena Avenue, a great park or, who knows, a single and radical gesture such as those of Lucia Fontana's pictures.

They were:
1. limit the plot ratio of the new neighborhood to 40%;
2. limit site coverage to 0,9;
3. consider *non-aedificandi* all the lands situated above the Anel da Serra (Serra Ring), an avenue that runs along the Southern fringe of the allotments and marks where the mountain foot gives way to the slope.

The company considered the first two proposals unviable, since the owners of the lots had acquired the right to build according to current laws and many houses had already been built in accordance with the old coefficients of use and rates of occupation. The third proposition was considered, but an exception was made for the construction of the Hilton Rocha Institute, despite attempts to negotiate the exchange of the Institute's lots for an equivalent area at a nearby site.

The use and the occupation of Mangabeiras neighborhood (the present name for Serra City) are residential. The development project determined the distribution of the area in the following proportions: 52% for residential lots; 17% for division into streets; 13% for green areas; 18% for reserved areas; and 0,004% for schools. The largest part of the neighborhood sits on slopes greater than 30%, with some areas up to 47%, which makes it improper for occupation. Creating the neighborhood required hefty financial investments by both the private and public spheres, owing to the several containment works, land-fills and excavations required. Originally listed to remain untouched, the serra now finds itself overrun with single-family residences on 500-square-meter lots, which now obstruct the view of the serra in loco, despite the neighborhood having a residential density under the city's average. Today, of the 650 lots in Mangabeiras, several are still unoccupied. Nevertheless, the rhythm of construction continues to advance upon the city's natural landmark and symbol, while on the other side — the side of the mining-companies that motivated the government listing in the first place — the destruction, paradoxically, conceals a potentially more interesting future use.[64]

PROJECT

It is MBR's intention to transform the flat topography around the mining-pit into lots. Such a place is really a huge area of barren soil, but it is the only one passably able to be transformed into a closed residential condominium. Taking into consideration the strategic position, the natural beauty, and the mine's potential for public use (besides the evident lack of parks in Belo Horizonte), one more gated community

I. ONE SIDE (MANGABEIRAS)

The Serra do Curral was listed by the federal government in 1960 in recognition of its importance in the configuration of the city's landscape and as a way of deterring the advance of mining-companies established on the hidden side of the serra. The side facing Belo Horizonte was left intact, unmolested by the then acting company, the Hannah Corporation. The government measure was taken less to contain the process of real-estate speculation than to prevent the invasion of mineral extraction operations in the municipality of BH. The area was strictly demarcated by the Institute of Applied Geo-sciences — IGA, under the observation of the Secretary of National Historical and Artistic Patrimony — SPHAN, and totaled 1.257.115 square meters.

Nevertheless, no effective use was proposed (parks, plazas etc.), which left the area vulnerable to other interests. A few years later, in 1969, a real-estate developer, controlled by the State of Minas Gerais itself, began carving lots at the foot of the Curral to create Serra City, and the project was approved by City Hall in 1973. The lots covered a combined 1.030.759 square meters. The important detail was that 750 thousand square meters of that, 73% of the total area, lay inside the heritage-listed serra perimeter. In other words, more than half of the Serra City development was built on land snatched by one government organ from another. The lot-parcelling projects were not submitted to SPHAN for prior approval. In February 1975, the organ went ahead with the inspection of the neighborhood and later requested that the developer, state and City Hall make three alterations to the ordinance, with a view to making the specific norms for construction adequate to the conditions of convenience and the preservation of the controlled land.

II. OTHER SIDE (MBR)

Minerações Brasileiras Reunidas S.A. – MBR (Brazilian mining-company) has its main mine to the South of Belo Horizonte, on the border with the municipality of Nova Lima. This mine, Águas Claras, began operations in 1973, and is now in its final phase. Production is planned up to the year 2002, when the reclamation phase will begin.

Águas Claras occupies a 1.400-meter longitudinal expanse of the Serra do Curral. To the South lies the Mata do Jambreiro region, and the formative springs of the Rio das Velhas headwaters. To the Northwest sits Bairro Mangabeiras, just behind the foot of the Serra, and, to the North, Mangabeiras Park, one of the few places for leisure and tourism in the city.

The Águas Claras Complex runs its operation in accordance with a mine plan. To keep environmental impact within acceptable levels and maintain high chances of recovery, the company treats its potentially aggressive chemical agents in order to avoid water, air, and soil pollution. To contain slurry from the processing installations, MBR constructed, among other things, a tailings dam on the Águas Claras River. The treatment plant channels clean water back to the Jambreiro Ecological Reserve so it can be used by the region's condominiums. The sewage from the offices and workshops is treated in an activated sludge station and disposed of via subsurface irrigation. The control of the explosions also merits special care. Both detonation wave propagation and peak particle velocity are found at satisfactory levels. The recolonization of strip-mined land is achieved through the process of hydroseeding with native gramineous and leguminous plants and reforestation of the surrounding slopes. The treatment of the barren soil, in its turn, is done through controlled topsoil replacement, and erosion is prevented using a rainwater drainage system.

In 1980, owing to the visual impact caused by the lowering of the profile of the Serra do Curral (approximately 80 meters), its definitive contours took shape. For the reintegration of the area, MBR followed the orientation of the SPHAN and eliminated the horizontality and verticality typical of terraced mines, and it planted native vegetation compatible with the rest of the region. Mata do Jambreiro, another concern of MBR's conservation program, is one of the few remaining pockets of Atlantic forest near Belo Horizonte, and merited the attention of the company, which, in 1978, conceded 912 hectares of it to the state government for the creation of a biological reserve.[65]

on this landscape is definitely not the best use of the area. All the radical changes undergone by the Serra do Curral point in another direction, more ambitious and more democratic: After deactivation, they should just leave the mine as it is.

To propose returning the natural landscape to the way it was before MBR is obviously an economically unviable position. The idea of celebration of nature or the mining past of Águas Claras (a theme park on the history of the mines of Minas Gerais, for example) makes no sense, as it is static and regressive. This project is based on the idea that scars left on the Serra are not ecological disasters, but signs that can be interpreted as suggestive of new programs. Each of the marks left, however aggressive they seem, are topologies that imply new activities. Along the sinuous paths that go from the radio antennas to the highest level of the pit, trails for trekking; on the steepest slopes, metal-surf tracks; in the plateaus of barren soil, a theater, a convention center and a hotel. Every trace, every diversion, every movement of earth must be accepted and listed. The mining area will no longer be a closed condominium, but a park that will combine the contemplation of the Mata do Jambreiro with social and culture equipment, in addition to sports activities compatible with the limitations and potentialities of the place.

1. Present Metropolitan Region of BH: The diagram shows the disproportion between the area originally planned (Contorno Avenue) and the total area of the Metropolitan Region of Belo Horizonte.

2. Highway network: A radial structure, with no articulation between the outlying areas. The only exception, the Anel Rodoviário (Highway Ring), is in fact a semi-ring.

3. Railway network

4. Urban train network: Even taking advantage of the existing railroad bed, the BH urban trains system has few chances of expansion owing to the inadequate topography of the region.

5. Accesses: Serra do Curral Park, the object of this project, will link up with Belo Horizonte via the ring road (to be completed), the Mangabeiras Park elevator and the tunnel under the Serra do Curral. The tunnel will mean the end of extensions to Afonso Pena Avenue, since the topography of the Mata do Jambreiro is, in practice, insurmountable. Besides the completion of the Ring Road - which today is no more than an expressway totally absorbed by the urban tissue - a new and longer ring road (*anelão*) will function, in effect, as an encircling highway, driving the development of the Metropolitan Region and decentralizing the core of Belo Horizonte.

6. Activation: These new infrastructures will activate the largest void and one of the scenes of greatest impact on the outskirts of Belo Horizonte: The mining-area of MBR Águas Claras.

7. Waters: A large floating stage in the middle of a lake, created by raising the water level to flood the deactivated mining pit, will be used for performances and shows, watched from a huge bleacher structure built into the pit walls. These seats will also be accessible via the Mangabeiras Park elevator. On the bank of the MBR reservoir – a pool used for decanting iron-ore – a building can be constructed for teaching and research.

8. Landscaping: The future landscape of Serra do Curral Park will be the result of a (more or less) speculative operation. Some deposits of barren soil will be covered by a completely false *virgin forest*, *exactly like* the Mata do Jambreiro while, on the plateau near the new ring, a strange landscape will be composed of sculptural iron piles dozens of meters high. Long coils of native trees, mainly *imbaúbas*, will mark off the course of the park longitudinally. In this drawing, the level-curves will be respected in some places and not in others. A rigid mesh, formed by larger trees, will mark off, in one of the few flat areas of the mine, a lookout. The sloped side of the mining-pit will be covered with a layer of wild grasses suited to the steeper slopes. The visual effect will be a mixture of the rice-fields of Indonesia with something less picturesque.

9. Sports: A complex of courts and soccer fields will be built in the loop of the deactivated highway. Sporting activities will be spread throughout the park. Less conventional sports (trekking, metal--surf) can take place in any area, but some facilities for these will be provided. An oval running-track will be built on the uppermost curves of the mining-area. Water sports, as long as they are compatible with the size of the future lake, will take place where the bottom of the pit is now. An MBR warehouse will be reused for indoor all-purpose sports courts.

10. Architecture: The buildings of Serra do Curral Park have been located with the preservation of its radically artificial topography in mind. The Convention Center and the Theater/Cultural Center will be easily accessible on great plateaus of barren earth, while the hotel and Research Center will be built in more isolated areas. Some existing buildings and the whole mining structure (conveyor-belt warehouses etc.) will remain in place to compose or clash with this new architecture. One of these will be chosen to accommodate (inevitably enough) a mining museum.

B. BENIGN TUMOR

If the history of Belo Horizonte were a film, it could be summed up as a transformation of the void of a young city into the fullness of a saturated city. This project is an image of that film seen speeded up, but in reverse (like the image you get when you press rewind): It is a retrogression in history which, paradoxically, points toward better futures for Belo Horizonte. Let us recapitulate the whole history of BH in a few minutes, so that the absurdity of the elimination of its voids becomes clearer. If the *progress* of this city is identified with the slow occupation of its lots and parks, a retrogression means de-occupying full spaces and reinstalling empty spaces. To un-smother the city center; condense and connect the outlying neighborhoods efficiently; imagine projects as mad as the densification of Belo Horizonte. To return to the origins of the city. To imagine, one more time, the freedom and the strength of the void. Now, the urban zone will become a great Municipal Park, in a gesture of the *revenge of urbanism*. Like an enormous

Central Park, which is at the same time a negation and a celebration of the city, the urban zone will come to be the nature we have at our disposal: The nature of things that have escaped the artificiality of architecture. The revenge: Inverse metastasis of that which has characterized the growth of Belo Horizonte.

A benign tumor. A stain of empty spaces contaminating the full ones. A retrogression: A return to the beginning of history as a way of perceiving a healthier future.

C. THEATER OF THE VOID

One day, every inhabitant of Belo Horizonte hears an *exit call*: Everyone is required to leave her/his house or the place where s/he is sheltered to invade the public spaces of the city. The public offices, residential blocks, offices, shops, favelas, condominiums, shopping-centers, houses, hospitals, schools, asylums, cinemas — all the architecture is abandoned simultaneously and radically in exchange for the sudden occupation of the streets, avenues, plazas, and parks. It is like the test of an alarm signal. Not a test for an earthquake or fire evacuation, but a test whose aim is to show how the forced occupation of the few empty spaces of the city can generate positive and negative energy. In this theater, architecture plays the role of supporting actress or even a bit-player: All the buildings, totally abandoned, passively watching the unpredictable behavior of the masses.

D. INSTALLATION AT THE PACE ART GALLERY

The building of the Pace Art Gallery (designed by Gustavo Penna) is a yellow cube with a few openings and double-height interior. Set on a steep-sloped lot near the mining-area of the Serra do Curral, it faces the front, while a sharp rise follows the natural topography out back. The project foresees the exposition of the *negative space* of the gallery's interior. From a mold made with the same measurements as those of the interior space of the cube, a wooden structure will be covered with Corten steel plates in the place where the slope in the lot is found.

1. taking measurements of the interior space of the gallery;
2. location and construction of the structure, in six concrete columns, which will support the new building;
3. mounting of the form (conforming to the measurements in item 1) upon the structure built over the slope;
4. installation of the Corten steel plates over the wooden ones.

The object of the exposition will be this volume of steel, of an uncommon weight, levitating over the mountain.

The materialization of the void can only be seen outside it, from the outside of the gallery. The volume should be taken away from the locale after two months.

NOTES

1. Celso Werneck, *Reminiscências do coletor Celso Werneck* (Belo Horizonte: Museu Abilio Barreto, mimeo, s/d), quoted in Beatriz de Magalhães and Rodrigo Andrade, *Belo Horizonte, um espaço para a República*, 82. Free translation.

2. Italo Calvino, *Invisible Cities*, 30.

3. Affonso de Escragnole Taunay, "Impressões de Belo Horizonte," 31. Free translation.

4. Susan Sontag, *On Photography*, 71.

5. Jean Baudrillard, *The Transparency of Evil*, 153.

6. Francisco Martins Dias, *Traços históricos e descritivos de Belo Horizonte* (Belo Horizonte: Typographia do Bello Horizonte, 1897): 105-106, quoted in Magalhães and Andrade, *Belo Horizonte*, 116. Free translation.

7. Tristão de Ataíde, "Belo Horizonte, cidade morta?," 43. Free translation.

8. "Um passeio dentro da cidade de Ouro Preto." *Liberal Mineiro* (1894), quoted in *Saneamento básico em Belo Horizonte: trajetória em 100 anos. Os serviços de água e esgoto. Fascículo 3: A Comissão Construtora e o saneamento da nova capital*, 10. Free translation.

9. Magalhães and Andrade, *Belo Horizonte*, 37. Free translation.

10. Joaquim de Paula, unknown source, 1902, quoted in *Saneamento básico em Belo Horizonte: trajetória em 100 anos*, 15. Free translation.

11. Aarão Reis, "Comissão de estudo das localidades indicadas para a nova capital – relatório apresentado ao S. Ex° Sr. Dr Afonso Pena (Presidente do Estado) pelo engenheiro Civil Aarão Reis" (January/May 1893): 9-11, quoted in Magalhães and Andrade, *Belo Horizonte*, 58. Free translation.

12. Aarão Reis, "Ofício n. 26 de 23 mar. 1895, apresentando ao governo as plantas da cidade. Minas Gerais, Comissão Construtora da nova capital," *Revista Geral dos Trabalhos* 2 (1985): 59-60, quoted in Abilio Barreto, *Belo Horizonte, memória histórica e descritiva*, 250-251. Free translation.

13. Artur Azevedo, "Um passeio a Minas – VI," *Minas Gerais* (December 11, 1901): 2, quoted in Magalhães and Andrade, *Belo Horizonte*, 94. Free translation.

14. Artur Azevedo, "Um passeio a Minas – IV," *Minas Gerais* (November 27, 1901): 2, quoted in Magalhães and Andrade, *Belo Horizonte*, 94. Free translation.

15. Alfredo Riancho (pseudonym of Alfredo Camarate), "Por montes e vales – XLIII," *Minas Gerais* (October 14, 1894): 2, quoted in Magalhães and Andrade, *Belo Horizonte*, 80. Free translation.

16. Letícia Julião, "Belo Horizonte, itinerários da cidade moderna, 1891-1920," 57. Free translation.

17. MINAS GERAIS (State Government). Regulation no. 803, 232-234. Free translation.

18. Alfredo Riancho (pseudonym of Alfredo Camarate), "Por montes e vales – XXII," *Minas Gerais* (June 27, 1894): 4, quoted in Magalhães and Andrade, *Belo Horizonte*, 106. Free translation.

19. Alfredo Riancho (pseudonym of Alfredo Camarate), "Por montes e vales – XLIX," *Minas Gerais* (November 23, 1894): 2, quoted in Magalhães and Andrade, *Belo Horizonte*, 80. Free translation.

20. Aarão Reis, "Exposição apresentada ao governo do estado pelo Dr. Aarão Reis ao deixar a chefia da Comissão Construtora," 298-299. Free translation.

21. Reis, "Ofício n. 26 de 23 mar. 1895," quoted in Barreto, *Belo Horizonte*, 253. Free translation.

22. Aarão Reis, "Belo Horizonte visto por quem lhe delineou o plano inicial," *Diário de Minas* (July 21, 1926): 1, quoted in Maria Beatriz de Almeida Magalhães, *Poetopos: cidade, código e criação errante*, 47. Free translation.

23. "A nova capital do Estado de Minas Gerais em Belo Horizonte," quoted in Magalhães and Andrade, *Belo Horizonte*, 70. Free translation.

24. "A nova capital do Estado de Minas Gerais em Belo Horizonte – conclusão," *Gazeta de Notícias* (January 31, 1895): 2, quoted in Magalhães and Andrade, *Belo Horizonte*, 70. Free translation.

25. "Apáras," *Vida de Minas* (February 15, 1915), quoted in Julião, "Belo Horizonte, itinerários," 53. Free translation.

26. Monteiro Lobato, "Belo Horizonte, a bela," 36. Free translation.

27. Reis, "Exposição apresentada ao governo do estado," 282-283. Free translation.

28. Renato Santos Pereira, "Deforma-se a cidade mais bonita do Brasil," *Estado de Minas* (January 7, 1949): 5, quoted in Luiz Mauro do Carmo Passos, "A metrópole cinquentenária – fundamentos do saber arquitetônico e imaginário social da cidade de Belo Horizonte (1897-1947)," 299. Free translation.

29. W. Leigh, "Aspectos de Belo Horizonte," 62. Free translation.

30. Jean Baudrillard, "A violência do objeto," 70. Free translation.

31. Baudrillard, *The Transparency of Evil*, 106.

32. Andy Warhol, "Andy Warhol (1930-1987) Interview with Gene Swenson," 731.

33. Oswald de Andrade, "Manifesto da poesia pau-brasil," *Correio da Manhã* (March 18, 1924), 5. Free translation.

34. Arnaldo Jabor, *Brasil na cabeça*, 110. Free translation.

35. Sidney I. Landau, ed., *Cambridge Dictionary of American English: For Speakers of Portuguese*.

36. Adriano Mattos Corrêa's citation is a remark made specifically to this book on the photographs published at page 149, where the author connects Deleuze and Gattari's concept of "minor literature" with the photographed warehouse. The correct excerpts are: "The second characteristic of minor literatures is that everything in them is political" (Gilles Deleuze and Félix Guattari, *Kafka: Toward a Minor Literature*. Minneapolis/London: University of Minnesota Press, 1986, 17); and "What in great literature goes on down below, constituting a not indispensable cellar of the structure, here takes place in the full light of day, what is there a matter of passing interest for a few, here absorbs everyone no less than as a matter of life and death" (Franz Kafka, *The Diaries of Franz Kafka 1910-1913*, ed. Max Brod [New York: Schoken Books, 1948]: 194, quoted in Deleuze and Guattari, *Kafka: Toward a Minor Literature,* 17).

37. Celina Borges Lemos, "A construção simbólica dos espaços da cidade." Free translation.

38. Oswald de Andrade, "Manifesto antropófago," 15, 19, 13, in this order. Free translation.

39. Décio Eduardo Valadares, *Shopping centers: mito e realização do capital*, 20. Free translation.

40. Ibid., 20. Free translation.

41. Ibid., 18-19. Free translation.

42. *Diário de Minas* (April 23, 1924). Free translation.

43. Oswald de Andrade, "Embaixada Artística. Minas histórica através da visão de um esteta moderno." Free translation.

44. Andrade, "Manifesto antropófago," 13. Free translation.

45. Andrade, "Embaixada Artística." Free translation.

46. Juscelino Kubitschek, *Porque construí Brasília*, 33. Free translation.

47. Juscelino Kubitschek, "Da Pampulha a Brasília," 16. Free translation.

48. Ibid. Free translation.

49. Roger Bastide, "Outro estilo de beleza," 59. Free translation.

50. Kubitschek, *Porque construí Brasília*, 34. Free translation.

51. Ibid. Free translation.

52. Juscelino Kubitschek, "Entrevista." Free translation.

53. From 1999 to 2021, the CJK Complex had major transformations and restorations. Today, it houses even more diverse social strata, including middle class.

54. In the 2000s, Universal Church of God's Reign built a gigantic temple right next to the CJK Complex, but it still maintain some activity in the basement-level store.

55. Charles Jencks, *El lenguaje de la arquitectura posmoderna*, 9. Free translation.

56. Mário Pedrosa, "O manifesto pela arte total de Pierre Restany," 1. Free translation.

57. Dominique de Menil, Dominique Bozo, Jean-Yves Mock, Pierre Restany, Thomas Mcevilley and Nan Rosenthal, *Yves Klein, 1928-1962: A Retrospective*.

58. Yves Klein, "Préparation et présentation de l'exposition du 28 avril 1958 chez Iris Clert," quoted in Sidra Stich, *Yves Klein*, 137-138.

59. Yves Klein, "Mon livre," quoted in Stich, *Yves Klein*, 153.

60. Stich, *Yves Klein*, 212-213.

61. "Apocalipse, 1, 3," 2301. Free translation.

62. Riancho, "Por montes e vales – XLIX," quoted in Magalhães and Andrade, *Belo Horizonte,* 138. Free translation.

63. Lourdes Janine de Alvarenga. "Estudo do desmembramento da área original do Parque Municipal Américo René Giannetti." Free translation.

64. Gláucia Maria Amorim, "Impactos ambientais do uso e ocupação do solo na Serra do Curral no município de Belo Horizonte."

65. Cf. Neusa Santos Gomes, "Recuperação de áreas mineradoras no contexto urbano."

POSTFACE

HISTORY OF THE VOID

Belo Horizonte, 1999: The neighborhoods going high-rise most rapidly were Buritis, Castelo and Belvedere, and they were precisely the ones covered in chapters of this book. That year, this trio carried the promise of a city to come – just as today they stand as prime examples of how *not* to make a city.

The implosion of these once shimmering expectations leads us to the conclusion that this book, however scathing, is unwaveringly optimistic. Over the decades since, we have clearly not seen the construction of the *urbis* so Biblically foretold in the "Prayer" that closes this volume. We stopped building cities, now we just expand upon a less than civic process of urbanization. So, what happened? Do we no longer have any reason to celebrate the energy of the void? Is this second edition just an anachronistic cult to a future that – we now know – proved far more dystopian than brimful of hope?

In fact, as the reader may have noticed, the subject of this book is not exactly the transformation of residential neighborhoods, but of favelas, shopping malls, housing complexes and mining pits.

The CJK, from 1951, a modernist "anti-postcard" and the largest vertical housing complex in BH, changed for the better, albeit slowly. In compensation, one of the city's last major constructions – the 260,000m^2 Oscar Niemeyer-designed Administrative Center erected in 2010 – is one of the greatest mistakes ever built: An old bet on a new modernist colossus, as if two deaths somehow made a life.

The favelas have continued to grow and the percentage of the population living in slums and shanties still hovers somewhere around 25%. Despite programs designed to bring infrastructure and public services to the sprawling outskirts, this percentage really ought to have dropped. Not enough effort was made. Meanwhile, the pace at which malls are appearing citywide has slowed a little, which is one positive, at least, even if the prophecy that they would become carnival runways to rival the Marquês de Sapucaí sambadrome in Rio never came to pass.

Of all the themes addressed here, there is one that stands out as more poignant today than before: The decommissioning of open-pit mines. It is sad to say that it took two socioenvironmental tragedies (one in Mariana and the other in Brumadinho) for the necessary scrutiny to be devoted to an issue that, even today, remains the preserve of a handful of engineers and consultants. The balance of these catastrophes, as we all know, was hundreds of deaths and irreparable environmental damage.

In 1981, in his series *Réquiem para a Serra do Curral*, the artist Manfredo Souzanetto warned us to "take a good look at the mountains...", suggesting we pay attention to the contours of the huge range being chomped at by mining operations over in Águas Claras, Nova Lima, neighboring city of Belo Horizonte. Printed as postcards and bumper stickers, the elliptical phrase escaped the museums and galleries and took to the streets aboard the city's vehicles, alerting the population to the destruction that was then only getting underway.

Long before Manfredo, Carlos Drummond de Andrade was already poking at the mining company Vale do Rio Doce for what it was doing at his hometown of Itabira ("That's why I'm sad, proud; of iron"[1]). Poems like "O maior trem do mundo" (1952), "O Pico de Itabirito" (1965) and "A montanha pulverizada" (1979) all call the effects of mining into focus. For Drummond, Itabirito Peak, like Souzanetto's Serra do Curral in Belo Horizonte, was destined to become "a billion shards/ gliding along a conveyor belt/ filling 150 wagons to the brim:"[2]

> Itabirito Peak
> will be crushed, exported.
> But will remain, in the infinite,
> its obliterated ghost.[3]

Though often written in codified language, the poet's jabs at the mineral machinations whittling the Peak to nothing (along with many other iron mountains) led the mining company Vale to make an unbelievable public affront against Drummond in 1970. The company ran an ad in the newspaper *O Globo,* aping the rhetoric typical of the military government at the time, in which it riffed on the poet's famous line to ultra-nationalist effect: "There is a stone in the middle of the road of Brazilian development."[4]

As the musician and essayist José Miguel Wisnik so well noted in *Maquinação do mundo*, the ad appropriated Drummond's famous line ("In the middle of the road there was a stone/ There was a stone in the middle of the road"[5]) without permission and "twisted the words of the poem into an apology for profit and for exportation for exportation's sake, a complete distortion of the meaning of the stumbling-stone of enigma."[6]

The Serra do Curral project[7] belongs to the same mining requiem as "take a good look at the mountains..." It proposes a sort of poetic playground in the middle of the violent Águas Claras landscape that, in 1999, was a mining pit close to depletion. The landscaping of this immense experimental urban park would be de-natural ("making an artificial terrain even more artificial"), the sports park would be a tautology ("activating activatable areas") and its architecture would potentialize an entropic past ("accepting a mine-made topography"). Also according to the project's description, the visual effect would be "a mixture of Indonesian rice paddy and something far less picturesque." All the monumental alterations caused by mining are to be taken more as verbs than as nouns, and construed as the contradictory sum of the processes imposed upon nature. As such, it would be a park that is, at once, natural and artificial, tropical and mineral – a gigantic, defunct 300-hectare void –, and open to all. And so an undeniable quality of the city would be affirmatively reclaimed, because, at the end of the day, this is the capital of a mountainous state. All the riches of the iron quadrilateral would cease to be priced as commodities on the international market so that they can finally be reinvested here and now, in the possible form of this 300-hectare-park.

Today, that landscape on the far side of the Serra ridge remains terra incognita to the residents of Belo Horizonte, and tucked away from view by its current owner, the very same Vale S/A.

Yet not everything in this last quarter century has been remorse or denouncement: Something of the future foreseen did come to fruition. The clamor for public squares and spaces has become a banner for Brazilian civil society in Recife, Porto Alegre and many other capitals. São Paulo landed its Augusta Park and is about to secure the Bixiga Park around the Oficina Theater. In Belo Horizonte, the subversive occupation of public spaces marked the year 2010, when Estação Square became Estação Beach.[8] Events like the Cura art circuit has brought monumental graffiti to the bare blind walls of buildings throughout inner-city and historical neighborhoods. Downtown BH "is no longer the center" and has begun to attract cultural facilities as varied as the Luiz Estrela Common Area[9] and the Museum of Arts and Crafts.[10] The city as it stands today is less monocentric and more polycentric (or less urban and more suburban): The so-called new centralities encouraged by the city's Master Plan have driven the creation of these peripheral, networked hubs, distributing jobs, commerce and services more equitably. In terms of mobility, the Move project[11] ensures intra-neighborhood integration, creating peripheral connections that make outlying parts of the city a little less dependent on the overburdened throughways criss-crossing the Hypercenter.

The occupation of public spaces became patent in the resurgence of the street carnival, various urban activism practices, and hip-hop shows held beneath the Santa Tereza Overpass, one of the city's oldest landmarks. The MC Duels began in 2007, initially in Estação Square, but soon transferred to the empty space beneath the overpass, where they became a reference for local rappers and gradually set the mold for similar rap battles all over the country.

(The Belo Horizonte Duels have a black music sibling in the Dutão, quite possibly the best-loved overpass in Rio de Janeiro, where the *Baile Charme* (Charm Ball) has taken place for the last thirty years. This unlikely sponsorship of black music by an overpass is certainly a common denominator that bonds street dance rings all over. And who knows, maybe it can give rise to a future chain of cultural facilities in spontaneously-appropriated city voids. Maybe in Recife, the city of a thousand bridges and overpasses – of "rivers, bridges and drive-overs, impressive mud sculptures"[12] –, there's not a dance mat waiting for flash *coco de embolada* battles?)

These are events in synch with the Theater of the Void project,[13] which is anti-morphological and somewhat situationist. It is a rallying call, urging the occupation of the few empty spaces that remain to the city, so as to "generate positive and negative energies". The architecture of this theater is a stage-setting, a backdrop that watches the unpredictable meander of the crowd, obliged to invade the squares, avenues, streets, and overpasses of Belo Horizonte.

There is also a third project worthy of note, the environmentally-focused Benign Tumor.[14] Ours is a century that calls for new paradigms for a shifting climate regime, one that demands a circular economy and renewable energy; one that demands the revision of habits acquired during the period of modernization during the 20th century; one that clamors for the recycling of modern ruins with new operational instruments. Within the current context of moral, political and ecological crisis, the proposal for a "green vengeance", a benign metastasis that contaminates and undoes the modern project, strikes me as a lucid critique, not mere *boutade*.

Various projects by my architecture studio Vazio S/A follow these very premises. And, among the profession's incoherencies and inconsistencies, I can say that *History of the Void* – though some passages feel dated to me, and certain paragraphs sound a tad insolent – has served me as a reference over the course of these last twenty years of practice.

Carlos M. Teixeira, April 2022

NOTES

A.N.: The text of the second edition was reproduced in full from the original. The images are also exactly the same as those used in the first edition, though the author and editorial team have revised the selection of photos.

1. Carlos Drummond de Andrade (1940), "Confession of the Itabirano," *The Minus Sign. Selected Poems*, 83.

2. Carlos Drummond de Andrade (1979), "A montanha pulverizada," *Canto Mineral*, 110. Free translation.

3. Carlos Drummond de Andrade (1965), "O Pico de Itabirito," *Canto Mineral*, 102. Free translation.

4. Published on November 20, 1970, the ad in *O Globo* said: "Our road has always been full of stones. But that holds a very specific meaning for us. With those stones, this week we and our partner companies reached the mark of 20 million tons of exported iron ore; that's 2.5 million tons more than last year. All told, that means 150 million dollars in revenues for the country, proof that our national development goals are being reached. We are specialists in turning stones into profit for the nation. More stones of this kind is precisely what Brazil needs". Free translation. For a poster and transcription of the ad, see: José Miguel Wisnik, *Maquinação do mundo: Drummond e a mineração*, 111; 117.

5. Carlos Drummond de Andrade (1940), "In the Middle of the Road," *The Minus Sign. Selected Poems*, 152.

6. Wisnik, *Maquinação do mundo*, 117. Free translation.

7. On the Serra do Curral project, see pages 363–366.

8. "The movement started in 2010, after a young group create a blog questioning the way people occupied public space at the capital city." Ana Tereza Almeida, "Praia da Estação comemora 10 anos no local onde ganhou força: na internet." Free translation.

9. "Free and self-managed cultural center open to the city," according to the institution official website. Luiz Estrela Common Area, https://espacocomumluizestrela.org. Free translation.

10. Open in 2006 and, since 2016, managed by the Industry Social Service – SESI, the Museum of Arts and Crafts is located at the former Belo Horizonte Central Railway Station.

11. Move is the name of the Bus Rapid Transit – BRT system implanted by Belo Horizonte City Hall in 2013. Cf. BHTRANS, "BRT Move em Belo Horizonte: transformando a cidade com a mobilidade."

12. Chico Science and Nação Zumbi, "Rios, Pontes & Overdrives," CD *Da lama ao caos* (Chaos/Sony, 1994). About Chico Science, Nação Zumbi and the Manguebeat, see: Esdras Carlos de Lima Oliveira, "'Impressionantes esculturas de lama:' o mangue e a criação de um novo espaço-símbolo," 165-190.

13. On the Theater of the Void project, see page 367.

14. On the Benign Tumor project, see pages 366-367.

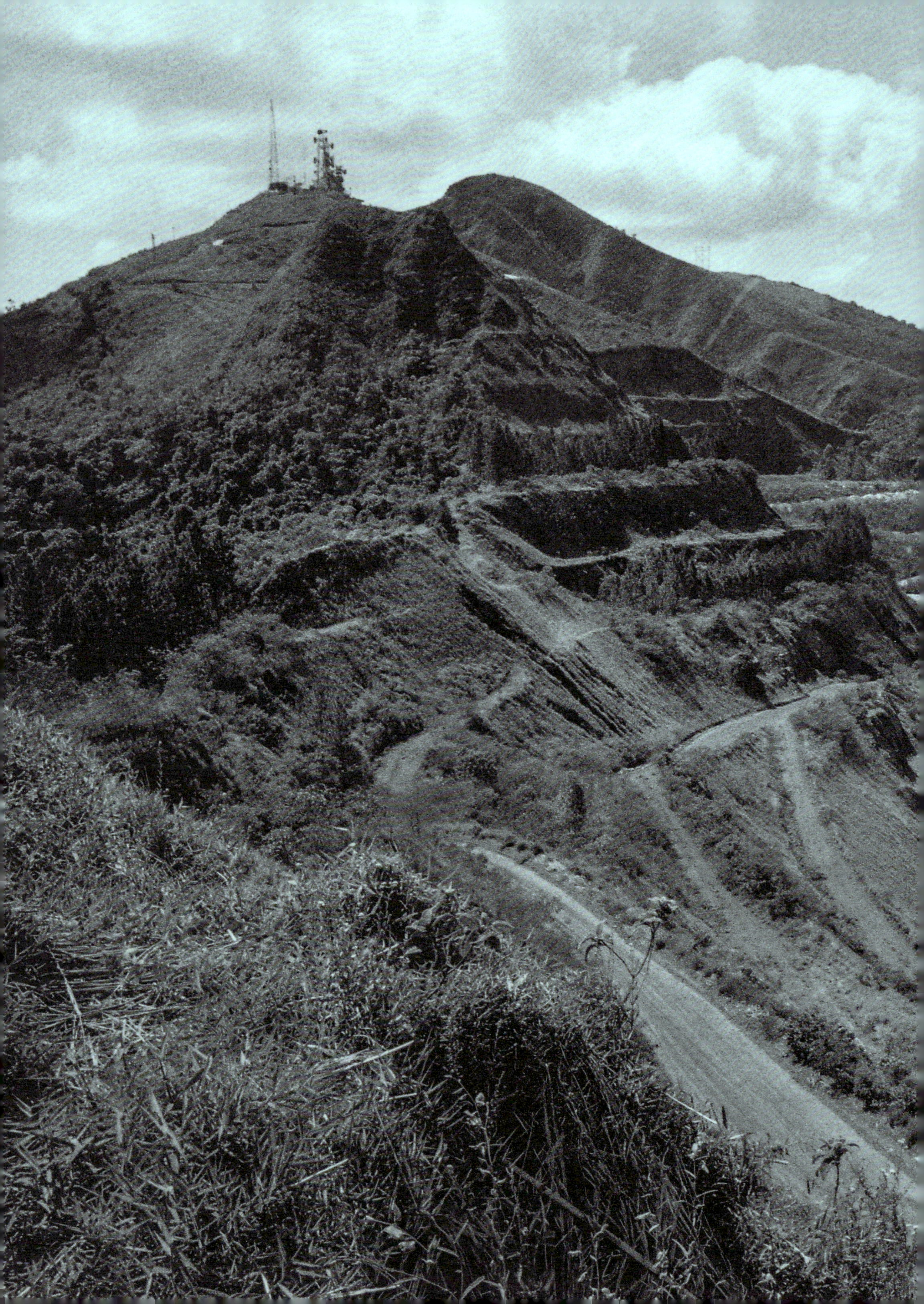

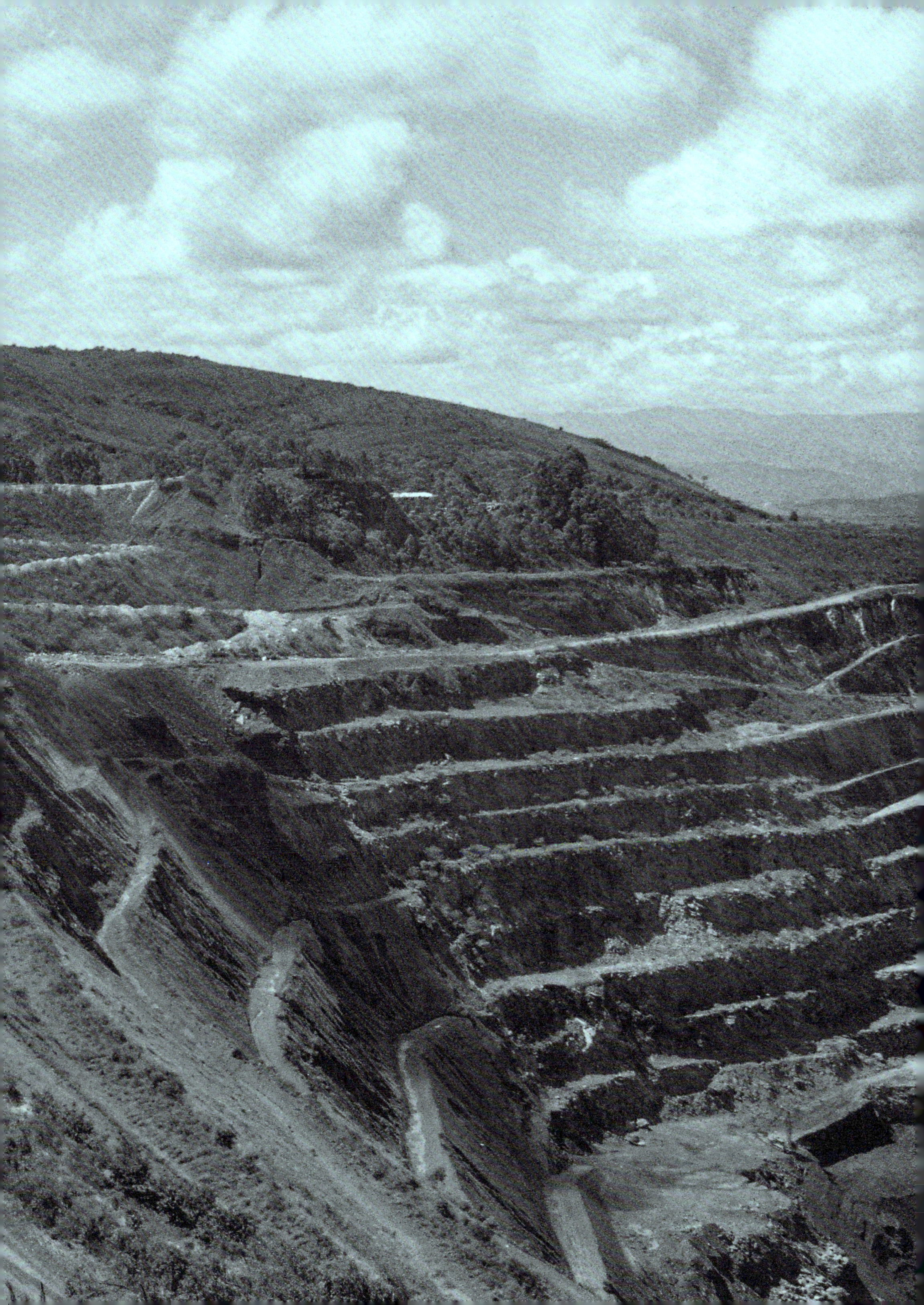

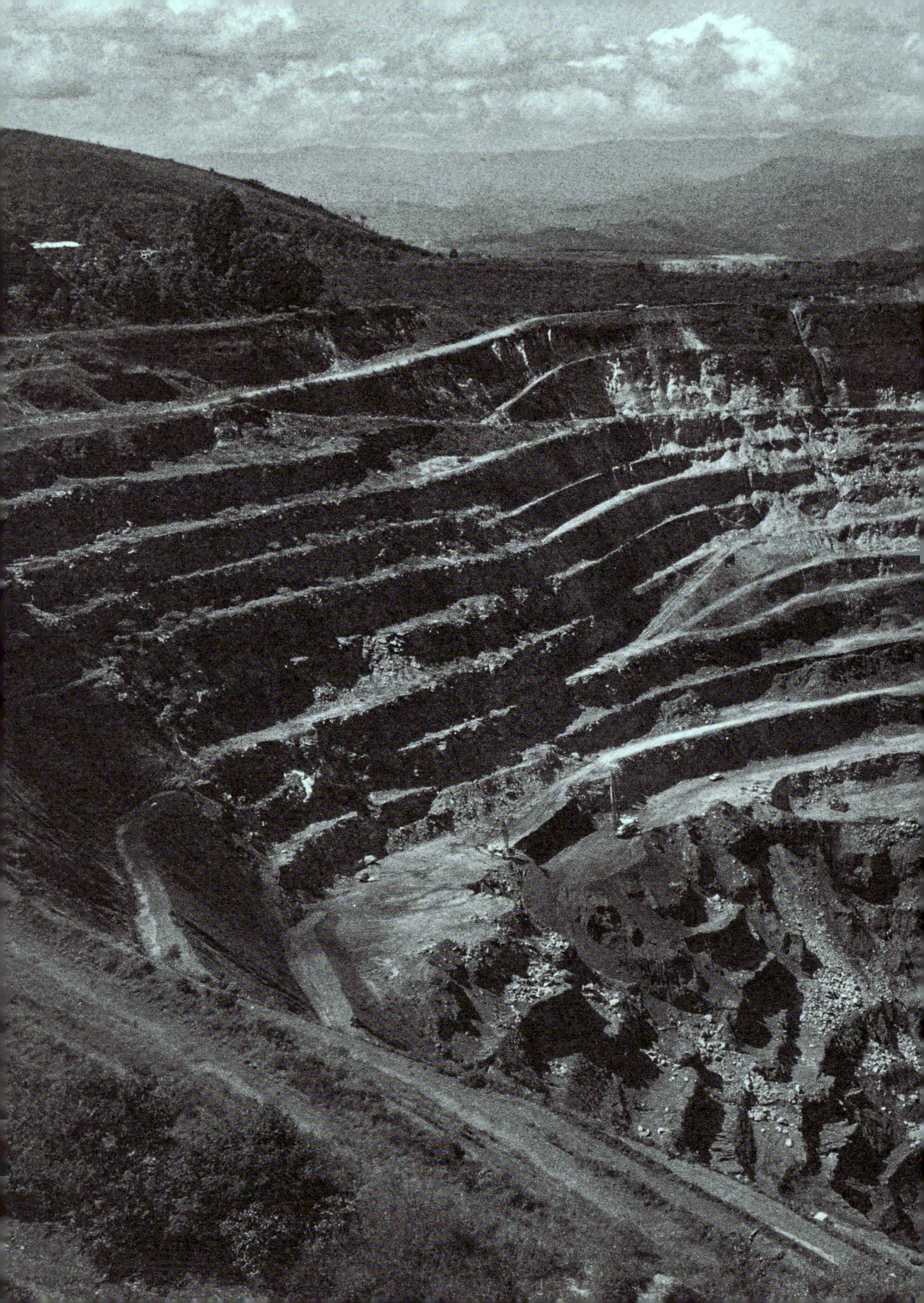

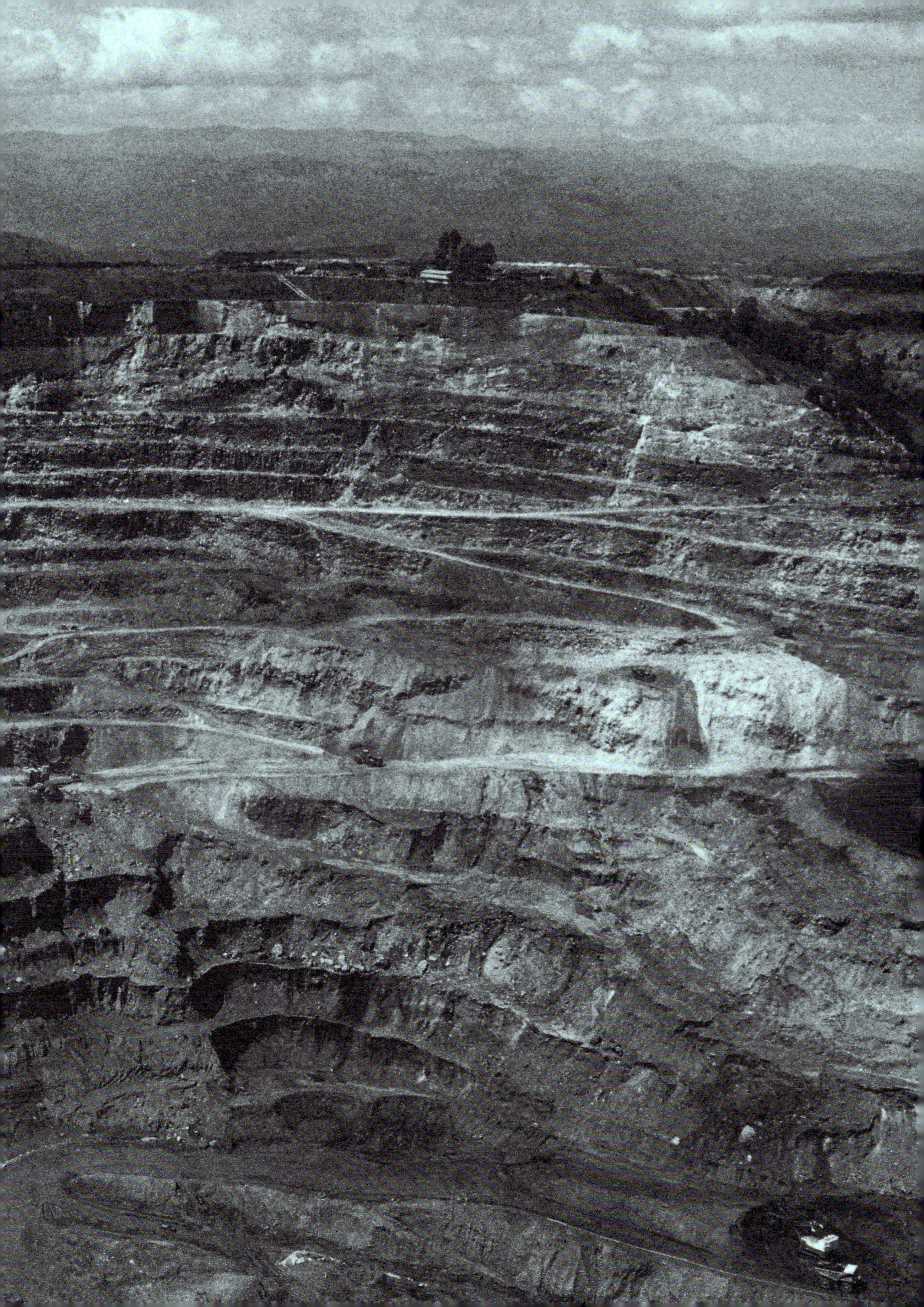

BIBLIOGRAFIA | BIBLIOGRAPHY

A nova capital do Estado de Minas Gerais em Belo Horizonte – parte 1. *Gazeta de Notícias*, Rio de Janeiro, 30 jan. 1895, p. 2 <https://bit.ly/3E1keRs>.

A nova capital do Estado de Minas Gerais em Belo Horizonte – conclusão. *Gazeta de Notícias*, Rio de Janeiro, 31 jan. 1895, p. 2 <https://bit.ly/3m9Awl4>.

ALMEIDA, Ana Tereza. Praia da Estação comemora 10 anos no local onde ganhou força: na internet. Belo Horizonte, G1 Minas, 26 dez. 2020 <http://glo.bo/3silpIQ>.

ALVARENGA, Lourdes Janine Solino Muniz de. *Estudo de desmembramento da área original do Parque Municipal Américo René Giannetti*. Monografia do curso de Especialização em Urbanismo. Belo Horizonte, EA UFMG, 1985.

AMORIM, Gláucia Maria. *Impactos ambientais do uso e ocupação do solo na Serra do Curral no município de Belo Horizonte*. Orientador João Nazário Simões Villaschi. Monografia do curso de Especialização em Urbanismo. Belo Horizonte, EA UFMG, 1989.

ANDRADE, Carlos Drummond de (1930). No meio do caminho. Poesia completa. Rio de Janeiro, Nova Aguilar, 2002. p. 16.

ANDRADE, Carlos Drummond de (1940). Confidência do itabirano. Canto Mineral (op. cit.), p. 16.

ANDRADE, Carlos Drummond de (1965). O Pico de Itabirito. Canto Mineral (op. cit.), p. 102.

ANDRADE, Carlos Drummond de (1979). A montanha pulverizada. Canto Mineral (op. cit.), p. 110.

ANDRADE, Carlos Drummond de. Canto Mineral. Organização de Joziane Perdigão Vieira e Pedro Augusto Graña Drummond. Rio de Janeiro, Bazar do Tempo, 2018.

ANDRADE, Carlos Drummond de. *The Minus Sign. Selected Poems*. Tradução Virginia Peckhan de Araújo. Washington, Black Swan, 1980.

ANDRADE, Oswald de. Manifesto antropófago. *Revista de Antropofagia*, São Paulo, n. 1, mai. 1928, p. 3; 7 <https://bit.ly/3BAPzcd>.

ANDRADE, Oswald de. Embaixada Artística. Minas histórica através da visão de um esteta moderno. *Diário de Minas*, Belo Horizonte, 27 abr. 1924, p. 3.

ANDRADE, Oswald de. Manifesto antropófago. *Revista de Antropofagia*, São Paulo, n. 1, mai. 1928, p. 3; 7. In ANDRADE, Oswald. *Do pau-brasil à antropofagia e às utopias*. Obras completas, volume 6. Rio de Janeiro, Civilização Brasileira, 1970, p. 11-19.

ANDRADE, Oswald de. Manifesto da poesia pau-brasil. *Correio da Manhã*, Rio de Janeiro, 18 mar. 1924, p. 5 <https://bit.ly/2ZHRnD3>.

ANDRADE, Oswald de. Manifesto da poesia pau-brasil. *Correio da Manhã*, Rio de Janeiro, 18 mar. 1924, p. 5. In ANDRADE, Oswald. *Do pau-brasil à antropofagia e às utopias* (op. cit.), p. 3-10.

ANDRADE, Oswald. *Do pau-brasil à antropofagia e às utopias*. São Paulo, Civilização Brasileira, 1972.

ANGOTTI-SALGUEIRO, Heliana. *Belo Horizonte; o nascimento de uma capital*. Guia de exposição. Belo Horizonte, Escola Guignard/UEMG, 1996.

Apocalipse, 1, 3. In *A Bíblia de Jerusalém*. 9ª edição revista. São Paulo, Edições Paulinas, 1985, p. 2301.

ARAGON, Louis. Le passage de l'Opéra. In *Le paysan de Paris*. Paris, Gallimard, 1924.

ARINOS, Afonso. Nossa Senhora de Boa Viagem. In BANDEIRA, Manuel (Org.). *Antologia dos poetas brasileiros bissextos contemporâneos*. Rio de Janeiro, Nova Fronteira, 1996, p. 17.

ATAÍDE, Tristão de. Belo Horizonte, cidade morta? In ARAÚJO, Laís Corrêa de (Org.). *Sedução do horizonte*. Belo Horizonte, Fundação João Pinheiro, 1996, p. 43-44 <https://bit.ly/3lL51ha>.

AZEVEDO, Artur. Um passeio a Minas (coletânea de artigos publicados no jornal carioca *O Paiz* e reproduzido no jornal carioca *Minas Gerais*). Belo Horizonte, Acervo Público Mineiro, s/d <https://bit.ly/3Bc2alH>.

BARRETO, Abilio. *Belo Horizonte, memória histórica e descritiva*. Coleção Mineiriana. Série Clássicos. Volume 2 – História média. Belo Horizonte, Fundação João Pinheiro, 1996.

BASTIDE, Roger. Outro estilo de beleza. In ARAÚJO, Laís Corrêa de (Org.). *Sedução do Horizonte*. Belo Horizonte, Fundação João Pinheiro, 1996, p. 59-60 <https://bit.ly/3lL51ha>.

BAUDRILLARD, Jean. A violência do objeto. *AU – Arquitetura e Urbanismo*, n. 64, São Paulo, fev./mar. 1996.

BAUDRILLARD, Jean. *Cool Memories*. Tradução Chris Turner. Londres, Verso, 1990.

BAUDRILLARD, Jean. *The Transparency of Evil. Essays on extreme phenomena*. Tradução James Benedict. Londres, Verso, 1993.

BH 100 anos; nossa história. *Estado de Minas*, Belo Horizonte, 1996.

BHTRANS. BRT Move em Belo Horizonte: transformando a cidade com a mobilidade. Belo Horizonte, Prefeitura de Belo Horizonte, 28 jun. 2018 <https://bit.ly/3861gPp>.

BOYARSKY, Alvin. Chicago à la Carte. In *Architectural Associations: The Idea of the City*. Londres, Architectural Association, 1996.

BRUAND, Yves. *Arquitetura contemporânea no Brasil*. São Paulo, Perspectiva, 1991.

CALVINO, Italo. *As cidades invisíveis*. São Paulo, Companhia das Letras, 1990.

CALVINO, Italo. *Invisible Cities*. Orlando, Harcourt Brace & Company, 1974 <https://bit.ly/3qjfxij>.

CAPORALI, Renato; PIMENTEL, Thais Velloso Cougo; PENA, Lourival Caporali. Conjunto JK: ideia e história. *Análise e Conjuntura – revista da Fundação João Pinheiro*, Belo Horizonte, v. 15, n. 7/8, set./dez. 1985, p. 44-51.

DEBORD, Guy. *The Society of the Spectacle*. Detroit, Black and Red, 1983.

DELEUZE, Gilles; GUATTARI, Félix. *Kafka. Por uma literatura menor*. Rio de Janeiro, Imago, 1977.

DELEUZE, Gilles; GUATTARI, Félix. *Kafka: Toward a Minor Literature*. Minneapolis/Londres, University of Minnesota Press, 1986 <https://bit.ly/3wtgzJF>.

DUTRA, Eliana de Freitas (Org.). *BH horizontes históricos*. Belo Horizonte, C/Arte, 1996.

Em visita a Minas histórica. *Diário de Minas*, Belo Horizonte, 23 abr. 1924, p. 2.

FERREIRA, Aurélio Buarque de Holanda. *Novo dicionário Aurélio*. Rio de Janeiro, Nova Fronteira, 1975.

FLUSSER, Vilém. *Towards a Phailosophy of Photography*. Göttingen, European Photography, 1984.

GOMES, Neusa Santos. *Recuperação de áreas mineradoras no contexto urbano*. Dissertação de mestrado. Belo Horizonte, UFMG, 1990.

HARVEY, David. *The Condition of Postmodernity*. Cambridge, Blackwell, 1990.

HOLLIER, Denis. *Against Architecture: The Writings of Georges Bataille*. Cambridge, MIT, 1989.

IGLÉSIAS, Francisco; PAULA, João A. de. *Memória da economia da cidade de Belo Horizonte: BH 90 anos*. Belo Horizonte, BMG, 1987

JABOR, Arnaldo. *Brasil na cabeça*. São Paulo, Siciliano, 1995.

JENCKS, Charles. *El lenguaje de la arquitectura posmoderna*. 3ª edição. Barcelona, Gustavo Gili, 1984.

JENCKS, Charles. *Le Corbusier and the Tragic View of Architeture*. Londres, Penguin Books, 1973.

JULIÃO, Letícia. Belo Horizonte, itinerários da cidade moderna, 1891-1920. In DUTRA, Eliana de Freitas (Org.). *BH horizontes históricos*. Belo Horizonte, C/Arte, 1996, p. 49-119.

KOOLHAAS, Rem. *Delirious New York*. Nova York, Monacelli, 1994.

KOOLHAAS, Rem. *S, M, L, XL*. Nova York, Monacelli, 1995.

KUBITSCHEK, Juscelino. Da Pampulha a Brasília. In *Módulo*, n. 41, Rio de Janeiro, dez. 1975, p. 14-19.

KUBITSCHEK, Juscelino. Entrevista. *Tribuna de Minas*. Belo Horizonte, 1 fev. 1952, p. 13.

KUBITSCHEK, Juscelino. *Porque construí Brasília*. Rio de Janeiro, Bloch, 1975.

LANDAU, Sidney I. (editor). *Cambridge Dictionary of American English: For Speakers of Portuguese*. São Paulo, WMF Martins Fontes, 2013.

LE CORBUSIER. *Urbanismo*. São Paulo, Martins Fontes, 1992.

LEIGH, W. Aspectos de Belo Horizonte. In ARAÚJO, Laís Corrêa de (Org.). *Sedução do horizonte*. Belo Horizonte, Fundação João Pinheiro, 1996, p. 62-65 <https://bit.ly/3IL51ha>.

LEMOS, Celina Borges. A construção simbólica dos espaços da cidade. In MONTE-MÓR, Roberto L. (Org.). *Belo Horizonte: espaços e tempos em construção*. Belo Horizonte, PBH/CEDEPLAR, 1994, p. 29-51.

LOBATO, Monteiro. Belo Horizonte, a bela. In ARAÚJO, Laís Corrêa de (Org.). *Sedução do horizonte*. Belo Horizonte, Fundação João Pinheiro, 1996, p. 35-42 <https://bit.ly/3IL51ha>.

MAGALHÃES, Beatriz de; ANDRADE, Rodrigo. *Belo Horizonte, um espaço para a República*. Belo Horizonte, Editora UFMG, 1989.

MAGALHÃES, Maria Beatriz de Almeida. *Poetopos: cidade, código e criação errante*. Orientadores Mauricio Salles Vasconcelos e Iain Chambers. Tese de doutorado. Belo Horizonte, Faculdade de Letras UFMG, 2008.

MENIL, Dominique de; BOZO, Dominique; MOCK, Jean-Yves; RESTANY, Pierre; MCEVILLEY, Thomas; ROSENTHAL, Nan. *Yves Klein, 1928-1962: A Retrospective*. Houston, Rice University Art Gallery, 1982.

MINAS GERAIS (Governo do Estado). Regulamento n. 803. In BARRETO, Abílio. *Belo Horizonte, memória histórica e descritiva. História média*. Belo Horizonte, Fundação João Pinheiro, 1996, p. 230-241.

MORRIS, Robert. *Continuous Projects Altered Daily*. Cambridge, MIT, 1993.

OITICICA, Hélio. Catálogo de exposição. *A aparição do suprasensorial*. Barcelona, Fundació Antoni Tàpies, 1992.

OLIVEIRA, Esdras Carlos de Lima. "Impressionantes esculturas de lama": o mangue e a criação de um novo espaço-símbolo. ArtCultura, v. 22, n. 40, Uberlândia, jan./jun. 2020, p. 165-190.

PASSOS, Luiz Mauro do Carmo. *A metrópole cinquentenária – fundamentos do saber arquitetônico e imaginário social da cidade de Belo Horizonte (1897-1947)*. Orientadora Eliana Regina de Freitas Dutra. Dissertação de mestrado em história. Belo Horizonte, FFCH UFMG, 1996.

PEDROSA, Mário. O manifesto pela arte total de Pierre Restany. 4º caderno. *Correio da Manhã*, Rio de Janeiro, 17 mar. 1968 <https://bit.ly/3puWssZ>.

PIMENTEL, Thaïs Velloso Cougo. *A Torre Kubitschek*. Belo Horizonte, Secretaria de Estado da Cultura, 1990.

REIS, Aarão. Exposição apresentada ao governo do estado pelo Dr. Aarão Reis ao deixar a chefia da Comissão Construtora. In BARRETO, Abilio. *Belo Horizonte, memória histórica e descritiva*. Coleção Mineiriana. Série Clássicos. Volume 2 – História média. Belo Horizonte, Fundação João Pinheiro, 1996, p. 268-334.

RIANCHO, Alfredo (pseudônimo de Alfredo Camarate). Por montes e vales – XLIX. *Minas Gerais*, Ouro Preto, 23 nov. 1894, p. 2 <https://bit.ly/3pDwtj0>.

RIANCHO, Alfredo (pseudônimo de Alfredo Camarate). Por montes e vales – XLIII. *Minas Gerais*, Ouro Preto, 14 out. 1894, p. 2 <https://bit.ly/3bf6DcG>.

RIANCHO, Alfredo (pseudônimo de Alfredo Camarate). Por montes e vales – XXII. *Minas Gerais*, Ouro Preto, 27 jun. 1894, p. 4 <https://bit.ly/3bedOC8>.

RIBEIRO, Marília Andrés; SILVA, Fernando Pedro de (Org.). *Um século de história das artes plásticas em Belo Horizonte*. Belo Horizonte, Fundação João Pinheiro, 1997.

SALGUEIRO, Heliana Angotti. *Engenheiro Aarão Reis: o progresso como missão*. Belo Horizonte, Fundação João Pinheiro, 1997.

Saneamento básico em Belo Horizonte: trajetória em 100 anos. Os serviços de água e esgoto. Fascículo 3: A Comissão Construtora e o saneamento da nova capital. Belo Horizonte, Fundação João Pinheiro, 1996, p. 15 <https://bit.ly/2XdSpWl>.

SANTOS, Cecília Rodrigues; PEREIRA, Margareth da Silva. *Le Corbusier e o Brasil*. São Paulo, Projeto/Tessele, 1987.

SCHUMPETER, Joseph Aloïs. *Theorie der wirtschaftlichen Entwicklung: Eine Untersuchung über Unternchmergewinn, Kapital, Kredit, Zins und den Konjunkturzyklus*. Berlim, Duncker & Humblot GmbH, 1994.

SOLÀ-ORALES Ignasi; et al. (Org.) *Presentes y futuros. Arquitectura en las ciudades*. Catálogo de exposição. Barcelona, UIA/Actar, 1996.

SONTAG, Susan. *On Photography*. Londres, Penguin Books, 1979.

STICH, Sidra. *Yves Klein*. Ostfildern, Hatje Cantz Verlag, 1994.

TAUNAY, Affonso de Escragnole. Impressões de Belo Horizonte. In ARAÚJO, Laís Corrêa de (Org.). *Sedução do horizonte*. Belo Horizonte, Fundação João Pinheiro, 1996, p. 31-34 <https://bit.ly/3IL51ha>.

VALADARES, Décio Eduardo. *Shopping centers: mito e realização do capital*. Orientador Flávio Saliba Cunha. Dissertação de mestrado. Belo Horizonte, Fafich UFMG, 1993 <https://bit.ly/3BY50vT>.

WARHOL, Andy. Andy Warhol (1930-1987) Interview with Gene Swenson. In HARRISON, Charles; WOOD, Paul (Org.). *Art Theory 1900-1990. An Anthology of Changing Ideas*. Londres, Blackwell, 1992, p. 730-733 <https://bit.ly/3b3Ud7m>.

WEITMEIER, Hannah. *Yves Klein*. Colônia, Taschen, 1995.

WENDERS, Wim. *A lógica das imagens*. Lisboa, Edições 70, 1990.

WISNIK, José Miguel. Maquinação do mundo: Drummond e a mineração. São Paulo, Companhia das Letras, 2018.

CRÉDITOS DAS IMAGENS / IMAGE CREDITS

O autor fez esforços para que os créditos de todas as imagens que não são de sua autoria fossem lançados apropriadamente.

É possível, no entanto, que algumas atribuições tenham sido incluídas de forma indevida. Nesse caso, o autor se compromete a revisar e/ou adicionar créditos nas edições subsequentes.

The author has made every reasonable effort to trace, clear and acknowledge the copyrights of the pictures used in this book. It is nonetheless possible that some attribuitions or ownerships are incorrect, in which case the author will add credits if required in any subsequent edition.

FOTÓGRAFOS / PHOTOGRAPHERS
Alberto da Veiga Guignard – p. 74
Carlos M. Teixeira – p. 1, 2, 3, 4, 5, 6, 7, 8, 9, 10, 11, 12, 13, 14, 15, 16, 32, 66, 67, 68, 69 (ambas), 70 (ambas), 71, 91, 122-123, 136, 137, 138, 139, 147, 150, 153, 157, 160, 161, 170, 171, 172, 173, 192, 218-219, 223, 232, 233, 234, 236-237, 239, 241, 243, 245, 247, 249, 255, 256-257, 264, 265, 267, 277, 278, 280-281, 283, 284, 285, 286, 287, 289, 290, 292, 374-375, 376-377
Cláudio Parreiras – 228-229
Daniel Mansur – p. 291
José Octavio Cavalcanti – p. 224-225
Manfredo de Souzanetto – p. 296
Marcelo Sant' Anna – p. 149
Márcia Brandão – p. 164, 165, 166, 167
René Burri – p. 198
Wilson Baptista – p. 178

ACERVOS / ARCHIVES
Arquivo Público da Cidade de Belo Horizonte – p. 38-39, 45, 85, 90, 94-95, 106-107, 116-117, 140-141, 184-185, 194-195, 266 (acima), 269 (acima e meio)
Arquivo Público Mineiro – p. 41, 42, 54-55, 56, 76-77, 79, 92, 104-105, 114-115, 118
Arquivo Minas Tênis Clube – p. 176, 190, 191
Arquivo Sudecap – p. 120, 125, 126-127, 129, 132-133, 134, 135, 162, 261
Construtora Barbosa Mello – p. 145
Embrafoto – p. 272-273, 275
Fundação João Pinheiro – p. 83 (Planta do Curral Del Rey)
Museu Histórico Abílio Barreto – p. 36, 46-47, 48-49, 50-51, 52-53, 60-61, 62-63, 64, 72, 81, 87, 88-89, 93, 96, 99, 100, 101, 103, 108-109, 110-111, 130-131, 179, 180 (abaixo), 181, 183, 266 (meio e abaixo)

COLEÇÃO PARTICULAR / PRIVATE COLLECTION
Marília Salgado – p. 182, 186-187
Miguel Aun – p. 268 (acima)
Otávio Dias Filho – p. 180 (acima), 188-189, 197

JORNAL / NEWSPAPER
Jornal Estado de Minas (fotos Evandro Santiago, Cristina Horta, Eustáquio Soares e Vera Godoy) – p. 201, 203, 227, 230-231, 269 (abaixo)
Jornal Diário da Tarde – p. 143

REVISTA / MAGAZINE
AP – p. 205, 206, 207, 208, 209, 210, 211, 212, 213, 214, 215, 216, 217
Revista O Correio da Unesco – p. 158 (foto Dirk Reinartz), 221

CURRÍCULO

Carlos Moreira Teixeira é formado em arquitetura pela UFMG (Belo Horizonte), mestre em urbanismo pela Architectural Association (Londres) e doutorando pela Faculdade de Arquitectura da Universidade do Porto – FAUP. Publicou os livros *Em obras: história do vazio em Belo Horizonte* (Cosac Naify, 1999), *O condomínio absoluto* (C/ Arte, 2009), *Ode ao vazio* (Nhamérica/Romano Guerra, 2017) e é um dos organizadores de *Espaços colaterais* (Cidades Criativas, 2008). Já expôs seus trabalhos no Palácio das Artes (Belo Horizonte), Viaduto das Artes (Belo Horizonte), Festival International des Jardins (França), UABB Bi-City Biennial de Hong Kong e Shenzhen, Galleria Campo (Roma), Bienal de Arquitetura de Veneza, Victoria & Albert Museum (Londres), Bienal de Arte de São Paulo e Bienal de Arquitetura de São Paulo, entre outros. Em 2002, fundou o escritório de arquitetura Vazio S/A.

AGRADECIMENTOS

Agradeço os meus editores por terem me guiado na empreitada desta segunda edição: Abilio Guerra, Silvana Romano e Fernanda Critelli. A Jacques Leenhardt, que escreveu o belo prefácio. A Wellington "Low" Cançado, que me deu algumas pistas para eu escrever o posfácio. A Rita Velloso, que acompanhou o longo processo das duas edições. A Nelson Kon, Elisa von Randow, e também a Fernando Lara pelo incentivo. E muito especialmente ao Banco Mercantil do Brasil, nas figuras de Luiz Henrique Araújo e Marco Antônio Araújo, que patrocinou as duas edições.

ROMANO GUERRA EDITORA
EDITORES
Abilio Guerra
Fernanda Critelli
Silvana Romano Santos

CONSELHO EDITORIAL
Abilio Guerra
Adrián Gorelik (Argentina)
Aldo Paviani
Ana Luiza Nobre
Ana Paula Garcia Spolon
Ana Paula Koury
Ana Vaz Milheiros (Portugal)
Angelo Bucci
Ângelo Marcos Vieira de Arruda
Anna Beatriz Ayroza Galvão
Carlos Alberto Ferreira Martins
Carlos Eduardo Dias Comas
Cecília Rodrigues dos Santos
Edesio Fernandes (Estados Unidos)
Edson da Cunha Mahfuz
Ethel Leon
Fernanda Critelli
Fernando Lara (Estados Unidos)
Gabriela Celani
Horacio Enrique Torrent Schneider (Chile)
João Masao Kamita
Jorge Figueira (Portugal)
Jorge Francisco Liernur (Argentina)
José de Souza Brandão Neto
José Geraldo Simões Junior
Juan Ignacio del Cueto Ruiz-Funes (México)
Luís Antônio Jorge
Luis Espallargas Gimenez
Luiz Manuel do Eirado Amorim
Marcio Cotrim Cunha
Marcos José Carrilho
Margareth da Silva Pereira
Maria Beatriz Camargo Aranha
Maria Stella Martins Bresciani
Marta Vieira Bogéa
Mônica Junqueira de Camargo
Nadia Somekh
Otavio Leonidio
Paola Berenstein Jacques
Paul Meurs (Holanda)
Ramón Gutiérrez
Regina Maria Prosperi Meyer
Renato Anelli
Roberto Conduru (Estados Unidos)
Ruth Verde Zein
Sergio Moacir Marques
Vera Santana Luz
Vicente del Rio (Estados Unidos)
Vladimir Bartalini

EM OBRAS: HISTÓRIA DO VAZIO EM BELO HORIZONTE
Under Construction: History of the Void in Belo Horizonte
Carlos M. Teixeira
2ª edição revisada e bilingue, 2022
Romano Guerra Editora

TEXTOS, FOTOS E CONCEPÇÃO DO LIVRO /
TEXT, PHOTOS AND CONCEPTION OF THE BOOK
Carlos M. Teixeira

PESQUISA ICONOGRÁFICA (IMAGENS DE ARQUIVO) /
ICONOGRAPHIC RESEARCH (ARCHIVE IMAGES)
Carlos M. Teixeira e Patrícia Azevedo

COORDENAÇÃO EDITORIAL / EDITORIAL STAFF
Abilio Guerra, Fernanda Critelli e Silvana Romano Santos

PROJETO GRÁFICO / GRAPHIC DESIGN
Alles Blau / Elisa von Randow e Julia Masagão

ESTAGIÁRIOS / INTERNS
Alles Blau / Yasmin Lavin e Gabriel Dutra

ATUALIZAÇÃO DO PORTUGUÊS / PORTUGUESE UPDATE
Juliana Kuperman

TRADUÇÃO DO NOVO PREFÁCIO E POSFÁCIO /
TRANSLATION OF THE NEW PREFACE AND AFTERWORD
Anthony Doyle

REVISÃO DO INGLÊS / ENGLISH TEXT REVISION
Anthony Doyle e Fernanda Critelli

DIGITALIZAÇÃO DE IMAGENS / IMAGE DIGITIZATION
Artmosphere

PRÉ-IMPRESSÃO / PREPRESS
Nelson Kon

IMPRESSÃO / PRINT
Ipsis

1ª edição bilingue, 1999
Cosac & Naify Edições

PESQUISA HISTÓRICA / HISTORICAL RESEARCH
Maria Marta Araújo

REPRODUÇÕES DE IMAGENS DE ARQUIVO /
REPRODUCTIONS OF ARCHIVE IMAGES
Paulo Baptista, Daniel Mansur e Carlos M. Teixeira

VERSÃO EM INGLÊS / ENGLISH VERSION
John Norman, Douglas Arnold e Thomas Burns

REVISÃO DO PORTUGUÊS / PORTUGUESE TEXT REVISION
Marília Salgado, Nair Hitomi Kayo e Paulo Sorage

REVISÃO DO INGLÊS / ENGLISH TEXT REVISION
Thomas Burns

FONTES / TYPEFACE
PIN e Moderat

PAPÉIS / PAPERS
Offset 120g/m² (miolo / text block)
Supremo 350g/m² (capa / cover)

A reprodução ou duplicação integral ou parcial desta obra sem autorização expressa dos organizadores, dos editores, da editora, e do realizador se configura como apropriação indevida dos direitos intelectuais e patrimoniais do autor.
© Carlos M. Teixeira, 2022
© Romano Guerra Editora, 2022

Romano Guerra Editora
Rua General Jardim 645 conj. 31 – Vila Buarque
01223-011 São Paulo SP Brasil
Tel: +55 (11) 3255.9535
rg@romanoguerra.com.br
www.romanoguerra.com.br

Printed in Brazil 2022
Foi feito o depósito legal

Teixeira, Carlos M.
Em obras: história do vazio em Belo Horizonte / Carlos M. Teixeira, prefácio: Jacques Leenhardt – 2. Ed - São Paulo, SP: Romano Guerra Editora, 2022.
    384 p. il.
    Bibliografia.
    ISBN: 978-65-87205-20-5
1. Paisagem urbana – Belo Horizonte, MG 2. Urbanismo – História – Belo Horizonte, MG I. Leenhardt, Jacques II. Título

---

CDD 711.4098151
Ficha catalográfica elaborada pela bibliotecária Dina Elisabete Uliana – CRB-8/3760